성경이 말씀하는 설교

이 책은 지구촌교회 재원으로
합신연구지원프로젝트의 지원을 받아 연구되었음

성경이 말씀하는 설교

초판 1쇄 2022년 7월 20일

발 행 인 김학유
지 은 이 이승진
펴 낸 곳 합신대학원출판부
주   소 16517 수원시 영통구 광교중앙로 50 (원천동)
전   화 (031)217-0629
팩   스 (031)212-6204
홈페이지 www.hapdong.ac.kr
출판등록번호 제22-1-2호
인 쇄 처 예원프린팅 (031)902-6550
총   판 (주)기독교출판유통 (031)906-9191

ISBN 979-11-978944-1-1   93230
값은 뒤표지에 있습니다.

성경이 말씀하는 설교

The SCRIPTURE -DRIVEN PREACHING

이승진

합신대학원출판부

서문

사도 바울은 감히 예수 그리스도를 대적했던 자신이 하나님의 신비한 경륜 가운데 복음 전도자의 길을 걸어가는 감격을 '질그릇에 담긴 보배'에 비유하였다. "우리는 우리를 전파하는 것이 아니라 오직 그리스도 예수의 주 되신 것과 또 예수를 위하여 우리가 너희의 종 된 것을 전파함이라"(고후 4:5). 복음 전도자 바울은 자신이 전파하는 핵심 메시지를 두 가지로 압축하였다. 예수 그리스도가 주님이심을 전파하는 것과 사도 바울의 메시지를 듣는 성도들이 예수 그리스도를 주님으로 더욱 잘 섬기도록 그들을 섬기고 목양하는 일이다. 사도 바울이 판단하기에 복음 전도와 목회 사역은 말씀만으로 하늘과 땅을 창조하셨던 삼위 하나님의 천지 창조 사역이 현재에도 중단됨이 없이 계속 진행되고 있음을 보여주는 하나님의 최고 증거다. 그 확신은 다음의 말씀으로 분명히 드러난다. "어두운 데에 빛이 비치라 말씀하셨던 그 하나님께서 예수 그리스도의 얼굴에 있는 하나님의 영광을 아는 빛을 우리 마음에 비추셨느니라"(고후 4:6).

설교는 성경을 통하여 보존된 하나님의 계시 말씀을 해석하여 오늘 청중 신자들에게 선포함으로 그들이 하나님의 말씀에 순종하는 삶을 살도록 인도하는 목회 사역이다. 설교를 두 축으로 간단히 정의하자면 성경 해석과 메시지 전달이다. 이 책은 이러한 이중의 설교학 구조를 고려하여 2장부터 8장까지는 '성경 전체'(tota scriptura)의 시각으로 성경을 해석하는 방법론과 그 실제적인 사례를 다루었다. 성경 해석에 관한 챕터는 다시 두 부분으로 구분하여, 2장-5장에서 설교를 위한 성경 해석에 관한 거시적인 이론들을 설명하였고, 6장-8장에서는 이 이론들을 실제 성경 본문에 적용한 다음에 원리화의 단계와 설교 개요를 만드는 과정을 설명하였다.

좀 더 구체적으로 3장에서는 톰 라이트의 비판적 실재론을 비판하고 설교를 위한 목적으로 성경 본문을 해석하기 위한 해석학적 실재론을 설명하였다. 4장은 하나님의 말씀, 로고스가 계시의 단계에서 수신자의 상황에 맥락화하였고, 이후에 언어적 전환을 거쳐서 문서로 기록된 맥락화와 해석자의 해석 맥락화, 연관성 있는 설교 메시지의 맥락화, 그리고 최종적으로 청중 신자들이 개인적으로 그리고 공동체 차원에서 하나님의 말씀에 순종하는 순종의 맥락화를 단계적으로 설명하였다.

5장에서는 성경적인 설교를 위한 설교학적 상호본분성을 주해석인 상호본문성과 비교하여 설명하였다. 설교 준비와 전달의 전체 과정은 주해와 원리화, 그리고 설교 적용의 3단계로 진행된다. 이러한 3단계 설교 준비와 전달의 일환으로 성경을 해석할 때 설교자는 성경 본문 안에서 역사직인 배경(context)과 말씀 전달지의 선행 자료(pre-text), 본문이 문학적인 구조와 수사적인 동력(text), 그리고 말씀 수신자에게 의도하는 목적(post-text)를 종합적으로 파악하는 방법들을 설명하였다. 6장에서는 성경의 내러티브 본문에 관한 설교 메시지 준비를 위하여 효과적인 구조주의 성경 해석 방법을 설명하였다. 7장에서는 안식일 논쟁 내러티브에 대한 해석과 설교를 설명하였고, 8장에서는 내러티브 모형론에 따른 예수님의 천국 비유 해석과 설교를 설명하였다.

본서 앞부분(2장-8장)은 설교를 위한 성경 해석 과정을 다룬다면, 뒷부분(9장-14장)은 설득력 있는 선교 형식과 구조를 다루었다. 설교 형식과 구조에 관한 내용도 두 부분으로 구분하여 9장부터 11장까지는 청중에 관한 설교학적인 이해와 아울러 설교 메시지의 의미 전달과 설득이 일어나는 구조적인 의미론을 다루고 이어서 12장-14장은 설교의 형식과 구조, 그리고 연관성을 갖춘 적용을 다루었다. 마지막 15장은 2020년 초에 시작된 코로나 팬데믹 시대와 함께 진행 중인 뉴미디어 시대에 효과적인 설교 전략을 설명하였다. 설교 사역 현장에 하나님 말씀의 능력이 나타나기를 소원하는 설교자들이 본서를 통하여 "성경 본문이 직접 말씀하는" 설교 사역의 주춧돌을 마련할 수 있기를 바란다.

2022년 6월

| 서문 | 004 |

1장 성경이 말씀하는 설교   009

2장 현대 설교학의 트랜드   037

3장 설교를 위한 성경 해석과 해석학적 실재론   083

4장 말씀으로 구현되는 하나님 나라의 맥락화   105

5장 성경적인 설교를 위한 설교학적 상호본문성   125

6장 내러티브 본문의 설교를 위한 구조주의 해석   159

7장 안식일 논쟁 내러티브에 대한 해석과 설교   199

8장 내러티브 모형론에 따른 예수님의 천국 비유 해석과 설교   237

9장 하나님 말씀의 설득을 위한 틀 의미론   273

10장 반전의 깨달음을 위한 설교의 맥락화   285

11장 청중에 대한 설교학적 이해   301

12장 설교의 서론   341

13장 설득력 있는 설교 형식과 구성   351

14장 설교 메시지의 연관성과 적용   387

15장 뉴노멀 시대에 효과적인 설교 사역   415

| 부록 설교학 두서 목록   449

1장

성경이 말씀하는
설교

모든 목회자는 설교를 잘하고 싶어 한다. 설교를 잘하고 싶은 가절함은 개척교회 목회자들일수록 더욱 절박하다. 설교 사역을 처음 시작하거나 시작한 지 1-3년 미만의 신학생들도 마찬가지다. 자기 설교에 집중하지 않는 주일학교 학생들의 시선을 잡아끌 설교 비법을 고민하면서 앞서 달려가는 탁월한 설교자들에게서 어떤 비법을 찾으려 한다. 개척교회 목회자들은 교회 부흥의 최고 비결이 '감동적인 설교'에 달렸다고 생각 하여 설교 준비에 엄청난 공을 들인다. 중, 대형교회 목회자들 역시 교 회 부흥은 설교에 달렸음을 잘 안다. 게다가 본인의 설교를 통해서 이 정도 교회 규모를 유지하는 것이라 자신감을 느끼고 있다. 그러나 매주 감당해야 하는 설교 사역의 부담에서 한시도 자유로울 수 없다. 최소한 지난번 감동적인 설교 수준은 유지해야 하지 않겠나? 하지만 매 주일 장 타 홈런을 치는 것은 매우 어려운 일이다. 이렇게 모든 목회자, 설교자 들이 "어떻게 하면 설교를 잘 할 수 있을까?" 고민한다.

과연 이 질문에 대한 해답은 없을까? 이 질문에 대한 일차적인 해답이 있다. 설교자라면 누구나 설교 사역은 철학의 문제라는 것을 깨달아야 한다. 설교는 기술이나 기교, 또는 방법의 문제가 아니다. 세계적인 강해설교가 헤돈 로빈슨 교수가 일관되게 강조하는 것도 이것이다. 설교는 방법의 문제 이전에 철학의 문제라는 것이다. 하나님의 시각으로 설교를 사고할 줄 아는 설교 철학이 곧 탁월한 설교 능력의 출발점이다.

그렇다면 이어지는 질문은 설교자에게 어떤 설교 철학이 필요할까? 설교자에게 필요한 최고의 철학은 하나님의 말씀을 하나님의 시각으로 생각하고 사고하고 해석할 줄 아는 능력이다. 하나님을 가장 간단히 묘사하자면 말씀하시는 하나님이시다. 태초에 말씀이 계셨고 이 말씀(λόγος)이 곧 하나님이시다(요 1:1). 하나님은 말씀으로 천지를 창조하셨고, 말씀이신 독생자 그리스도를 이 세상에 보내어 자기 백성들을 구속하셨다. 성령 하나님의 최고 관심사도 예수 그리스도의 말씀을 영감으로 기록하셨고, 읽는 모든 이들이 그 말씀의 능력을 경험하도록 감화 감동하시는 것이다(딤후 3:16).

설교자가 이 말씀을 전하는 일에 참여하겠다면, 그에게 필요한 최고의 설교 철학은 곧 말씀을 대하는 하나님의 생각과 하나님의 입장을 자기 마음에 품는 것이다(엡 2:5). 설교자는 지금도 말씀을 통하여 온 세상을 통치하시는 하나님의 마음을 자기 마음으로 품고 말씀으로 자기 백성들과 교회를 인도하시는 하나님의 절대 주권의 입장에 위치해야 한다. 인간 설교자 입장에서 설교를 잘해보고 싶다고 노력하기 이전에, 먼저 그 인간 설교자를 위하여 하나님이 준비하신 하나님의 수단과 하나님의 방법을 깨달아야 한다. 설교자 한 사람을 향한 하나님의 간절한 열심을 깨달아야 한다(시 69:9, '주의 집을 위하는 열성이 나를 삼키고'; 사 9:7, '만군의 여호와의 열심이 이를 이루시리라'; 요 2:17, '제자들이 성경 말씀에 주의 전을 사모하는 열심이 나를 삼키리라 한 것을 기억하더라). 그 하나님의 열심에 공감하고 동화가 되면, 그 하나님의 열심이 설교자 심령 속에서 최고의 수단과 방법을 따르도록 설교자를 인도할 것이다.

1. 설교자를 향한 하나님의 열심

설교자가 하나님의 말씀을 제대로 감당하는 출발점은 성령 하나님의 도우심이다. 하나님의 말씀을 제대로 선포하기를 원한다면, 설교자는 강단에 오를 때마다 기도해야 한다. '주여! 나를 성령으로 충만하게 하사 내 입술로 감히 주님의 말씀을 제대로 섬길 수 있도록 은혜를 베푸소서!'라고 간절히 기도하며 올라가야 한다. 아니, 그 이전에 설교문을 작성할 때부터 성령 하나님의 도우심을 간절히 간구해야 한다.

설교자가 설교 사역을 잘 감당하기를 원하는 간절한 소원과 기대감은, 설교자 자신보다 오히려 하나님이 더 크고 더 간절하기 때문이다. 그 분의 도움을 절대적으로 받아야 하기 때문이다. 설교자는 설교를 잘해야 한다는 의무감이나 설교를 잘 하고 싶은 기대감이 설교자 자신보다 하나님 편에서 비할 수 없을 정도로 엄청나게 크고 간절하고 강력함을 깨달아야 한다. 개척교회 목회자들이 교회 부흥을 목적으로 설교 메시지를 전하거나, 또는 교회 청빙을 염두에 두고 설교 메시지를 전하는 설교자라면 감동적인 설교에 대한 기대감은 어느 때 여느 설교자들과 비교할 수 업을 정도로 간절하고 절박할 것이다.

그러나 그 간절함을 성부 하나님의 간절함과 절박감과 기대감에 비교할 수 있을까? 성부 하나님은 자신의 말씀 사역을 위하여 자신의 사랑하는 독생자가 대속의 제물이 되도록 내어주셨다. 게다가 자신의 말씀 사역을 완성하고자 오늘도 자신의 모든 지혜와 사랑과 능력을 성령 하나님을 통해서 우리에게 아낌없이 공급하고 계시다. 어떤 인간 설교자가 아무리 탁월한 설교를 간절히 원한다고 하더라도 이토록 독생자를 희생하시고 성령 하나님을 보내주신 성부 하나님만큼이나 간절할 수 있을까?

어떤 설교자들은 교인들이 자기 설교에 무관심하기에 좀 더 설교를 잘 준비해서 전달하려고 한다. 당장은 교인들의 무관심이나 부정적인 반응이 설교를 잘하고 싶은 중요한 동기다. 교인들과 목회자 사이에 갈등이 진행 중이거나 어떤 쟁점에 관한 입장이 대립하는 상황에서는 설교를 잘해야 한다는 의무감이나 부담감이 더욱 심각하다. 이런 상황에서는 왜 꼭 예배 중에 설교 순서가 존재해야 하는지 알 수 없다. '설교의 제도' 자체가 원망스럽다.

또 어떤 설교자들은 동료 설교자들과의 비교 의식이나 탁월한 설교자들에 대한 열등의식을 극복하고자 설교를 더 잘 하고 싶어 한다. 신학생 때는 별 반 차이가 없었으나 신학교 졸업 이후 감당해 온 목회 사역의 규모 때문에 설교의 역량은 점점 차이가 벌어진다. 신학교 졸업 이후 3-5년간 개척교회나 소형교회의 주일학교에서만 설교 사역을 감당한 목회자들과 중대형 교회에서 장년 대상으로 설교 사역의 경험을 가진 목회자들의 설교 역량은 확연하게 차이가 날 수밖에 없다. 탁월한 설교의 기술과 감각은 목회 현장에서 경험해봐야 터득할 수 있기 때문이다. 앞서 나가는 탁월한 설교자들에 대한 비교의식이나 열등의식을 털어내기 위해서 설교를 잘하려고 노력하는 것은 그 자체로 나쁠 게 없다.

그러나 내가 하나님의 말씀을 전하는 설교자로서 설교를 잘해야 하는 가장 중요한 이유는, 오늘도 성경 말씀으로 이 세상에서 자기 백성들을 구속하시고 섭리하시는 하나님의 간절한 구속 사역 때문이다. 말씀의 능력과 영광을 잘 드러내기를 원하는 절박함과 간절함은 설교자 자신보다 하나님이 비교할 수 없이 크고 강력하다. 탁월한 설교자가 되기를 원한다면, 그 하나님의 말씀, 로고스(λόγος)를 위한 하나님의 절박함과 간절함에 눈 떠야 한다. 강단 아래 모여든 성도들, 곧 자기 백성들을 말씀으로 도전하기를 원하고 위로하기를 원하고 생명의 길로 인도하기를 원하는 하나님의 절박함과 간절함에 눈 떠야 한다. 그 절박함과 간절함 때문에 성부 하나님은 말씀으로 천지를 창조하셨다. 천지 창조 이후에 아담의 범죄와 타락에도 불구하고 포기하지 않고 독생자를 보내셔서 십자가 희생 제물로 죄값을 치루도록 하셨고, 그 속죄가 오늘 강단 아래 모인 신자들에게서 적용되고 실현되도록 성령 하나님을 보내셔서 설교자와 청중을 말씀으로 감동하고 계시다.

2. 하나님의 말씀과 예수 그리스도

1) 성부 하나님의 최고 수단

삼위 하나님은 인간 설교자가 설교 메시지를 감동적으로 선포하기를 기대하시는 분임을 깨달았다면, 여기에서 멈춰서는 안 된다. 설교에 간절하신 하나님은 그렇게 마음으로만 간절하게 희망하시는 분이 아니라 실제적인 수단과 방법도 마련하여 제공하고 계심을 깨달아야 한다. 설교를 잘하는 설교자가 되기를 원한다면, 설교 사역으로 소명 받은 설교자들을 위하여 하나님이 준비하신 공적인 수단과 방법에 집중해야 한다. 설교 사역을 위하여 하나님이 준비하신 최고의 수단과 방법은 곧 하나님의 구원에 관한 말씀, 로고스(λόγος)다. 하나님의 구원에 관한 말씀은 예수 그리스도와 성경 말씀이다. 나사렛 예수는 성부 하나님이 해답 없는 인류를 위하여 보내신 메시아 그리스도이시다. 설교자는 이 복음을 사람들에게 전하여 해답 없는 인생을 그리스도를 해답으로 삼아서 살아가는 행복한 인생으로 바꿔주는 중보자이다. 성부 하나님은 이 세상을 살아가는 자기 백성들이 그리스도 안에서 완전한 자로 살도록 하시려고 자신의 독생자 그리스도를 이 세상에 보내주셨다(요 3:16).

왜 성경 말씀이 성령 하나님께서 설교를 제대로 하기를 원하는 설교자들에게 준비한 최고의 수단일까? 그 이유는 안셀무스의 '이해를 추구하는 신앙'(credo ut intelligam), 즉 하나님은 오직 하나님을 통해서만 인식될 수" 있기 때문이다.[1] 하나님이 자기 백성들에게 전하고 싶어 하는 그 분의 뜻과 말씀은 오직 하나님의 말씀인 성경을 통해서만 깨달을 수 있다. 하나님의 말씀 내용의 성경적 필연성이다. 하나님의 말씀을 전하려는 설교자는 오직 성경 본문을 올바로 해석하는 과정을 통해서만(sola scriptura) 하나님의 말씀을 올바로 깨달을 수 있다. 설교자 자신의 체험을 성경 본문에 덧씌우려 해서도 안 된다. 개인적인 체험이나 신비한 경험이 하나님의 말씀보다 앞서도 안 된다.

하나님은 오직 하나님 자신의 계시를 통해서만 올바로 인식될 수 있다는 원리는, 성경적인 설교의 내용 뿐만 아니라 설득력 있는 설교 형식에도 적용되어야 한다. 감동적인 설교 형식은 설교자가 먼저 성령 하나님의 조명으로 성경을 해석하는 가운데 본문으로부터 영적인 감동을 받을 때 제대로 만들어질 수 있다. 따라서 하나님의 말씀을 전하려는 설교자들은 성경을 해석할 때, 성령 하나님께서 깨닫게 하시는 은혜를 공급하시도록 기도해야 한다. 설교자 자신에게 깨달음을 허락하신 성령 하나님께서 동일한 은총을 설교를 듣는 신자들에게도 베풀어 주시도록 간절히 기도해야 한다. 뿐만 아니라 설교문을 작성하기 전에 설득력 있는 설교문을 준비할 수 있도록 성령 하나님의 인도하심을 구해야 한다. 설교 메시지를 전달하러 강단에 오를 때에도 오직 하나님의 말씀에만 집중할 수 있도록 인도하심을 기도해야 한다. 이러한 기도를 통하여 설교자는 점차 설교자와 그 설교자의 입술에서 선포되는 하나님의 말씀을 듣는 신자들을 향한 하나님의 간절한 열심에 점차 동화될 수 있다.

2) 사도 바울의 모범적인 선례

최고의 설교자 사도 바울은 당대 최고의 학자였던 산헤드린의 장로 가말리엘(Γαμαλιὴλ ὁ Πρεσβύτερος)에게서 모세오경의 해석과 변론술을 배웠다(행 22:3). 사도 바울이 회심 전에 가말리엘에게서 배워서 실전했던 수사적인 전통과 변론술은 고린도전서 2장 1-4절에서 언급되는 '말과 지혜의 아름다운 것'(ὑπεροχὴν λόγου ἢ σοφίας)이나 "설득력 있는 지혜의 말(πειθοῖς σοφίας λόγοις)로 요약될 수 있다. 특히 4절의 '설득력 있는 지혜의 말'에서 πειθοῖς(설득력 있는)라는 단어는 고린도전서 2장 4절에서만 한 번 사용되고 다른 어떤 고대 희랍어 문서에서 다시 나타나지 않는 '하팍스 레고메논'(hapax legomenon)이다. 하지만 신약학자들은 대체로 '설득력 있는'(πειθοῖς)이 고대 희랍 문화권에서 연설이나 변론시에 자주 사용되던 변론술(또는 수사학, rhetoric)을 가리키는 것으로 이해한다.[2] 사도 바울은 회심

전에 당대 최고의 학자이자 탁월한 변론가로 활동하였다.

그러나 다메섹 도상에서 예수 그리스도의 계시를 통하여 극적 회심을 경험한 이후 평생 복음 전도자로서 하나님의 말씀을 전할 때 다음 한 가지 원칙을 분명히 정하고 실천하였다: "오직 예수 그리스도와 그가 십자가에 못 박히신 것(Ἰησοῦν Χριστὸν καὶ τοῦτον ἐσταυρωμένον)만을 증거하리라!"(고전 2:2). 사도 바울이 회심 이전의 모세 오경에 관한 탁월한 변론술을 모두 배설물처럼 버리고 오직 예수가 그리스도되심과 그가 십자가에 못 박혀 죽으심으로 온 세상의 사망 권세가 무너졌음을 선포하는데 집중한 이유는 무엇 때문일까?

그것은 무엇보다도 다메섹 도상에서 찾아오신 예수 그리스도의 계시 때문이다. 예수 그리스도의 계시 사건이 회심 전의 사울에게 극적인 반전의 회심 사건을 만들어낸 선행 사건이 하나 있다. 그것은 스데반의 설교 사역이다. 스데반의 설교 메시지가 없었더라면 사도 바울의 회심도 없었을 것이고 그 이후에 바울서신도 쓰여지지 못했을 것이다. 스데반이 유대인들의 돌에 맞아 죽어가면서까지도 예수 그리스도의 복음을 구속역사의 관점으로 선포하였고, 사울이 이 메시지를 들을 때 성령 하나님께서 사울을 감동하심으로 스데반의 선포가 사울의 회심으로 이어지는 모멘텀이 만들어질 수 있었다.

회심 전의 사울은 자신이 스승 가말리엘에게서 배웠던 모든 학식과 변론술을 활용하여 다른 바리새인들과 서기관들을 선동하였고 이들과 함께 열심을 다하여 복음 전도자들을 핍박하였다. 그러나 스데반이 "지혜와 성령으로 말함"을 당시 탁월한 변론술을 구사하던 유대인들은 결코 당해낼 수 없었다. 사도 바울의 변론술에 영향을 받은 바리새인들과 서기관들은 스데반의 설교에 분노하며 "큰 소리를 지르며 귀를 막고 일

제히 스데반에게 달려들었다"(행 7:57). "성 밖으로 스데반을 내치고 돌로 칠새 증인들이 옷을 벗어 사울이라 하는 청년의 발 앞에 두니라"(행 7:58). 회심 전의 사울의 입장에서는 자신의 탁월한 변론술이 당시 모세오경의 가르침을 따르려던 수많은 바리새인들과 서기관들에게 상당한 영향을 주었다고 자부할 수 있었다. 당장은 사울의 탁월한 변론술이 복음 전도자 스데반을 무너뜨렸다고 할 수 있다.

부활의 주님이 스데반이 죽어가면서 외쳤던 복음의 메시지를 통해서, 그 복음을 들었던 사울의 심령을 성령 하나님이 조명하심을 통하여 박해자 사울에게 찾아와 주셨다. 그리고 "네가 하는 모든 일이 하나님을 대적하는 것 뿐이다"고 말씀하셨다: "사울아 사울아 네가 어찌하여 나를 박해하느냐? 하시거늘 대답하되 주여 누구시니이까 이르시되 나는 네가 박해하는 예수라"(행 9:4-5). 이 계시 사건을 계기로 사울은 자신에 전에 행하던 모든 일들이 자기가 제대로 섬기고 싶었던 여호와 하나님을 오히려 대적하고 거스르는 것 뿐이었음을 깨닫고 과거의 죄악을 철저하게 회개하였다.

사울의 회심 과정을 사울의 변론술을 중심으로 평가해 본다면, 회심 이전 사울의 변론술이 복음 전도자 스데반을 무너뜨렸다고 할 수 있다. 스데반이 돌에 맞아 죽어갈 때 "사울은 그가 죽음 당함을 마땅히 여겼다"(행 7:60). "십자가에 못 박힌 그리스도의 복음은 유대인에게는 거리끼는 것이요 이방인에게는 미련한 것이로되"(고전 1:23).

사울이 다메섹으로 달려가는 도상에서 갑자기 예수 그리스도께서 그에게 찾아오셨다. 왜 갑자기 찾아오셨을까? 거시적인 시각으로 보자면 하나님이 창세 전에 사울을 복음전도자로 예정하셨기 때문이다. 하지만 미시적인 시각으로 보자면 사울은 스데반의 입을 통해서 쏟아지는 복음의 말씀, 즉 이스라엘의 역사를 통하여 진행되고 있는 삼위 하나님의 거대한 구속 경륜에 관한 말씀을 들었던 것이 성령께서 사울의 심령을 두드리고 회심으로 이끄는 모멘텀이 되었다.

그렇게 찾아오신 성령 하나님은 사울의 입장을 지지할 줄 알았으나 반대로 스데반의 손을 들어주셨다: "사울아 사울아! 네가 어찌하여 나를 박해하느냐? 하시거늘 대답하되 주여 누구시니이까? 이르시되 나는 네가 박해하는 예수라"(행 9:4-5). 스데반이 죽어갈 때 사울은 스데반이 주장했던 "예수가 그리스도이시다"는 메시지 때문에 돌에 맞아 죽는 것이 당연하다고 생각했다. 그리고 자신은 모세를 통해서 말씀하셨던 여호와 하나님을 제대로 섬기는 의로운 사람이라고 자부했다.

그런데 자기를 칭찬할 줄 알았던 하나님께서 하시는 말씀이 "네가 나를 핍박하고 있다"는 것이다. 그 때 사울은 얼마나 큰 충격을 받았을까? 사울은 자기가 배운 세속적인 변론술이 스데반을 무너뜨렸다고 생각했는데, 결국 죽어가면서 증거했던 스데반의 십자가 설교가 최고의 학식과 권위로 무장한 사울의 변론술을 무너뜨린 것이다. 스데반이 방금 전에 죽어가면서 사울의 귀에 외쳤고, 이후 성령 하나님께서 그의 심령에 감동을 주심으로 깨달았던 그 말씀이 사울의 근본을 송두리째 바꾸어놓았다. 그리고 그는 그리스도인들을 핍박함으로 하나님의 의를 이루려고 했던 자신의 열망이 가장 극단적으로 오히려 여호와 하나님을 대적한 최고 죄악이요 악행이었음을 깨닫고 철저하게 회개하였고, 이후에 오직 예수 그리스도의 복음만을 선포하는 복음전도자로 거듭났다.

이 모든 일들이 철저하게 거룩하신 여호와 하나님의 예정과 섭리 속에서 진행되고 있음을 깨달았으며, 구약 성경을 통하여 철저하게 미리 예언되었던 약속의 말씀이 자신의 인생 속에서 철저함과 엄밀함으로 문자 그대로 성취되고 있음을 깨달았다. 참으로 두려운 일이다. 참으로 영광스러운 일이다. 이러한 깨달음 속에서 사도 바울은 "모든 지혜로 각 사람에게 예수가 그리스도이심을 증거하고 가르치는 일"에 자신의 인생 전체를 헌신하였다. "이를 위하여 나도 내 속에서 능력으로 역사하시는 이의 역사를 따라 힘을 다하여 수고하노라"(골 1:28-29).

3) 아비의 마음을 품은 설교자

하나님은 설교자가 하나님 아버지의 마음을 품고서 하나님의 시각을 가지고 설교 사역을 감당하기를 원하신다. 설교를 잘 하고 싶은 절박한 기대감은 사람 설교자보다 그 설교자를 통해서 자신의 말씀이 능력으로 선포되기를 원하시는 하나님이 더 간절하시다. 이것을 깨달을 때 설교를 바라보는 관점의 전환이 발생한다. 이를 위하여 하나님은 그 설교자를 오랜 고난과 연단의 과정으로 이끄신다. 설교 한 편 속에는 설교자가 살아온 인생 전체가 고스란히 녹아들어 있다. 유명한 설교자의 설교 메시지를 여러 신학생들에게 나뉘주고 그 설교문 그대로 설교를 실습시키더라도, 각자 전달되는 느낌이나 감동의 수준이나 스타일은 설교자의 개성에 따라 완전히 다르다. 설교 메시지 속에는 설교자의 현재 인품과 설교자가 살아온 인생 전체가 고스란히 녹아 있기 때문이다.

4) 청중의 입장에서 설교 듣기

설교자가 하나님의 말씀, 로고스(λόγος)를 제대로 선포하기를 원한다면, 자신의 설교 메시지가 하나님이 기대하시는 수준에도 전혀 도달하지 못할 뿐만 아니라 자기 메시지를 듣는 교인들이 기대하는 수준에도 한참 미달인 것을 깨달아야 한다. 모든 성장과 발전의 출발점은 현재 상황을 파악하고 그 속에 들어 있는 근본적인 문제점을 인식하는 단계다. 설교 사의 설교 역량의 발전은 하나님의 기준과 교인들의 기대를 정확하게 이해하고, 그 기준에 본인의 설교 역량이 한참 미달임을 인정하는 순간 부터 시작된다. 설교자들이 자신의 설교 역량을 객관적으로 파악하는데 가장 좋은 방법은 자신의 설교를 녹음하거나 녹화하여 교인의 입장에서 다시 들어보는 것이다.

자기 설교 메시지를 들어볼 때 가장 먼저 당황스러운 것이 있다. 내 목소리가 내가 알던 내 목소리가 아니라는 사실이다. 맨 처음에는 설교 자 자신이 기대하던 목소리와 전혀 다르다는 사실에 깜짝 놀랄 것이다. 내 목소리가 기대하던 수준에 너무 못미친다는 사실 때문에 얼굴이 화 끈거리거나 절망에 빠질 수 있다. 하지만 그럴 수 밖에 없다. 왜냐하면 설교자는 보통 자기 목소리를 입에서 회중을 향하여 발성하는 발성 방 향과 역방향으로 귀로 들려오는 목소리를 듣는다. 회중은 설교자의 입 에서 회중의 귀로 들려오는 메시지를 듣지만, 설교자는 발성 방향과 정 반대로 들려오는 목소리를 듣게 된다. 설교자의 목소리를 두 입장이 전 혀 다른 방향에서 듣기 때문에 청각 감각에 각인된 목소리의 이미지가 전혀 다르다.

설교를 잘 하려면 설교자는 자기 목소리를 회중의 입장에서 들어보 면서 설교 메시지의 부족한 부분들을 찾아내야 한다. 그리고 그 부족한 부분을 반드시 보충해야 한다. 설교자가 스스로 그 부족한 부분을 보충 하여 감동적인 설교 메시지를 전하기까지, 교인들은 절대로 참아주거나 기다려주지 않음을 분명히 인지해야 한다. 설교자가 자신의 설교를 들어

보면서 자기가 먼저 설교 메시지의 요점을 분명하게 이해하고 또 그 메시지에서 영적인 깨달음을 얻으며 감동을 받는 단계에 도달해야 한다.

5) 설교자의 영적인 특권

설교자가 말씀을 향한 하나님의 열심을 이해하고 공감하여 동화될 때 함께 깨닫는 진리가 몇 가지 있다.

① 첫째는 삼위일체 하나님의 신비에 조금 더 다가갈 수 있다. 성부 하나님께는 그 분의 말씀이 곧 성자 하나님이시다. 성부 하나님 안에 성자 하나님이 내주하시고 성자 하나님 안에 성부 하나님이 내주하시되 상호 모순이나 충돌 대신에 상호 내주와 조화의 신비가 가능한 비결은 그 내주의 자리에 성령 하나님이 함께 임재하시기 때문이다.

② 둘째는 구속역사의 절대 주권과 필연성이다. 삼위 하나님은 천지 창조 이후로 단 한 순간이라도 자기 백성들에게 말씀하시지 않은 적이 없으시다. 삼위 하나님은 하늘과 땅을 창조하시고 하늘 보좌로부터 선포하신 말씀이 그 분의 발등상인 이 땅 위에서 그대로 성취되노록 세속 자기 백성들에게 말씀하시고 그 말씀이 선포되도록 선지자들과 사도들을 보내셨고 마지막에 독생하신 아들을 보내심으로 가장 분명하게 말씀하셨다.

삼위 하나님은 말씀하시는 하나님이시고 그 말씀하신 바를 그대로 성취하시는 하나님이시다. 말씀 성취를 위하여 말씀 사역자를 단 한 순간이라도 주님의 백성들에게서 멈추거나 그 자리를 비운 적이 없으시다. 계속해서 말씀 사역자를 세우시고 파송하시고 성령 하나님을 통하여 말씀 사역자들을 감화감동하셔서 그 분의 말씀이 중단됨이 없이 계속 선포되도록 하신다.

③ 셋째는 복음전도와 말씀 선포의 거룩한 소명감과 사명 의식이다. 설교자가 말씀을 향한 하나님의 열심을 깨닫는다면 반드시 도달하는 결론 중의 하나는 내가 이 영광스러운 직분을 위임 받았다는 소명감이다. 천지 창조 이후로 그리스도의 재림까지 단 한 순간이라도 중단됨이 없이 계속 진행되는 구속의 역사는 곧 말씀 선포와 성취의 역사이다. 구속의 역사는 약속과 성취의 과정이다. 하나님은 하늘 보좌로부터 약속의 말씀을 선포하시고 그렇게 선포된 하나님의 말씀은 하나님의 발등상인 이 세상 땅 위에서 완벽하게 성취된다.

약속과 성취의 중간 과정에서 성령 하나님은 말씀을 듣는 신자들의 심령에 믿음을 만들어 주신다. 믿음은 바라는 것들의 실상이요 보지 못하는 것들의 증거다(히 11:1). 그래서 구속역사의 기본 구조는 약속 선포와 믿음의 인내, 그리고 하나님의 필연적인 성취로 이루어진다. 그런데 하나님의 말씀을 전하는 사람이 없이는 하나님의 말씀을 들을 수 없고, 말씀을 듣지 않고서는 믿음이 만들어질 수 없다. 거꾸로 말하자면 하나님은 구속역사 과정에서 반드시 말씀을 전하는 사역자의 입술을 사용하신다. 하나님 나라와 그 백성들을 향한 하나님의 간절한 열심에 설교자가 동화되면, 자연스럽게 뒤따르는 도전이 바로 "내가 하나님의 말씀을 전달하는 전도자와 설교자로 부름을 받았다"는 거룩한 소명 의식과 사명감이다. 참으로 영광스러운 직분이고 참으로 고귀한 직분이다. 하나님의 은사와 부르심에는 하나님의 입장에서 후회가 없으시리라! 주님이 시작하신 일을 주님이 모든 능력과 열심과 헌신으로 기필코 완성하시리라. 그 날이 오기까지 주님은 쉬임없이 말씀 전도자와 설교자 안에서 일하시리라(요 5:17, "내 아버지께서 이제까지 일하시니 나도 일한다").

3. 설교 역량의 향상을 위한 멘토

설교를 잘 하기를 원한다면 하나님께 자신의 설교 역량의 향상을 도와줄 멘토를 보내달라고 간구해야 하고, 평생의 설교 사역을 올바로 안내할 설교 멘토를 영적인 아버지로 정하여 그 멘토의 지도를 철저하게 따라야 한다.

설교 사역은 예수 그리스도 이전에 사람들에게 철저하게 가려져서 알 수 없었던 비밀의 말씀을 사람들에게 전파하고 그들을 구원의 자리와 성화의 길로 인도하는 것이다. 이 말씀은 만세와 만대로부터 철저하게 감추어져서 사람들은 결코 알 수도 없고 그 혜택을 누릴 수도 없었다. 그러나 하나님의 감추어졌던 말씀의 비밀(τὸ μυστήριον τὸ ἀποκεκρυμμένον)이 예수 그리스도의 성육신과 십자가 죽음, 부활, 승천, 성령 하나님의 강림을 통해서 비로소 사람들에게 알려졌다(신 29:29; 골 1:26). 사도 바울은 그리스도께서 자신에게 위임하신 사도의 직분을 따라 그 분의 말씀을 전하였다: "내가 교회의 일꾼 된 것은 하나님이 너희를 위하여 내게 주신 직분을 따라 하나님의 말씀을 이루려 함이니라"(골 1:25). '하나님의 말씀을 이루려 함이니라'에서 성취하다는 의미를 담고 있는 헬라어 '플레로우'(πληρόω)는 이전에 미리 계획했던 목적을 한치의 오차나 누락이 없이 100% 완벽하게 실현한다는 의미를 담고 있다.

사도 바울이 이렇게 알려진 하나님의 비밀을 초대교회 신자들에게 선포하고 가르치는 이유는, "하나님께서 그 신자들에게 창세 전에 예정하신 하나님의 예정과 그 말씀을 이루려 함이니라(πληρῶσαι τὸν λόγον τοῦ θεοῦ", 골 1:25). 사도 바울은 자신의 설교 사역과 복음 전도 사역이 철저하게 만세와 만대로부터 감추어졌던 하나님의 말씀의 능력과 영광을 이제 예수 그리스도 안에서 사람들에게 알리시고 그 능력과 영광을 실제적으로 실현하시려는 하나님의 사역임을 늘 강조하였다.

말씀 사역은 사람이 하더라도 그 말씀 사역의 기원이나 주체, 그리고 성공적인 결과를 위한 능력은 절대적으로 삼위 하나님께 달렸다는 것이다. 성부 하나님이 시작하신 일이고, 성자 예수 그리스도에 관한 말씀만을 전해야 하고, 성령 하나님의 감동이 동반되지 않으면 말씀의 역사가 결코 나타나지 않는다.

하나님의 말씀 사역이 철저하게 삼위 하나님의 주권에 달렸지만, 하나님의 말씀 사역이 시간의 흐름 속에서 진행되고 그 사역들이 시간의 흐름 속에서 누적된 구속의 역사에서 하나님은 철저하게 인간 선지자와 사도들, 그리고 복음 전도자들과 설교자들을 통하여 이 역사를 진행하신다. 문제는 하나님의 말씀을 선포하고 전파하는 말씀 사역 앞에는 수 많은 난관과 장애물 그리고 유혹과 함정이 놓여 있다. 사도 바울을 감동하셔서 그로 하여금 하나님의 능력의 말씀을 전달하도록 하셨던 성령 하나님은 동일한 능력과 지혜로 지금도 그 말씀 사역을 감당하는 설교자들을 통하여 지금도 동일한 능력과 영광의 구속사를 진행하고 계시다.

따라서 하나님의 말씀을 제대로 전하기를 원하는 설교자는, 성령 충만한 설교자를 찾아서 그 설교자를 자신의 설교 사역의 멘토로 정하여 그 멘토의 지도를 철저하게 따라야 한다. 자신의 설교 메시지로 하나님의 말씀을 제대로 선포하기를 원한다면, 요한계시록 5장에 묘사된 사도 요한의 탄식을 절감할 줄 알아야 한다. 사도 요한은 성령 하나님의 감동으로 하늘 보좌에 앉으신 하나님의 오른손에 놓여진 두루마리를 보게 되었다. 분명 하나님의 말씀이 기록된 두루마리였다. 그러나 문제는 그 두루마리는 일곱 인으로 인봉이 되어 있어서 읽어볼 수 없었다. 분명 고

낮 중에 절망하는 하나님의 백성들을 위로하고 행복하게 변화시킬 능력의 말씀이 기록되어 있을 것이다. 사도 요한이 주변을 바라보니 "그 두루마리를 펴거나 보거나 하기에 합당한 자가 전혀 보이지 않았다"(계 5:4). "힘 있는 천사가 큰 음성으로 외치기를 누가 그 두루마리를 펴며 그 인을 떼기에 합당하냐?"(계 5:2). 하늘의 힘 있는 천사가 그렇게 외치며 질문하지만 사도 요한이 온 세상을 살펴보아도 "하늘 위에나 땅 위에나 땅 아래에 능히 그 두루마리를 펴거나 보거나 할 자가 없더라." 그래서 사도 요한은 절망과 탄식으로 "크게 울었더라"(계 5:4).

왜 사도 요한은 하나님의 작정하신 계획이 기록된 말씀의 두루마리를 펼 자가 온 세상에 한 사람도 없어서 크게 절망하며 대성통곡하였을까? 그 두루마리를 펴서 죄인들에게 말씀을 선포하고 죄인들 가운데 말씀의 약속을 온전히 성취할 사람이 없으면 이 세상의 비극과 슬픔과 눈물은 하나도 해결될 수 없기 때문이다. 그래서 사도 요한은 통곡하며 슬피 울었다.

그러자 하나님의 보좌에 둘러선 이십사 보좌들에 앉은 장로들 중의 한 사람이 사도 요한에게 다가와서 위로하며 말하기를 "울지 말라 유대 지파의 사자 다윗의 뿌리가 이기었으니 그 두루마리와 그 일곱 인을 떼시리라 하더라"(계 5:5). 할렐루야! 유대 지파의 사자 다윗의 뿌리는 예수 그리스도이시다. 예수 그리스도께서 그동안 사람들의 눈과 귀에 인봉된 하나님의 비밀의 일곱 인을 떼시고 그 두루마리에 기록된 하나님의 말씀을 선포하실 뿐만 아니라 그 약속의 말씀을 실현하셨다는 것이다. 예수 그리스도께서 성령 하나님과 함께 성부 하나님이 감추어두었던 비밀의 일곱 인을 떼시고 두루마리를 펴서 말씀을 선포하시는 역사는 그 분의 십자가 죽음과 부활로 시작되었고, 지금 2020년 온 세상에 흩어진 교회와 성령 충만한 설교자들을 통하여 지금도 그 구속의 역사를 진행하고 계시다. 따라서 하나님의 말씀을 제대로 선포하기를 원한다면, 이미 설교 사역을 잘 감당하고 있는 유능한 설교자를 자신의 평생 설교 사역을 지도할 멘토로 정하고 그 멘토의 가르침을 철저하게 뒤따라야 한다.

사도행전 8장 26절 이하에는 예루살렘에 있던 교회의 복음 전도자 빌립이 에디오피아 여왕 간다게의 모든 국고를 맡은 관리인 내시에게 복음을 전하는 장면이 소개된다. 당시 에디오피아의 지체 높은 귀족 내시는 예배하려 예루살렘에 왔다가 고국으로 돌아가면서 수레 안에서 선지자 이사야의 글을 읽고 있었지만 그 내용을 이해할 수 없었다. "성령 하나님께서 빌립더러 이르시되 이 수레로 가까이 나아가라 하시거늘 빌립이 달려가서 선지자 이사야의 글을 읽는 것을 듣고 말하되 읽는 것을 깨닫느냐?"(행 8:29-30). 이 때 에디오피아의 내시의 형편이 바로 설교 사역의 멘토가 필요한 모든 예비 설교자들의 절박한 상황이다. "지도해 주는 사람이 없으니 어찌 깨달을 수 있느냐?" 그렇게 자신의 곤란한 상황을 고백한 다음에 빌립을 청하여 수레에 올라 같이 앉으라 하고 자신이 읽고 있던 이사야 53장 7절 이하의 말씀의 의미를 해석해 주기를 요청하였다: "그 내시가 빌립에게 말하되 청컨대 내가 묻노니 선지자가 이 말한 것이 누구를 가리킴이냐 자기를 가리킴이냐 타인을 가리킴이냐?"(행 8:34).

아담에게서 시작된 말씀 전파의 사역은 아벨에게로 계승되었고, 모세에게서 시작된 이스라엘 구원의 역사는 여호수아에게로, 엘리야를 통한 언약 기소의 말씀 사역은 엘리사를 통한 말씀 사역으로, 예수 그리스도에게서 시작된 새언약에 관한 말씀 사역은 그 이후 사도들의 복음 전도 사역으로 계속 이어졌다. 사도들의 복음 전도 사역은 속사도 교부들과 어거스틴, 루터나 칼빈과 같은 종교개혁자들, 그리고 근대 대각성 부흥운동을 주도했던 조지 휫필드와 조나단 에드워즈, 찰스 스펄전, 구프린스톤 신학교의 찰스 핫지나 그레삼 메이첸, 존 스토트, 로이드 존스, 한국의 주기철, 손양원, 박형룡, 박윤선 등등의 설교자들로 계속 이어지고 있다.

2천 년 설교 역사를 살펴보면 그 어느 설교자건 자기 혼자 힘으로 유능한 설교자로 그렇게 갑자기 세워진 것도 아니다. 이들 모두 어느 날 갑자기 그렇게 탁월한 설교자로 두각을 나타낸 것이 아니다. 모두 다 한결같이 "이 세상 모든 사람들이 다 천국에 들어가고 오직 자기만 지옥에 들어가더라도 하나님 앞에서 전혀 할 말이 없는 죄인"인 것을 철저하게 깨닫고 회개하는 시간을 가졌다. 그리고 거룩하신 하나님 앞에서 자신은 결코 하나님의 말씀을 한 마디라도 전할 수 없는 참으로 부패하고 무능한 죄인인 것을 절감하였다. 철저한 회개와 자기 부정의 시간을 거친 다음에라도 즉시 사람들 앞에 나타나지 못하고 오랜 침묵과 성찰, 그리고 혹독한 훈련과 연단의 시간을 거쳤다. 무엇보다도 먼저 하나님의 말씀을 제대로 전하는 전도자와의 운명적인 만남과 가르침의 시간을 거쳤다.

하나님은 오직 하나님을 통해서만 알려질 수 있고, 하나님 말씀 선포의 기원과 내용, 그리고 그 효과 모두가 철저하게 하나님께 달렸다. 그러나 하나님의 말씀 선포로 진행되는 하나님의 구속역사는 그 말씀의 절대적 주권을 깨닫고 그 주권적인 사역을 섬기는 복음 전도자들을 통하여 진행된다. 하나님은 자신의 말씀을 철저하게 인간 사역자들을 통하여 전파하신다. 그러므로 만일 하나님의 말씀 사역을 제대로 숙달하여 그 말씀을 제대로 선포하기를 원하는 예비 설교자들이라면 반드시 하나님의 말씀 선포에 이미 정통한 설교자들 중에 자신의 설교 사역을 탁월한 수준까지 지도하기에 적당한 멘토를 찾아서 그 멘토의 가르침을 철저하게 따라가야 한다.

1) 성경에 등장하는 인물들의 멘토

앞서가는 멘토 설교자의 지도를 받기를 원하면 다음 세 가지 유형의 멘토를 평생의 지도자로 정해야 한다. 첫째가 하나님의 구속역사에 등장했던 탁월한 설교자들을 자신의 멘토로 정해야 한다. 성경이 증거하는 하나님의 구속역사가 지금 21세기 한국 땅에서도 현재진행형의 사건으로 그대로 진행되고 있음을 깨닫고서, 현재 자신이 섬기는 교회의 목회 사역 속에 성경의 구속역사와 동등한 수준에서 구속 사역을 말씀으로 섬기기를 원하면, 성경에 등장하는 설교자들을 자신의 멘토로 정해야 한다. 모세와 다윗, 이사야와 엘리야, 사도 베드로와 바울이 바로 오늘의 설교자들이 멘토로 정해야 하는 하나님의 설교자들이다. 오늘의 설교자들이 성경에서 배워야 하는 최고의 설교자는 바로 예수 그리스도이시다. "집마다 지은 이가 있으니 만물을 지으신 이는 하나님이시라 또한 모세는 장래에 말할 것을 증언하기 위하여 하나님의 온 집에서 종으로서 신실하였고 그리스도는 하나님의 집을 맡은 아들로서 그와 같이 하셨으니 우리가 소망의 확신과 자랑을 끝까지 굳게 잡고 있으면 우리는 그의 집이라"(히 3:5-6).

예수 그리스도는 자신의 말씀과 사역으로, 특히 십자가 죽음과 부활, 승천, 그리고 성령 하나님을 파송하심으로 구약의 예언의 말씀을 완벽하게 실현하셨다. 이를 통해서 그리스도는 하나님의 백성들을 구속하시고 지금도 그들에게 계속 말씀하심으로 그들을 통치하시며 그들의 속량 받은 삶과 거룩한 성화의 삶을 통하여 하나님의 크신 능력과 영광을 나타내고 계시다.

예수 그리스도는 신자들의 구세주이실 뿐만 아니라, 성경적인 설교를 추구하는 목회자들, 설교자들에게 성경적인 설교의 모범을 보여주셨다. 사복음서에 묘사된 예수 그리스도는 당시 유대인들이 오해하고 또 실천하지 않던 모세오경과 시편, 그리고 선지서의 말씀을 당대 유대인들과 제자들의 문제 상황을 향하여 해설해 주고 또 적용의 방향을 제시하셨다. 예수께서는 이러한 수사적인 목적을 달성하기 위하여 비유나 은유, 또는 논쟁과 같은 다양한 수사적인 전략을 활용하셨다. 오늘날의 설교자들이 예수님의 설교와 복음 전도 메시지로부터 배울 수 있는 최대의 설교학적인 모범은 설교학적인 상호본문성(homiletical intertextuality)이다. 이에 대해서는 차후에 다시 설명할 것이다.

2) 설교학 교과서를 통해서 만나는 멘토

설교의 역량을 향상시킬 수 있는 가장 효과적인 방법은 설교학 교과서들을 정독하면서 저자의 설교에 관한 가르침을 숙지하는 것이다. 하나님은 2천 년 교회 역사에 수많은 탁월한 설교자들을 보내주셨고, 그 중에 몇 몇 설교자들은 자신이 감당했던 영광스런 설교 사역의 비결을 기록으로 남겼다.

① 어거스틴의『기독교 교육론』은 설교역사 최초의 설교학 교과서다.

② 존 칼빈의『기독교 강요』와 윌리엄 에임스의『신학의 정수』는 설교학 교과서보다는 조직신학 교과서라고 하는 편이 어울릴 것이다. 하지만 개혁파 설교자들이 자신의 설교 메시지가 개혁수의 신학의 찬란한

기초 위에 전달되기를 원한다면 반드시 평생 옆에 두고 참고해야 하는 교과서들이다.

③ 로이드 존스의 『설교와 설교자』는 지상의 모든 설교자들이 반드시 읽고 또 읽어야 하는 설교학의 영원한 고전이다.

④ 루돌프 보랜의 『설교학 원론』과 『설교학 실천론』은 설교의 신학적인 깊이를 좀 더 심화시키기를 원하는 설교자들에게 반드시 추천할만한 책이다.

⑤ 해돈 로빈슨(Haddon Robinson)은 고든 콘웰 신학대학원의 총장이자 설교학 교수로 가르쳤다. 그의 책 『강해설교』(또는 성경적 설교, Biblical Preaching)은 20세기 복음주의 교회들과 설교학계에 고전으로 남아 있다. 강해설교 분야와 새강해설교(New Expository Preaching) 분야에 여러 학자들의 교과서를 이해하려면 논리적인 순서를 위하여 해돈 로빈슨의 강해설교를 먼저 이해하는 것이 반드시 필요하다. 이 외에도 프래드 크래독의 『설교』와 요한 실리에의 『설교 심포니』가 추천할만하다.

3) 탁월한 설교자들에게서 배우는 하나님의 말씀 선포

① 박영선 목사의 『하나님의 열심』, 박윤선 목사의 설교 테이프, 옥한흠 목사, 이찬수 목사, 이동원 목사, 곽선희 목사.

② 찰스 스윈돌(Charles Swindoll): 텍사스 프리스코 소재 스톤브라이어 커뮤니티교회 담임목사이다. 라디오 사역과 함께 지난 1963년부터 목회를 해 온 스윈돌 목사는 "은퇴할 계획이 없다"고 말했다. 2002년 '리더십 저널' 독자들은 그를 미국의 가장 영향력 있는 설교자로 꼽았다. 2010년

라이프웨이 연구소에서 실시한 조사에 따르면, 그는 빌리 그래함 목사 다음으로 영향력 있는 설교자로 선정되기도 했다.

③ 존 파이퍼(John Piper): 미네아폴리스 소재 베들레헴 침례교회에서 오래 사역한 목회자이며 DesiringGod.org 설립자이다. 파이퍼 목사는 개혁신학의 대중화로 유명하다. 젊은 세대들 중에는 파이퍼 목사가 지난 2000년 패션 콘퍼런스에서 전한 '시간을 낭비하지 말라'(Don't Waste Your Life) 설교를 듣고 그를 추종하게 된 이들이 많다. 2010년 라이프웨이 연구소가 개신교 목회자들을 대상으로 한 조사에서 가장 영향력 있는 설교자 10명에 들기도 했다. 그는 현재 미네아폴리스에 위치한 베들레헴신학교 학장으로 있다.

최근 출판사 "복있는 사람"은 존 파이퍼(John Piper) 목사의 *The Supremacy of God in Preaching*(설교에 나타난 하나님의 탁월성, 또는 최고의 하나님을 설교하기)을 『(최고의) 하나님을 설교하라!』는 제목으로 번역 출판하였다. 이 책에서 존 파이퍼 목사는 조나단 에드워즈(Jonathan Edwards)가 추구했던 하나님의 거룩한 영광에 관한 개혁주의 설교 전통을 다시금 회복할 것을 주장하고 있다.

"오늘날 복음주의자들 사이에는 성경적인 설교의 권위와 능력이 훼손되기 딱 좋은 흐름들이 나타나고 있습니다. 명제화된 계시를 경시하는 주관적 인식론이 있습니다. 모호하게 해석하도록 분위기를 조성하는 언어학 이론들이 있습니다. 성경의 가르침 가운데 불편한 것은 슬쩍 넘어가는 대중적·문화적 상대주의도 있습니다." "회개가 아닌 웃음이 수많은 설교자들의 목표가 되어버린 듯 합니다. 청중의 분위기가 이상하게 가라앉는다 싶을 때 그 분위기를 재빨리 몰아내기 위해 설교자가 아주 의도적으로 가벼운 재담과 말장난을 하거나 익살을 떠는 모습을 보곤 합니다."

"이 책을 통해 제가 하려는 일은 설교에서 하나님을 최고로 높이라고 호소하는 것입니다. 하나님의 주권적인 은혜의 자유를 설교의 구조로 삼고, 하나님의 영광을 위한 열심을 일관된 주제로 삼으며, 하나님의 무궁무진하심을 원대한 목표로 삼고, 하나님의 거룩하심이 전체적인 분위기에 스며 나오게 하라고 호소하는 것입니다."

④ 팀 켈러(Tim Keller): 뉴욕의 리디머 장로교회의 설립목사이다. 지난해 리디머 교회의 강단에서 물러났다. 2015년 자신이 쓴 '설교'(Preaching)라는 책에서 그는 "강해설교는 기독교 공동체에 주된 영적 양식을 공급해주어야 한다"고 말했다.

내가 비록 죄악의 권세로부터 결코 자유로울 수 없는 죄인임에도 불구하고 그러나 성령 하나님께서 도와주신다면 감히 내 입술로 무한히 거룩하시고 영광스러운 하나님의 이름을 찬양하고 그 분의 주권을 높이는 일에 동참해보겠다고 결단해야 한다. 설교를 잘 하려면 감히 "내가 하나님을 설교해보겠다"고 결단해야 한다. 그동안 내가 설교한 것은 하나님의 말씀이 아니라 내가 그동안 설교의 당위성과 관련하여 배운 신학 지식이나 또는 노하우에 불과할 뿐 진정 하나님의 말씀에 미치지 못했음을 겸손하게 인정하면서 이제부터라도 '감히 하나님을 설교해보겠다'고 결단해야 한다. 그리고 설교를 잘 해보겠다는 마음을 주신 성령 하나님께서 나머지 방법의 문제도 책임져 주실 것을 믿고서, 하나님의 방법인 '성경적인 설교'(biblical preaching)에 깊이 헌신해야 한다.

4. 추체험을 얻는 성경 해석

설교를 잘 해보고 싶다면 넷째 단계에서는 성경 본문을 하나님의 시각, 또는 구속역사의 시각으로 해석하여 본문 속에서 설교자가 먼저 하나님과의 인격적인 만남의 사건을 경험해야 한다. 설교자가 '하나님은 오직 하나님 자신을 통해서만 제대로 알려질 수 있다'고 믿는다면, 하나님이 마련하신 하나님과의 만남을 위한 최고의 수단인 성경 본문을 해석하는 목표는 무엇이어야 할까? 단순히 본문 단어나 구절의 주해적인 의미(exegetical meaning)만을 확인하는 것이 아니라, 그러한 단어나 구절들의 배치나 전개를 통해서 독자를 안내하는 하나님과의 인격적인 만남의 체험을 얻어야 한다.

일반적으로 성경 해석의 중요한 목적은 설교자가 성경 본문의 의미(meaning of the text)를 찾아내고 이해하는 것이다. 하지만 이러한 입장은 주로 주해적 목적에 머무르는 입장이다. 설교 강단에서 하나님의 말씀을 선포할 목적으로 성경을 해석하는 것이라면, 그 성경 해석의 가장 중요한 목적은 성경 본문 안에서 설교자가 살아계신 하나님과의 인격적인 만남의 사건을 체험하는 것이다. 해석학의 관점으로 설명하자면 해석자가 본문 저자의 기억을 매개로 과거 사건을 다시 체험하는 것이다. 본문을 매개로 저자의 기억을 다시 체험하는 추체험(追體驗, Nacherleben)이며, 설교학의 용어로 설명하자면 말씀-사건(Word-event)을 경험하는 것이다.[3]

성경 본문을 연구하고 주해하는 과정에서 해석자는 본문이 가리키는 과거 사건을 현재 진행되는 구속 사건으로 다시 체험할 때 비로소 자신의 영적인 체험을 설교 메시지에 담아서 선포할 수 있다. 이러한 성경 해석 전략을 그리스도 중심의 구속역사 관점의 성경 해석이라고 한다.

즉 설교자가 본문 해석 과정에서 거듭 확인하고 체험해야 하는 하나님과의 인격적인 만남의 수단과 목표가 있다. 그것은 천지 창조와 아담의 타락, 이스라엘을 통한 구속의 예언과 예수 그리스도의 공생애 사역, 십자가 죽음과 부활, 승천, 성령 파송, 교회 설립, 성령을 통한 통치의 구속 역사의 프레임이다. 이러한 구속사 프레임은 추체험을 위한 성경 해석의 출발점인 동시에 추체험을 통한 성경 해석의 목표이고, 한 걸음 더 나아가 설교를 통해서 신자들을 설득해야 하는 설득의 내용인 동시에 설득의 목표이기도 하다. 구속역사의 프레임이 설교의 목표라는 의미는 설교 메시지가 선포된 다음에 신자들로 하여금 자신들의 인생과 삶이 하나님이 이끄시는 구속역사의 프레임 안에 들어와 있음을 깨닫는 것이다.

그룹 토론을 위한 질문

1. 나는 하나님 앞에서 누구인가? 삼위 하나님으로부터 어떤 사명이 주어졌는가? 그 거룩한 사명을 실현하도록 하나님이 나에게 특별히 부여하신 최고의 달란트와 은사는 무엇인가? 하나님이 나에게 맡기신 거룩한 사명을 위하여 내 안에서 뜨겁게 불타오르는 열정이 있다면, 그것은 무엇일까? 뜨겁게 불타오르는 수준은 아니지만 다른 관심사들에 비하여 좀 더 시선이 오래 머물고 마음이 조금 더 가는 관심사가 있다면, 그것은 무엇일까?

_____

_____

_____

2. 1990년대 이후 한국교회 성장률이 둔화하며 한국 기독교에 대한 사회적인 신뢰도가 점차 쇠락하고 있다. 한국교회 목회자들의 설교 메시지가 청중 신자들에게 예전과 같은 상당한 영향력을 발휘하지 못하고 있다. 한국교회 목회자들의 설교 메시지가 살아 역사하시는 하나님의 능력 있는 말씀다운 영향력을 회복하려면 설교자가 어떻게 설교해야 할까? 무엇이 가장 중요할까?

_____

_____

_____

3. 설교의 두 축은 올바른 성경 해석과 설득력 있는 설교 전달이다. 개혁파 신학의 전통을 따르는 목회자들이 하나님의 말씀다운 설교 메시지를 전하려면, 그 메시지의 내용과 설득 목표가 성경 본문의 내용과 설득 목표와 일치해야 한다. 그와 동시에 설교 메시지가 청중 편에서 공감할만한 청중이 직면한 영적인 문

제에 관한 해결책을 제시해야 한다. 내가 강단에서 선포하는 설교 메시지가 성경 본문의 근거를 확보함과 동시에 청중 편에서 공감을 얻고 설득력을 발휘하려면 어떻게 설교해야 할까? 제대로 된 하나님 말씀 선포를 위하여 오늘날 설교자들 또는 나 혼자만이라도 시급하게 갖추어야 하는 가장 중요한 요건은 무엇일까?

---

4. 나를 설교자로 부르신 하나님은 내 안에서 하나님의 말씀 선포에 관한 간절한 소원과 열정을 만들어 주시고, 내 심령 안에서 하나님 말씀을 향한 고유한 소원과 열정을 통하여 일하신다. 나만의 고유한 설교 철학을 진술하여 보자!

현대 설교학의
트랜드

기독교 설교의 기본 목표는 영원한 하나님의 말씀, 로고스(λóγος)를 변화하는 상황(context)을 살아가는 교회와 신자들에게 선포하는 것이다. 영국의 저명한 설교자 존 스토트에 의하면 설교는 과거에 기록된 하나님의 말씀과 오늘의 하나님의 백성 사이를 연결하는 "다리 놓기 작업"(bridge making)이다. 영속적이고 불변하는 하나님의 말씀을 변화하는 상황에 있는 현시대의 청중에게 선포하여, 성경의 세계와 청중의 세계사이의 간격을 좁혀서, 청중으로 하여금 성경 말씀으로 변화를 경험하도록 하는 것이 설교 제일의 과제다. 설교 제일의 과제 속에는 설교학이 끊임없이 고민하여 해답을 내놓아야 할 "상황의 문제"가 있다. 불변의 진리와 변화하는 상황을 연결하는 과제가 설교학의 본질적인 성격을 규정한다.

　실천신학의 한 분과인 설교학(homiletics)은 불변하는 하나님의 말씀에 관한 신학(theology)과 변화하는 상황 속의 회중에게 설득력을 발휘하는 연설에 관한 수사학(rhetorics)이 결합된 학문이다. 성경을 해석하거나 개혁주의 신앙고백서에 담긴 기독교의 핵심적인 교의(doctrine)를 연구하는 이론 신학은 불변하는 진리를 탐구한다. 반면에 실천신학에 속한 수사학과 설교학은 변화하는 시공에 속한 신자와 교회에게 설득력 있는 수사적인 전략과 효과적인 적용 방안을 탐구한다.

본 장에서는 최근 설교학 동향을 개괄적으로 파악하고 한국교회의 설교적 대안을 모색하고자 한다. 이를 위해서 먼저는 현대 설교학이 발전하게 된 그 배후의 사회 문화적인 배경을 살펴볼 것이다. 이어서 전통적인 설교에 내재해 있던 문제점과 이 문제점을 극복하고자 현대 설교학자들이 제시한 다양한 설교학의 대안들을 살펴볼 것이다.

1. 현대 설교학의 발달 배경

20세기 중반 이후 현대 설교학이 발달한 배경은 다음 세 가지다: 계몽주의와 교회 권위의 쇠퇴, 문명사에서 뉴 미디어의 등장에 따른 커뮤니케이션의 급격한 변화, 통전적인 성경해석학의 발전이 설교학에 미친 영향.

1) 계몽주의와 교회 권위의 쇠퇴

20세기 이후 현대 설교학이 발전하게 된 배경에는 16세기 유럽 사회에 계몽주의의 등장과 그에 따른 로마 가톨릭 교회 권위의 쇠퇴 문제가 자리하고 있다. 전통적으로 로마 가톨릭과 기독교 교회의 설교 방식은 이미 확증된 교리적 가르침이나 전통으로부터 물려받은 교훈을 그 교훈과 가르침이 필요한 청중에게 일방적으로 가르치고 선포하는 것이었다. 교회가 선포하는 거룩한 가르침(sacred teaching)에는 어떠한 이의도 용납되지 않았다. 다만 청중의 역할은 하나님 말씀 선포의 권위를 가진 사제나 설교자가 일방적으로 선포하는 메시지를 그대로 수용하는 것 뿐이었다.

전통적으로 로마 가톨릭 교회와 사제들은 특징한 한 개체보나는 모든 개체를 아우르는 보편의 우위를 주장하는 실재론(實在論, realism)에 근거하여 하나님의 말씀 선포로서의 설교나 성례 집행과 같은 종교적인 기득권을 행사해왔다. 하지만 로마 가톨릭의 실재론이 오캄(William of Ockham)의 유명론(唯名論, nominalism, 보편은 실재하지 않는 지적인 개념일 뿐이고 실상은 개체가 보편보다 우위에 있다는 철학적 논리)에 의해서 무너지게 되었다. 보편과 절대적 권위보다는 하나 하나의 개체가 독립적으로 인정되고 평민들의 주권이 인정되기 시작하였다. 16세기 유럽 사회에 계몽주의가 등장하면서 일반 대중들은 점차 기존의 종교적인 권위와 그 권위적인 가르침에 대하여 이성적이고 합리적인 비판과 의심을 갖기 시작하였다. 이러한 변화는 유럽 사회에 민주주의의 발달로 이어졌지만 그와 동시에 종교적인 기득권과 영적 권위도 서서히 붕괴되기 시작하였다.

물론 교회 강단에서 선포되는 하나님의 말씀에 대한 거부와 반발은 계몽주의라는 새로운 시대사조 때문에 새롭게 나타난 현상은 아니었다. 이는 타락한 인간의 본래적인 죄성과 하나님의 말씀 순종에 대한 반항심에서 비롯되는 근원적인 문제다. 그러나 인류 문명의 역사에서 계몽주의와 합리주의 이후 기독교 교회의 영적 권위에 대한 거부와 설교 메시지에 대한 반발심은 그 이전과 분명 구별되는 새로운 시대사조인 것만은 분명하다. 계몽주의의 등장, 신대륙의 발견과 전 세계적인 항해와 무역의 발달, 상공업의 발달, 18세기 이후 대륙 열강들의 비약적인 군비 경쟁, 과학과 의학의 발달, 그리고 20세기 초반의 양차 세계 대전의 역사적인 변동은 하나님 중심적인 세계관을 인간과 자연 중심적인 세계관으로 바꾸었다.

근대의 대표적인 철학자 칸트의 철학 체계는 기독교와 같은 종교는 개인의 신앙 영역으로 축소되고 그 제한된 영역을 지향하여 선포되는 설교 메시지마저 인간의 합리적 이성이라는 잣대로 비평의 문을 통과해야만 청중 내면에 수용이 가능해졌다. 더 이상 무조건적이고 일방적으로 선포되는 설교 메시지는 교회 강단에서 선포되어서도 안되고 들어주어서도 안 된다는 것이다. 하나님의 말씀을 거부하는 본능적인 반항심이 교회의 절대적 권위 아래 파묻혀 있다가 이제는 공개적이고 전면적으로 부상한 셈이다. 그 결과 그동안 일방적으로 들어왔던 설교 내용이나 3대지 설교 형식이 과연 20세기에도 여전히 효과적인지에 관한 심각한 질문이 제기되기 시작했다.

2) 커뮤니케이션의 대변혁

인류 문명의 역사를 커뮤니케이션 수단과 방식의 변화의 관점에서 파악할 수 있다. 문명사에서 커뮤니케이션 수단과 방식은 문자 이전의 구술에 의한 의사소통의 시대(preliterate oral communication age)로부터 인쇄술의 발달과 함께 발전하기 시작한 문자에 의한 의사소통의 시대(literate or print communication age)를 거쳐서 현재는 전자매체에 의한 커뮤니케이션 시대(electronic communication age)로 진행하고 있다.

맨 먼저 고려시대의 금속활자나 구텐베르크의 활자가 발명되기 이전의 가장 활발한 의사전달의 형식은 다수의 청중이 모인 곳에서 한 사람의 설교자가 등장하여 메시지를 선포하는 일대다(一對多)의 구두 연설 방식이었다. 모든 주변 세계가 쉽게 이해되지 않은 신비와 경이로 가득 차 보이는 계몽주의 시기 이전을 살아갔던 교회의 청중들은, 교회와 사제, 그리고 목회자들로부터 일대다(一對多)의 커뮤니케이션을 매개로 세상이 어떻게 돌아가는지에 관한 형편이라든지 지적 호기심을 충족할 수 있었다.

당시 로마 가톨릭과 기독교 교회는 구원의 관문으로 인식되었으며 예배당 안에 자리하고 있는 설교단과 그곳에서 선포되는 하나님의 말씀은 일체의 회의나 비판이 용납될 수가 없었다. 중세 이전에 성경은 자국민의 언어로 번역되지도 않았고 일반 대중의 입장에서 성경을 쉽게 구하여 읽기도 어려웠다. 또 사제나 설교자들이 라틴어로 설교 메시지를 전할 때에는 설교 메시지는 이해할 수소자 없었다. 그저 예배에 참석하는 것만으로 만족해야만 했다. 이러한 상황에서 기독교 설교는 긍정적으로는 신앙 공동체를 내부적으로 결속시키고 참여자들에게 소속감을 부여하는 무형의 "문화적 하부구조"(cultural infrastructure)였다.

그러다가 15세기에 요한 쿠텐베르크에 의해서 인쇄술이 발명되면서 그동안의 일대다의 의사소통 방식에 일종의 혁명이 발생하였다. 존 스타트(John Stott)에 의하면 인쇄술은 부족의식(tribalism)의 종말을 가져왔고 원시 인간 사회의 집단적인 일체성을 파괴했으며 모든 인간을 개인주의자와 전문가로 만들었다고 한다. 인쇄술이 발명되면서 개인이 정보 매체를 직접 대할 수 있게 되었다. 그러자 기존의 일방적이고 권위적인 의사소통 체계가 서서히 붕괴하기 시작했다. 인쇄술의 발명은 자동적으로 일대일(一對一)의 의사소통방식, 즉 독자 한 사람이 문서 매체 하나를 개별적으로 접하면서 정보 발신자와 수신자가 상호 간에 동등한 지위를 확보할 수 있는 방식으로 의사소통이 진행될 수 있는 토대를 마련하였다. 이전의 일대다(一對多)의 의사소통 상황에서는 전혀 누릴 수 없는 인식의 주체성이 마련된 것이다. 정보 수신자 편에서의 정보에 대한 선택과 비판의 자유가 허용된 것이다. 정보 수신자는 제시되는 정보가 잘 이해되지 않는다면 의사소통 과정을 멈추거나 중지시킬 수 있게 되었다. 전달되는 정보에 대하여 다양한 각도에서 비판과 의심, 혹은 질문을 제기할 수 있게 되었다. 정보 수신자 편에서 정보 발신자와 동등한 의사소통 주도성과 자율성이 확보된 것이다.

의사소통 양상의 변화는 자연히 기독교 설교에도 커다란 영향을 주기 시작하였다. 닐 포스트만(Neil Postman)에 의하면 인쇄술이 기독교 설교에 끼친 영향은 정보 수신자의 지적인 욕구와 활발한 인지 능력에 부합하고자 설교 내용이 명제적이고 그 내용을 전개하는 방식이 일방적 선포가 아니라 논증 형식을 띄게 되었다. 설교 메시지는 더 이상 예전처럼 일방적이고 비논리적이어서는 안 된다. 모든 설교 문장은 각각 분명한 명제 내용을 담아야 한다. 또 서론에서 본론을 거쳐 결론으로 진행되는 전체 과정은, 문제로부터 해결로 이어지는 논증 형식을 갖추어야 한다. 인쇄술이 등장하고 계몽주의와 합리주의를 거치면서 기독교 설교는 청중 개인의 자율적인 인식을 중요시하는 설교 형식을 갖추어야만 하게 되었다.

19-20세기 초에 전자매체가 등장함으로 인류 문명사에 의사소통의 방식에 획기적인 변화가 뒤따랐다. 사뮤엘 모르스에 의한 전보의 발명, 그리고 라디오 방송과 텔레비전의 등장과 같은 전자매체의 등장은 이미 혁명적이었던 기존의 의사소통 방식을 더욱 과격하게 바꾸어 놓았다. 설교자의 입장에서 다음 3가지에 주목할 필요가 있다: 커뮤니케이션에

서 수신자의 제왕적 지위, 권위를 대체하는 필요와 상호 공감, 실제를 재구성하는 입체적인 설득력.

① 커뮤니케이션에서 수신자의 제왕적 지위

정보 발신자와 수신자 사이에 진행되던 의사소통이 일대다(一對多) 방식에서 일대일(一對一) 방식을 거쳐서 이제는 다대일(多對一) 방식, 즉 한 사람의 정보 수신자가 다양한 정보 송신자를 거느리는 양상으로 바뀌었다. 일대다(一對多) 방식의 커뮤니케이션에서 정보의 수신자는 특정 정보가 필요하거나 이해할 수 있는지의 여부에 관계 없이 일방적으로 수용해야만 했다. 하지만 다대일(多對一) 방식의 커뮤니케이션에서 정보 수신자는 필요한 정보를 자기 마음내로 선택할 수 있는 지위로 변화하였다. 21세기에는 너무나 많은 정보들이 현대인들을 괴롭히고 있는 실정이다. 현대인들에게는 필요한 정보만을 잘 취사선택해야 하는 문제가 그 어느 때 이상으로 중요해졌다.

② 권위 대신에 필요와 상호 공감의 중요성

커뮤니케이션 상황에서 정보 발신자와 수신자 사이에 커뮤니케이션을 지탱하는 권위(authority)가 사라지고 그 빈 자리를 의사소통의 필요(needs)와 상호 공감(mutual communion)이 채워졌다. 예전에는 설교자나 목회자가 설교 의사소통의 권위를 행사했다면, 이제는 침묵하는 청중이 설교 의사소통에 인격적인 관여(personal engagement) 여부를 결정하게 되었다. 그 결과 교회 안팎에서 권위적인 커뮤니케이션은 모두 사라지고 상호 필요와 공감이 커뮤니케이션 관계와 지속 여부를 결정하게 되었다. 청중의 입장에서 보기에 설교 메시지를 들을 필요(needs)가 있거나 새로운 깨달음과 영적 도전이 전달되지 않는다면, 즉 메시지에 공감이 되지 않는다면 더 이상 설교를 들어야 할 이유가 없는 것이다. 청중 편에서 설교를 들어야 할 필요가 충족되지 않거나 메시지에 공감이 되지 않는 설교는 철저히 외면 받는 시대가 도래하였다.

③ 하나님 나라 실재를 재구성하는 입체적인 설득력

다대일(多對一) 방식의 커뮤니케이션에서 주목할 두 번째 특징은 커뮤니케이션 형식과 수단의 변화다. 일대다의 상황에서는 오로지 청각에 의존해야만 했었다. 구두 발성에 의존하는 연설 형식을 통하여 인간의 상상력을 자극하는 방식으로 설교 사역이 이뤄졌다. 그러다가 일대일 방식의 소통 시대에는 청중 개개인의 지성에 호소하는 논리력이 중요했다. 전자 매체가 주류를 이루는 다대일(多對一) 방식의 커뮤니케이션 시대에는 사람이 가진 모든 감각을 다 활용하는 방식으로 정보의 소통이 이뤄지고 있다. 청각을 이용하는 음성과 다양한 소리와 음악 뿐만 아니라 시각을 위한 여러 이미지들, 그리고 입체감과 현장감을 극대화하는 연속적인 장면을 제시하는 방식이 그러하다.

기독교 설교 사역은 하나님 나라를 선포하는 것이고, 청중의 인식 세계 안에 하나님 나라의 실재를 언어적으로 재구성하는 작업이다. 초대교회 이후 중세 시대까지 설교자들이 하나님 나라 실재를 언어적으로 재구성하는 기본적인 방식은 구두 연설이었다. 설교자가 기독교의 복음을 구두 연설로 선포하면 듣는 청중은 그 연설을 통하여 하나님 나라의 실재를 경험하였다. 하지만 종교개혁과 계몽주의 이후로 일대일 방식의 커뮤니케이션 시대에는 설교 메시지의 논리력과 논증을 통한 설득 방식이 중요해졌다. 비록 주지주의에 치우쳤다는 비판을 받지만 청교도들의 설교는 성경 주해와 교리 추출, 그리고 설득력 있는 적용의 논증 과정을 통해서 교회 신자들에게 하나님 나라의 실재를 언어적으로 재구성하였다.

그렇다면 전자매체에 의한 커뮤니케이션 시대를 살아가는 설교자들은 어떤 수단을 동원하여 청중의 인식 세계 안에 하나님 나라의 실재를 효과적으로 재구성할 수 있을까? 다대일 방식의 커뮤니케이션 시대와 일대일 방식의 커뮤니케이션 시대에 효과적이었던 설교 방식은 일대다 방식의 커뮤니케이션 시대에 더 이상 효과적이지 않다. 21세기를 살아가는 기독교 설교자들에게는 오고 있는 거룩한 하나님 나라의 실재를 동일한 시대를 살아가는 기독교 교회와 신자들의 인식 세계 속에 효과적으로 재구성해야 하는 과제가 주어졌다.

하나님 나라는 과거와 현재 그리고 미래를 초월하여 오고 있다. 과거 시제로 표현하자면 그 나라는 예수 그리스도를 통하여 인류 역사 속에 성취되었다. 현재 시제로 표현하자면 온라인과 오프라인을 통합하는 메타버스 세계 너머로부터 이 현실 세계를 향하여 예수 그리스도의 말씀과 성령 하나님의 감동을 통하여 침투해 오고 있다. 미래 시제로 표현하자면, 그 나라는 역사의 마지막 날 예수 그리스도의 강림으로 온전히 성취될 것이다. 21세기 설교자는 이 하나님 나라의 실재를 전방위적인 매체를 총동원하여 동일한 시대를 살아가는 기독교 교회 신자들의 인식 세계 속에 설득력 있게 재구성하여 그들을 다시 오고 있는 하나님 나라 속으로 안내해야 하는 과제가 주어졌다. 이 과제를 효과적으로 감당하는 한 가지 설교학적인 전략은 15장에서 자세히 소개할 것이다.

3) 성경해석과 설교의 상호관계

지난 2천 년 동안 성경해석학은 설교학에 상당한 영향을 끼쳤다. 성경해석학의 기본적인 세 가지 관심사는 성경 본문과 본문의 역사적 배경, 그리고 독자에 대한 신학적인 의미다. 성경 본문에 대한 주요한 해석 방법은 문학적인 성경 해석이고, 역사적 배경은 역사적 해석, 그리고 독자에 대한 신학적인 의미는 신학적인 해석이 각각 집중한다.

초대교회 이후 16세기 종교개혁 이전까지는 기독교 설교에서 성경의 비중은 주로 설교 메시지의 교리적인 내용을 지지하는 종속적인 위치에 머물러 있었다. 초대교회 이후 사제나 설교자들은 기독교의 구원교리와 성경 내용에 무지한 입교인들에게 기독교의 구원에 관한 기본진리를 제시하고 이를 교육하는 교리문답교육에 주력하였다. 기독교 설교의 주된 기능 역시 기독교의 구원 교리나 거룩한 실천에 관한 교육에 집중되었다. 이런 상황에서 설교에서 성경의 역할은 설교자가 가르치려는 구원 교리와 거룩한 실천을 하나님의 말씀으로 확장하는 수단에 불과하였다.

이러한 교리문답 중심의 설교, 또는 13세기 이후에 수도원의 수도사들을 중심으로 발전하기 시작한 주제 설교(thematic sermon)로서의 세르모(sermon)는 16세기에 마틴 루터와 존 칼빈이 주도했던 종교개혁을 계기로 성경 본문 중심의 강해설교로 점차 변화하였다. 이전 중세 시대 설교에서 거의 무시되었던 성경 그 자체가 설교에서 이제 서서히 제 목소리를 내기 시작한 것이다. 특히 칼빈의 설교는 당시에 주제 중심의 설교에

질식되었던 성도들에게 일종의 설교적 혁명이요 혁신이었다. 신앙적 핍박을 피해서 모여든 제네바의 성도들에게 성경 본문을 그대로 주해하고 적용하는 강해 설교는 그들의 영적 기근과 갈급함을 한꺼번에 해소시켜 주었다. 그러나 종교개혁자들에 의하여 강화된 성경 본문 중심의 설교가 종교개혁 이후 전 세계 기독교 교회에 일종의 대세로 정착되기까지는 아직 시간이 필요했다.

18, 9세기에 등장한 역사비평으로 말미암아 성경 해석 뿐만 아니라 기독교 설교와 교회에 커다란 도전이 제기되었다. 설교에서 성경의 일차적인 목적은 인간의 역사 안에서 일하고 계시는 하나님의 모습을 신자들에게 그대로 재현하는 것이다. 칼빈이 지적한 바와 같이 성경은 하나님을 더욱 분명하게 보여주는 일종의 안경이다(기독교강요, 1.6.1). 성경을 통해서 독자는 하나님을 만날 수 있고 하나님의 임재 앞으로 나아갈 수 있다. 독자들은 성경 본문의 말씀을 읽는 중에 하나님께서 과거 구원의 역사 속에서 일하셨던 구속과 섭리의 과정을 간접적으로 체험할 수 있다(추체험). 이러한 추체험을 통하여 현대 독자들은 오늘도 살아계신 하나님의 임재 앞으로 이끌려 나아가게 된다. 그리고 하나님의 구원 사역을 다시 새롭게 목격함으로 살아계신 하나님 앞에 합당한 경배와 말씀 순종, 그리고 새로운 헌신을 결단할 수 있다.

그러나 18, 9세기 성경해석학계에 역사비평이 발달하면서 모세오경이나 복음서는 더 이상 성령 하나님의 감동으로 기록된 하나님의 말씀이 아니라 인간 저자들이 자신들의 신학적인 목적을 위하여 편집한 고대 문서로 격하되었다. 역사비평적 성경 해석 방법의 영향을 받은 설교자들은 설교를 준비하는 과정에서 성경의 궁극적 목적에 집중하는 것이 아니라 이성적인 유비(analogy)의 맥락에서 성경의 과거의 사건을 이해하려고 하였다. 이 과정에서 해석자의 합리적 기준에 부합하지 않은 본문들, 예를 들어 모세가 이스라엘 백성들과 함께 출애굽할 당시에 홍해물이 갈라졌다는 출애굽기 14장이나, 예수께서 물 위를 걸었다는 복음서의 기록들(마 14:22-33)처럼 현대의 해석자가 주장하는 과학적이고 합리적인 판단에 부합하지 않는 모든 본문들은 역사적인 사실에 관한 기록이 아니라 본문 기록자 당시의 메시아에 대한 신앙을 이야기로 서술한 것으로 해석하였다.

역사 비평의 관점에서 볼 때, "밤 사경에 예수께서 바다 위로 걸어서 제자들에게 오시니"라는 구절(마 14:26)은 실제로 발생한 역사적인 사건을 기록한 것이 아니라는 것이다. 이런 구절은 박해 중에 있던 초대교회 당시 신자들이 나사렛 예수에 대하여 가졌던 기대와 믿음, 그리고 희망을 투영한 기록이라는 것이다. 이런 해석은 기독교 교회와 신자들이 의지해왔던 신앙의 토대를 여지없이 무너뜨렸다. 더 이상 나사렛 예수를 성부 하나님이 보내신 성자 하나님으로 신앙할 이유가 없기 때문이다. 결국 역사비평에 근거한 성경 해석은 교회 강단에서 설교자의 언어와 그 언어가 가리키는 영적인 실체 사이의 필연적인 상응 관계를 망가뜨렸다.

그러다 20세기 초부터 시작된 역사비평적 성경해석에 대한 회의와 함께 문학 비평적 성경 해석이 그 대안으로 등장하기 시작하였다. 문학 비평의 일차적인 관심은 본문 배후의 과거 역사와 그 진위를 따지는 것이 아니라 본문의 문학 세계 자체에 집중된다. 즉 현재 성경 본문의 과거 전승 과정이나 편집의 역사적 과정을 추적하는 것이 아니라 현재 독자 앞에 있는 성경 본문을 통일된 본문 체계로 받아들인 다음에 본문의 문학 세계를 저자가 의도하는대로 최대한 독자 편에서 온전히 재구성하는 과정에 집중된다. 이러한 문학비평적 성경 해석은 본문의 통전성을 주장하는 기독교 설교와도 공통분모를 가지므로, 20세기 후반에 기독교 설교학의 발전에 일정 부분 긍정적인 영향을 끼쳤다.

2. 다양한 기독교 설교의 전통들

미국의 설교학자 루시 로우즈(Lucy Rose)는 『말씀을 나누기: 원탁으로 모인 교회에서의 설교』(Sharing the Word: Preaching in the Roundtable Church)에서 2천 년 교회 역사 속에서 발전을 거듭해 온 기독교 설교의 다양한 전통들을 설교의 목적과 내용, 그리고 방법의 세 가지 기준에 따라 다음 3가지 실교학의 전통으로 개괄하였다: 교리 설교(traditional doctrinal preaching)와 선포적 설교(kerygmatic preaching), 그리고 변혁적 설교(transformational preaching).

1) 교리 설교 전통

로즈의 분류에 의하면 3단계로 발전해 온 설교학의 조류에서 그 첫번째 설교학은 성 어거스틴(St. Augustine 354-430 C. E.)이 일반 수사학을 기독교 설교에 접목시킨 이래로부터 1870년에 출간된 존 브로더스(John Broadus)의 『설교 준비와 전달』(On the preparation and delivery of sermons)에서 발견되는 전통적인 설교학(traditional homiletics)이다. 전통적인 설교학의 중요한 강조점은 하나님의 말씀 대언자로서의 설교자의 권위, 청중에 대한 논리적인 설득, 명제문으로 압축되는 설교의 핵심 사상, 연역적이고 추론적인 3대지의 설교 형식, 이를 통한 객관적이고 절대적인 진리에 대한 확신의 자리로 청중을 인도하기, 설교 청취 과정에서의 청중의 수동성과 같은 것들이다.

초대교회가 모진 박해를 거친 이후 AD 313년경에 기독교는 로마에서 공식적인 국교로 인정받게 되었다. 당시 기독교 설교의 일차적인 목적은 명제적 진리를 청중에게 전달하는 것(to transmit the propositional truth)이었다. 설교의 강조점은 명제적이고 교리적인 진리(the propositional & doctrinal truth)를 청중에게 가르치는 것이고 거듭 확증하는 것이었다. 이러한 설교의 목적을 잘 달성하고자 활용된 설득 방법이 고전수사학(classic rhetoric)이었다. 초대 교회의 교부 어거스틴은 고대 그리스 로마의 고전 수사학을 기독교의 복음전도와 설교에 적극 도입하였다. 고전수사학을 기독교 설교에 도입한 목적은, 명제적 진리를 청중에게 분명하고 명확하게 설명하는 것이다. 루시 로우즈에 의하면 교리 설교 전통(doctrinal preaching trend)의 저변에는 설교자의 언어가 하나님 나라의 실체를 명료하게 전달하여 청중을 이해시킬 수 있다는 것이다. 설교자의 언어 구사가 분명하고 명확하기만 하다면, 그 언어가 지시하는 하나님 나라 실체를 청중에게 정확하게 전달할 수 있다는 것이다.

그러나 앞서 살펴본 바와 같이, 계몽주의 이후 유럽 사회에 교회의 종교적인 권위가 흔들리고 설교자와 청중 사이의 영적인 권위도 약화하기 시작하자, 청중의 입장을 고려하지 않고 일방적으로 선포되는 설교 메시지에 대한 의심과 비판이 제기되기 시작하였다. 또 로마 가톨릭과 개신교가 분열하면서 그동안 함께 공유했던 하나님이란 단어나 구원, 천국과 같은 종교적인 단어들의 의미에 대한 공감대도 나뉘게 되었다. 그동안 교회가 세속 사회 안에서 정치적이고 사회적인 변화와 맥락을 같이하면서 함께 공유해왔던 언어와 영적인 실체간의 상응 관계도 무너지기 시작했다.

어떤 설교자가 강단에서 "하나님은 우리를 구원하십니다"고 설교하는 경우를 상상해 보자! 예전에는 설교자와 모든 회중들 사이에 이 메시지의 의미와 공감대에 관하여 서로 이견이 없었다. 그러나 종교개혁 이후 유럽 사회에 다양한 갈등과 분열이 거듭되는 과정에서 설교자와 회중 사이에 메시지의 공감대가 예전처럼 더 이상 견고하게 지탱되지 못하였다. 설교자가 강단에서 하나님의 사랑이나 구원을 말하더라도, 그 사랑이나 구원이 어떤 의미인지, 어떤 의도를 염두에 둔 것인지 알 수 없게 되었다. 설교 메시지에서 언급된 특정 단어나 문장과 그 언어가 지시하는 영적인 실체간의 긴밀한 의미론적인 관계와 공감대가 무너진 것이다.

2) 선포적 설교 전통

20세기 초에 기독교 신학계에 신정통신학과 실존주의 신학이 등장하자, 여기에 영향을 받은 목회자들과 설교자들을 중심으로 선포적 설교 전통 (kerygmatic preaching trend)이 형성되었다. 신정통신학과 실존신학의 주된 관심은 하나님의 말씀이 오늘을 살아가는 청중에게 실존적인 사건으로 다가와야 한다는 것이다. 설교의 주된 목적 역시 명제적인 진리나 교리를 청중에게 가르치는 것이 아니다. 그보다는 설교 메시지가 청중에게 실존적인 만남의 사건이어야 한다는 것이다. 청중이 설교 시간에 하나님의 음성을 듣고 하나님과의 인격적인 만남의 사건을 경험해야 한다는 것이다. 설교의 중심 메시지는 예전처럼 명제적이고 교리적 진리가 아니다. 신정통신학이 강조한 것처럼 나사렛 예수가 선포했던 케리그마(kerygma)가 설교 시간에 충격적인 만남의 사건으로 다시 선포되어야 한다는 것이다. 복음서에서 선포되었던 생명을 살리는 복음으로서의 케리그마가 오늘 청중에게 다시 선포되어야 한다는 것이다. 과거의 역사적 사실성 여부가 중요하지 않고 오늘 그 케리그마가 다시 의미 있게 실존적으로 선포되는 것이 중요하다는 것이다.

그렇다면 성경 해석과 설교 메시지 선포에서 그토록 중요한 복음의 케리그마(kerygmatic gospel)는 무엇인가? 찰스 다드(C H Dodd)나 로버트 마운스(Robert Mounce)와 같은 신학자들은 복음서가 기록으로 남긴 케리그마(kerygma)를 추적하였다. 복음의 케리그마를 간단히 정의하자면, 그리스도의 죽음과 부활로 압축되는 명제적 진리가 오늘 청중의 심령에 실존적으로 부딪힘으로 발생하는 영적 변화로 정의할 수 있다. 선포적 설교 전통에 속한 설교자들과 신학자들의 입장에서 볼 때, 그 이전의 전통적인 설교는 지나치게 교리적이고 논증적이며 그 효과 면에서는 주지주의에 치우쳐 있었다. 선포적 설교 전통의 설교자들은 전통적인 설교가 지나치게 교훈적이고 교리적이며 설명에 치우쳤다고 보고 여기에 언어적인 사건(linguistic event)의 측면을 보완하였다. 기독교 설교는 더 이상 청중에게 기독교 교리를 합리적으로 설명하고 설득력 있게 논증하는 것만으로는 충분하지 않다. 무엇보다도 살아계신 인격체이신 하나님의 음성을 듣는 시간이어야 하며 인격적인 만남의 사건을 경험해야 한다. 선포적 설교 전통의 저변에 있는 언어 철학은 설교 메시지 언어가 하나님 나라의 실체를 합리적으로 납득시키고 이해시키는 언어가 아니다. 그 대신 설교자의 언어가 청중으로 하여금 돌격해오고 있는 하나님 나라의 충격적인 반전을 체험하도록 해야 한다는 것이다.

루시 로우즈에 의하면 선포적 설교 전통의 문제는 그 저변에 불트만의 실존주의 신학이나 칼 바르트의 신정통주의 신학이 깔려 있다는 것이다. 칼 바르트의 신정통주의 신학에서는 성경은 그 자체로 하나님의 말씀인 것이 아니라, 오늘 나에게 새로운 깨달음의 사건으로 다가올 때 미로소 하나님의 말씀의 권위를 가실 수 있다는 것이다. 신정통신학의 입장에서 보자면, 하나님의 말씀으로서의 성경의 완전한 권위는 그 자체로 성립되는 것이 아니라 청중의 청취와 수납에 의존하는 셈이다.

선포적 설교 전통의 설교학적인 문제점도 간과할 수 없다. 선포적 설교 전통 역시 여전히 청중과 설교자간의 커다란 간격을 전제하며 청중을 여전히 수동적인 입장에 버려두고 있다. 또 하나님과의 인격적인 만남을 빌미로 청중의 개인적인 영적 체험을 조장하는 문제가 있다. 설교 시산에 삼농과 체험만 좋으면 전부 다 하나님의 말씀인가?

3) 변혁적 설교 전통

1970년대 이후 북미권의 설교학자들 사이에 새로운 설교 형식에 관한 논의가 활성화하였다. 리차드 에슐링거(Richard Eslinger)의 표현처럼 설교학계에 일종의 패러다임의 변화, 또는 코페르니쿠스적인 혁명(the Copernican Revolution in homiletics)과도 같은 새로운 설교학 운동이 일어났다. 패러다임의 전환(paradigm shift)이란 용어는 과학의 역사를 연구한 토마스 쿤이 제시한 용어다. 과학자들 사이에 기존의 자연 현상이나 물리적인 현상을 설명하는 이론적인 준거틀이 더 이상 합당하지 않게 되었을 때, 기존의 틀에 대한 일종의 혁명과도 같은 새로운 틀이 등장하여 대다수의 과학자들이 그 새로운 틀을 인정하고 받아들이는 과정을 의미한다.

20세기 후반 설교학계에서도 전통적인 교리 설교 전통이 새로운 시대 조류에 더 이상 효과적이지 않다고 판단하고 새로운 시대에 설득력을 발휘할 설교 형식에 관심을 쏟기 시작하였다. 1958년에 데이비스 그레이디(Davis Grady)가 *Design for Preaching*에서 설교의 형식이 새롭게 발전해야 할 것을 주장하였다. 1970년대 이후 프레드 크레독(Fred Craddock), 데이빗 버트릭(David Buttrick), 유진 로우리(Eugene Lowry), 찰스 바토우(Charles Bartow), 찰스 라이스(Charles Rice), 에드문드 스테임믈(Edmund Steimle), 토마스 트로이거(Thomas Troeger)를 비롯한 여러 설교학자들이 신설교학(the New Homiletics)의 전통을 발전시켰다.

신설교학의 인문학적인 배경으로는 철학자 하이데거의 언어철학을 비롯하여 로버터 풍크와 존 도미닉 크로산과 같은 신해석학과 신학자들의 언어-사건(Word-event)이론, 존 오스틴(John Austine)과 존 써얼(John Searle)의 언어행위 이론(speech act theory), 문학 비평적 성경 해석학이 자리하고 있다.

신설교학이 주목하는 기존 설교학 전통의 문제는 20세기에도 교회 강단의 설교 메시지가 지나치게 일방적이고 권위적이라는 것이다. 그리고 20세기 전자 매체의 등장으로 의사소통 방식이 청취자 중심으로 바뀌었으며 의사 소통에 참여하는 방식이 각자의 필요에 의하여 자발적으로 참여하여 민주적이고 상호 호혜적인 공감의 분위기 속에서 진행된다는 것이다. 신설교학자들은 이러한 변화를 고려하여 각자 효과적인 설교 형식을 대안으로 제시하였다.

3. 현대 설교학자들의 주요 방법론

1) 프레드 크래독의 귀납적 설교

신설교학의 대표적인 설교학자인 프레드 크래독은 1970년에 『권위 없는 자처럼』(As One Without Authority)에서 전통적인 설교 전통의 저변에 깔린 설교자의 권위적인 의사소통의 문제점을 지적하였다. 크래독에 의하면, 전통적인 설교 전통은 설교자가 설교의 결론을 미리 내려놓고 설교를 시작한다는 것이다. 설교자가 자기 나름의 전제를 명제적인 문장에 담아서 일방적으로 나열하는 방식으로 메시지를 전달한다는 것이다. 설교 전체의 흐름은 선세적인 문장이나 설교의 대명제를 설교 앞부분에 배치하고, 이어서 그 대명제를 논증하거나 강화하는 부연 설명이나 예화가 뒤따른다. 설교자는 자신의 논증이 어느 정도 진행하였다고 판단되면, 설교 뒷부분에서 도덕적인 결단을 촉구하는 결론의 메시지로 설교를 마무리한다.

이러한 전통적인 설교 방식에 대하여 크래독이 비판하는 부분은 대지들 간의 논리적인 연결이다. 설교자가 몇 가지 명제 문장을 열거하는 방식으로 설교의 논리를 전개할 때, "1대지와 2대지가 어떻게 논리적 비약을 통해서 그렇게 쉽게 연결될 수 있느냐?" 하는 것이다(Craddock 1970:74ff). 크래독이 보기에 이러한 설교 전개 방식은 지나치게 설교자의 일방적인 권위에 의존한다. 즉 연역식 전개 방식은 따져보면 설교자 자신의 주관적이고 맹목적인 논리이지, 청중의 입장이나 형편은 전혀 고려하지 않는다는 것이다. 예를 들어서 '능력 있는 신앙의 비결'이란 주제에 관하여 설교할 때, 전통적인 3대지 설교의 전개는 첫째 대지에서 믿음을, 둘째 대지에서 소망을, 셋째 대지에서 사랑을 열거한다. 이러한 설교의 구성이나 전개 방식은 설교자가 임의로 정하는 전개 방식이기 때문에 권위적이고 자의적이다.

연역적인 설교 전개의 또 다른 문제는 청중이 자발적으로 무언가를 깨달아가는 인간 본연의 인지작용을 전혀 고려하지 않는다. 청중은 설교 시간에 하나님 나라의 실재를 이성적이고 연역적으로 깨닫는 것이 아니라 자기 주도적이며 귀납적인 논리 과정을 따라서 익혀간다. 크래독에 의하면 인간은 귀납적으로 대화하고, 귀납적으로 사실을 경험하며, 귀납적으로 진리를 익혀 간다. 구체적이고 다양한 사례를 직접 체험하고 경험하는 과정에서 그러한 경험을 종합하는 나름의 고유한 관점이나 철학을 정립해 간다. 그러나 연역식 설교 전개 방식은 귀납적인 학습 과정을 뒤바꾸고 설교자의 권위적인 명제 문장을 억지로 받아들이도록 강요 받는 느낌이 든다.

프레드 크래독은 전통적인 설교가 지나치게 권위적이고 일방적이며 연역식 논리가 지나치게 주지주의 신앙을 부추기는 문제가 있다고 보고 그 대안으로 귀납식 설교 형식을 대안으로 제시하였다. 귀납적인 설교의 서론은 청중에게 아주 익숙하게 들리는 구체적인 사건이나 경험에 관한 진술로부터 시작된다. 그러한 구체적인 사건이나 경험은 설교자 자신의 경험이거나 성경 본문의 역사적인 사건에 관한 생생한 묘사일 수도 있다. 짧지 않은 예화가 동원되기도 한다. 청중은 구체적인 사실이나 사건에 관한 생생한 묘사를 통하여 설교가 끝나가는 결론부에서 메시지의 결론에 자발적으로 도달한다. 설교자가 청중을 설득하는 것이 아니라, 설교 메시지를 듣고서 청중이 스스로를 설득하도록 하자는 것이다.

2) 데이빗 버트릭의 현상학적 설교

데이빗 버트릭(David Buttrick)은 1987년에 『설교학: 움직임과 구조』 (*Homiletic: Moves and Structure*)에서 현상학적 설교(phenomenological sermon)를 제시하였다. 현상학적 설교는 사물이 스스로를 관찰자에게 드러내는 현상학의 원리를 설교학에 적용한 것이다. 데이빗 버트릭이 설교에서 주목하는 것은 설교자의 메시지가 청중의 의식 세계(consciousness)에 일련의 연속 장면 이미지를 만들어낼 수 있다는 것이다. 이미지가 풍부한 메시지를 듣다보면 청중은 자기 내면의 의식 세계에 마치 영화를 보는 것 같은 이미지들을 상상하고 그러한 이미지들이 연속적으로 진행하는 장면들을 만들어낸다. 버트릭에 의하면, "설교는 일련의 연속적인 흐름을 담고 있으며,… 여러 개의 단어로 형성된 하나의 개념(idea)에서 다른 개념으로 이동해 가는 언어의 움직임(movement)"이라고 한다(Buttrick, 1987: 23). 핵심이론을 담고 있는 이 문장을 세심하게 살펴보면 우리는 버트릭의 설교의 형태에 대한 다음의 세 가지의 중요한 주장들을 발견할 수 있다.

① 첫째로 버트릭에 의하면 설교 형식은 논리적인 연속적 흐름을 구현(embodiment)하는 중요한 수단이다. 즉 설교를 구성하는 요소들은 서로 논리적으로 연결되어 있으며, 설교의 각 부분은 청중에게 의사소통의 공감과 감화를 달성하려고 이전의 언어적 요소들의 연속체로 전개된다는 것이다. 따라서 데이비스와 크래독이 비평했던 전통적인 설교, 즉 크리스마스 트리의 장식물처럼 설교의 나뭇가지에 상호 무관하게 무작위로 메어 달린 3대지 혹은 4대지의 요점들을 나열하는 설교는 버트릭이 볼 때도 도무지 들어줄 수 없는 설교다.

청중 편에서 잘 들리지 않는 설교는 설교자 편에서 지식의 저주가 작용하고 있는 셈이다. 지식의 저주(curse of knowledge)란 한 개인이 다른 사람들과 의사소통을 할 때 다른 사람도 충분히 자신의 말을 쉽게 이해할 수 있는 배경이나 선행 지식을 가지고 있을 것으로 추측하여 발생하는 인식적 편견이다. 설교를 준비하는 과정에서 설교자는 자신이 전하려는 설교 메시지에 관한 정보나 경험을 이미 충분할 정도로 확보하였다. 문제는 청중도 설교 메시지에 대한 정보나 경험을 어느 정도 가지고 있지만 문제는 실천하려고 하지 않는 것이 문제라고 보고서 이미 청중도 알고 있는 내용을 다시 설득하려고 한다는 것이다. 그러다보니 설교자 편에서는 청중이 이미 알고 있는 내용을 실천에 옮기도록 설득하는 것만 중요하다고 생각한다.

그러나 청중 편에서 설교 메시지에 대하여 느끼는 문제는 앞의 대지와 그 다음에 이어지는 대지가 어떻게 논리적으로 자연스럽게 연결될 수 있는가 하는 것이다. 버트릭이 볼 때 전통적인 설교의 문제는 각각의 대지가 지나치게 일방적이어서 청중의 의식 세계 안에서 연속적인 이미지와 장면들이 만들어지지 않는다는 것이다. 버트릭에 의하면 청중은 몇 개의 문장을 통하여 하나의 이미지를 만들고 그 다음에 들려온 문장들을 통하여 그 다음 이미지를 만들어간다. 따라서 좋은 설교는 청중의 마음 속에서 각각의 이미지들이 자연스러운 연결 장면들을 만들 수 있어야 한다는 것이다.

② 그래서 버트릭에 의하면 좋은 설교의 흐름은 단지 논리적으로 잘 정돈되었을 뿐만 아니라, 결론을 향하여 연속적인 움직임을 보여줄 수 있어야 한다. 설교의 중심사상은 논리적인 패턴을 따라서 순차적으로

나열하는 것만으로는 충분치 않다. 연속적인 이미지 장면들이 거듭 누적되면서 청중의 의식세계 속에서 새로운 깨달음과 감동의 에너지로 폭발해야 한다. 이러한 이유에서 데이빗 버트릭은 설교의 개별적인 요소들을 '움직임'(move)이라고 명칭한다.

③ 셋째로 버트릭은 설교의 형태에 관하여 '양자 역학'(quantum mechanics)이라고 불릴만한 이론을 발전시켰다. 빛은 입자와 파동으로 이뤄졌다고 주장하는 현대 물리학과 유사한 방식으로, 데이빗 버트릭은 설교의 형태는 정보의 기본 단위인 동시에 연속적인 움직임이라고 주장했다. 버트릭에 의하면 설교의 중요한 목표는 신자들이 설교 메시지를 매개로 하나님의 은혜와 사랑을 다시 경험하는 것이다. 하지만 이러한 영적 경험은 하나님의 신성에 관한 교리적인 문장들을 몇 가지 나열하여 청중을 이성적으로 납득시키는 것만으로는 결코 성취될 수 없다. 설교 메시지의 교리적인 문장들을 양자 역학의 은유로 표현한다면, 빛의 입자만을 생각하는 것이고 물리적인 파동은 놓치는 셈이다.

버트릭은 명제 문장을 설명하는데 치중한 전통적인 설교의 한계를 영화 촬영 기법의 은유로 극복하고자 하였다. 설교 메시지에서 각각의 아이디어 단어나 문장들은 태양 빛의 파장처럼 청중의 의식 세계에 연속적인 이미지와 장면들, 그리고 연속적인 화면을 펼쳐 보인다는 것이다. 버트릭에 따르면 청중 편에서 듣기에 좋은 설교 메시지는 마치 카메라가 선명한 이미지를 촬영하는 방식으로 전개된다는 것이다. 사진작가가 아름다운 정원이나 어떤 피사체를 촬영하여 해당 이미지를 사진에 담고자 할 때를 생각해 보자. 사진작가는 멋진 이미지 작품을 얻기 위하여 피사체의 거리와 피사체에 대한 선명한 초점 맞추기, 피사체를 바라보는 촬영 각도와 촬영 구도, 촬영 범위를 결정해야 한다.

이와 마찬가지로 설교자도 청중의 심령에·설교 주제와 관련된 감동적인 이미지를 각인시키려면 해당 주제에 대한 청중의 심리적인 입장과 질문들, 해당 주제로부터 파생되는 다양한 질문들, 그 질문들과 관련된 성경 본문의 등장 인물들과 사건들, 해당 주제에 대한 성경적 입장들, 그리고 해당 주제에 대한 성경적 입장에 대한 청중의 수용성의 정도들을 세심하게 고려해야 한다.

버트릭에 의하면 좋은 설교 메시지는 청중의 의식 세계에 마치 한 편의 영화 작품이 진행하듯이 진행해야 한다. 간단한 일회용 스냅 사진 카메라는 파편적인 하나의 장면만 촬영할 뿐이다. 하지만 관객들이 즐겨 보는 좋은 영화 작품은 일련의 중요한 장면들을 연속적으로 전개하고, 영화 전체는 연속적으로 흥미진진하게 전개되는 중요한 장면들의 흐름으로 구성된다. 이와 마찬가지로 청중이 듣기에 좋은 설교는 청중의 의식 세계 안에서 일련의 연속적인 이미지 장면을 만들어 낼 수 있어야 한다.

버트릭에 의하면 청중편에서 흡입력이 있는 설교에서 중요한 장면은 4-6개의 연속적인 문장을 통하여 청중의 심령에 강력한 이미지를 투사할 수 있어야 한다. 4-6개 정도의 문장은 여는 말(opening statement)과, 전개(development), 그리고 닫는 말(closure)로 세분화될 수 있다. 하나의 이미지 덩어리를 구성하는 4-6개의 전체 문장은 한 가지 일관된 사건의 장면을 청중에게 각인시켜 준다. 그리고 그 다음에 다시 이어지는 새로운 4-6개의 문장은 후속 장면을 펼쳐 보여준다. 결국 버트릭에 의하면 좋은 설교 형식은 관객들에게 감동적인 영상을 제공하는 슬라이드 영사기처럼 하나의 장면에서 그 다음 장면으로 연속적으로 진행해야 하고 각각의 상념은 청중의 의식세계 속에 거듭 누적되면서 핵심적인 깨달음과 영적인 경험의 사건, 즉 말씀-사건(word-event)을 경험하도록 해야 한다.

3) 유진 로우리의 내러티브 설교

유진 로우리가 제안한 내러티브 설교(narrative sermon)는 설교 전체를 문제에서 해결로 진행되는 일련의 연속적인 구성(plot)을 갖춘 이야기의 흐름으로 진행되는 설교를 말한다. 내러티브 형식은 먼저 어떤 이야기가 관객들에게 공연되는 무대와 같은 배경이 만들어지면서 시작된다. 이어서 심각한 문제점이 부각되고 그 문제가 쉽게 해결되지 못하고 오히려 더 복잡해지는 중간단계를 거치고 극적인 반전의 과정을 거쳐서 해결책이 등장하고 마지막으로 긍정적인 결말(happy ending)으로 종결된다. 내러티브 설교 형식은 서론에서 실존적인 문제를 제시하고 이어서 그 문제가 해결되는 감동적인 이야기 방식과 비슷해서 때로는 문제해결식 설교라고도 불린다. 유진 로우리는 다음의 5단계 플롯으로 내러티브 설교 형식을 정형화하였다.

① 모순되는 문제를 제기함으로 평형을 깨뜨리는 단계(Upsetting the equilibrium): 내러티브 설교의 첫 번째 단계는 청중으로 하여금 앞으로 전개될 설교의 흐름에 적극적으로 동참하도록 호기심을 부추기면서 주의력을 끄는 단계다. 언뜻 보기에 내러티브 설교의 서론은 전통적인 설교가 흥미로운 서론으로 시작하는 방식과 유사해 보인다. 하지만 중요한 차이점이 있다. 내러티브 설교에서 설교자는 청중이 생각하는 일반적인 견해나 기존의 관점을 그대로 놔두지 않고 그 견해의 저변에 깔린 모순

과 불합리한 점들을 노골적으로 드러내어 부정함으로써, 청중의 마음에 앞으로 이어질 설교에 강한 호기심을 불러일으킨다는 점이다. 유진 로우리에 의하면 기존 설교의 문제점은 서론에서 설교 전체의 개요를 미리 밝혀버림으로 앞으로의 메시지에 대한 청중의 기대감을 제거해버린다는 것이다. 하지만 내러티브 설교의 서론은 설교 주제에 관한 청중의 기존 상식과 관점을 전복시키면서 그 저변에 깔린 모순과 불합리한 점들을 드러내고 폭로한다는 것이다. 그렇게 함으로서 청중의 마음 속에 심리적인 균형감각을 여지없이 무너뜨리면서 설교가 시작된다.

② 모순되는 점과 불일치를 분석하는 단계(Analysing the discrepancy) : 유진 로우리에 의하면 내러티브 설교의 성패는 앞서 제기된 모순에 대한 해답을 즉시 제시하지 않고 오히려 해답을 유보하고 모순점의 문제를 더 깊이 분석하면서 근본적인 문제점을 파헤치는 것에 달렸다. 유진 로우리에 의하면 청중이 지루하게 느끼는 설교의 가장 치명적인 문제는, 서론에서 언급한 주제나 문제점에 관한 정확하고 깊이 있는 분석과 진단을 내리지 않고 성급한 답변을 내놓으려 하는 것이다.

하지만 내러티브 설교의 두 번째 단계에서 설교자는 앞서 제기된 문제점이나 부각된 모순의 근본 원인을 자세하게 탐구하여, 왜 그러한 모순과 불합리한 문제가 발생하는지의 원인을 찾아내야 한다. 그 근본 원인을 청중에게 분명하게 확인시켜 주어야 한다. 유진 로우리에 의하면 이 둘째 단계를 제대로 진행할 효과적인 방법이 있다. 그것은 앞서 첫 번째 단계에서 제기된 문제점이나 모순의 원인에 대한 피상적인 답변들을 계속 거부하는 것이다.

예를 들어 서론에서 설교자는 "왜 우리는 하나님의 사랑을 제대로 체험하지 못하는가?"라거나, "왜 우리는 하나님의 은혜에 감사할 줄 모르는가?"와 같은 질문으로 설교 메시지를 시작할 수 있다. 그렇다면 내러티브 설교의 두번째 단계는 예배에 적극 참여하지 않아서 그렇다거나 하나님께 감사의 기도를 올리지 않아서나, 옆의 형제자매를 기쁨으로 섬기지 않아서 그렇나는 식의 피상적인 답변을 거부하고 좀 더 근원적인 원인을 찾아내야 한다. 그렇게 피상적인 인과율의 원리를 거부하다 보면 설교자는 계시 차원에서나 가능한 진짜 해답을 얻을 수 있다는 것이다. 유진 로우리에 의하면 이 비범한 답변이 바로 다음 단계인 복음의 선포와 밀접하게 연결된다.

③ 문제 해결을 위해 실마리를 제시하는 단계(Disclosing the clue to resolution): 두번째 피상적인 해답을 거부하는 단계를 제대로 거지면, 이어서 설교자는 오직 기독교 복음의 프레임 안에서만 가능한 새로운 해답의 실마리를 발견할 수 있다. 이러한 복음의 실마리는 세상 지식이나 인과율의 법칙 안에서 찾을 수 있는 것이 아니라 전적으로 예수 그리스도 안에서만 가능한 복음의 메시지로부터 발견된다. 설교자가 복음의 해답을 발견하는 것이 아니라 복음이 세상적인 문제의 장벽에 파묻힌 설교자를 찾아내고 발견하여 끄집어 내는 것이다. 그 복음의 빛 아래 설교자는 청중과 함께 새로운 깨달음으로 인한 놀라운 반전에 포획된다. 이 복음의 실마리를 들을 때 청중은 자신들의 문제도 복음 안에서 즉시 해결되리라는 기대감을 가질 수 있다. 복음의 실마리가 청중에게는 일종의 "빛을 비추는 수단"으로 다가오는 것이다.

④ 복음을 경험하는 단계(Experiencing the gospel): 해결의 실마리가 충

분히 드러난 다음에 설교자는 온전한 복음을 선포한다. 만왕의 왕이시요 만군의 주인이신 하나님이 자기 백성들에게 찾아오셨다. 죄인들의 모든 죄가 용서되었다. 사면의 은총이 선포되었고, 죄인들을 묶어두었던 죄악의 사슬이 풀렸다. 해방이 선포되었고, 사면의 은총이 선포되었다. 이를 위하여 예수 그리스도께서 이 세상에 강림하여 고난과 멸시를 대신 감당하시고 십자가에서 대속의 희생제물로 우리 대신 죽으셨다. 그리고 사흘만에 사망 권세를 깨고 다시 부활하셨다. 부활하신 주님이 하늘 보좌로 오르시어 지상의 교회를 영화롭게 하시고자 하나님의 성령을 교회에 부어주셨다. 성령을 받은 우리 교회는 주님의 영광스런 신부로 변화하였다. 장차 주님이 다시 오셔서 사망 권세를 멸하고 주님의 거룩한 신부를 새 하늘과 새 땅으로 인도하실 것이다.

유진 로우리에 의하면 내러티브 설교에서 1-3 단계는 네번째 복음 선포 단계를 위한 일종의 무대이고 배경이다. 복음 선포의 배경 단계는 청중의 마음에 모호함을 야기시키고, 또 문제점들을 심층으로 분석하는 가운데 청중의 마음에 긴장감을 불러일으키는 것이다. 이러한 선행 과정은 복음이 청중의 마음에 보다 분명하고 효과적으로 경험되도록 준비하는 전초 작업이다. 즉 복음을 너무 성급하게 앞서 제시하지 않고 충분히 연기하였다가 마지막 결정적인 순간에 선포하는 것이 효과적이라는 말이다. 그래서 유진 로우리는 청중이 복음을 제대로 경험하도록 적절한 타이밍을 맞추어야 한다고 주장한다. 이전 단계에서 모호함이 적절하게 제시되고 또 문제의 실마리가 정확하게 제시된다면, 복음은 명료하게 경험될 수 있을 것이다.

⑤ 결론과 미래에 대한 긍정적 결과를 예견하는 단계(Anticipating the

consequence): 내러티브 설교의 마지막 단계는 앞서 넷째 단계에서 청중이 새롭게 듣고 깨달은 복음의 진리가 청중 자신들의 삶에 가져올 긍정적인 결과를 기대하고 미리 예상하도록 하는 단계다. 내러티브 설교의 마지막 단계를 감동적인영화의 은유로 설명하자면, 관객들로 하여금 후속편을 기대하도록 하는 것이다.

지루한 설교의 결론에서 종종 발견되는 나쁜 특징은 서론에서 언급한 청중의 부정적인 모습을 결론부에서 다시 언급한다는 것이다. 예를 들어 하나님이 기뻐하시는 믿음의 주제에 관하여 설교했다면, 내러티브 설교의 넷째 복음 선포 단계에서는 하나님의 절대 주권적인 신실함을 선포해야 한다. 하나님이 먼저 시작하신 구원은 신실하신 하나님이 신자의 구원을 완성하실 것이다. 이를 위하여 예수 그리스도께서 십자가에 죽으시고 부활하셨으며 성령 하나님을 교회와 신자들에게 보내주셨다. 그렇다면 결론적으로 우리 신자들은 앞으로 예수 그리스도에 대한 믿음과 성령 충만한 삶을 반드시 살 수 있다. 그렇게 결론부를 마쳐야 한다.

그러한 신앙생활이 참으로 힘들고 어려우며 중간에 포기하거나 낙심하여 믿음을 배신할 수 있다는 이야기를 다시 꺼내지 말아야 한다. 그런 이야기를 굳이 하고 싶으면 서론이나 본론에서 하면 된다. 결론은 비행기가 착륙하는 단계이지 다시 모험 가득한 항공을 시작하는 것이 아니다.

내러티브 설교 뿐만 아니라 모든 설교의 결론에서는 앞서 분명하게 선포한 복음의 진리로 말미암은 긍정적인 결과를 기대하고 적극적으로 실천하도록 독려하는 것이다. 그래서 억압에는 해방을, 불신에는 믿음을, 미움에는 사랑을 가져다주는 미래 즉 복음이 창조한 새로운 상황 곧 예전에는 내릴 수 없었던 선택을 하는 새로운 자유에 근거한 긍정적이고 희망찬 결과를 기대하도록 해야 한다.

한편 유진 로우리의 내러티브 설교는 문학적인 관점에서 볼 때 플롯이 가미된 재미있는 소설이나 영화처럼 전개되며, 심리적 측면에서 볼 때 호기심과 긴장을 고조시켜가다가 극적 반전을 통해서 갈등을 해소시키는 흐름으로 전개된다. 설교 형식의 관점에서 볼 때, 내러티브 설교는 인간의 삶 속에 들어 있는 모순점을 드러내어 설교를 시작하고 그러한 모순점을 더욱 깊이 파고 들어가면서 해결책을 향하여 진행하다가 설교자와 청중 모두가 함께 그 해결책에 도달하는 일련의 플롯의 전개 과정이기도 하다. 이러한 설교 형식은 예전의 설교 전통에서도 사용된 문제-해결식 설교(problem-resolution sermon) 형식과 유사해 보이며, 루터교 설교 전통이 선호했던 율법-복음식 설교(law-gospel sermon; 율법과 관련해서 인간의 곤경을 묘사한 후 이에 대한 하나님의 은혜의 응답으로서 복음을 제시하는 설교) 형식과도 비슷하다.

4) 신설교학 이후 탈자유주의 설교학

1970년대 이후 등장한 신설교학 운동(the New Homiletics)에 관하여 일단의 설교학자들이 다시 비평적인 질문을 던졌다. 과연 신설교학 운동이 기독교 교회의 실제 설교사역에 얼마나 효과적인 도움이 되었는지, 그리고 이러한 신설교학의 제안들을 통하여 기독교 교회와 강단은 말씀의 권위를 얼마나 잘 회복하였는가? 일부 설교학자들은 신설교학의 설교학적인 제안들이 기독교 교회와 설교 강단에 끼친 공헌이 다소 실망스럽다고 생각했다. 그리고 신설교학의 저변에 깔린 신학적인 토대를 비평하였다.

신설교학에 대한 비평은 주로 탈자유주의 신학자들(postliberal theologians)에 의해서 제기되었다. 이들에 의하면 신설교학의 최대 약점은 설교의 강조점이 세상과 역사를 꿰뚫고 들어오시는 초월적인 하나님의 급진적이고 파격적인 말씀을 선포하는 것에 집중하지 않는다는 것이다. 그보다는 설교 메시지를 듣는 인간 청중의 관심과 필요, 그리고 체험을 중시하는 인본주의적 입장을 전제하고 있다는 것이다. 그래서 설교를 통하여 인간의 예상이나 기대와는 전혀 다른 곳으로 자기 백성을 인도해가고 계시는 하나님을 예배하는 신앙공동체를 세우려 하기보다는, 감각적인 언어와 재미난 이야기를 동원하여 청중에게 종교적인 체험을 안겨 주고 그들의 실존적인 문제에 대하여 찰나적인 해답을 제공하려는데 집중한다는 것이다. 신설교학의 저변에는 자유주의 신학의 전제가 깔려 있다는 것이다.

이러한 비판을 제기하면서 일단의 탈자유주의 신학자들이나 설교학자들은 설교의 궁극적인 목적으로서 교회의 영속적인 표상인 그리스도의 정체성을 선포하고 실제 교회 안에 그리스도의 정체성을 회복함으로써 그러한 독특한 정체성을 확보한 교회가 세속 사회 속에서 하나의 독특한 대안 공동체로 세워져야 할 것을 강조하였다[Hans Frei, George Lindbeck, William Placher, Stanley Hauerwas, William Willimon, W. Brueggemann (1993:ixc), Garrett Green (1989:122), George Stroup (1981), Charles Campbell (1997), Loughlin (1996)].

이들 포스트리버럴 신학자들은 이를 위한 구체적인 전략으로서 ① 성경이 확보하고 있는 독특한 구속 내러티브와 ② 언어의 공동체성, 그리고 ③ 설교를 통한 교회 안에서의 공적인 해석 전략 습득과 같은 요소들을 강조했다. 먼저 성경의 구속 내러티브와 관련하여 문학비평의 차원이 아니라 성경 자체의 거대 담론(meta narrative)로시의 구속 내러티브가 지향하는 예수 그리스도와 그 분의 독특한 정체성을 설교를 통해서 재현할 것을 강조했다.

둘째로 신설교학자들은 언어의 공동체성과 관련하여 설교자의 설교 언어는 청중으로 하여금 하나님과의 인격적인 만남의 사건을 체험하도록 유도하는 언어의 실행적인 측면(performative language)이 있음을 인정하면서도, 여기에 치우칠 때 그 언어는 주술적인 도구로 잘못 사용될 수 있음을 경계하였다(씨슬톤). 이들은 후기 비트겐슈타인의 언어철학을 받아들여서 언어는 특정 공동체의 의식을 형성함과 아울러 그 공동체 안에서 세대를 거듭하여 전승되는 문화 언어적 전통(cultural linguistic tradition)을 함께 공유하는 공동체의 도구임을 강조하였다. 교회와 설교자는 설교 언어를 통하여 공시적인 차원의 역할과 통시적인 차원의 역할을 감당한다. 공시적인 차원에서 설교자의 설교 언어는 그 신앙 공동체에 가입하는 성도들에게 자신들만의 독특한 문화 언어적 정체성을 안내하고 교육함으로, 세상을 향하여 그리스도의 정체성과 임재를 나타내는 독특한 대안 공동체로 세워지도록 한다. 또 통시적인 차원에서는 설교자의 설교 언어와 관습, 그리고 독특한 종교 문화를 통하여 그 신앙 공동체의 고유한 신앙과 영적 정체성을 다음 세대에 계속 계승된다.

셋째로 일부 현대설교학자들은 설교의 목적을 목회 리더십과 연결하였다. 존 맥클루어(John S. McClure)나 마이클 퀵(Michael J. Quicke)과 같은 설교학자들에 의하면, 앞의 주류 설교학자들이 성경해석이나 청중 개개인의 청취 문제에 집중하는 반면, 청중이 속한 신앙 공동체 전체의 변화나 설교자가 설교를 통해서 발휘하는 목회 리더십의 문제를 놓치고 있다고 비판했다. 그래서 존 맥클루어는『원탁의 설교단』(*The Roundtable Pulpit*)을 통해서, 그리고 마이클 퀵은『전방위 리더십』을 통해서 목회 리더십을 발휘하는 설교 사역 전반에 관한 통전적인 설교학의 프레임을 제시하였다.

5) 성경적인 설교와 구속사 설교

현대 설교학의 중요한 흐름(trend)으로 형성된 전통 중의 하나가 성경적인 설교(biblical preaching)다. 대표적으로 해돈 로빈슨(Haddon Robinson)이나 존 맥아더(John MacArthur), 그리고 제리 바인스(Jerry Vines)는 성경 본문을 강해하는 설교의 이론과 실제를 제시하였다.

특히 성경적인 설교 전통 안에서 구속사 설교 전통이 더욱 세분화하여 발전하였다. 시드니 그레이다누스(Sidney Greidanus)의 구속사 설교와 그레엄 골즈워디(Graeme Goldsworthy)의 성경신학적인 설교는 '오직 성경'(*sola scriptura*)이란 개혁주의 설교신학의 표어가 '전체 성경'(*tota scriptura*), 즉 성경 전체를 관통하는 구속역사의 관점으로 보완되어야 함을 역설하였다.

(1) 그레이다누스의 구속사 설교

한국에도 널리 알려진 시드니 그레이다누스는 구약의 역사적인 사건들을 기록한 본문들을 구속사적인 관점에서 해석하고 설교하지 않고, 윤리적이고 모범적인 관점에서 설교하는 문제점들과 그 대안을 연구하여

1970년에 "Sola Scriptura: Problems and principles in preaching historical texts"(오직 성경: 역사적 본문에 대한 설교의 문제점과 원리들)라는 제목으로 화란 자유대학(Vrije Universiteit)에서 박사학위를 받았다. 이후 1980년대의 해석학적인 강조점의 변화를 직시하면서 성경 본문에 대한 문학적인 접근 혹은 성경의 장르를 존중하는 방식으로 해석하고 설교하는 문제의 중요성을 인식하고 1988년에 『고대의 본문과 현대의 설교자: 성경의 해석과 설교』(The modern preacher and the ancient text: Interpreting and preaching biblical literature)라는 제목의 책을 저술하였다. 성경의 문학적 장르의 특징을 존중하는 성경해석과 그에 따른 설교의 전략을 중시하는 토마스 롱처럼 이 책 역시 성경을 크게는 이야기체(Narrative)와 선지서, 복음서, 서신서의 네 장르로 구분하여 성경 각권을 장르별로 해석하고 설교의 형식 역시 성경본문의 독특한 장르를 고려해야 함을 강조하였다.

그래서 이상의 네 장르를 다루는 커다란 줄기는 먼저 ① 각 장르를 지배하고 있는 독특한 문학적 특성에 대한 소개와 이어서 ② 이 본문을 총체적으로 해석함에 있어서의 고려사항들(역사적-문법적-신학적-구속사적 해석)을 다루고, 뒷부분에서는 ③ 오늘날의 청중을 위한 설교의 연관성을 설정함에 있어서 대두되는 문제점(모범이냐 구속사냐, 그 때와 지금의 유비관계)을 다루는 순서로 진행된다.

그런데 그레이다누스는 토마스 롱과 비교하여 뒷부분에서 성경의 형식을 그대로 설교에도 재현시키려고 함에 있어서 성경의 수사적인 또는 문학적인 전략들을 적극적인 입장에서 활용하기 보다는, 일반적인 해석 원리들을 원론적으로 지루하게 되풀이하고 있는 측면이 강하다. 이는 본인의 관심사가 성경의 문학적 장르에 따른 해석 전략보다는 자신의 박사학위 논문에서도 알 수 있듯이 구속사적 성경해석, 혹은 성경

신학적 해석에 집중하고 있기 때문일 것이다. 그래서 그의 책으로부터 장르별로 성경을 해석하고 설교함에 있어서의 설교의 실제적인 방안이나 독특한 설교 형식이나 전달상의 전략 부분까지 기대하기에는 다소 한계가 있다.

(2) 그레엄 골즈워디의 구속사 설교

호주의 성경신학자 그레엄 골즈워디는 『복음과 하나님의 계획』과 『복음과 하나님의 나라』라는 책을 통해서 신, 구약 성경을 성경신학적이고 구속사적인 맥락에서 해석하는 원리를 널리 소개하였다. 골즈워디는 2000년에 『기독교 성경 전체를 설교하기』(Preaching the Whole Bible as Christian Scripture)를 출간하였다. 이 책에서 저자는 성경을 장르별로 나누어서 그동안 자신이 강조해왔던 성경에 대한 성경신학적 해석과 이를 그대로 설교에 옮겨올 수 있는 실제적인 지침들을 소개하였다.

이 책의 장점은 장르별 해석의 접근 방식이 문학비평적인 입장에서 성경신학의 입장으로 선회하고 있는 최신 경향을 잘 보여준다는 점이다. 성경 해석과 설교에 대한 장르별 접근의 세계에 먼저 문을 연 학자는 토마스 롱이었다. 롱은 앞에서도 언급한 바와 같이 성경 해석에 있어서 장르라고 하는 형식이 의미의 결정에 개입하고 있는 까닭에 성경적인 설교를 추구한다면 반드시 그 설교에서도 성경 본문의 저변에 깔린 형식과 장르를 고려해야 한다는 신선한 통찰을 제공하였다. 하지만 그의 약점은 기록에 의한 의사소통과 구술에 의한 의사소통의 차이를 간과하였다는 점이다. 성경 장르상의 차이를 단지 문학적인 관점에서 해석하는데 치중하면서 문학 장르의 구속역사적인 차원은 간과하였다.

이러한 롱의 단점은 골즈워디의 장르별 해석에 있어서의 성경신학적 특성에 대한 배려를 보면 극명하게 대조된다. 골즈워디의 기본 입장은 "다양한 문예적 장르들의 특징들은 그 장르들이 등장하고 있는 역사적이며 구원사적인 정황을 떠나서는 결코 이해할 수 없다"는 것이다(p. 219). 예를 들어 "일반적으로 문학적 맥락에서 금언적인 잠언이 무슨 기능을 하는지를 이해하는 것도 중요하지만, 복음서에 나오는 잠언적인 말씀의 신학적인 기능은 잠언서에 나오는 잠언적인 말씀의 신학적인 기능과는 아주 다를 수 있다. 그래서 본문들을 이해하고 그 본문들을 그리스도인들과 연결할 때 구원사의 발전은 여전히 핵심적인 고려 사항이다. 이 점은 특히 내러티브 본문을 살필 때 대단히 중요하다. 구원사의 발전은 성경의 역사적 구조의 형성에서 주요 도구였기 때문이다"(p. 219).

따라서 성경에 등장하는 다양한 문학 장르의 특성을 존중하는 입장에서 본문을 해석하기 위해서는 단순히 해당 장르의 문학적인 특징만 이해하고 그 특징을 그대로 설교에서 되살리려고 노력하기보다는(토마스 롱의 입장), 해당 장르가 등장하게 되는 구원사적인 배경을 고려하면서 그 구원사적인 배경 속에서 오늘의 그리스도인들에게 본문이 특별히 강조하는 메시지가 무엇인지를 찾아내려고 노력하는 것이 더 바람직할 것이다.

성경신학적인 맥락에서의 본문의 장르에 따른 해석을 중시하는 골즈워디의 이 책은 2부로 구성되어 있다. 1부에서는 성경신학적인 성경 해석 방법을 소개하고 2부에서는 성경을 성경신학적인 맥락에서 장르별(율법서, 선지서, 지혜문학, 시편, 묵시록, 복음서, 사도행전, 서신서)로 해석하고 설교화하는 지침들을 수록하고 있다. 특히 구약의 여러 본문들을 성경신학적인 맥락에서 그리스도를 증거하는 원칙을 중심으로 설교할 수 있는 방안들을 소개하고 있다. 그런데 골즈워디의 책을 다시 그레이다누스의 책과 비교해 본다면, 그레이다누스에 비해서 좀 더 본문 지향적으로 본문의 구체적인 사례를 제시하면서 해당 장르를 해석하고 설교할 때의 성경신학적인, 혹은 구속사적인 안목을 제시한다는 점에서는 설교자들에게 실제적인 유익을 제공할 수 있지만, 반면에 장르별 석의 결과를 설교화하는 구체적인 방안이나 전략에 대해서는 롱에 비해서 그 지침이 추상적인 편이다.

6) 본문이 이끄는 설교

성경적인 설교의 전통은 20세기 후반에 더욱 발전한 성경에 대한 문학적인 해석의 전통과 결합하여 본문이 이끄는 설교(text-driven preaching) 전통으로 계속 발전하고 있다.

(1) 토마스 롱의 성서의 문학 유형에 따른 설교

토마스 롱(Thomas Long)은 『성서의 문학유형과 설교』(Preaching and the Literary Form of the Bible)에서 설교자가 성경 본문 해석 과정에서 본문의 중심 사상(main idea)만을 가져올 것이 아니라 그 중심 사상을 독자들에게 전달하는 데 동원되는 문학 형식도 버리지 말아야 할 것을 강조하였다. 토마스 롱의 주된 관심사는 성경의 문학적인 구조를 설교의 형식에도 활용할 수 있는 방안이다. 1982년에 "Narrative structure as applied to biblical preaching : A method for using the narrative grammar of A. J. Greimas in the development of sermons on biblical narratives"(성경적

인 설교에 적용시켜본 내러티브 구조: 성경의 내러티브 본문의 설교 계발을 위한 그레마스의 내러티브 문법의 활용 방안 연구)라는 제목으로 프린스톤 대학교에서 박사학위를 취득하고 그로부터 7년 후에 자신의 연구논문을 기초로 하여 이 책을 저술하였다.

2부로 되어 있는 이 책의 1부에서는 먼저 성경을 장르에 따라서 읽고 해석하는 문제를 의사소통의 관점에서 다룬다. 성경은 내용만을 전달하는 것이 아니라 그 내용을 효과적으로 전달하여 원했던 의사소통의 목적을 달성하기 위하여 그 목적에 가장 효과적인 수단으로서 장르를 사용하고 있기 때문에 성경 본문의 올바른 해석과 아울러, 그 본문의 올바른 의미를 온전히 전달하기 위해서는 성경의 독특한 장르를 따라가면서 해석해야 할 뿐만 아니라 성경에서 사용하고 있는 장르와 형식에 부응하는 방향으로 설교의 형식도 갖추어 주어야 한다는 것이 이 책의 핵심적인 주장이다. 2부에서는 성경의 시편과 잠언, 이야기(Narrative), 비유, 서신서(서간문)를 장르에 따라서 해석하고 그 특징을 설교의 형식으로 옮겨주기 위해서 어떻게 해야 하는지를 다음의 다섯 가지 질문을 따라가면서 장르별로 다루고 있다.

① 본문의 장르는 무엇인가?
② 이 장르의 수사적인 기능은 무엇인가?
③ 이 장르는 수사적인 효과를 얻으려고 하여서, 어떤 문학적인 방법을 사용하는가?
④ 본문 안에 있는 문학적인 배경을 고찰하여 볼 때에, 본문은 특히, 위의 세 가지 질문으로 서술한 본문의 특성과 동력을 어떻게 구체화하는가?

⑤ 본문을 쓴 상황 안에서 본문이 말하고, 기능하던 바가 현대의 새
  로운 상황 안에서 하는 설교문에서는, 무엇을 말하고 어떻게 기
  능을 할 수 있는가?(p 46)

저자는 성경에서 대표적으로 위의 다섯 가지 장르를 선정하여 위의
다섯 가지 질문을 순서적으로 대입하면서 각 장르의 문학적인 특성과
그 문학적인 특성이 의미전달을 위해서 감당하고 있는 기능들, 그리고
이러한 국면을 설교의 형식에도 그대로 재현할 수 있는 설교학적인 지
침들을 제시하고 있다.

이 책의 장점은 성경 해석자로 하여금 성경 해석시에 본문으로부터
내용과 의미만을 뽑아내려고 할 것이 아니라 그 내용을 진달하기 위헤
서 저자가 취하고 있는 독특한 문학형식이나 수사학적인 전략들에도 주
목하도록 유도하고 있음과 아울러 그러한 문학적인 특성이 오늘날의 설
교에서도 재현될 수 있도록 노력해야 한다는 것과 그럼에 있어서 실제
직인 지침 및 기지들을 제시하고 있다는 점이다.

다른 한편으로 이 책이 간과하고 있는 점은 성경이 기록되던 당시의
문어체 의사소통의 전략과 21세기 오늘날 설교가 진행되는 구어체 의사
소통의 전략은 결코 동일할 수 없다는 사실이다. 설교를 위해서 성경을
해석할 때에 해석자는 본문의 내용 뿐만이 아니라 그 내용을 효과적으
로 전달하기 위해서 저자가 사용하고 있는 독특한 수사학적 전략에도
주목해야 한다. 왜냐하면 내용과 형식은 결코 나뉠 수 없기 때문이다.
하지만 분명한 점은 저자가 주목하는 성경의 장르나 수사학적 전략은
의사소통에 있어서 상황의 요소이며 상황의 변화로부터 결코 자유로울
수 없다는 사실이다. 그래서 성경이 기록되던 당시에 원 저자와 원 독자

간에 바람직한 의사소통을 위해서 매우 효과적이었던 특정 장르나 수사학적 전략은 오늘날 구어체의 상황에서 설교자와 청중 간에 일어나는 의사소통을 위해서는 써 도움이 되지 못할 수도 있다. 이러한 한계는 아마도 또 다른 책에서 보완해야 할 부분일 것이다.

(2) 스티브 매튜슨의 구약 내러티브 설교

스티브 매튜슨(Steven Mathewson)은 『청중을 사로잡는 구약의 내러티브 설교』에서 구약의 내러티브의 문학 형식의 수사적인 동력을 설교에서도 살려 낼 수 있는 방안을 소개하였다. 이 책은 구약의 여러 장르들 중에서 특히 내러티브 본문을 심층의 수사적 전략에 따라서 석의하고 그 결과로 얻어진 주해결과를 이야기체 본문에 부합하는 설교 형식에 따라서 설교할 수 있는 실제적인 지침들을 자세히 다루고 있다. 그리고 3부에서는 이러한 원칙에 따른 실제 설교문까지도 소개하여 구약 내러티브의 설교에 대한 심층적 이해와 그 실제적 방안을 제시하고 있다.

스티브 스미스(Steven W. Smith)는 『본문이 이끄는 장르별 설교』(Recapturing the Voice of God: Shaping Sermons Like Scripture)에서 내러티브와 시편, 지혜문학, 그리고 서신서처럼 성경의 다양한 장르별로 하나님의 음성을 설교에서 되살려내는 방법을 소개하였다.

현대 설교학은 이 외에도 헨리 미첼(Henry Mitchell)을 중심으로 아프리카계 미국인의 설교(Afro-American Preaching)에 대한 연구나, 사회적 행위로서의 설교(Preaching as a Social Act)를 강조하는 입장(Van Seters, W. Brueggemann), 청중과의 상호 대화와 나눔을 강조하는 비교권적이고 대화적 설교(non-hierarchical and conversational preaching, Lucy A. Rose, John S. McClure) 등등을 통해서 다양한 설교 전통으로 발전을 거듭하고 있다.

4. 현대 설교학과 한국 교회의 설교

앞에서 소개한 현대 설교학의 풍부한 전통은 21세기 뉴노멀의 시대 한국교회를 하나님 말씀으로 목양하려는 한국의 설교자들과 목회자들에게 어떤 의미와 가치를 제공하는가? 북미권을 중심으로 발전한 현대 설교학의 다양한 전통은 21세기 한국 교회의 설교자들의 설교 역량 향상을 위하여 큰 도움을 주는 부분도 많고 그렇지 못한 부분도 많다. 그래서 각자의 설교 역량과 상황을 고려하여 취사선택할 줄 아는 분별력이 필요하다. 한국교회 설교자들이 현대 설교학으로부터 적극 배워야 할 부분은 다음 네 가지다: ① 설교를 듣는 청중에 대한 목회적인 체휼과 공감, 그리고 이를 위한 선교하적인 방법. ② 설교 쥬비를 목적으로 성경해석 과정에서 설교자가 반드시 확보해야 하는 성경 본문의 세계에 대한 추체험. ③ 설교 메시지를 통하여 설교자가 청중에게 제시해야 하는 청중의 문제에 대한 성경적인 해답. ④ 설교의 핵심 주제와 이 주제에 대한 설득력 있는 논리 전개 과정.

　　지난 한국교회 설교 형식을 백여 년 이상 지배해온 전형적인 설교의 구조와 전달 방법은 한 가지 명제로 정리될 수 있는 설교의 핵심적인 주제를 3대지 식으로 나누어서 전달하는 명제 설교다(three points sermon). 3대지 설교 형식은 배움과 학습, 그리고 교육을 중시하는 유교적 전통에 익숙한 한국인들에게 효과적이었다. 그러나 한국교회도 서구교회와 마찬가지로 교회의 권위가 무너지고 청중의 자율권이 강조되는 포스트모던의 사회로 진입하였다.

오랜 신앙생활 속에서 세속 사회 속에서 영적 전쟁을 힘겹게 감당해야 하는 신자들에게는 '해답은 정해져 있으니 아멘만 하라'는 '답정아 설교'는 더 이상 용납되지 않는다. 설교에서 청중의 고민과 문제를 충분히 파악하고 체휼하는 차원에서 설교 메시지가 전달되지 않으면 청중은 더 이상 설교에 집중하지 않는다. 이런 문제점을 고려하여 신설교학이 제안한 귀납법적 설교 형식이나 유진 로우리의 플롯이 담긴 내러티브 설교 형식은 좋은 대안이 될 수 있다. 데이빗 버트릭의 현상학적 설교나 양자 역학의 은유를 설교의 구조와 움직임에 적용한 통찰도 탁월한 설교 역량을 위하여 꼭 숙지해야 한다.

한편 현대 설교학의 제안을 뛰어 넘어서 여전히 한국교회 설교자로서 진지하게 고민하고 대안을 모색해야 하는 부분들이 있다. ① 성경 본문의 중요성과 강해설교. ② 설득력 있는 설교를 위한 설교자의 중보자적 책임. ③ 공감 설교와 청중의 감성터치.

1) 성경 본문의 중요성과 강해설교

한국교회 신자들은 다른 나라 신자들에 비하여 성경 본문 자체에 대한 관심이 아주 높다. 한국교회 신자들은 유교적 전통 속에서 '새로운 것을 배우고 이미 배운 것을 익히는' 학습(學習)에 대한 욕구가 아주 높은 편이고 기독교로 개종한 이후에 교회에 출석할 때에도 교회 밖에서 들을 수 없는 참신한 메시지를 설교단으로부터 들어보려는 욕구가 강하다.

80년대 이후 한국의 보수적인 장로교 교회 목회자들에게 소개된 강해설교는 한국교회 목회자들과 신자들에게 큰 관심과 반향을 끌어냈다. 90년대 이후로는 교단을 가리지 않고 전체 한국교회 목회자들과 설교자들에게까지 확산하였다. 따라서 한국교회 목회자들과 설교자들은 계속하여 강해설교를 위한 성경 해석 방법과 성경적인 설교 메시지의 전달을 연마해야 한다.

2) 설교자의 중보자적 책임

한국교회에서 설득력 있는 설교 메시지를 전달하기를 원한다면, 설교자는 반드시 하나님의 말씀과 청중 사이에 중보자적인 책임과 역할을 설교 메시지에 포함시켜야 한다. 그 이유는 설교 메시지가 선포되는 상황에서 한국 교회 청중들은 메시지 자체에 담긴 논리적인 설득력보다 그 메시지를 전달하는 설교자의 확신과 헌신, 그리고 청중에 대한 애정과 체휼에 더욱 민감하게 반응하기 때문이다. 앞에서 언급한 강해설교의 일차적인 목저은 관심사는 성경을 통하여 지금도 말씀하시는 하나님의 분명한 뜻을 성도들에게 밝히 드러내는 것이다. 서구 교회 설교자들의 강해설교는 성경 본문의 내용과 의미를 잘 강해하는데 집중된다. 설교자가 제시한 성경 본문의 의미를 청중이 각자의 삶 속에 적용하는 책임은 설교 메시지를 들었던 청중 각자의 몫이다.

반면에 한국교회에서는 강해설교가 단순히 성경 본문의 의미만을 논리적으로 설명하는 것만으로는 충분하지 않다. 그러한 성경 본문 주해와 해석을 통하여 얻어진 하나님의 말씀에 설교자는 얼마나 헌신하고 있는가? 그러한 설교자의 헌신은 얼마나 나와 중요한 관계가 있는가? 한국교회 청중들은 이런 고민들 속에서 강해설교 메시지를 듣고 있다. 한국 교회 청중은 서구 교회 청중에 비하여 설교 상황에서 설교자의 모범적인 리더십을 더 중요시하기 때문이다. 한국교회 강해설교에서는 본문의 의미에 대한 청중의 적용은 청중에게 가만히 맡겨놔서는 안 된다. 설교자가 적용 단계까지 적극 개입하여 구체적인 지침과 실천 방안을 제시해 주어야 한다. 최선의 설득력은 설교자 자신의 실제적인 모범 사례에서 나온다.

3) 공감 설교와 청중의 감성터치

한국교회 청중들은 설교에서 메시지에 대한 이성적인 이해보다 설교자와의 감성적인 공감을 더욱 중요시한다. 앞서 언급한 바와 같이 한국교회 청중은 설교 시간에 성경 본문에 대한 새로운 깨달음을 중시한다. 하지만 여기에 만족하지 않고 더 나아가 해당 메시지에 대한 설교자의 개인적인 확신과 열정, 그리고 청중의 문제에 대한 설교자의 체휼과 공감을 기대하고 실제적이고 감동적인 예화를 통한 감성터치까지 기대한다. 따라서 한국교회 설교자들은 설교의 후반부나 결론부에 메시지의 적용과 실천을 독려할 모범 사례나 예화, 또는 간증을 덧붙이는 것이 필요하다.

그룹 토론을 위한 질문

1. 신자들은 주일날 감동적인 설교를 듣고자 예배당으로 설교단으로 나아온다. 하지만 목회자들이나 설교자들이 신자들의 기대에 제대로 부응하시 못한다면 그 이유는 무엇 때문일까? 설교의 중요성을 간과하고 재미가 있고 유익한 목회 프로그램에 치중하는 교회에 대해서 어떻게 생각하는가?

2. (다른 설교자의 설교에서나 본인의 설교에서 발견되는) 시루한 설교의 원인은 무엇 때문이라고 생각하는가? 몇 가지 원인들을 열거해 보자! 그 중에 가장 심각한 원인은 무엇인가? 이 문제의 원인을 극복할 중요한 방법이나 철학, 또는 대안은 무엇일까?

3. 설교자가 신자들의 영적인 문제와 질문을 같은 마음으로 체휼하고 그들에게 하나님의 말씀으로 해답을 제공하고 위로하며 도전하고 격려하려고 할 때, 설교자가 자신의 마음과 메시지 속에서 가장 중요하게 갖추어야 할 필수적인 요건은 무엇일까?

4. 신설교학자들이 제안한 설교 형식과 방법들 중에 본인이 꼭 효과적으로 익혀야 할 설교 형식과 방법은 무엇인가? 그 형식과 방법을 제대로 익히려면 어떻게 해야 할까?

_____

_____

_____

_____

설교를 위한 성경 해석과
해석학적 실재론

1. 톰 라이트의 비판적 실재론 비판

톰 라이트는 『신약성서와 하나님의 백성』(The New Testament and the People of God)에서 과거 구속역사와 이에 대한 문학적인 서술로서의 성경 본문 해석, 그리고 본문의 신학적인 의미 사이에서 어느 한 쪽에 치우치지 않고 해석학적인 균형을 유지할 수 있는 대안을 모색하였다.[4] 그는 전통적인 복음주의자들처럼 신약성서가 (역사적인 예수의 활동을 포함하여) 하나님의 실재 세계를 가리키고 있음을 인정하면서도, 신약성서 본문의 내용을 액면 그대로 역사적인 실재와 일대일 대응관계를 맺는 것으로 해석하는 입장을 순진한 실재론(naive realism)이라고 비판하였다.[5] 그는 또 다른 극단적 해석 방법으로 해석자가 성경 해석 과정을 통해서 도달한 본문의 의미는 실재 의미가 아니라 해석자 내면의 전제나 신념을 본문에 투영한 거울에 불과하다고 보는 현상학(phenomenology)의 입장도 비판하였다. 톰 라이트는 이 두 가지 극단적인 해석 전략은 신약성서가 묘사하는 역사적인 예수의 실재를 해석 과정으로 재구성하는데 부적합한 해석 전략이라고 비판하고 그 대안으로 비판적 실재론을 제시하였다.

"비판적 실재론은 인식 대상의 실재를 인정하지만(그러므로 '실재론'), 해석자가 이 실재에 접근할 수 있는 유일한 길은 인식 주체와 인식 대상 간의 적절한 대화라는 나선형 방법을 통해서만 가능함을 인정하는(그러므로 '비판적') 것이라고 실재에 대한 인식 과정을 설명하는 방식이다."[6] 비판적 실재론(critical realism)은 본문 배후에 역사적인 실재가 존재함을 인정하면서도, 해석자가 해석 과정을 거쳐서 역사적인 실제 의미를 절대적으로 깨닫거나 체험하는 것은 불가능하다고 주장한다. 다만 해석자는 비판적인 해석 과정 끝에 본문이 가리키는 실재에 대한 잠정적인 이해 (potential understanding)를 얻을 뿐이라고 주장한다. 그래서 해석자는 자신이 파악한 본문의 의미를 타인에게 절대적인 진리처럼 주장하거나 강요할 수 없으며, 설령 다른 해석자의 결론과 다르더라도 그 차이점을 서로 인정하는 겸손이 필요하다는 것이다.

톰 라이트의 비판적 실재론에 근거한 신약성서의 해석 전략은 신약신학의 영역에서 성경 해석자가 독선적인 함정에 빠지는 약점을 예리하게 경고하는 장점이 있다.[7] 하지만 톰 라이트는 신약성경에 서술된 내용들이 주후 1세기 팔레스타인에서 예수 그리스도의 공생애와 십자가 죽음과 부활 사건을 중심으로 실제로 발생한 역사적 사건들을 그대로 서술한 것이 아니라고 본다. 그보다는 유대인들이 기대했던 모세오경의 언약이 예수의 혁명적이고 체제 전복적인 언행을 통해서 그 시대에 성취되었음을 후대 독자들에게 설득하는 문학 작품 이야기로 이해한다.[8] 그렇게 신약성경을 텍스트의 기능과 효과의 관점에서 접근한다면, 모세오경과 신약성경은 차별성보다는 공통점이 더 많아 보일 것이다. 톰 라이트는『신약성서와 하나님의 백성』(The New Testament and the People of God) 말미에서 "예수를 따르던 첫 세대의 수많은 추종자들에게 실제로 (유대교와 기독교의) 두 공동체가 존재한다는 것이 분명하게 인식되지 않았다"고 하면서 "유대교와 기독교가 그 초기의 주창자들이 기대했거나 의도했던 대로 발전하였는지는 확신할 수 없다"는 혼합주의적인 결론에 도달한다.[9]

이렇게 신약성경을 해석하는 과정에서 본문 배후에 존재하는 역사적 사건의 실재에 관한 분명한 전제를 포기하면, 해석자는 톰 라이트처럼 주후 1세기 팔레스타인에서의 유대교와 기독교의 분명한 차별성마저도 포기할 수밖에 없다. 톰 라이드의 비판적 실재론과 이에 근거한 신약성경 해석 작업을 설교학의 관점에서 평가한다면, 결국 설교자는 성경 본문 배후에 그대로 존재하는 예수 그리스도의 역사적 사건에 관한 전제를 포기할 수밖에 없다. 성경 본문과 그 본문이 문자적으로 가리키는 역사적 실재 사이의 일대일 대응 관계를 매우 느슨한 암시 관계로 받아들인다면, 본문 배후에 존재하는 역사적 실재에 근거한 본문의 의미와 그 역사적 실재에 근거하여 설교자가 강단에서 청중에게 선포하는 설교 메시지의 절대적 규범, 그리고 이를 지탱하는 설교의 영적 권위 모두는 심각하게 흔들릴 수밖에 없다.[10]

2. 삼위일체 신학에 근거한 성경 해석과 설교 메시지의 전달

그렇다면 성경 본문을 실제로 발생한 하나님의 구속 사건에 관한 기록으로 인정하고 해석하여 얻어낸 본문의 의미를 오늘의 청중에게 권위 있는 하나님의 말씀으로 선포할 수 있도록 안내하는 '설교학적인 해석학'은 어떻게 마련될 수 있을까? 필자는 이 해답의 실마리를 번 포이트레스의 삼위일체 지향적인 성경해석학에서 모색하고자 한다. 번 포이트레스에 의하면 성경해석은 삼위일체 신학에 근거하여 다음 세 가지 해석학적인 차원으로 확장될 수 있다고 한다. 먼저 성부 하나님은 모든 말씀과 의미의 원형과 기원을 가지고 계신다. 이어서 성자 하나님은 성부의 모든 지혜와 권능의 말씀이 가시적으로 현시된 하나님이시다. 그리고 성령 하나님은 성부의 말씀이 성자를 통한 현시의 동시발생과 의미의 일치를 주도적으로 인도하신다.

이러한 삼위일체 신학에 기초한 성경 해석학은 그대로 설교 준비와 전달의 3단계 진행 과정과 일치한다. 뿐만 아니라 설교학의 세 가지 핵심 사상(또는 중심사상, main idea)와도 일치한다. 먼저 성자 예수님을 통하여 현시된 성경 본문은 주해의 중심사상(exegetical main idea)을 통해서 구체화된다. 그리고 모든 성경 본문의 주해의 중심사상은 원리화의 단계 또는 신학적인 중심사상(theological main idea)에 집중된다. 성령 하나님은 설교자로 하여금 주해의 중심사상과 신학적인 중심사상의 연관성을 이해하도록 인도하는 과정을 통해서 설교의 중심사상(homiletical or sermonic main idea)을 구체화하고 이를 회중의 상황에 적실하게 선포하고 설득하도록 인도하신다.

번 포이트레스의 삼위일체 신학에 근거한 설교학적인 해석학은 성경신학적인 실천신학의 영역에서 크리스토퍼 라이트의 성경적 윤리 모델과도 정확하게 상응할 뿐만 아니라 실천신학적인 해석학의 영역에서 존 프레임의 삼중관점의 기독교 윤리 모델과도 일치한다. 이러한 일치성은 결국 주해와 원리화, 그리고 설교 적용으로 진행되는 설교학적인 해석학의 신학적 토대가 성경신학의 토대에 부합할 뿐만 아니라 20세기 후반에 비약적으로 발전한 실천신학적인 해석학의 프레임과도 정확하게 일치함을 보여준다.

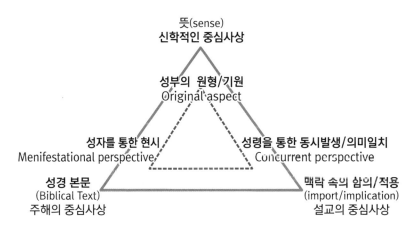

삼위일체 신학에 근거하고 설교 지향적인 성경 해석학 모델
Homiletical Hermeneutics Triangle based upon the Trinitarian Theology

1) 크리스토퍼 라이트의 성경적 윤리 모델

크리스토퍼 라이트의 성경신학적인 하나님 나라의 윤리 모델은 주해와 원리화, 그리고 설교 적용의 3단계 설교 준비와 전달의 과정에 관한 탁월한 성경신학적인 틀거리를 제공한다. 그리스토퍼 라이트는 '성경이 제시하는 하나님의 나라의 윤리'를 다음과 같은 성경적 윤리 모델로 종합하였다. 삼위 하나님은 천지를 창조하시고 에덴동산을 만드신 다음에 아담과 하와를 에덴동산으로 인도하셔서 하나님의 말씀으로 천지를 통치하시는 하나님의 통치에 참여할 기회를 허락하셨다. 하지만 아담의 범죄와 타락으로 피조계에 죄악이 들어오게 되었고 아담의 타락 이후 피조계는 하나님의 통치에 대적하는 악한 세력들이 등장하게 되었다.

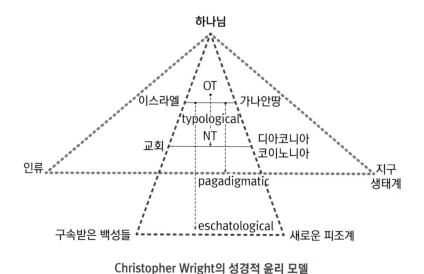

Christopher Wright의 성경적 윤리 모델

그럼에도 불구하고 삼위 하나님은 창세 전에 가지셨던 구속 계획을 포기하지 않으시고 이스라엘 백성들에게 장차 이루어진 온전한 구속을 예고하셨고 때가 차매 그리스도의 성육신 사건과 부활, 승천, 그리고 성령 강림을 통해서 구약시대 예언된 하나님의 나라에 관한 약속의 말씀을 성취하셨다. 신약시대 이후 교회는 하나님의 말씀과 성령의 능력으로 장차 그리스도의 재림으로 완성될 하나님 나라를 소망하며 이 땅에서 하나님의 말씀과 성령의 능력으로 그리스도의 영광을 나타내는 삶으로 초대받았다.

이 과정에서 설교자는 성경을 통해서 말씀하시는 하나님의 음성을 먼저 듣고 경험하며 변화를 받아 설교의 소통을 통해서 교회에 모인 회중에게 하나님의 말씀을 선포함으로 그들도 각자의 삶 속에서 하나님의 말씀에 순종하는 삶을 살도록 인도하는 사명을 감당해야 한다.

2) 존 프레임의 삼중관점의 기독교 윤리 모델

설교자는 신자들에게 하나님의 말씀을 전달하여 그들이 교회와 가정, 그리고 이 사회 속에서 거룩한 영향력을 실천하는 신자로 살아 가도록 안내한다. 설교자가 설교 사역을 제대로 감당하려면 먼저 하나님의 말씀의 규범과 신자의 실존, 그리고 신자가 말씀에 순종하는 삶의 정황의 세 요소가 서로 상호작용하는 과정 전체에 관한 체계적인 이해가 요청된다.

개혁주의 윤리학자 존 프레임(John Frame)은 3중 관점의 기독교 윤리 모델을 통하여 이러한 종합적인 전망을 선명하게 제시하였다. 존 프레임에 의하면, "윤리적 판단은 어떤 한 사람이 하나의 규범을 자신이 처한 상황에 적용하는 것으로 구성된다".[11] 존 프레임은 윤리적 판단을 구성하는 '한 사람'을 실존적 관점(existential perspective)으로 규정하고, '하나의 규범'을 '규범적 관점'(normative perspective)으로, 그리고 '자신이 처한 상황에 효과적으로 적용하는 것'을 상황적 관점(situational perspective)으로 규정하였다. 그리고 이 세 가지 관점이 기독교 윤리를 실천해야 하는 과정에서 상호 보완적으로 통합되는 것을 가리켜서 '삼중관점의 기독교 윤리 모델'(triperspectivalism Christian ethics)로 정의하였다.[12]

3중 관점의 기독교윤리 모델
Triperspectivalism Christian Ethics Model

존 프레임이 제안한 3중 관점의 기독교 윤리 모델은 주해와 원리화 그리고 설교 적용의 3단계 설교 준비와 전달 과정과도 효과적으로 상응한다. 앞서 확인한 바와 같이 설교자는 기독교 신자가 하나님의 말씀을 자신의 삶 속에서 실천하는 과정을 종합적으로 이해해야 한다. 이를 위해서 설교자는 성경을 통해서 전달되는 하나님의 말씀에 관한 규범의 차원을 이해해야 하고, 그 하나님과의 책임 있는 관계를 맺고 있는 신자 자신의 실존적 차원을 파악해야 하며, 신자가 처한 삶의 정황에 관한 상황적 차원을 파악해야 한다. 설교자는 성경 해석 과정과 원리화 그리고 설교 메시지 전달을 통하여 이 세 가지 차원을 자신의 설교 메시지 안에서 효과적으로 통합해야 한다. 그럴 때 비로소 그 메시지를 듣는 청중은 이 세 가지가 상호작용하면서 신자가 그리스도와 연합을 이루는 해석학적인 중첩(hermeneutical overlapping)을 경험할 수 있고, 그러한 청중의 삶을 통하여 하나님 나라가 실제적으로 구현될 수 있을 것이다. 따라서 설교자는 한 편의 설교를 준비하고 전달하는 과정에서 설교의 규범적 관점과 상황적 관점, 그리고 실존적 관점을 잘 파악하고 이 세 가지 관점이

한 편의 설교 메시지에서 설득력 있는 하모니를 형성하도록 해야 한다.

2) 존 프레임의 삼중 관점의 기독교 윤리 모델

존 프레임의 삼중관점의 기독교 윤리 모델은 기독교 설교학에 효과석으로 적용될 수 있다. 기독교인의 윤리적 사고와 실천의 구성이 신자와 교회가 성경적인 교훈의 규범을 특정한 상황에 적용하는 것으로 이루어지듯이, 기독교 설교 사역에서 설교자의 역할은 성경 본문을 통해서 확보한 하나님의 말씀(규범적 관점)을 신자들에게 설득력 있게 선포하여(실존적 관점) 그들로 하여금 각자의 상황 속에서 하나님의 말씀에 순종하는 삶을 살도록 안내하는 것이다(상황적 관점). 설교자가 이러한 설교사역을 올바로 감당하려면, 하나님의 진리의 말씀을 경험하는데 동원되는 세 가지 관점을 개별적으로 잘 이해해야 하고, 이 세 가지 관점이 설교의 소통을 통해서 하나의 진리 체험의 사건으로 결합하는 과정을 잘 이해해야 한다.

존 프레임의 삼중관점의 기독교 윤리 모델이나 크리스토퍼 라이트의 성경적 윤리 모델은 그 범주가 매우 포괄적이고 통전적이기 때문에 기독교 실천신학의 연구방법론에도 적용 가능하다. 예를 들어 단 브라우닝과 리차드 오스머가 제시한 현대 실천신학의 연구방법론은 상황에 관한 서술과 분석, 규범, 그리고 전략의 4단계로 진행된다. 4단계 실천신학의 연구방법론을 존 프레임의 삼중관점의 기독교 윤리 패러다임과 비교해보면, 상황에 관한 서술과 분석은 상황적 관점에 대응되며, 규범은 문자 그대로 규범적 관점에, 그리고 전략은 실존적 관점에 대응될 수 있다.

3. 성경적인 설교를 위한 해석학적 실재론

설교자는 신자의 기독교 윤리의 실천에 관한 종합적인 전망과 아울러 하나님의 말씀, 로고스(λόγος)가 신자 개인과 교회 전체, 그리고 피조계 전체를 관통하며 창조와 구속 사역을 진행하는 전체 과정에 관한 거시적인 이해가 요구된다. 설교자의 설교 사역에 관한 거시적인 이해는 단순히 설교자 개인의 깊이 있는 신학적 소견이 아니라 '말씀을 통해서 진행되는 하나님 나라'의 일부분이기 때문이다. 설교자가 '말씀을 통해서 진행되는 하나님 나라'의 전체 과정을 이해하는 관점이 결국 그 설교 사역의 방향과 결과에 상당한 영향을 준다.[13]

이는 양자역학의 '반사성 이론'(또는 재귀 이론, reflexivity)으로도 설명될 수 있다. 양자역학 이론에 의하면 소립자의 위치와 운동 과정을 관찰할 때 관찰자의 관찰 행위는 관찰 대상인 소립자의 운동 방향과 위치에 영향을 준다는 것이다. 최근에는 양자역학의 반사성 이론이 사회과학과 접목되어 '사회과학의 대상들은 언제나 인식자의 태도에 따라 그 상태가 변한다'는 논리적 근거로 제시된다. 즉 자연과학에서 다루는 고정된 물체와 달리 사회적인 현상은 거기에 참여하는 사람들의 인식에 따라 언제든지 긍정적이거나 부정적인 쪽으로 진행 방향이 달라질 수 있다. 예를 들어 주식 시장의 주가는 주식 시장 참여자들의 주가에 대한 심리적이고 비합리적인 기대감이 실재로 실현되는 현상을 자주 보여준다.

인지언어학자 조지 레이코프(George Lakoff)는 반사성 이론을 프레임 전쟁에 적용하여 다음과 같이 주장한다. '세계에 대한 우리의 이해는 세계의 물리적 일부세계의 물리적인 일부다... 세계는 여러 면으로 볼 때 우리가 세계에 대한 프레임을 구성하고 그 프레임에 의거해 행동하는

방식을 반영한다.'14

하나님의 말씀 로고스(λόγος)를 선포하는 과정과 이를 통한 하나님 나라의 구현도 마찬가지다. 예수 그리스도 중심의 구속의 역사는 삼위 하나님의 절대 주권으로 진행되지만, 여기에 참여하는 설교자의 하나님 말씀에 대한 확신과 헌신의 수준이 구속역사 구현에 결정적인 비중을 차지한다. 하나님의 말씀인 로고스(λόγος)를 통해서 진행되는 하나님 나라는 삼위 하나님의 역할과 그 하나님으로부터 말씀을 전하도록 위임받은 인간 설교자의 언어적인 역할을 통해서 구현된다. 인간 설교자의 언어적인 역할은 말씀을 통해서 진행되는 하나님 나라의 전체 과정에 대한 종합적인 이해와 신념으로부터 시작된다. 하나님의 말씀의 전체적인 순환 과정에 관한 설교자의 관점과 시각은 그 말씀의 실제적인 성취에 결정적인 역할을 차지한다. 마치 소립자의 위치와 운동량이 관찰자의 관찰 행위에 따라 이리 저리 바뀌듯이, 말씀 선포로 이루어지는 하나님 나라의 구현의 방향과 수준도 여기에 참여하는 설교자의 말씀에 대한 확신의 수준과 그 정도에 상당한 영향을 받는다.

그렇다면 인간 설교자의 언어적인 역할을 위하여 설교자가 분명히 이해해야 할 하나님 나라 전체 과정에 관한 종합적인 내용은 무엇일까? 그것은 삼위 하나님의 예정과 천지창조, 하나님 말씀의 계시, 인간의 타락과 구속 계획, 이스라엘의 역사를 통해서 드러난 옛언약의 무조건성과 조건성, 예수 그리스도의 십자가 죽음과 부활, 승천 이후의 성령 강림, 교회의 탄생과 말씀 선포의 위임, 설교자의 성경 해석과 설교 메시지의 전달, 신앙 공동체의 선교 사역 전체가 해당된다. 따라서 설교에 관한 신학적 이해의 토대를 세시하는 설교신학은 말씀을 통해서 성취되는 하나님 나라를 구성하는 전체 요소들에 관한 종합적인 이론을 설명할 수 있어야 한다.

4. 말씀을 통해서 구현되는 하나님 나라와 해석학적 실재론

설교자가 말씀을 통해서 진행되는 하나님 나라의 전체 과정을 이해하는 관점이 실제 설교 사역의 방향과 결과에 상당한 영향을 준다면, 설교자는 이 전체 과정을 어떤 관점으로 바라봐야 하는가? 성경 해석과 설교 메시지의 전달에 관한 전체 과정을 종합적으로 조망할 수 있는 한 가지 대안은 해석학적 실재론이다. 해석학적 실재론(hermeneutical realism)은 하나님 나라의 실재가 존재함을 인정하되, 그 실재 세계에 도달할 수 있는 최선의 방법은 하나님 나라의 실재를 형성하는 하나님의 말씀에 관한 해석학적인 탐구 과정을 통해서 얻어진다는 관점이다.[15]

해석학적 실재론에 근거한 설교신학의 특징은, 비판적 실재론에 근거한 설교신학과의 비교연구를 통해서 더욱 분명해진다. 비판적 실재론과 해석학적 실재론 모두 하나님 나라의 실재는 해석과정(interpretation)을 통해서 도달할 수 있음을 인정한다. 하지만 결정적인 차이점은 다음 세 가지다. 첫째는 해석의 주도권을 인간 해석자에게 둘 것인가?(비판적 실재론) 아니면 하나님의 말씀에 둘 것인가?(해석학적 실재론). 둘째는 해석 기준을 계시된 말씀인 성경으로 정할 것인가?(해석학적 실재론), 아니면 해석자의 합리적인 이성인가?(비판적 실재론) 셋째, 해석 대상을 성경 텍스트에 국한할 것인가?(비판적 실재론), 아니면 하나님의 말씀이 성취되는 교회 회중도 포함할 것인가?(해석학적 실재론)

1) 해석의 주도권

비판적 실재론에 비추어 볼 때 성경 해석 과정에서 해석의 주도권은 해석자가 행사한다. 하지만 어거스틴과 안셀름의 '이해를 추구하는 신앙'에서 이해를 추구하는 주체가 신자의 마음 속에 형성된 신앙인 것처럼, 말씀을 통해서 성취되는 하나님 나라의 전체 과정에서 하나님 나라를 성취하는 주체는 인간 설교자가 아니라 하나님의 말씀(the Word of God)과 성령 하나님의 조명(illumination)이다.

만일 하나님 나라의 주도권이 하나님의 말씀에 달렸다면, 설교를 준비하고 전달하는 과정에서 설교자의 역할은 어떻게 자리매김될 수 있을까? 하나님 나라에서 말씀의 주도권과 설교자의 역할을 연결하는 중요한 연결고리가 예수 그리스도의 대위임명령(the Great Commission)이나. 구약시대 하나님은 하나님 나라의 진행을 위해서 끊임없이 선지자들을 세우시고 보내셨던 것처럼 예수 그리스도 역시 구속역사의 진행을 위하여 사도들과 설교자들에게 복음 전도의 사명을 위임하셨다. 인간 설교자가 말씀으로 성취되는 하나님 나라를 봉사할 수 있는 근거는 그리스도의 대위임명령 때문이다.

2) 해석의 기준

해석의 기준은 계시된 말씀인 성경인가? 해석자의 합리적 이성인가? 칼바르트의 주장처럼 하나님은 오직 하나님 자신을 통해서만 올바로 알려질 수 있다. 계시된 하나님의 말씀인 성경을 올바로 해석하여 하나님의 말씀을 경청하려면, 그 계시된 말씀인 성경의 특정한 본문 구절은 성경의 다른 구절에 비추어 해석해야 한다. 물론 본문의 문법적 맥락을 파악해야 하고 본문의 등장인물들이 처한 역사적 상황과 저자와 수신자의 역사적인 전후 맥락과 상황을 고려해야 한다. 이것이 역사적 해석 방법과 문학적 해석 방법이다.

하지만 성경을 제대로 해석하여 본문으로부터 하나님의 말씀(또는 신학적인 의미나 교훈)을 도출하려면 성경의 특정한 구절을 전체 성경의 관점에서 해석해야 한다. 이런 해석 전략을 가리켜서 신학적인 해석, 또는 구속사적인 해석, 또는 전체 성경(tota srciptur)에 근거한 해석이라고 한다.

3) 해석의 대상

비판적 실재론이 놓친 또 다른 중요한 해석학적인 쟁점은 해석의 대상이다. 비판적 실재론에서는 설교자가 성경 본문에 대하여 해석학적인 우위에 서서 해석 과정의 주도권을 행사하는 것으로 이해한다. 하지만 성경 해석 과정이 말씀을 통해서 성취되는 하나님 나라의 전체 과정의 일부분에 해당되는 것으로 이해한다면, 이 전체 과정에서 결코 놓칠 수 없는 해석 대상, 또는 성령의 조명의 대상은 설교자 뿐만 아니라 설교 메시지를 경청하여 듣고 말씀에 순종해야 할 현대 회중과 신앙 공동체다.

해석학적 실재론의 관점에서 말씀을 통해서 성취되는 하나님 나라의 전체 과정을 고려한다면 그 전체 과정을 구성하는 모든 것들 중에서 하나라도 빠진다면 이 과정은 결코 이뤄질 수 없다: 삼위 하나님의 실재와 과거 구속역사의 실재성, 말씀을 선포해야 할 대위임명령, 해석 과정에서의 성령의 조명 활동, 설교자와 신자들과의 인격적인 신뢰 관계, 이들을 향한 설득력 있는 선포, 말씀을 경청한 다음에 순종과 헌신을 통한

하나님 나라의 구현.[16]

결국 해석학적 실재론의 관점에서 말씀을 통해서 하나님 나라의 실재를 재구성하려면, 설교자는 설교 사역의 주도권이 인간 설교자가 아니라 하나님의 말씀과 성령 하나님의 조명에 달렸음을 직시해야 한다. 또한 설교자가 설교 사역으로 하나님의 말씀을 봉사할 때 실제적인 차원에서 해석해야 할 대상은 성경 본문 뿐만 아니라 자신의 메시지를 하나님의 말씀으로 경청할 청중도 포함해야 한다. 정창균 총장에 의하면, 두 종류의 신학자가 있다. "자신의 신학을 사랑하는 신학자와 교회를 사랑하는 신학자입니다." 자신의 신학을 사랑하는 신학자는 자기가 연구하여 깨달은 진리를 사랑하지만, 그러나 교회를 사랑하는 신학자는 그 메시지를 듣고 순종해야 할 교회를 불쌍히 여기시며 기다리시는 하나님의 마음을 체휼하였기에 그들이 말씀을 듣고 헌신하도록 최선의 노력을 기울인다.

5. 해석학적 실재론에 따른 성경 해석과 설교의 3단계 과정

지금까지 고찰한 해석학적 실재론을 실제 설교 준비와 설교 메시지 전달 과정에 적용한다면, 주해와 원리화, 그리고 설교 메시지를 통한 말씀의 적용이라는 3단계 과정이 완성된다. 티모시 워렌은 주해와 원리화, 그리고 설교의 적용의 3단계 과정을 각각 주해의 중심사상과 신학적인 중심사상, 그리고 설교의 중심사상으로 정의하였다. 필자는 디모시 워렌의 3가지 중심사상을 도입하기 전에 먼저 주해와 원리화, 그리고 설교의 적용에 관하여 간단히 설명하고자 한다.

1) 주해

설교를 준비하는 설교자는 자기 앞에 펼쳐진 성경 본문을 해석학적 실재론의 거시적인 관점에서 바라볼 수 있어야 한다. 어떻게 해서 이 성경 본문이 지금 내 눈 앞에 펼쳐져 있는가? 삼위 하나님은 나(설교자)의 성경 해석과 설교 메시지의 전달을 통하여 무슨 말씀을 그 백성들에게 선포하기를 원하시는가? 설교자는 이러한 질문과 함께 성경 본문을 성실하게 주해해야 한다.

본문 주해는 기본적으로 문법적이고 문학적인 석의와 역사적인 석의의 두 단계를 거친다. 성경의 어느 본문과 장르를 해석하든 해석자는 먼저 본문의 문법적이고 문학적인 특징과 구조를 분석하고 본문의 단어와 문장, 그리고 전체 단락의 의미론적인 구조를 파악해야 한다. 이어서 본문의 단어와 문장, 그리고 단락에 담긴 의미나 등장 인물들, 또는 저자와 1차 수신자 사이의 역사적인 배경을 연구해야 한다. 좀 더 자세한 본문 석의와 연구를 위해서는 해당 성경책에 관한 전문적인 주석서를 참고해야 한다. 대부분의 성경 주석서들은 주로 주해 단계에서 제기되는 질문들에 대한 해답을 다루고 있다. 본문의 문법이나 문학적인 구조, 장르 분석이 주석서의 주요 내용들이다. 또 본문의 등장인물의 역사적인 상황이나 저자와 1차 수신자의 역사적인 배경들을 집중적으로 다룬다.

설교를 준비하는 해석자는 주해 과정의 결과물을 주해의 중심사상으로 정리하여 문장으로 서술해야 한다. 주해의 중심사상에 관한 문장은 주제와 주제 서술의 두 의미 구절로 구성된다. 주제에 관한 구절은 특정한 등장 인물의 행동이나 그 행동 배후의 하나님의 섭리에 관한 주제를 서술한다.

예를 들어 다윗이 골리앗을 무찌른 사무엘상 17장(41-58)의 경우, 주해의 중심사상을 구성하는 주제는 '다윗이 골리앗을 무찌를 수 있었던 비결'이나 '다윗의 승리의 비결'이다. 그리고 이 주제에 관한 서술은 '살아계신 하나님에 관한 분명한 믿음과 확신 때문이었다'이다. 주해의 중심사상을 한 문장으로 정리하면 다음과 같다: "다윗이 골리앗을 무찌를 수 있었던 비결은 살아계신 하나님에 관한 분명한 믿음과 확신 때문이었다."

2) 원리화

해석자가 주해 과정을 통하여 성경 본문의 문법적인 의미의 문학적인 구조를 파악하고 또 본문의 역사적인 배경을 파악했다면, 그 다음 단계는 그렇게 연구한 본문의 문법적, 문학적, 및 역사적 배경의 배후에 있는 본문의 신학적인 의미와 원리, 그리고 영적인 교훈을 도출하는 원리화(原理化, principalization)의 단계를 밟아야 한다. 성경 해석 과정의 원리화를 다른 말로 설명하자면 본문의 신학적인 의미를 파악하는(또는 도출하는) 단계로서 신학화(神學化, theologization)라고도 한다. 티모시 워렌은 원리화 또는 신학화한 결과물을 가리켜서 '신학적인 중심사상'(theological main idea)이라고 부른다.

주해와 신학, 그리고 설교의 3단계를 중심사상(main idea)의 관점에서 설명하는 방식은 각각 장점과 단점이 있다. 장점은 중심사상이라는 일관된 잣대로 주해와 신학, 그리고 설교의 3단계 과정을 간명하게 설명할 수 있다는 것이다. 반면에 단점은 주해 작업과 신학적인 의미를 파악하는 단계를 선명하게 구분하기 어렵다는 것이다. 그리고 주해 작업은 해석자의 주관적인 입장의 영향을 덜 받는 객관적인 작업인 반면에, 본문의 신학적인 의미를 파악하는 과정은 해석자의 신학적인 전제로부터 상당한 영향을 받는다. 주해 작업은 본문의 문학과 문법, 그리고 역사적인 배경을 최대한 존중한다는 객관성을 가지는 반면에, 본문의 신학적인 의미를 파악하는 과정은 해석자가 어떤 신학적인 전제를 가졌는가 하는 해석자의 주관성이 개입될 소지가 주해 작업에 비하여 훨씬 많다. 두번째 연구 과정을 '신학적인 해석'(theological interpretation)으로 정의하면, 첫번째 주해 과정과의 차별성이 불분명한 것처럼 생각되는 독자들도 있을 것이다.

따라서 필자는 주해로부터 설교로 진행하는 3단계 과정 중에 두번째 과정을 '신학적인 해석'의 단계로 정의하지 않고 '원리화'로 정의하고자 한다. 주해와 원리화의 공통점은 설교자가 여러 주석서들을 활용하여 성경 본문을 성실하게 연구하는 것이다. 차이점은 본문의 의미를 본문 자체에 국한하여 좁게 파악하느냐(주해), 아니면 성경 전체의 맥락으로 확장하여 보편적으로 넓게 파악하느냐(원리화)의 차이가 있다.

예를 들어 다윗이 물매돌을 던져 블레셋의 장수 골리앗을 무찌른 내러티브(삼상 17:41-54)의 경우에 주해적인 중심사상은 "다윗이 골리앗을 무찔렀던 비결은 살아계신 여호와 하나님에 대한 다윗의 분명한 믿음 때문이었다"는 것이다. 하지만 설교자가 오늘날의 청중에게 하나님의 말씀을 설득력 있게 선포하려면 이 주해적인 의미의 배후에 숨어 있는 보편적인 원리나 교훈을 도출해야 한다. 설교자는 주해 단계를 거쳐서 다음과 같은 원리화한 교훈이나 의미를 확보해야 한다. 원리화의 중심사상: "하나님의 살아계심을 확실히 믿는 신자는 사탄 마귀의 권세를 물리칠 수 있다." 또는 "코로나 팬데믹 속에서 교회와 신자들이 영적전쟁에서 승리할 비결은 여호와 하나님이 여전히 동일한 능력으로 살아 역사하신다는 믿음 뿐이다."

3) 설교의 적용

설교를 위한 성경 해석 작업은 설교자가 본문을 주해하고 연구하는 과정에서 체험한 본문 추체험의 감동을 설교 메시지를 통하여 청중에게 선포하고 적용함으로 완성된다. 예를 들어 사무엘상 17장에서 다윗이 골리앗을 무찌른 본문으로 설교를 준비하여 전달한다면, 이 본문에 대한 주해의 중심사상을 만들고, 이어서 원리화의 과정을 거쳐서 원리화의 중심사상을 만들고, 최종적으로 오늘의 청중도 설교자가 경험한 본문의 감동을 그대로 경험하면서 각자의 삶 속에서 골리앗과 같은 흑암의 권세를 다윗처럼 물리칠 수 있도록 설득해야 한다. 이를 위한 설교의 중심사상은 이전의 중심사상처럼 설교의 주제와 주제 서술문으로 구성된다.

설교의 주제는 영적 전쟁에 대한 승리의 비결이다. 그리고 이에 관한 서술문은 살아계신 여호와 하나님에 대한 분명한 믿음과 믿음을 실제로 표현하는 거룩한 성품들, 각자 받은 달란트를 성실하게 감당하는 책임성, 감사와 찬양의 고백들이다. 사무엘상 17장에 관한 설교의 중심사상은 다음과 같이 정리될 수 있다. 신자가 코로나 팬데믹 속에서 영적 전쟁에 승리할 비결은 다음 세 가지다.

① 첫째는 성경 본문에 기록된 여호와 하나님은 오늘 21세기 속에서도 여전히 우주 만물과 역사, 그리고 우리 인생의 주인이요 통치자이심을 믿어야 한다.

② 둘째는 우리에게 이런 믿음이 있다면 그 믿음은 보이지 않는 영적 전쟁에 대한 긴장과 거룩한 분노, 그리고 흑암의 권세를 정복하는 거룩한 성품들로 표현되어야 한다. 각자에게 주어진 하나님의 달란트를 귀하게 여기고 하나님의 영광을 위하여 거룩하게 사용되어야 한다.

③ 셋째는 절망스러운 상황 속에서라도 여호와 하나님의 절대 주권을 믿는 신자라면 담대하게 찬양하며 각자에게 주어진 현실 속에서 성령의 인도하심 따라 감사의 고백을 향기로운 제물처럼 올려드릴 수 있다.

그룹 토론을 위한 질문

1. 자신의 신학을 사랑하는 신학자/목회자와 교회를 사랑하는 신학자/목회자의 유사점과 차이점은 무엇일까?

2. 톰 라이트의 비판적 실재론은 개혁주의 성경 해석의 전통과 조화를 이룰 수 있을까?

3. 탁월한 주석서들 중에 어떤 주석서는 목회자들에게 본문의 신학적인 교훈을 충분히 제시하지 못하는 경우가 있다. 원리화 또는 신학적인 중심사상이 빈약하기 때문이다. 이런 주석서가 원리화에 빈약한 이유는 무엇 때문일까?

4. 성경 본문의 주해와 원리화 그리고 설교 적용의 3단계 과정을 내가 이해하는 방식으로 설명해 보자.

5. 시드니 그레이다누스의 구속사 설교가 성경 본문에 관한 원리화 또는 구속사 신학에 근거한 신학적인 중심사상을 충분히 제시하는 장점에도 불구하고, 과도한 기독론적 해석에 치우치거나 청중의 상황에 연관성 있는 적용점을 설득력 있게 제시하지 못하는 이유는 무엇 때문일까?

_____

_____

_____

_____

말씀으로 구현되는
하나님 나라의 맥락화

설교자가 이 세상에서 하나님의 말씀(the Word of God), 로고스(λόγος)로 구현되는 하나님의 통치를 올바로 봉사하려면, 이 전체 과정을 체계적이고 일관성 있게 파악해야 한다. 네덜란드의 자유대학교(Vrije Unversiteit) 실천신학자였던 제이콥 피렛 교수(Iacob Firet, 1924-1994)에 의하면, 목회사역의 핵심적인 과제는 말씀(Word)의 형태로 자기 백성들의 영적 변화와 성숙의 역동성(agogic moment)을 위하여 찾아오시는 하나님의 구원 사건을 섬기는 것이다. [17] 삼위 하나님께서 말씀의 형태로 자기 백성들에게 찾아오시는 목적은, 자기 백성들의 영적 변화와 성숙을 위한 것이다. 하나님 나라 백성들의 영적 변화와 성숙의 역동성은, 영원한 하나님의 로고스가 그 백성들이 속한 특정한 상황(context) 속으로 들어와서 그 백성들이 처한 역사적, 문화적 및 실존적인 맥락에 맞게 적용됨으로 이루어진다. [18]

이렇게 영원한 하나님의 말씀 로고스(λόγος)가 특정 상황과 맥락에 속한 신자들에게 선포되고 성취되고 구현되는 단계 또는 과정을 '로고스의 맥락화'로 설명할 수 있다. 로고스의 맥락화(logos contextualization)란 영원한 하나님의 말씀이 특정한 시대적 환경에 속한 하나님 나라 백성들에게 선포되고, 그 과정에서 성령의 감동과 조명으로 말미암아 말씀 수용자들 내면에 하나님의 말씀을 진리로 받아들이는 믿음이 형성되고, 그리스도의 성품을 닮아서 거룩을 추구하는 성화의 삶을 살아가는 전체 과정을 의미한다.

하나님의 말씀이 그 백성들에게 연속적으로 성취되는 전체 과정은 ① 삼위 하나님의 계시(말씀계시와 사건계시)와, ② 성령의 감동에 의한 기록(언어적 전환, linguistic turn), ③ 성경 본문에 대한 해석과 성령의 조명, ④ 설교를 통한 말씀 선포와 성령의 조명, 그리고 ⑤ 교회의 표지를 통한 말씀의 가시적 성취(역사적 전환, historical turn)의 5단계 로고스 맥락화(five steps of Logos-contextualization)로 자세히 구분할 수 있다. 이 전체 과정은 구속역사의 진행 과정을 따라서 일방향으로 진행되는 동시에, 특정한 하나님의 말씀이 선포되는 시점에서 하나님과 그 청중과의 수직적인 만남이 반복적으로 발생한다. 이상의 다섯 단계 맥락화를 좀 더 자세히 살펴보자.

**삼위 하나님과 그 백성들 사이의
언약관계에 근거한 말씀을 통한 그리스도 중심의 구속사적인 연합**

①	②		③	④		⑤
과거 구속 사건과 계시의 말씀	선지자들 사도들	성경 TEXT	해석자/ 설교자	설교 메시지	설교를 듣는 교회 회중들	말씀에 근거한 순종의 삶
	언어적 전환/추체험			언어-사건/회중의 공감		

[다섯 단계의 로고스 맥락화]

1. 1단계, 로고스의 계시적 맥락화

조나단 에드워즈가 잘 설명한 바와 같이, 삼위 하나님은 자신의 무한한 지혜와 권능, 아름다움과 거룩을 삼위 하나님 바깥으로 실현하려는 의지를 실제 실행에 옮기는 행위자이시다.[19] 무한히 서룩하시며 아름다우신 하나님은 자신의 아름다움을 하나님 존재 바깥으로 나타내고 구현하려는 역동적 성향을 가지신다. 천지 창조의 계시와 인류의 구속을 위한 구속역사의 전체 과정, 행위 언약과 구속 언약의 체결, 예수 그리스도의 성육신 사건은, 영원하신 하나님께서 자신의 계획과 생각, 뜻, 의지를 구체적인 시간과 공간에 속한 선지자들과 사도들에게 계시로 나타내어 알리신 하나님의 의사소통 사건이다. 이 모든 계시적인 외사소통 사건은 영원하신 로고스(λόγος)가 계시 수용자의 특정한 시공간의 상황 안으로 개입하여 들어옴으로 이루어졌다. 이로써 첫번째 로고스(λόγος)의 계시적 맥락화(the first Logos revelation contextualization)가 완성되었다.

다니엘 쇼우(R. Daniel Shaw)와 참스 밴 엔겐(Charles E. Van Engen)에 의하면, 하나님의 말씀과 수용자의 상황이 서로 연결되는 방식이 하나님께서 사람들과 인격적인 의사소통의 관계를 맺으시는 독특한 방식이라고 한다. "하나의 예외도 없이 하나님께서는 사람들이 그들의 삶을 영위하는 상황 속에서 그들과 더불어 관계를 맺으신다. 이것이 성경 전체가 말씀하고 있는 메시지다."[20]

"너를 낮추시며 너를 주리게 하시며 또 너도 알지 못하며 네 조상들도 알지 못하던 만나를 네게 먹이신 것은 사람이 떡으로만 사는 것이 아니요 여호와의 입에서 나오는 모든 말씀으로 사는 줄을 네가 알게 하려 하심이니라"(신 8:3).

"말씀이 육신이 되어 우리 가운데 거하시매 우리가 그의 영광을 보
니 아버지의 독생자의 영광이요 은혜와 진리가 충만하더라"(요 1:14).

삼위 하나님이 사람들과 의사소통하는 방식은 그 사람들이 살아가
는 삶과 인생의 정황들과 여러 조건들을 인격적으로 다루심으로 이루어
진다. 거룩하신 삼위 하나님이 자기 백성들의 인생들과 삶의 조건들 그
나이와 외모, 건강과 재물의 많고 적음을 자신의 무한히 거룩하신 본성
대로 처분하지 않으시고, 오히려 그 상황과 조건들을 긍정하시고 그 조
건들에 얽매여 살아가는 삶의 형편과 그 수준, 됨됨이를 사용하셔서 우
리 사람들에게 말을 걸어오시고 로고스를 담는 그릇으로 사용하시며,
성령 하나님께서 감동하시는 '연약한 인생의 공명판'으로 사용하신다.

삼위 하나님은 구속역사 전체 과정 속에서 선지자들과 사도들을 통
하여 지속적으로 말씀하셨지만, 그 중에 특별 계시의 차원에서 하나님
의 로고스가 수용자의 특정 상황 속으로 제시된 계시적 사건은 예수 그
리스도의 성육신 사건에서 그 정점에 도달했다.[21] 시간과 공간을 초월하
여 선재하는 영원한 하나님의 말씀이 그리스도의 성육신으로 계시된 말
씀 사건은, 이후에 계속 동일한 권능으로 지속되는 하나님 나라의 출발
점을 제공했다.

2. 2단계, 로고스의 언어적 맥락화

1단계 로고스의 맥락화가 시공을 초월하여 선재하는 영원하신 하나님께서 자신의 거룩하신 작정과 계획, 성품, 지혜와 권능을 특정한 시대에 속한 사람들에게 계시한 계시 사건이라면, 그 다음 단계는 하나님의 계시를 수납한 선지자들과 사도들이 성령의 감동을 따라서 이 계시 말씀을 문학적인 형태로 기록하여 보존한 것이다. 선지자들과 사도들이 과거에 선포된 하나님의 말씀과 구속 사건을 문서에 담아 기록함으로 역사적 사건이 문학 작품으로 전환되었다.

1) 언어적인 전환

과거의 계시 사건은 기록되지 않으면 목격자의 제한된 기억력에 의존하다가 목격자 사후에 소실될 우려가 있다. 구전으로 전승되는 것도 불완전하다. 어떤 특정한 사건은 그 자체만으로는 다양한 참여자들에 의하여 다양한 의미를 제공하지만, 시간이 지나면 과거의 기억 속으로 사라지기 쉽다. 마찬가지로 구약 성경에 언급된 수 많은 전투 장면들과 언약 체결 의식도 기록되지 않았더라면 사건이 발생한 직후 얼마 지나지 않아 무의미한 사건들로 사람들의 기억 속에서 사라지고 말았을 것이다. 그래서 역사학에서는 '기록이 없으면 역사도 없다'는 주장이나 '역사는 기록에서 시작된다'는 주장이 성립된다.[22] 과거의 사건이 문서로 기록됨으로써 비로소 과거의 사건은 무의미한 우발적 사건으로 소실되지 않고 그 문서의 기록을 읽는 후대의 독자들과 연관성을 맺고서 역사적인 의미와 가치를 전달할 수 있다. 역사학에서는 역사적인 사건이 문학 작품이나 글로 바뀐 것을 가리켜서 '언어로의 전환', 또는 '언어적 전환'(linguistic turn)으로 정의한다. [23]

삼위 하나님께서 예전에 계시하신 말씀 계시와 사건 계시를 성령 하나님의 감동을 통하여 기록물로 기록한 목적은, 앞으로 계속되는 구속 역사를 동일한 말씀과 동일한 성령의 감화력으로 유지하고 후대에 계승하기 위함이다. 기록자는 기록자 나름의 관점과 의도를 실현하기 위하여 과거 사건을 순차적인 서사 구조에 담아서 기록하였다. 순차적인 서사 구조는 과거의 사건과 인물들의 상호 작용을 문서적 전개 과정, 또는 언어적 전개 과정을 따라서 기록하였고, 이 과정에서 불가피하게 또는 필연적으로 기록자의 독특한 관점과 목적이 독자에게 실현되기에 효과적인 방식으로 기록하였다. [24] 따라서 문서가 작성된 다음에 이 문서를 읽을 독자의 입장에서 중요한 것은, 이전 기록자의 독특한 관점과 기록 의도다.

기록자의 관점과 의도에 따라서 과거 사건은 후대의 독자에게 다양한 의미 사건을 초래한다. 예를 들어 사복음서의 핵심적인 내용은 모두 다 예수 그리스도의 공생애 사역과 십자가 고난, 그리고 부활에 관한 것이다. 이러한 공통된 내용에도 불구하고 사복음서의 저자들은 각자 수신자들의 독특한 상황과 신학적인 관심사, 그리고 수사적인 의도를 고려하여 그 수사적인 의도를 달성하기에 효과적인 방식으로 서술하였다. 마가복음은 베드로의 설교를 중심으로 기록된 것이라면, 마태는 유대인들이 예수 그리스도를 구약 성경에 약속된 언약의 성취자로 받아들이도록 하려는 의도에 맞게 기록되었다. 예수 그리스도에 관한 계시의 말씀이 사도들의 고유한 배경과 의도에 맞도록 맥락화된 것이다(contextualized writing). 이를 가리켜서 2단계 로고스의 언어적 맥락화(the second logos linguistic contextualization)라고 한다.

2) 설교학적인 상호본문성

2단계 로고스 맥락화에서 해석자가 유념할 점이 하나 있다. 그것은 기록자는 나중에 해당 문서를 읽을 수신자를 염두에 두고 자신의 기록 목적을 가장 효과적으로 달성할 목적에 맞게 수신자의 정황과 맥락에 맞추어 맥락화했다는 것이다. 2단계 로고스 맥락화의 방식은 구전을 통한 전승과 이전 정경 본문을 수신자의 상황에 맞게 기록하여 문서로 전달하는 두 가지 방식으로 진행된다[구전(口傳, oral tradition)과 문전(文傳, writing tradition)].

예를 들어 신명기 5장 이하에 소개된 모세의 연설은 40년 전에 호렙산에서 여호와 하나님께서 시내산에 강림하여 이스라엘 백성들과 언약을 체결하는 과정에서 계시된 하나님의 말씀(출 19-20장)을 가나안 땅 진입 직전의 이스라엘 백성들이 독특한 상황과 맥락에 맞추어서 전달된 메시지다.

> "우리 하나님 여호와께서 호렙 산에서 우리와 언약을 세우셨나니 이 언약은 여호와께서 우리 조상들과 세우신 것이 아니요 오늘 여기 살아 있는 우리 곧 우리와 세우신 것이라 여호와께서 산 위 불 가운데에서 너희와 대면하여 말씀하시매 그 때에 너희가 불을 두려워하여 산에 오르지 못하므로 내가 여호와와 너희 중간에 서서 여호와의 말씀을 너희에게 전하였노라"(신 5:2-5)

위의 메시지 발화자는 모세이고 1차 수신자는 출애굽 세대 이후 광야에서 태어난 광야 세대다. 모세는 여호와 하나님께서 40년 전에 출애굽 세대와 언약을 맺은 '호렙산 언약 체결 사건'이 실상은 '우리 조상들과 세우신 것이 아니요 오늘 여기 살아 있는 우리 곧 우리와 세우신 것'이라고 주장하고 있다. 이 주장을 표면적으로 살펴본다면 모세는 틀린 주장을 하는 셈이다. 여호와 하나님이 시내산 언약을 체결할 때, 그 언약의 일차적인 대상은 모세의 주장과 달리 광야에서 새롭게 태어난 세대가 아니라 그 세대의 부모들인 출애굽 세대이기 때문이다.

그럼에도 불구하고 모세가 시내산 언약의 대상을 가리켜서 '우리 조상들과 세우신 것이 아니라 오늘 여기 살아 있는 우리 곧 우리와 세우신 것'이라고 주장하는 이유가 있다. 모세는 이 연설을 통하여 또는 기록을 통하여 의사소통에 참여하는 청중이나 독자와 수사적인 목적을 달성하는 화행론(speech act theory)의 의사소통을 진행하기 위함이다.

해석자가 텍스트 해석을 통하여 저자와 화행론의 의사소통을 효과적으로 진행하려면 선행 자료(pre-text)와 청중의 문제점(context), 그리고 수사적인 목적(post-text)을 종합적으로 고려해야 한다. 해석자는 이상의 네 가지 요소들의 의미론적인 역학 관계를 파악해야 본문 저자와 효과적인 의사소통을 진행할 수 있다.

새롭게 등장한 광야 세대에게 기대하는 모세의 설득 목표는 먼 옛날 아브라함과 족장들에게 약속하셨던 하나님이 계속 살아 역사하시면서 자신들을 통하여 과거의 약속을 가나안 땅에 들어가서 그 약속 그대로 구현해 내는 것이다(post-text). 하지만 광야 세대는 여호와 하나님을 가리켜서 자꾸만 과거의 하나님이요 우리 조상들에게나 해당되는 하나님이라고 무시한다는 것이다. 그러나 모세는 영광스러운 하나님 나라의 미래를 내다보면서 과거 호렙산 언약에 근거하면서도 새롭게 등장한 광야 세대의 부정적인 상황에 맞추어 과거 언약을 새롭게 갱신할 목적으로 이들을 설득해야 한다. 이렇게 모세는 40년 전에 맺었던 호렙산 언약의 말씀을 모압 세대 이스라엘 백성들의 독특한 상황(context)에 맞게 맥락화하였다.

역사학의 관점에서 보자면, 모세의 연설 뿐만 아니라 성경에서 유추할 수 있는 수 많은 구전 전승들(oral tradition)은 한결같이 계시적인 과거 말씀(text)과 새로운 수신자의 상황(context)이 서로 관계를 맺고 있다. "이러한 텍스트와 컨텍스트 간의 관계성을 상호본문성(또는 상호텍스트성, intertextuality)이라고 한다."[25]

성경해석학에서 상호본문싱은 주로 신약 저자들의 구약 인용 방식에 관한 연구에 집중된다. 해석학적인 상호본문성(hermeneutical intertextuality)은 성경 저자들이 본문을 기록할 당시 시점에서 이전에 존재했던 하나님의 말씀을 본문 전후 맥락 안에서 기능하는 문법(학)적인 접근을 중시한다. 하지만 설교하저인 상호본문성(homiletical intertextuality)은 신약 저자들의 구약 인용 방식 저변에 깔린 텍스트와 콘텍스트의 상호 관계에 집중한다. 오늘날의 설교자가 청중을 향하여 설교하듯이, 구약의 선지자들과 신약의 사도들도 이전에 존재했던 정경 본문을 구전 연설 청중과 문서 수신자들(초대 교회)의 콘텍스트에 적실하도록 하나님의 말씀을 맥락화하였다. 설교학적인 상호본문성은 그러한 텍스트와 콘텍스트의 상호 관계를 설교의 관점에서 파악하려는 성경 해석 방법론이다.

3) 맥락화의 역설

2단계 로고스 맥락화에서 주목할 점은 맥락화의 역설이다. '맥락화의 역설'(paradox of contextualization)이란 성경의 저자들이 이전에 선행한 정경 본문을 수신자의 수사적인 상황에 효과적인 설득력을 발휘하도록 인용하는 과정에서 이전의 정경 본문들 중에서 이미 맥락화의 밀도가 세밀한 내러티브 본문보다는 맥락화 밀도가 적고 오히려 보편화되고 규범화된 신명기나 시편 본문을 더 많이 인용하는 현상을 가리킨다. 주해와 원리화, 그리고 설교 적용의 3단계 설교 준비와 전달의 전체 과정을 신약의 저자들의 입장에 적용하자면, 그들은 단순히 구약 본문을 학술적으로 인용하는 것이 아니라 독자들을 향하여 화행론적인 설교 메시지를 전달하고 있는 셈이다. 신약의 저자들은 예수 그리스도의 구속에 관한 계시를 기록할 때, 과거 모세오경과 선지서, 그리고 시편의 여러 구절들에서 약속된 하나님의 약속이 초대 교회 수신자들의 삶을 통하여 그대로 성취되었음을 깨닫도록 하려는 목적으로 기록하였다.

그런데 신약의 저자들이 인용하는 구약의 구절들을 살펴보면 역사적인 사건을 묘사하는 내러티브 본문보다는 주로 신명기나 시편, 그리고 선지서처럼 과거의 특정한 역사적 사건으로부터 분리되거나 느슨한 맥락에 놓인 본문들을 더 많이 인용하고 있다. 구약성경의 여러 본문들 중에서 역사적 정황이나 배경과 밀접하게 결부된 내러티브 본문들을 인용하기 보다는 특정한 역사적 정황이나 배경과 무관할 정도로 보편적이고 추상적인 원리들을 서술한 시편 본문을 더 많이 인용한다. 그 이유는 맥락화의 밀도가 세밀한 내러티브 본문을 인용하는 것보다는 오히려 보편화되고 규범된 정경 본문들을 인용하는 편이, 수신자들의 수사적인 상황과 수사적인 의도에 더 효과적이기 때문이다.

4) 설교학적인 상호 본문성의 사례

마태가 아기 예수의 가족이 헤롯의 박해를 피하여 애굽으로 내려가서 헤롯이 죽을 때까지 애굽에 머무른 사건을 구약 성경 말씀의 맥락과 연결하여 서술할 때, 마태는 아브라함이나 이삭이 네게브 땅이나 그 근처 그랄로 내려갔던 사건(창 20:1; 26:1-2)을 인용하지도 않고, 오히려 애굽에 대하여 정반대 이동 방향을 서술하는 호세아 11장 1절 "내 아들을 애굽에서 불러냈거늘"을 인용하고 있다. 단순히 아기 예수가 헤롯의 박해를 피하여 애굽으로 내려갔다고 독자들에게 알려주는 것이 서술의 목적이 아니다. 아기 예수의 애굽행을 구약 성경의 입장과 단순 비교하자면 구약성경은 오히려 단호할 정도로 부정적이다. "그들이 바로의 세력 안에서 스스로 강하려 하며 애굽의 그늘에 피하려 하여 애굽으로 내려갔으되 나의 입에 묻지 아니하였도다 그러므로 바로의 세력이 너희의 수치가 되며 애굽의 그늘에 피함이 너희의 수욕이 될 것이라"(사 30:2-3).

마태가 아기 예수가 헤롯의 박해를 피하여 애굽으로 내려간 사건을 마태복음 안에서 서술하는 수사적인 목적은 무엇일까? 헤롯의 박해를 받는 아기 예수처럼 초대교회 독자들도 동일하거나 더 극심한 박해를 받고 있다(context1). 이들에게 필요한 예수 그리스도의 모습은 초대교회 독자들을 구원하는 구원자 그리스도이시다(post-text1). 아기 예수는 애굽의 속박과 사탄 마귀의 권세에 붙잡힌 백성들을 구원하실 목적으로 그 속박과 사탄 마귀의 권세 속으로 친히 내려가셨다는 것이다(post-text1). 표면적으로 보자면 아기 예수는 헤롯의 박해를 피하여 애굽으로 들어가

실 수 밖에 없다(pre-text1). 애굽으로 내려가신 아기 예수처럼 초대교회 성도들도 지금 당장은 사탄 마귀가 왕노릇하는 것처럼 보인다(context1). 절망적인 상황이 계속되고 있는 것처럼 보인다.

하지만 우리 주님은 사망 권세 애굽의 족쇄를 풀어 헤치고 나오실 것이다. 마태는 승리자 그리스도의 이미지를 애굽으로 내려간 아기 예수께 투영하듯이 호세아 11장 1절을 인용하였다. "내 아들을 애굽에서 불러냈다" 성부 하나님은 사랑하는 아들을 애굽에서 구원하실 목적으로 사랑하는 아들을 희생양 삼아서 애굽의 사망 권세 속으로 인도하셨다.

더 큰 구원을 바라보시면서 잠시 자신의 독생자를 애굽에 머무르게 하셨던 하나님께서 어찌 자기 백성들에 대하여 고난을 통하여 연단하지 않겠는가? 사랑하는 아들을 반드시 애굽에서 불러내셨듯이 우리 신자들 역시 반드시 구속하시리라! 그 날을 바라보면서 먼저 애굽의 고난을 감당하셨던 예수 그리스도처럼 우리에게 허락된 고난을 묵묵히 인내함으로 감당하여 우리에게 허락된 믿음이 세상적인 신념이나 확신의 문제가 아니라 만왕의 왕이요 만군의 주님께서 친히 우리 안에서 이루시는 하나님의 절대 주권적인 경륜의 과정임을 감사하자!

3. 해석을 통한 과거 사건의 추체험:
3단계 로고스의 해석적 맥락화

2단계 로고스 맥락화의 핵심이 과거의 역사적 사건이 기록자의 기록된 문서로 언어적 전환을 이루었다면, 그 다음 성경 해석의 핵심은 해석자가 성경 본문의 장르와 수사적인 장치들의 도움을 받아서 자기 마음 속에 문학 세계를 재구성하고 문학 세계가 가리키는 과거 구속 사건에 참여하여 그 사건 속에서 선포된 하나님의 말씀을 경청하는 것이다. 그러면 오늘의 해석자는 어떤 해석 원리를 사용하여 성경 본문 속에서 하나님의 말씀을 경청할 수 있을까?

2천 년 교회의 역사는 다양한 성경 해석학 이론을 제시하고 있다.[26] 칼빈과 같은 종교개혁자들은 중세시대 교회가 하나님의 말씀에서 벗어나 있을 때, 그 원인을 올바른 성경 해석의 부재로 진단하였다. 그리고 바람직한 대안으로 3중의 문법적, 역사적, 신학적 해석 원리를 제시하였다. 이러한 3중의 해석 원리는 21세기에도 여전히 중요한 성경 해석 원리로 사용되어야 한다. 성경 해석 작업은 역사와 문학, 그리고 신학의 세 주세가 하나로 결합된 과제이기 때문이다.

성경 해석의 중요한 목표는 해석자가 성경 저자의 영적인 경험에 참여하는 것이다. 빌헬름 딜타이(Wilhelm Dilthey)는 해석의 목적을 이해(understanding)와 설명(explanation)으로 나누어 설명한다. 설명(explanation)은 자연과학의 목적이자 방법론이라면 이해(understanding)는 정신과학의 핵심 목적이자 방법이다. 설명은 원인과 결과의 상호 관계를 해명하는 것이라면, 이해는 언어와 같은 외적인 수단을 통해서 타자의 내적인 체험, 즉 정신적 삶의 내용과 의미를 파악하는 것이다. 이해의 핵심은 추체험을 얻는 것이다.[27] 추체험(追體驗, nacherleben, relive or re-enactment)이란 다른 사람의 체험을 상상의 과정으로 다시 체험하거나 재구성하는 것이다. 해석 과정에서는 독자가 저자의 과거 사건에 관한 추억(追憶, 또는 기억)을 다시 체험하는 것이다.

성경 해석 작업도 의사소통의 한 형태이지만 기존의 의사소통과 차원이 다른 점은 의사소통의 파트너가 하나님이시라는 점이다. 그래서 성경 해석의 중요한 목표는 하나님의 말씀을 깨닫는 것이고 설교자가 깨달은 하나님의 말씀을 청중도 깨닫도록 전달하는 것이다. 성경 해석의 중요한 목표가 하나님의 말씀을 깨닫는 것이더라도 해석학의 관점에서 그 깨달음의 성격을 좀 더 좁혀본다면 환청이나 환상으로 깨닫는 것이 아니라 본문의 저자가 먼저 성령의 감동으로 깨닫고 경험한 과거의 기억을 후대 해석자가 재구성함으로 저자의 깨달음을 추체험하는 것이다. 그렇다면 설교자는 성경 해석 과정을 통해서 어떻게 저자의 영적인 깨달음을 효과적으로 추체험할 수 있을까?

4. 하나님의 말씀을 상대하는 신자의 실존적 차원

해석자가 성경 해석 과정에서 저자의 추체험을 효과적으로 공감하려면, 하나님의 말씀이 선포되는 상황을 살아가는 본문의 등장인물들과 오늘날 말씀을 들을 신자의 공통된 실존적 차원을 잘 이해해야 한다.

1) 말씀에 반응함으로 존재하는 신자

설교에서 신자의 실존적 차원이란 하나님과 영생의 언약 관계를 맺고서 하나님의 말씀을 기다리며 하나님의 말씀에 반응하는 신자의 실존적 상황을 가리킨다. 설교자가 설득력 있는 설교 사역을 위하여 파악해야 할 청중의 실존적 차원은, 신자의 영적 정체성을 '나는 반응한다, 고로 나는 존재한다'(respondeo ergo sum)의 관점에서 규정한다. 즉 신자의 정체성을 반응하는 자아로 이해하는 것이다. 반응함으로 존재하는 신자의 영적 정체성의 핵심은, 구원의 서정을 따라가면서 그리스도를 닮은 거룩한 성품과 영성을 형성하는 신자를 가리킨다.

하나님의 피조물인 인간은 하나님의 규범이 필요한 동시에 자신이 처한 상황 속에서 규범의 목표를 향하여 고유한 반응을 하는 존재로 태어났다. 파스칼에 의하면 인간은 인식으로 실존을 확인하는 존재(cogoto ergo sum)이지만, 성경적인 시각으로 볼 때 인간은 하나님의 말씀에 올바로 반응함으로 하나님 앞에 존재한다(respondeo ergo sum).

사도 야고보는 신자들이 하나님 앞에서 죄인임을 인정하고 고난 중에 서로를 위하여 중보기도할 것을 권면하면서 의인의 간구는 역사하는 힘이 남다르다고 위로한다. 사도 야고보는 이를 확증하기 위하여 엘리야를 모범 사례로 언급하면서 "엘리야는 우리와 성정이 같다"고 교훈한다(약 5:17). '성정'의 헬라어 '호모이오파데스'(ὁμοιοπαθὴς)는 타인의 감정을 그대로 공감하는 거룩한 양심을 의미한다.

엘리야는 이스라엘 백성들이 바알과 아세라 우상 숭배로 하나님과 맺은 영원한 언약을 파기한 그 시대를 내려다보시며 애통해 하는 여호와 하나님의 애통과 탄식을 그대로 공감하였다. 그리고 언약의 하나님께서 직접 하나님 임재와 언약 갱신의 표적을 보여주심으로 이스라엘과 맺은 언약을 다시 회복해 주시기를 간구하였다. 그 언약 갱신의 표적으로 "비가 오지 않기를 간절히 기도한즉 삼 년 육 개월 동안 땅에 비가 오지 아니하고 다시 기도하니 하늘이 비를 주고 땅이 열매를 맺었느니라"(약 5:17-18). 사도 야고가 주목하는 엘리야의 능력은 하나님이 이스라엘 백성들을 내려다보시는 하나님의 마음을 그대로 체휼하였고 하나님의 시각을 그대로 공감하였다.

그런데 사도 야고보가 주목하는 것은 엘리야의 성정이고 이 성정은 곧 하나님이 지으신 사람의 양심이 가진 공감 능력이다. 성정, 또는 양심의 공감 능력은 엘리야만의 고유한 경건의 능력이 아니라 실은 모든 신자들이 가진 양심의 공통된 속성이다. 모든 신자들이 가진 양심(성정)은 하나님의 말씀에 자극을 받으면 반드시 성령 하나님의 감동으로 말미암아 하나님의 마음과 심정, 자기 백성들을 향한 간절한 사랑의 마음과 긍휼의 마음에 공감할 수 밖에 없다. 양심은 그러한 기능을 하도록 하나님으로부터 지음을 받은 하나님 말씀의 거룩한 감각 기관이다. 신자가 하나님의 말씀과 성령의 능력에 의하여 거룩한 성품을 형성하는 결정적인 이유는, 모든 신자들의 양심은 거룩한 하나님의 말씀이 들려올 때 거기에 합당하게 공감하고 감동을 받도록 성령 하나님께서 감동하시기 때문이다. 이런 거룩한 양심의 관점에서 구원 받은 신자는 하나님의 말씀에 반응함으로 존재한다(respondeo ergo sum)고 말할 수 있다.

2) 구원의 서정에서 비롯되는 질문과 해답

① 신자들의 실존적인 질문

로고테라피의 창시자인 빅터 프랭클에 의하면 사람들은 고난으로 점철된 삶의 자리에서 인생의 의미를 추구한다. 하나님 말씀의 규범이 없이는 인생은 삶의 준거틀과 지향점을 잃어버리고 불안에 빠지거나 절망하거나 방황할 수 밖에 없다. 그래서 적실한 설교를 위하여 설교자가 가장 우선적으로 고려해야 하는 청중의 실존적 차원은, 하나님의 섭리에 관한 질문들이다. 신자들은 신앙생활을 하는 과정에서 성경이 말씀하는 하나님의 성품과 섭리가 이 세상에서 자신들의 눈으로 목격하는 현실 세계에서 구체적으로 어떻게 펼쳐지고 있는지에 관하여 질문한다.

따라서 설교를 준비하는 설교자는 다음의 질문들을 염두에 두고서 성경 안에서 그 해답을 찾아내야 한다. 그리고 설교의 서론에서는 다음과 같은 질문들을 던지면서 설교 메시지를 시작할 수 있다. 그러한 설교의 서론은 청중에게 설교 메시지에 대한 강한 호기심을 던질 수 있다.

인생의 목적은 무엇일까? 지금 내가 이러한 상황과 처지를 어떻게 이해해야 하며, 이러한 상황과 처지 속에서 다가오는 문제점들을 어떻게 이해하고 해결해야 하는가? 선하신 하나님께서는 왜 이 세상의 악에 대하여 침묵하고 계시는가? 하나님이 참으로 선하실 뿐만 아니라 악을 해결할 능력과 의지가 있으시다면, 왜 독재자들처럼 사악한 사람들의 음모와 패역한 행위들을 방치하시는가? 내가 하나님께 열심히 기도하고 예배에 참석하는데도 불구하고 내 삶이 개선되지 않는 이유는 무엇일까? 예수를 구세주로 영접한 이후에도 내 마음 속에는 악한 생각과 충동이 제대로 해결되지 못하고 있는데, 과연 나는 구원을 받은 사람인가?

신자들은 이러한 실존적인 질문들을 하나님의 말씀을 통해서 해결하는 과정을 통해서 성화의 과정을 거치며 영적인 성숙을 이루며 성장해 간다. 하나님의 말씀을 설교하려는 설교자라면 이러한 질문들에 대하여 성경적인 해답을 줄 수 있어야 한다. 하나님은 자기 백성들과 영원한 은혜의 언약을 일방적으로 맺으시고 말씀과 성령을 통해서 자신의 은혜에 관한 말씀을 계시하시고 또 말씀이 선포되는 현장에 성령의 감동으로 그 은혜를 깨닫도록 하신다. 그 은혜를 깨달은 성도는 그 안에서 구원의 서정(ordo salutis)이 시작된다. 말씀과 성령은 성도를 소명으로부터 시작하여, 중생과 회심, 신앙, 칭의, 수양, 성화, 견인, 그리고 영화의 단계까지 인도하신다. 구원의 서정 과정에서 신자는 말씀과 성령의 능력을 예수 그리스도를 닮아서 그 내면에 거룩한 성품을 형성하고 실존적 차원의 독특성을 따라서 하나님과의 언약 관계를 나타내는 영성(spirituality)이 형성된다.

② 구원의 서정에 관한 신자들의 질문

구원의 서정에 관한 설교를 효과적으로 준비하려면 소명으로부터 시작되는 구원의 서정의 각 단계에 대한 신자들의 고민과 질문을 설교의 핵심 쟁점으로 다룰 수 있어야 한다. 서론에서는 소명 단계에 관한 질문을 던지고, 설교 본론에서는 그 질문에 대한 해답을 설득력 있게 제시할 수 있어야 한다. 예를 들어 소명의 단계와 관련하여 신자들은 성경에 등장하는 인물들과 같은 드라마틱하고 감동적인 방식으로 하나님이 자신들의 구원을 시작하신 것이 아니라고 착각한다. 하나님은 떨기나무 환상으로 모세에게 찾아오셨지만 자신들에게는 그런 방식으로 찾아오시지 않았다고 생각한다. 구원의 단계에 대해서도 하나님은 이스라엘 백성들에 대해서는 홍해가 갈라지는 사건으로 구원하셨으나 자신들은 그런 감동적이고 드라마틱한 방식으로 구원하시지 않아서 스스로 구원의 확신이 약하다. 따라서 설교자는 구원의 서정의 모든 단계가 자신들과는 무관하다고 착각하는 신자들을 염두에 두고서 성경에 묘사된 드라마틱한 구원이 실제로는 설교를 듣는 신자들의 과거 삶을 통해서 발생했음을 설득할 수 있어야 한다.

그룹 토의를 위한 질문들

1. 설교자는 설교 준비를 목적으로 성경을 해석한다. 하지만 성경 해석이 성경적인 설교로 이어지지 못하는 경우가 적지 않다. 한 가지 이유는 설교자가 성경 본문을 일종의 설교문을 분석하는 방식으로 해석하지 않기 때문이다. 성경 본문은 이미 성경 저자가 당시 1차 수신자를 염두에 두고 수사적인 목적을 달성하려는 수단으로 작성한 설교문의 일종이다. 설교학적인 상호본문성은 성경 본문 자체를 설교문의 관점으로 해석하려는 시도다. 설교학적인 상호본문성을 자기가 좋아하는 성경 본문에 적용하여 pre-text와 context, text, 그리고 post-text를 찾아보자.

   _____

   _____

   _____

2. 청중이 설교에 집중하지 않는 이유는 설교 메시지가 청중 자신들의 실존적인 고민들을 다루지 않기 때문이다. 그렇다면 설교자가 실교 시간에 반드시 다뤄야 할 청중의 영적인 고민과 그 고민에 대한 성경적인 해답은 무엇일까?

   _____

   _____

   _____

   _____

성경적인 설교를 위한
설교학적 상호본문성

1. 들어가는 말

설교자의 입에서 선포되는 설교 메시지가 회중에게 하나님의 말씀으로
들려지려면, 그 선교 메시지는 철저하게 '성경 본문'에 근거해야 한다.
설교가 성경 본문에 근거해야 한다는 설교학적인 당위성은, '오직 성
경'(*sola scriptura*)과 '전체 성경'(*tota scriptura*)의 두 가지 설교학적인 근거를
가리킨다. 첫째 '오직 성경'에 근거한 설교란, 설교가 '오직 성경'만을 하
나님의 말씀으로 선포해야 한다는 의미이다. 설교가 성경 본문에 근거
해야 한다는 주장의 두 번째 의미는, 특정한 성경 본문을 해석하여 강해
할 때의 설교적인 논리나 전개 과정이 '전체 성경'의 해석학적인 기초 위
에서 진행되어야 한다는 뜻이다.

　예를 들어 창세기 12장에서 아브라함의 소명 사건에 관한 구절이나
마태복음 2장의 아기 예수 가족이 헤롯의 박해를 피하여 애굽으로 내려

간 과정에 관한 구절(마 2:13-15)을 설교할 때, 설교자는 해당 본문을 다른 성경 본문들과의 연관성 속에서 즉 성경신학적인 연관성 속에서 해석해야 하고, 성경 전체를 관통하는 그리스도 중심의 구속역사적인 논리를 따라서 해석해야 한다. 그 이유는 특정한 성경 구절에 대한 성령 하나님의 조명과 이를 통한 하나님의 말씀의 선포는, 해당 구절의 한계 안에서는 일어날 수 없고 오직 성경 전체의 층위에서 '창발하기'(emerge) 때문이다.

텍스트 의미의 소통 행위를 창발적인 속성으로 이해하는 케빈 밴후 저(Kevin J. Vanhoozer)는 의미의 창발론을 성경 해석과 설교에 적용하여, "신적인 저자성과 연결되어 있는 의미로서의 성경의 더 충만한 의미는, 정경 전체의 층위에서만 창발한다"고 올바로 주장한다. [28] 말하자면 파편적인 성경 본문의 참되고 진정한 의미는 낮은 층위에서는 제대로 파악될 수 없고, 오직 '전체 성경'이라는 정경 전체의 층위에서 비로소 온전히 이해되고 소통될 수 있다.

이런 이유로 설교자들은 구약을 신약과의 연관성 속에서, 그리고 신약을 구약과의 연관성 속에서 해석해야 하고, 또 모든 성경 본문들을 성경 전체를 관통하는 그리스도 중심성의 관점에서 해석해야 한다. [29] '오직 성경'만을 고집하면서도 '전체 성경'과의 상호연관성을 고려하지 않거나, 구약을 해석하면서도 신약의 관점을 배제하고 '토라'를 이해하는 유대인의 시각으로 해석하여 설교한다면, 이는 결코 바람직한 기독교적인 설교가 아니다.

그렇다면 설교자가 특정한 성경 본문을 해석하고 설교의 논리를 전개할 때, 다른 성경 본문과의 연관성을 어떻게 연결하여 해석해야 하는가? '전체 성경'이란 해석학적인 공식(hermeneutical formula)이 특정 본문을 다른 구절들과 연결하여 해석하는 기반을 제공한다면, 그렇게 다른 본문들과 연결하여 해석하는 상호본문성의 해석학적인 정당성이나 근거는 어떻게 확보되는가? 설교자가 특정 본문을 다른 성경 구절들과 연결하여 해석할 때, 자의적인 해석(eisegesis)과 '전체 성경'에 근거한 성경적인 해석을 판단할 해석학적인 기준이나 근거는 무엇인가?

필자는 이 질문에 대한 한 가지 해답을 신약의 구약 인용에 관한 상호본문성(또는 간본문성이나 교차본문해석, intertextuality)에서 마련하자 한다. 성경해석학에서 상호본문성(intertextuality)은 주로 '특정한 성경 구절의 의미를 그 이전이나 이후의 다른 문맥에 등장하는 성경 구절과 연결하여 해석하는 방식'을 의미한다. [30] 성경해석학의 상호본문성은 '전체 성경'에 근거한 실교를 위한 타당한 설교학적인 토대를 제공한다. 그 이유는 성경해석학의 상호본문성 특히 신약의 구약 인용에 관한 상호본문성은, 신약의 저자들이나 사도들이 예수 그리스도의 복음을 진술하는 과정에서 구약의 구절들을 인용하거나 암시하는 '해석학적인 프레임'(hermeneutical frame)을 의미한다 [31]

그런데 성경 저자들이 성경을 기록하는 과정에서 다른 성경 본문을 인용하거나 암시한 해석학적인 프레임으로서의 상호본문성은, 성경 저자들만의 독특한 해석학적인 프레임만이 아니라 모든 신자들과 목회자, 설교자들이 함께 공유해야 하는 해석 프레임이다. [32] 신약의 구약 사용에 관하여 연구한 그레고리 빌(Gregory K. Beale)은 다음과 같이 주장한다. "오늘날 우리가 구약 저자나 신약 저자들과 같은 모형론적 해석의 영감 가득한 확실성을 재현할 수 없다는 것은 여전히 사실이지만, 수백 년간의 성경 역사 내내 성경 저자들이 그런 방법을 일관되게 사용했다는 것은, 성경 저자들이 사용한 방법이 오늘날에도 모든 성도가 사용할 수 있는 타당한 방법임을 강하게 암시한다... 따라서 나는 '우리는 신약의 석의를 모방할 수 있는가?'라는 질문에 대해 긍정적으로 답변할 수 있고 그렇게 해야 한다고 믿는다.'[33] 간단히 말하자면 구약 성경을 풍부하게 인용하여 신약을 저술했던 저자들의 구속역사적 전망은 사도들의 독특한 영적 전유물이 아니라 모든 신자들이 함께 공유해야 하는 삼위 하나님에 대한 성경적 신앙의 핵심이라는 것이다.

신약의 저자들이 구약을 자신들의 상황 속에서 해석하고 인용했던 상호본문성은, 오늘날의 설교자들과 신자들이 특정 성경 구절을 해석할 때 다른 성경 구절들을 끌어들여 해석하는 상호본문성 해석 전략의 기반을 제공한다. 현대의 설교자가 '전체 성경'(tota scriptura)의 기반 위에 특정한 성경 본문을 해석하고 설교해야 한다면, 그 해석 방법은 나름의 분명한 해석학적인 이해의 토대 위에서 구약을 이해했던 신약 저자들의 구약 인용 방법을 따라야 한다. 그래서 성경의 영감설을 인정한다면 신약 저자들의 구약 인용 방식도 성령의 영감으로 이뤄졌음을 인정해야 한다. 뿐만 아니라 신약 저자들의 구약 인용 방식은 오늘날 성경을 해석하고 설교하는 설교자들의 중요한 해석 전략으로 적용되어야 하고, 현대 신자들이 특정 성경 구절을 해석하고 이해하는 해석학적인 근거로 활용되어야 한다.

따라서 필자는 '신약의 사도들이 구약을 직접 혹은 간접적으로 인용하거나 암시하는 상호본문성(intertextuality)에 관한 신학자들의 연구 결과로부터, 전체 성경'에 근거한 성경신학적인 설교를 위한 해석 전략을 모색하고자 한다. 이를 위하여 이번 챕터에서는 먼저 신약의 사도들이나 저자들이 예수 그리스도에 관한 복음을 서술하는 과정에서 구약 본문을 인용하거나 암시하는 패턴들에 관한 신학자들의 견해들을 살펴볼 것이다. 신약 저자들의 구약 인용 방식의 상호본문성에 관한 수사적인 전략 속에는 복음전달의 메시지와 형식, 그리고 의도가 통합적으로 담겨 있다. 그리고 이러한 상호본문성의 수사적인 전략은 현대의 설교자들이 성경을 '전체 성경'의 관점에서 해석하고 설교할 설교해석학의 프레임을 제공한다.

2. 신약의 구약 인용에 관한 논쟁들

신약 저자들의 구약 인용에 관한 연구 과정에서는 다양한 논쟁점들이 부각된다. 먼저 인용의 형태나 방식, 그리고 빈도수에 관한 논쟁으로부터 시작하여, 신약 저자들이 구약 본문 자체의 문맥을 어느 정도 존중했는지, 또는 신약의 저자들이 구약 본문 자체의 문맥을 침해하여 자의적으로 전용하지는(appropriate) 않았는지에 관한 연속성·불연속성 논쟁, 구약의 저자들의 본문 이해와 '충만한 의미'(sensus plenior)의 존재 여부에 관한 논쟁, 그리고 정당한 인용의 해석학적인 근거에 대한 평가 등등이 있다.

1) 인용 빈도

먼저 고찰할 질문은 "신약의 저자들은 구약 본문을 어느 정도 자주 인용 (또는 암시)하고 있는가?" 하는 것이다. 그레고리 빌(Gregory K. Beale)에 의하면, 구약 본문의 인용을 문자적으로 분명하게 밝히는 '가라사대'나 '이르되'라는 관용어구가 함께 등장하거나 또는 등장하지 않는 인용문을 모두 포함하면 신약에서의 구약 인용문은 295개가 나타난다고 한다. 이는 신약 전체의 약 4.5%(약 352절)에 해당되며, 신약의 22.5절 중에 한 절은 구약의 인용문을 포함하는 셈이다.[34]

신약의 저자들이 구약 본문을 가져와서 자신의 논지를 전개하는 빈도수는, 그 범위를 직접 인용에서 간접적인 암시까지로 확대할 때 더욱 늘어난다. 하지만 문자적인 일치를 쉽게 확인할 수 있는 직접 인용과 달리, 간접적인 암시의 경우는 - 그 성격이나 범위에 대한 입장 차이 때문에 - 빈도수의 산정이 주석가들마다 입장이 다르다. 간접적인 암시는 신약의 저자들이 구약의 특정한 본문이나 구절, 혹은 단어를 최소한 한 단어나 혹은 세 단어를, 때로는 변경 없이, 또는 일부를 변경하여 암시하는 경우들을 다양하게 고려할 수 있기 때문이다. 그레고리 빌에 의하면, 주석가들마다 추산하는 암시의 빈도수는 600회에서 1,650회, 심지어 4,100회에 이르기까지 다양하다.

2) 인용의 해석학적 연속성과 '충만한 의미'

그렇다면 이렇게 신약 저자들이 구약 본문을 다양하게 인용하거나 암시할 때, 그들의 인용은 해석학적으로 구약 본문의 문맥을 존중했는가? 신약의 저자들이 예수 그리스도를 통하여 성취된 하나님의 구속역사와 새 창조라는 새로운 상황에 맞추어 구약 본문을 인용할 때 혹시 구약 본문의 본래 의도와 다르게 자의적으로 (혹은 억지로) 인용하지는 않았는가? 만일에 신약의 저자들이 구약 본문을 올바로 인용했다면, 구약의 저자들은 그렇게 신약시대에 최종적으로 성취될 궁극적인 의미를 충분히 이해하고 구약 본문을 기록하였는가?

이상의 질문들은 '충만한 의미'(sensus plenior)에 관한 논쟁으로 집약될 수 있다. '충만한 의미'에 관한 논쟁이란, 구약의 저자들이 기록한 본문을 신약의 저자들이 나중에 새로운 맥락에서 구약 본문을 이해하고 또 그 이해의 기초 위에 신약의 본문을 기록할 때, 구약 저자들의 이해를 초월하는 '충만한 의미'가 신약 저자들에게나 현대 독자들에게 또는 신적인 저자에게 존재하는가 하는 질문이다.

가톨릭 신학자 레이몬드 브라운(Raymond E. Brown)은, 1925년에 안드레 페르난데스(F. Andre Fernandez)가 처음 사용한 'sensus plenior'(충만한 의미)라는 용어를 대중화시켰다. 레이몬드 브라운에 의하면 '충만한 의미'는 인간 저자는 충분히 의도한 것은 아니지만 하나님이 본문 속에서나 배후에서 의도한 것으로서 보다 발전된 계시의 빛 아래서 연구할 때 더 분명하게 드러나는 의미를 가리킨다.[35]

신약 저자들의 구약 인용에 관한 연구에서 '충만한 의미'는 구약 저자들이 의도했던 의미와 구약 본문을 인용하는 신약 저자들이 이해했던 의미, 또는 하나님이 구약 본문에 대하여 궁극적으로 의도했던 의미를 서로 구분한다. '충만한 의미'의 관점에서 볼 때 다음과 같이 구약과 신약의 연속성과 불연속성에 관한 여러 질문들이 제기된다. 구약 본문에 대한 인간 저자의 의미(혹은 의도)와 하나님이 궁극적으로 염두에 두고 있던 의미(혹은 의도)가 구분된다면, 그 궁극적인 의미는 어디에서 어떻게 드러나고 구현되며 실행되는가?

예를 들어 이사야 선지자는 이사야 53장 9절에서 다음과 같이 고난받는 종으로서의 메시아에 대하여 예언한다. "그는 강포를 행하지 아니하였고 그의 입에 거짓이 없었으나 그의 무덤이 악인들과 함께 있었으며 그가 죽은 후에 부자와 함께 있었도다." 그리고 마태는 마태복음 27장 59-60절에서 '아리마대의 부자 요셉'이 총독 빌라도를 찾아가서 '예수님의 시체를 내어달라고 요청하여 이를 가져다가 깨끗한 세마포로 싸서 바위 속에 판 자기 새 무덤에 넣어 두고 큰 돌을 굴려 무덤 문에 놓고 갔다'고 기록한다.

'충만한 의미'를 주장하는 입장에서는 이사야 선지자가 메시아의 죽음과 부활을 예언할 때 '그가 죽은 후에 부자와 함께 있었도다'는 메시지의 의미가 어떻게 성취될 것인지를 이사야 선지자 자신은 전혀 몰랐을 것으로 해석한다. 하지만 이사야서 53장 9절의 의미를 구속역사의 관점에서 해석하는 입장에서는, 이사야 선지자는 메시아가 악인들처럼 정죄를 당하고 악인들과 함께 십자가 처형을 받더라도, 그가 죽은 다음의 시신은 존귀한 자에 합당한 예우를 받을 것을 정확하게 예언한 것으로 이해한다. [36]

3) 인용의 수사적인 의도

신약의 구약 인용에 관한 쟁점들 중에는 인용의 수사적인 의도에 관한 연구도 활발하게 진행된다. 여기에서의 질문은, 신약의 저자들이 구약의 인용과 암시를 통해서 신약의 독자들에게서 성취하려고 의도했던 수사적인 의도는 무엇인가? 하는 것이다. 크리스토퍼 스텐리(Christopher Stanley)는 최근 2004년에 출판된 *Arguing with Scripture: The Rhetoric of Quotations in the Letters of Paul*에서, 사도 바울의 구약 인용을 존 오스틴(John Austin)의 화행론(speech act theory)의 관점에서 고찰한다. 이 책에서 저자는 인용이 무엇을 말하는가 보다는 논증 전개의 일부분으로서 독자에게 실행하는 '발화 효과 행위'에 주목해야 함을 올바르게 지적하였다. [37] 하지만 최승락에 의하면, 크리스토퍼 스텐리는 인용이 본문 자체의 재연보다는 인용 저자의 수사적인 권력 행사의 측면을 강조하는 마이어 스탠버그(Meir Sternberg)의 입장과, 인용을 새로운 수사학적인 상황 속에서 텍스트의 본질을 해체시키고 재구축하는 수사적인 권력으로 이해하는 길리언 레인-마샤(Gillian Lane-Mercier)의 입장을 수용하여, 인용자가 인용을 통하여 원저자와 청자 모두에게 수사적인 권력을 행사하는 것으로 이해한다.[38] 스텐리가 바울의 구약 인용을 화행론의 관점에서 분석한 것은 적절한 시도이지만, 신약의 구약 인용을 신약 저자들의 수사적인 권력 행사로 이해한다거나 텍스트 본질에 대한 해체 및 재구축으로 이해하는 것은 성경 본문에 담긴 '하나님의 의도'를 추구하는 성경 해석학의 한계를 훌쩍 넘어가버리는 약점으로 비판할 수 있다.

3. 신약의 구약 인용에 관한 선행 연구들

성경해석학의 역사에서 신약의 구약 인용 방법론에 관한 연구는 오랜 내력을 가지고 진행되어 왔다.[39] 필자가 이 책에서 해석학의 역사 전체를 자세히 소개하는 것은 연구의 범위를 초과하는 것이다. 이번 챕터에서는 먼저 신약의 구약 인용에 관한 초창기 연구 분야의 대표적인 신학자들(Frederic Gardner, Joseph A. Fitzmeyer, Jack Weir)의 견해를 간략하게 살펴보고자 한다.

먼저 프레데릭 가드너(Frederic Gardner)는 1885년에 발표한 소논문에서 신약의 구약 인용에 관한 다음 네 가지 유형들을 간략하게 제시했다.[40] ① 논증의 목적을 위한 구약 인용, ② 모든 시대에 보편적으로 해당되는 일반적인 진리의 표현을 위한 인용, ③ 예화로서의 인용, ④ 원래 구약 저자들의 의도와 상관없이 거룩하면서도 익숙한 단어들의 인용.

이어서 1961년에 발표한 소논문에서 조셉 피츠마이어(Joseph A. Fitzmeyer)는 쿰란에서 사용된 42개의 구약 구절들을 분석하여 신약의 구약 인용과 비교한 후 다음 네 가지 범주를 제시하였다.[41] ① 구약의 역사적인 맥락과 일치하는 문자적인 인용과, ② 구약 본문의 역사적인 맥락에서 구별되는 신약의 새로운 사건에 대한 적용적 차원의 현대화(modernization) 인용, ③ 구약 본문을 새로운 상황과 목적에 맞게 수정하거나 변형한 조정(accommodation) 그리고 ④ 신약 저자들의 입장에서도 아직 성취되지 않은 미래 사건의 약속이나 위협에 관한 종말론적인 인용.

이어서 1982년에 발표한 소논문에서 잭 와이어(Jack Weir)는 다음 다섯 가지 인용의 범주를 제시하였다.[42]

① 첫째는 구약 본문이 원래 역사적이고 문자적인 맥락에서 의미하는 바를 신약의 저자들이 동일하게 이해하고 문자적이고 역사적인 맥락에서 그대로 가져와서 인용하는 문자적인 인용이다.

② 둘째는 페쉐르 인용법으로서, 신약의 저자들이 초대교회의 새로운 신학적 및 역사적인 필요성에 맞도록 구약의 본문들을 본래의 역사적인 맥락보다는 오히려 자신들의 역사적인 정황이나 사건들에 맞추어서 '이것은... 이것이다'는 방식으로 인용한 경우다.

③ 셋째는 두 본문의 상호관계를 구약의 유형(type)과 신약의 원형(antitype)의 관점에서 연결하는 모형론적인 인용이다.

④ 넷째는 신약의 저자들이 경험한 예수 그리스도 사건에 대한 신학적인 설명을 위하여 구약 본문을 신약의 사건에 대한 일종의 우화적인 배경으로 이해하고 인용하는 알레고리 방법이다.

⑤ 마지막 다섯째는 구약 본문과 예수 그리스도 사건 사이의 거시적

이고 포괄적인 연속성을 신학적인 관점에서 연결시키기 위하여 신약의 저자들이 하나님의 섭리나 언약, 혹은 구속역사와 같은 신학적인 관점 속에서 두 본문을 서로 연결시키는 신학적인 인용이다.

이상에서 어느 정도 감지할 수 있듯이, 신약의 구약 인용에 관하여 연구를 진행하다보면 핵심적인 쟁점으로서 구약의 서사들이 의식했던 구약 본문의 의미와 그 본문을 인용하는 신약의 저자들이 추구하는 의미 사이의 연속성(continuity)과 불연속성(discontinuity), 또는 일관성(consistency)과 불일치(inconsistency)의 문제가 제기된다. 이 주제와 관련하여 2008년에 고든-콘웰신대원 구약신학 교수를 역임한 월터 카이저(Walter Kaiser)와 달라스신대원 신약신학 교수인 다렐 복(Darrell Bock), 그리고 웨스트민스터신대원 구약신학 교수를 역임한 피터 엔즈(Peter Enns) 사이의 토론을 담은 『신약의 구약 인용에 관한 세 견해들』(Three views on the New Testament use of the Old Testament)이 출간되었다.[43]

이 책의 1장에서 월터 카이저는 구약 본문과 신약 저자들의 인용 의도 사이에 연속성을 주장하는 '단일한 의미와 일치된 지시대상'(single meaning & unified referents)를 주장한다. 이어서 2장에서 다렐 복은 '단일한 의미와 다층적인 상황과 지시대상'(single meaning, multiple context and referents)을 주장하고, 마지막 3장에서 피터 엔즈는 '더 충만한 의미와 단일한 목적'(fuller meaning, single goal)을 주장한다. 이상의 세 학자들의 논쟁을 분석한 스티브 모이스(Steve Moyise)는 카이져의 입장과 엔즈의 입장을 양극단에 위치하고 그 중간 지점에 다렐 복의 입장이 위치한 것으로 평가한다.[44] 구약 본문과 신약 저자들의 인용 사이의 연속성·불연속성과 관련하여 대체로 연속성을 강조하는 입장(Walter Kaiser와 Gregory Beale)과 불연속성을 강조하는 입장(Krister Stendahl과 Peter Enns)[45] 그리고 두 견해를 포괄하는 입장(A. T. Hanson, Richard Hays, Darrell Bock 그리고 Steve Moyise)의 세 가지 범주로 구분된다.

이상의 세 가지 범주 중에서 어느 입장이 상호본문성에 관한 선교학적인 연구의 취지에 가장 부합하겠는가? 모든 성경이 하나님의 감동으로 기록된 것을 인정한다면, 당연히 신약 저자들의 구약 인용 방식에서도 불연속성보다는 연속성이 강조될 수 밖에 없다. 따라서 필자는 이번 챕터에서 월터 카이저와 그레고리 빌의 연속성을 중시하는 상호본문성(intertextuality with continuity)을 좀 더 살펴보고자 한다.

4. 월터 카이저의 총체적인 단일 의미

복음주의권의 대표적인 구약학자인 월터 카이저(Walter C. Kaiser)는 1985년에 출간된 『신약의 구약 사용』(The Uses of the Old Testament in the New)에서 유대인들의 미드라쉬 해석이나, 쿰란 공동체의 페쉐르 해석, 알레고리 해석, 그리고 현대화 해석을 그리스도 중심의 성경해석과 조화시킬 수 없다고 주장한다.[46] 그 이유는 월터 카이저가 보기에 전자의 해석방식들은 구약 본문의 고유한 의미와 신약 저자들이 신약 본문에서 염두에 두는 의미를 서로 분리하기 때문이다. 말하자면 신약 저자들은 – 의도적으로든 혹은 필요불가결하게 – 구약 본문의 원래 맥락을 무시한다는 것이다.

1) 쿰란 공동체의 하박국 주석서

예를 들어 하박국 2장 1절에 대한 쿰란 공동체의 하박국 주석서(1QpHab)

는 하박국 선지자가 2장 1절을 기록할 때나 또는 사신이 신덕을 빈있을 당시 그 신탁의 온전한 의미를 모른 채로 기록했다고 가정한다. "그가 내게 무엇이라 말씀하실는지 기다리고 바라보며 나의 질문에 대하여 어떻게 대답하실른지 보리라"는 하박국 2장 1절에 대한 쿰란의 하박국 주석서(1QpHab)는 다음과 같이 해석한다. "하나님이 종말 시기의 성취에 대해서는 하박국에게 알리지 않으셨다. 그가 '달리면서도 읽을 수 있도록'이라고 말할 때, '그에 대한 해석'은 하나님이 당신의 종들인 선지자들의 말씀의 모든 신비를 알게 하신 의의 교사들에 대한 것이다."[47]

하박국 2장 1절에 대한 페쉐르 해석에서 알 수 있듯이, 쿰란 공동체는 하박국 선지자가 하나님으로부터 자신도 잘 모르는 신탁을 받아서 기록하였고, 신탁의 근원이신 하나님은 그 기록물에 대한 온전한 해석을 '의의 교사들'인 자신들에게만 맡겼다는 배타적인 특권을 주장한다. 이러한 해석은 하박국 본문과 그 본문이 가리키는 예수 그리스도의 구속 사건의 굳건한 연속성을 견지했던 하박국 자신의 이해와도 배치될 뿐만 아니라 양자 사이의 연속성을 충분히 의식했던 신약 저자들의 성경관과도 모순된다.

2) 구약 본문과 신약 본문의 총체적 단일 의미

구약과 신약의 불가분리의 연속성을 주장하는 월터 카이저는 고대근동의 역사적인 상황에 묶인 구약 본문의 의미와 그리스도 안에서 성취된 신약 본문의 최종적인 의미의 연속성은 - 둘 중에 어느 하나를 취사선택하는 문제나 이중적인 의미(double meaning) 혹은 이중적인 성취(double fulfillment)도 아니고 또 두 가지를 통합한 제3의 더 충만한 의미도 아니라

- 구약의 예언이 신약의 예수 그리스도에게서 최종적으로 성취되는 총체적인 전체(collective totality or solidarity)의 관점에서 이해한다.[48] 월터 카이저는 구약 본문과 신약 본문의 총체적인 일체성으로서의 '총체적인 단일 의미'(generic single meaning)은 다음 세 가지로 구분하여 설명한다.

① 첫째는 구약 본문의 저자가 앞으로 내다보면서 영감으로 기록한 하나님의 계시적인 말씀(God's revelatory Word)이다.

② 둘째는 구약 본문의 말씀의 종말론적인 성취를 보증하는 근접 시기의 성취(near fulfillment as the pledges of the future)이다.

③ 셋째는 예수 그리스도의 초림과 재림을 통한 종말론적인 최종 성취(climatic fulfillment in eschaton)이다.

④ Walter Kaiser의 '총체적인 단일 의미'(generic single meaning)는 이 세 가지 요소를 모두 포함하는 통합적인 의미를 가리킨다.[49]

이어서 월터 카이저는 신약의 구약 인용 방식의 저변에 깔린 '약속의 총체적인 성취'(generic fulfillment of promise)를 변증적 사용과 예언적 사용, 모형론적 사용, 신학적 사용, 그리고 실제적 사용의 다섯 가지 용례로 구분한다.[50]

첫째, 변증적 사용이란 신약의 저자가 어떤 주제에 대한 논증과 변증의 목적으로 이 주제를 지지하는 것으로 판단되는 구약 본문을 인용하는 경우를 말한다. Kaiser는 신약의 저자들이 변증적인 목적으로 구약성경을 인용하는 사례로, 사도행전 2장 29-33절에서 베드로가 그리스도의 부활에 관하여 설교하는 과정에서 - 부활에 관한 예언의 성취의 관점에서 - 시편 16편을 인용한 경우와, 마태가 2장 15절에서 호세아 11장 1절을, 그리고 2장 18절에서 예레미야 31장 15절을 인용하는 사례를 제시한다.

월터 카이저의 둘째 범주인 예언적 사용이란, 신약의 저자들이 예수 그리스도의 구속 사건을 진술하는 과정에서 이 사건이 구약 성경에 미리 예언되었으며 예언된 그대로 성취되었음을 증명할 목적으로 구약 본문을 인용하는 경우를 말한다. Kaiser는 마태복음 17장 10-13절과 마가복음 9장 11-13절에서 말라기 3장 1절과 4장 4-5절을 인용하는 경우나, 사도행전 2장 17-21절에서 요엘 2장 28-32절을 인용하는 사례를 여기에 포함시킨다.[51]

셋째 모형론적 사용은, 신약의 저자들이 복음의 주제들을 진술하거나 설명할 때 구약의 특정 구절들을 모형론의 관점에서 서로 연결하여 인용하는 경우를 말한다. 예를 들어 고린도전서 10장 1-2절에서 그리스도의 세례에 관하여 설명하면서 출애굽기 13-14장의 출애굽과 홍해 도하의 여정을 인용한다. 또 사도 바울이 고린도전서 10장 3-4절에서 고린도교회 신자들이 성만찬 때 신령한 음료와 신령한 양식을 먹는 사건의 의미를, 구약시대 이스라엘 백성들이 광야에서 반석에서 흘러나오는 물을 마시고 광야에서 만나를 먹었던 모형론적인 사건의 성취로 설명한다.

넷째, 신학적 사용은 신약의 저자들이 어떤 신학적인 교리나 진리를 설명하는 과정에서 자신의 신학적인 논증을 지지하거나 강화할 목적으로 구약 본문을 인용하는 경우를 말한다. 예를 들어 히브리서 3장 7절-4장 13절에서 시편 95편을 인용하거나 사도행전 15장 13-18절에서 아모스 9장 9-15절을 인용하는 경우다.

마지막 다섯째, 실제적 사용은 신약의 저자들이 신자들의 윤리적인 주제들을 교훈할 때 동일한 주제를 교훈하는 구약의 본문을 인용하는 경우다. 예를 들어 사도 바울이 고린도전서 9장 8-10절에서 신명기 25장

4절을 인용하거나, 야고보서의 저자가 레위기 19장을 인용하여 윤리적인 논증을 강화하는 경우다. 이상의 연구에서 알 수 있듯이, 월터 카이저는 신약의 저자들은 구약 본문이 그 본래의 역사적이고 문법적인 맥락에서 확보하고 있는 본문의 본래 의미를 그대로 인용하고 있는 것으로 이해한다.[52]

이상의 다섯 가지 신약의 구약 인용 방식을 관통하는 월터 카이저의 상호본문성(intertextuality)의 핵심적인 입장은, 구약과 신약의 두 본문의 의미를 각각 지탱하는 것처럼 보이는 본문의 고유한 시대적인 상황이나 맥락(context)을 모두 통합하는 '총체적인 단일 의미'에서 확보된다.[53]

3) 오순절의 베드로 설교와 시편 인용

월터 카이저는 총체적인 단일 의미(generic single meaning)에 관한 자신의 주장을 예증하는 사례로서 사도행전 2장 24절 이하에서 베드로가 유대인들에게 예수 그리스도의 부활에 관하여 설교할 때 시편 16편 8-11절을 인용하는 방식을 소개한다. 사도행전 2장 25-28절과 시편 16편 8-11절의 해석학적인 연관성의 핵심적인 질문은, 시편 16편 10절에서 "이는 주께서 내 영혼을 스올에 버리지 아니하시며 주의 거룩한 자를 멸망시키지 않으실 것임이니이다"고 할 때의 "내 영혼"(נַפְשִׁי)과 "주의 성도"(חֲסִידְךָ)는 각각 누구를 가리키며, 이 구절과 그리스도의 부활과의 해석학적인 연관성이 어떻게 성립하는가 이다.

시편 16편 자체의 문맥만을 고려한다면 '내 영혼'은 다윗 자신의 영혼을 가리키는 것처럼 보인다. 그러나 시편 16편의 '내 영혼'이 다윗을 가리키고 다윗 자신이 스올에 버림을 당하지도 않으며 멸망되지 않을 것을 소망하는 의미라면, 다윗이 '이미 죽어 장사되어 그 묘가 오늘까지 우리 중에 있기 때문에' 시편 16편의 약속과 그 이후의 실제 성취 사이에 해석학적인 모순과 충돌이 발생한다.

그래서 부활에 관한 다윗의 소망과 그리스도의 부활 사건을 모두 바라보는 사도 베드로에 의하면, 시편 16편은 다윗 자신의 부활을 예언하는 것이 아니라 '그는 선지자'로서 하나님이... 그 자손 중에서 한 사람을 그 위에 앉게 하실 것을 미리 보여주셨던 예언의 말씀이다. 이렇게 구약 본문에 담긴 하나님의 약속의 말씀에 대한 총체적인 성취와 총체적인 단일 의미를 의식하는 베드로는, 다윗이 하나님의 선지자로서 장차 자신의 후손 가운데 태어날 메시아의 부활을 말하되 그가 음부에 버림이 되지 않고 그의 육신이 썩음을 당하지 아니할 것을 예언하였고 그 예언이 드디어 예수 그리스도에게서 성취되었다고 해석하면서 그리스도의 부활을 설교한다. [54]

월터 카이저에 의하면 다윗은 시편 16편 8-11절에서 장차 자신의 후손 가운데 메시아가 태어나고 그가 죽임을 당하더라도 다시 성부 하나님께서 "주의 거룩한 자로 하여금 썩음을 당하지 않도록 다시 부활시킬 것을" 미리 내다보았으며, 그러한 총체적인 구속사의 관점을 가지고 있었던 베드로는 예수 그리스도의 부활에 관한 메시지를 유대인들에게 선포하는 과정에서 시편 16편에 나타나는 메시아의 부활에 대한 다윗의 예언이 실제 예수 그리스도의 죽음과 부활 사건으로 성취되었음을 변증하려는 의도로 시편 16편을 인용했다는 것이다. [55]

4) 히브리서 10장과 시편 40편 인용

월터 카이저의 '총체적인 단일 의미'에 관한 또 다른 사례는, 히브리서 10장 5-7절에서 시편 40편 6-8절을 인용하는 방식에 관한 설명에서도 발견된다. 히브리서 기자는 10장 1절 이하에서 먼저 구약 시대 율법과 희생제사의 한계점을 지적하고 5-18절에서 그리스도를 통한 대속사역의 성취를 논증한다. 히브리서 기자는 이 과정에서 5-7절에서 시편 40편 6-8절을 인용한다.

> "주께서 내 귀를 통하여 내게 들려주시기를 제사와 예물을 기뻐하지 아니하시며 번제와 속죄제를 요구하지 아니하신다 하신지라 그 때에 내가 말하기를 내가 왔나이다 나를 가리켜 기록한 것이 두루마리 책에 있나이다 나의 하나님이여 내가 주의 뜻을 행하기를 즐기오니 주의 법이 나의 심중에 있나이다 하였나이다"(시 40:6-8)

> "그러므로 주께서 세상에 임하실 때에 이르시되 하나님이 제사와 예물을 원하지 아니하시고 '오직 나를 위하여 한 몸을 예비하셨도다' 번제와 속죄제는 기뻐하지 아니하시나니 이에 내가 말하기를 하나님이여 보시옵소서 두루마리 책에 나를 가리켜 기록된 것과 같이 '하나님의 뜻을 행하러 왔나이다' 하셨느니라"(히 10:5-7)

위의 두 구절의 해석학적인 상호 연속성을 이해하고자 할 때의 핵심적인 질문은, 다음 세 가지로 정리된다.

① 첫째는 다윗이 번제와 속죄제를 하나님께 드리면서도 그 희생제사의 한계를 직시하면서 시편 40편 7-8절에서 "나를 가리켜 기록한 것이 두루마리 책에 있나이다.. 내가 주의 뜻 행하기를 즐기오니 주의 법이 나의 심중에 있나이다"라고 고백한 진의(眞意)가 무엇인가?

② 그리고 히브리서 기자가 10장 5절 이하에서 예수께서 자발적으로 대속사역을 감당하기 위하여 십자가 저주를 친히 담당하신 사건이 다윗의 입을 통해서 예언된 것으로 이해하고 시편 40편 6-8절을 인용하는데 두 본문의 총체적인 단일 의미는 어떻게 확보될 수 있는가? 시편 40편 6절의 귀와 히브리서 10장 5절의 몸의 변화는 어떻게 설명될 수 있는가?

③ 만일에 두 본문이 그리스도의 희생제물에 관한 예언과 성취로서의 '총체적인 단일 의미'를 지향한다면, 히브리서 저자가 시편 40편 6-8절을 문자적으로 온전하게 인용하지 않고 시편 본문에 없는 내용들(나를 위하여 한 몸을 예비하셨도다'와 '하나님의 뜻을 행하러 왔나이다')을 추가하거나 수정하여 인용하는 해석학적인 근거는 무엇인가?

첫째 질문에 대해서 월터 카이저는 다윗이 여호와 하나님 앞에서는 번제와 속죄제를 통해서 정결함을 얻을 수 없고 오직 모세오경에 기록된 하나님의 말씀이 교훈하는 바와 같이 하나님께서 그 분의 무한한 은총으로 자신의 죄악을 덮어 용서하시는 은혜에 대한 감사와 그 분을 전심을 다하여 사랑하라는 말씀에 복종하는 것이 가장 중요함을 깨닫고 이를 고백하는 것으로 이해한다.[56] 그렇다면 하나님을 향한 다윗의 복종에 관한 신앙고백이 어떻게 그리스도의 대속적인 죽음을 예언하는가? 하나님의 말씀을 향한 다윗의 복종에 관한 신앙고백 속에는, 장차 하나님의 어린 양 메시아가 성부 하나님의 말씀에 대한 온전한 복종으로 그동안 성전에서 봉헌된 모든 희생제물을 전체적이고 최종적으로 대신할 것에 대한 기대감이 실려 있다고 본다. "즉 자신의 모든 죄를 용서받기를 원하는 모든 이스라엘 사람들은 참된 회개, 즉 '심령의 아픔'을 소유해야 한다. 그런 후에야, 레위기의 제의적 교훈들에서의 가장 반복적으로 나타나는 표현들 중의 하나인, '그가 용서받을 것이다'라는 말이 선언될 수 있었다."[57] 이어서 시편의 '귀'(אׇזְנַיִם, ὠτία)가 히브리서에서는 '몸'(σῶμα)으로 바뀐 수사적인 변화는 신체의 일부에 해당되는 '귀'가 제유법(synecdoche)으로 신체 전체를 가리키는 '몸'으로 이해될 수 있다.[58]

　마지막으로 히브리서 기자가 그리스도께서 번제와 속죄제의 한계를 극복하기 위하여 자신을 하나님의 모든 백성들을 위한 번제물로 희생하신 과정을 논증하면서 다윗의 시편 40편 6-8절을 인용하는 이유는, 두 사건이 총체적인 단일 의미를 추구하기 때문이다. 즉 시편 40편 6-8절에는 다윗이 속죄제물의 한계를 뛰어넘어 여호와 하나님 앞에서의 온전한 회개와 종말론적인 메시아의 대속에 관한 신앙고백과 그 신앙고백을 온전히 성취할 메시아의 대속 사건에 대한 종말론적인 소망이 실려 있다. 그리고 히브리서 10장의 문맥은 그 예언과 소망이 그리스도에게서 모두 성취되었음을 선언하기 때문에 구약과 신약의 두 구절이 결국 '총체적인 단일 의미'를 지향한다는 것이다.[59] 이렇게 월터 카이저의 '총체적인 단일 의미'는 신약의 저자들이 구약 본문을 인용할 때 두 본문의 연속성을 올바로 이해할 수 있는 해석학적인 패러다임을 제공한다.

5) '여호와의 사자'에 대한 해석

하지만 월터 카이저가 말라기 3장 1절과 4장 4-5절에 예언된 '여호와의 사자'인 엘리야 선지자에 관한 구절들의 성취에 관한 신약의 구절들(특히 요 1:21, 25)을 해석할 때에는 '총체적인 단일 의미'의 신학적인 한계가 노출된다. 월터 카이저는 말라기의 '여호와의 날'에 관한 예언의 성취를 그리스도의 초림과 재림의 두 사건을 집합적으로(collective event) 예언한 것으로 이해한다. 그래서 초림 때의 엘리야는 '세례 요한'으로 성취되었음을 인정하면서도, 말라기 본문의 '여호와의 날'이 재림을 포함하는 '총체적이거나 집합적인 사건'(generic or collective event)이라는 이유로 기독교 교회와 신자들은 재림 전에 세례 요한처럼 메시아의 새림을 준비하기 위하여 중요한 역할을 감당할 '다른 엘리야들'(the other Elijahs)과 최종적인 엘리야(the final Elijah)를 여전히 기다려야 한다고 주장한다.[60]

　　이는 월터 카이저가 '총체적인 단일 의미'의 관점에서 신약의 구약 인용에 관한 강력한 연속성을 주장하면서도, 그 연속성 안에서 예수 그리스도로 말미암은 구약과 신약의 분명한 불연속성을 충분히 인식하지 못하는 세대주의의 약점을 갖고 있기 때문이다. 이런 이유로 월터 카이저는 세대주의자들과 언약신학자들 사이의 타협안으로 구약에 등장하는 언약에 관한 신학적인 의미를 이해할 때 신약 시대 이후의 민족적인 이스라엘의 집단적인 회심 가능성을 기대하는 입장에서 '약속신학'(promise theology) 또는 '약속주의'(epangelicalism)을 주장한다.[61]

5. 그레고리 빌의 구속역사적인 연속성

웨스트민스터신대원의 신약신학 교수인 그레고리 빌(Gregory Beale)은 *Handbook on the New Testament Use of the Old Testament*의 4장에서 신약이 구약을 사용하는 12가지 다양한 방식들을 소개한다.[62] ① 첫째로 구약 예언의 직접적인 성취를 보여주는 인용 방식이 있다. 예를 들어 마태복음 2장 5-6절에서 유대 땅 베들레헴에서 메시아의 탄생을 예언한 예언이 성취되었음을 논증하고자 미가 5장 2절을 인용하는 경우다.[63]

② 둘째는 구약의 모형론적인 예언의 간접적인 성취를 보여주는 인용 방식이 있다. 그레고리 빌은 예언 성취의 범주를 직접적인 성취와 모형론적인 예언에 대한 간접적인 성취의 두 가지 유형으로 세분화한다. 직접적인 성취에 해당하는 구절은 마태복음 2장 5-6절에서 미가 5장 2절을 인용하는 경우와 마태복음 3장 3절에서 이사야 40장 3절을 인용하는 경우다.

그레고리 빌은 모형론적인 예언의 간접적인 성취에 해당하는 구절로 마태복음 2장 15절에서 인용되는 호세아 11장 1절을 제시한다. 호세아 선지자가 11장 1-11절에서 전하려는 본문의 핵심적인 요점은, 현재 이스라엘 백성들이 하나님과 맺은 언약을 파기하고 우상을 섬기지만 하나님이 예전에 이스라엘 백성들을 애굽에서 구원하였던 출애굽 사건과 동일하게 하나님의 자비와 은총에 의한 구원 사건이 앞으로 또 다시 발생할 것임을 예고한다.

그렇다면 호세아 11장 1절의 '내 아들을 애굽에서 불러냈거늘'이란 구절이 연결시키려는 과거 이스라엘 백성들의 출애굽과 미래 이스라엘 백성들의 집단적인 출애굽이, 마태복음 2장 15절에서 아기 예수 개인이 애굽에서 잠깐 지내다가 애굽을 떠나오는 사건의 예언과 성취로 이해하는 해석학적인 근거는 무엇인가? 듀이 비글(Dewey Beegle)과 같은 학자들이 지적하는 바와 같이 호세아 11장 1절에서 언급되는 출애굽 사건은 미래지향적이기 보다는 과거지향적이다. 그렇다면 마태는 2장 15절에서 호세아 11장 1절을 인용할 때 호세아서의 문맥을 충분히 존중하고 있는가? 아니면 마태가 과거회상적인 호세아 11장 1절을 미래의 예수 사건과 자의적으로 연결시키고 있지는 않은가?[64]

이 질문과 관련하여 그레고리 빌은 출애굽기의 이스라엘 백성들 전체의 출애굽 사건과 예수 그리스도의 개인적인 출애굽 사건을 모형론적인 연관성으로 해석하여, 성경 내에서 한 사람에서 집단으로, 그리고 집단에서 한 사람에게로 연결되는 집단적 해석학적인 접근 방식 때문이라고 설명한다.[65] 그레고리 빌의 해석학적인 판단에 따르면, 이러한 모형론적이고 집단적인 해석학적인 접근 방식은 마태가 예수님의 죽음과 부활, 그리고 성령 강림이후에 성령의 영감을 통해서 비로소 깨달은 관점이 아니었다는 것이다. 오히려 이미 호세아 11장 그 자체와 그 인접 문맥 속에는 이스라엘의 과거 출애굽 사건을 종말론적이며 모형론적으로 미래에 다시 재현될 사건으로 이해하는 중요한 암시가 깔려 있다고 본다.[66]

③ 신약의 저자들이 구약을 인용하는 세 번째 방식으로 그레고리 빌은 아직 성취되지 않은 구약의 예언이 미래에 반드시 성취될 것임을 확신시킬 목적으로 인용하는 경우를 제시한다. 베드로후서 3장 11-14절에서 사도 베드로는 미래에 도래할 '새 하늘과 새 땅'에 들어갈 수 있도록 준비하기 위하여 "주 앞에서 점도 없고 흠도 없이 평강 가운데서 나타나기를 힘쓰라"라고 권면하면서, 이사야 선지자가 65장 17절에서 장차 하

나님께서 창조하시겠다고 예고하는 '새 하늘과 새 땅'의 창조에 관한 예언의 말씀을 인용한다. 이사야 선지자는 65장 17-18a절에서 다음과 같이 예언한다. "보라 내가 새 하늘과 새 땅을 창조하나니 이전 것은 기억되거나 마음에 생각나지 아니할 것이라 너희는 나의 창조하는 것을 인하여 영원히 기뻐하며 즐거워할지니라" 이사야 선지자가 예언하는 새 하늘과 새 땅은, 하나님의 백성들의 모든 죄악과 악행이 용서를 받고 하나님과 맺었던 화평의 언약이 온전히 회복되기 때문에 죄악이 여전한 영향력을 행사하는 옛 창조 질서와는 전혀 다른 새로운 세상이다. 그런데 베드로는 예수 그리스도 안에서 성취된 새 창조를 인정하면서도 베드로후서 3장 11-14절에서는 이사야 선지자가 예언한 '새 하늘과 새 땅으로'(벧후 3:13) 실제로 들어가도록 선택함을 입은 자들은 "거룩한 행실과 경건함으로 하나님의 날이 임하기를 바라보고 간절히 사모할 것"(벧후 3:11-12)을 권면한다.

④ 넷째로 신약의 저자가 유비적이거나 예증적인 목적으로 구약 본문을 인용하는 경우다. 그레고리 빌은 이에 해당하는 사례로 사도 바울이 자신의 복음전도의 수고에 대한 정당한 댓가로 교회로부터 그 수고에 합당한 물질적인 유익을 취할 권리가 있음을 논증하기 위하여 고전 9장 9-10절에서 "곡식 떠는 소에게 망을 씌우지 말라"는 신 25장 4절을 인용하는 사례를 제시한다.[67]

⑤ 다섯째로 그레고리 빌은 신약의 저자들이 구약 본문에 나타난 명백한 상징적인 의미를 그대로 이어받아서 신약의 어떤 대상에 다시 적용하는 사례를 제시한다. 예를 들어 사도요한은 계시록 13장 1-2절에서 바다에서 올라오는 한 짐승의 모습을 "표범과 비슷하고 그 발은 곰의 발 같고 그 입은 사자의 입 같은데 용이 자기의 능력과 보좌와 큰 권세를 그

에게 주었다"고 하면서 다니엘 7장 2-8절에 등장하는 네 짐승(사자, 곰, 표범, 그리고 무서운 짐승)의 이미지를 인용한다.

⑥ 또 다른 사례로는 신약의 저자들이 구약 본문의 권위를 그대로 이어받으면서 구약 본문의 동일한 권위를 신약 본문의 수신자들에게 그대로 주장할 목적으로 인용하는 경우다. 그레고리 빌은 이런 사례로 사도 바울이 로마서 3장 3-4절에서 불신자들의 불신앙이 하나님의 신실하심을 무너뜨릴 수 없음을 확증하기 위한 논리적인 근거로서 시편 51편 4절의 인용을 제시한다. 시편에서 다윗은 자신의 범죄를 하나님과 그 분의 말씀의 신실성과 대조하여 하나님의 절대적인 신실성은 항상 사람들의 범죄와 죄악에도 불구하고 또 이를 계기로 더욱 선명하게 부각되고 드러남을 역설한다.

⑦ 구약의 잠언들이 최초의 문맥이나 맥락에서는 일반적인 의미를 전달하다가, 나중에 신약의 저자들에게서는 그 본래의 맥락에서 벗어난 상황에서 인용되기도 한다. 예를 들어 예수께서 마태복음 13장 11절에서 "천국의 비밀을 아는 것이 너희에게는 허락되었으나 그들에게는 아니되었나니"라고 말씀할 때의 '비밀'은 조지 레드(G. Ladd)의 연구를 통해서 충분히 밝혀진 바와 같이, 다니엘서에서 인간의 이해로부터는 감추어져 있으나 하나님께서 선지자에게 계시하신 종말에 관한 신적인 계시를 가리키는 용어로 이해했던 구약의 배경을 염두에 두고 있다는 것이다.[68]

⑧ 이 외에도 그레고리 빌은 신약의 저자들이 구약 본문을 단순히 수사적인 효과를 거둘 목적만으로 인용하는 경우(ex. 롬 10:5-9에 신 30:12-14의 인용)와, 구약 본문을 신약의 사건 일부분에 대한 청사진을 제시하는 원형으로 간주하여 인용하는 경우(ex. 단 7:9-27을 계 4-5장의 환상에 대한 청사진

으로 간주하여 인용), 신약 저자가 자신이 이해하고 있는 바를 좀 더 분명하게 설명하기 위하여 구약 본문의 일부분을 번역하거나 수정하여 인용하는 경우(계 3:14의 '아멘이시요 충성되고 참된 증인이시요'에서 사 65: 16의 '아멘의 하나님... 아멘의 하나님'을 인용), 신약의 저자가 구약의 단어나 이미지에 온전히 동화된 상태에서 구약의 특정 단어(ex. 왕국, 능력, 영광)를 사용하는 경우, 마지막으로 구약 본문의 의도와 정반대로 반어적인 의도에서 인용하는 경우(ex. 계 13:14에서 출 15:11의 인용)가 소개된다. 그레고리 빌은 이상과 같이 구약과 신약의 연속성을, 주로 구약 본문의 약속과 신약의 성취의 연속성과 신약 저자들의 수사적인 의도의 관점에서 설명한다.

6. '전체 성경'에 기초한 설교학적 상호본문성

신약의 저자들이 구약 본문을 다양한 신학적인 관점에서 또는 수사적인 전략을 염두에 두고서 인용한 인용 방식들은, '전체 성경'에 기초한 성경적인 설교를 추구하는 설교자들에게 어떤 해석학적인 프레임을 제공하는가? 신약 저자들이 예수 그리스도의 복음 소통을 효과적으로 진행하려는 목적으로 인용했던 구약 본문의 인용 방식은, 현대의 설교자들의 성경 해석과 메시지 전달과정에도 동일하게 적용된다. 그러므로 성경이 하나님의 감동으로 기록되었음을 믿는 설교자가 동일한 성령의 조명을 따라서 특정 성경 본문을 해석하고 또 동일한 조명의 역사가 회중에게도 일어나서 그들도 신약 저자들이 바라보고 이해하였던 예수 그리스도를 깨닫도록 설교하려면, 설교자는 반드시 '전체 성경'(tota scriptura)의 상호본문성(intertextuality)을 설교자 자신의 중요한 성경 해석 프레임으로 활용해야 한다. 즉 현대의 설교자들은 특정한 성경 본문을 해석할 때 전체 성경을 관통하는 성경신학의 관점에서 해석해야 하고, 또 그러한 성경신학적인 해석 프레임과 '믿음의 규범'(롬 12:6, κατὰ τὴν ἀναλογίαν τῆς πίστεως, regular fidei, 또는 analogia fidei, 믿음의 유비)을 신자들에게 설교해야 한다.

그렇다면 설교자들이 '전체 성경'에 따른 상호본문성의 관점에서 해석할 때 설교자들이 활용해야 할 상호본문성(intertextuality)은 어떻게 확보될 수 있을까? 필자는 커뮤니케이션의 내용과 형식, 그리고 의도를 모두 포괄적으로 고려하는 화행론(speech-act theory)의 관점에서 이 질문에 대한 한 가지 해답을 모색하고자 한다. 케빈 벤후져(Kevin Vanhoozer)에 의하면, 커뮤니케이션 과정에서 상호 작용하는 "의미(meaning)는 형식과 질료(명제적 내용), 에너지의 궤적(의미 수반 발화 작용력), 목적론 혹은 최종 목적(효과수반발화의 효과)을 가지고 있는 삼차원적인 커뮤니케이션 행위이다."[69]

'전체 성경'에 관한 상호본문성에 기반한 성경적인 설교를 삼차원의 소통으로 이해한다면, 그 설교의 내용(content)과 형식(form), 그리고 최종 의도(intention)의 3요소는 모두 '전체 성경에 관한 상호본문성'(intertextuality of tota scriptura)에서 확보되어야 한다. 달리 말하자면, 특정 본문을 '전체 성경'의 관점에서 설교하는 설교자는 특정 본문의 내용이나 핵심 의미를 '총체적인 단일 의미'의 관점에서 이해하고, 또 그 의미가 현대의 청중들에게 전달될 때 동반되는 의미수반발화의 작용력(형식, form)과 효과수반발화의 효력(의도, intention)도 '전체 성경'의 상호본문성으로부터 확보되어야 한다. '전체 성경'에 관한 상호본문성에 기초한 성경적인 설교의 3요소를 좀 더 자세히 살펴보자.

1) 내용(content)

먼저 모든 성경 본문의 참되고 진정한 의미는 그리스도 중심의 구속역사 속에서 총체적으로 완성된 하나의 단일한 의미를 추구한다. 이 본문의 의미는 삼차원의 소통 행위에서 형식과 질료(명제적인 내용)로서의 예수 그리스도의 복음에 집중된다. 모든 성경 본문은 신약의 예수 그리스도의 빛 아래서 해석되어야 하고, 또 모든 신약 본문은 구약과의 긴밀한 연관성(연속성·불연속성)의 관점에서 해석되어야 한다.

예를 들어 요한복음 1장 1절의 "태초에 말씀이 계시니라"는 구절은 창세기 1장 1절과의 연관성 속에서 해석되어야 하고, 요한복음 1장에서 사도 요한이 창세기 1-2장의 천지창조의 연속선상에서 예수 그리스도로 말미암아 시작된 새창조를 소개하고 있음에 주목해야 한다.[70] 이렇게 요한복음 1장의 새창조를 창세기 1-2장의 옛창조의 연장선상에서 해석할 때, 요한복음 1장 14절에서 사도 요한이 예수 그리스도에게서 주목하여 바라보았던 '하나님의 영광'은 창세기의 천지창조를 통해서 드러난 여호와 하나님의 영광이나 이사야 선지자가 바라보았던 여호와의 영광을 능가하고 이전의 모든 여호와 하나님의 영광을 완성하는 예수 그리스도의 영광을 독자들에게 전달한다.

2) 형식(form)

모든 성경 본문은 본문의 저자와 성령 하나님이 모든 독자들에게 전달하려는 '총체적이고 단일한 의미'를 전달하여 성취하는 일정한 에너지와 궤적(의미 수반 발화 작용력)을 갖고 있다. 성경 본문이 모든 독자들에게 의미를 구현하도록 작용하는 '의미 수반 발화의 작용력'은, 앞서 '전체 성경'의 상호본문성에서 확인한 바와 같이 주로 텍스트의 지시대상과 그 지시대상의 궁극적인 성취의 실체인 예수 그리스도 사건을 서로 연결하는 '복음의 프레임'(gospel frame)의 형태로 나타난다. 복음의 프레임이란 타락한 인간의 죄악 - 하나님의 공의와 자비 - 예수 그리스도의 죽음과 부활 - 성령 강림 - 신자의 구원 - 교회의 탄생과 같이, 예수 그리스도에 관한 복음을 일정한 신학적인 패턴과 틀로 담은 것을 의미한다. 이러한 복음의 프레임은 하나님의 공의-자비와 인간의 범죄-구원, 율법과 복음, 약속과 성취, 지시대상과 실체, 모형과 원형의 대응관계를 갖는다. 이러한 일정한 대응관계들은 성경 본문의 신학적인 에너지가 수신자들에게 전달되는 말씀 소통의 궤적을 형성하며 궁극적으로는 본문의 의미인 예수 그리스도의 영광의 광채가 신자들에게 구현되는 과정이다.

예를 들어 사무엘상 4-5장에서 이스라엘 백성들이 블레셋 사람들에게 여호와의 언약궤를 빼앗기고 이후에 언약궤가 다곤신상을 무너뜨리고 블레셋 사람들을 심한 독종으로 심판한 사건은, 출애굽 과정에서 하나님이 바로와 애굽의 백성들을 열 가지 재앙으로 심판한 사건(출 7-12장)을 연상시킨다. 월터 부르그만(Walter Brueggemann)은 두 사건의 연속성을 다음과 같이 설명한다. "일단 야웨의 손이 움직이자, 내러티브는 출애굽기 6-11장에 등장하는 순회적인 재앙의 극적인 반복을 회상시켜 주는 방법으로 전개되어 간다."[71] 잘 알려진 바와 같이 출애굽 과정에서의 바로의 심판은 예수 그리스도의 십자가 죽음을 통한 사탄과 마귀의 최종 권세인 사망의 권세의 심판을 예표한다. 그렇다면 바로의 심판과 블레셋의 심판이 구속사적인 관점에서 동일한 신학적인 의미를 전달한다면, 블레셋의 심판은 궁극적으로는 예수 그리스도께서 하나님의 백성들의 속죄를 위하여 자발적으로 십자가의 저주를 친히 담당하실 뿐만 아니라 죽음을 지배하는 사탄의 권세 중심부로 들어가서 사탄의 최종적인 권세를 심판하신 사건을 예표하는 셈이다. 그리고 이러한 예표적인 본문들이 독자들과 신자들 앞에 펼쳐지고 읽혀지는 수사적인 의도와 목표는 십자가의 죽음과 부활로 사망의 권세를 심판하신 그리스도의 권세와 능력과 영광을 오늘의 신자들이 경험할 수 있도록 하기 위함이다. 따라서 설교자는 이 본문(삼상 4-5장)을 그리스도의 죽음을 통한 사망권세의 심판에 관한 성경 구절들(ex. 롬 6:9)과의 상호본문성의 관점에서 해석할 수 있으며, 설교의 흐름 속에서는 사망의 권세를 심판한 그리스도의 권세를 신자들의 삶에 적용하려는 수사적인 의도를 갖고 그런 의도에 부합하는 논리적인 패턴을 구성해야 한다.

3) 수사적인 의도

모든 성경 본문은 설교자의 해석과 설교를 통하여 신자들에게 선포되고 적용될 때 청중의 삶과 연관성을 맺고 그들의 삶에 적용되기를 기대하는 수사적인 의도(rhetorical intention)와 최종적인 말씀 순종과 구현의 목표를 지향한다. 모든 성경 본문이 신자들에게 추구하는 일차적인 목표와 의도는 디모데후서 3장 16절이 설명하듯이 "교훈과 책망과 바르게 함과 의로 교육"하기 위함이다. 하지만 좀 더 궁극적인 의도는 신자가 예수 그리스도의 죽음과 부활에 온전히 연합(갈 2:20)하여 "나는 너희의 하나님이요 너희는 내 백성"이라는 언약 관계가 갱신되고 모든 신자가 하나님과 같이 거룩하게 성화하며 "모든 만물이 그리스도 안에서 통일"(엡 1:10; 롬 11:36)되는 것이다.

따라서 설교자가 특정 성경 본문을 해석하고 또 설교문의 형식을 전개할 때 항상 본문의 명제적인 의미와 수사적인 궤적(또는 의미 수반 발화 작용력이나 '신앙의 규범적인 논리')이 본문의 최종적인 목표와 의도를 달성하기에 효과적인지를 확인해야 한다.

예를 들어서 고린도전서 10장 1-22절에서 사도 바울이 구약의 출애굽 사건과 광야의 만나 사건의 예표가 초대교회 신자들이 세례를 받을 때 예수 그리스도의 죽음과 부활에 연합함으로 모두 성취되었다고 모형론적인 관점에서 텍스트의 지시대상(구약의 출애굽)과 오늘의 실제(세례로 그리스도와 연합한 성도)를 서로 연결하는 수사적인 의도는 무엇일까? 사도 바울이 구약의 반석 사건의 모형론을 그리스도와 연합한 세례로 성취된 것으로 고린도교회 신자들에게 해석해 주는 수사적인 목표는 무엇인가? 그것은 고린도교회 신자들로 하여금 구약의 출애굽 사건이나 만나 사건과 같은 지시대상을 여호와 하나님이 모두 그리스도의 죽음과 부활 사건으로 성취할 정도로 그 분의 자비와 공의가 무한히 광대하기 때문에 이를 깨닫고 '이 시대'를 지배하는 것처럼 보이는 사단 마귀의 권세에 유혹을 받거나 구약시대 심판을 받은 이스라엘 백성들처럼 '악을 즐겨하지 않도록' 하기 위함이다. 구약 모형의 신약 성취에 관한 궤적이 신자들에게 자세히 제시되고 설명될 때 그 수사적인 에너지와 궤적은 신자들이 성결을 추구할 동력으로 그 본래의 목표를 달성하는 하나님의 지혜와 능력과 영광으로 작용한다.

결국, 설교자는 성경 본문을 해석하고 설교 메시지를 작성하여 특정 회중에게 그 메시지를 전달하려고 할 때, 자신의 메시지가 청중에게 효과수반발화의 효력을 발휘할 수 있도록 메시지의 내용과 형식, 그리고 수사적인 의도를 통합해야 한다.

7. 나가는 말

구약의 예언서에 대한 구속사적인 관점의 해석을 강조하는 벤게메렌 (Willem A. VanGemeren)에 의하면, "예언의 말씀을 '전체 성경'(*tota scriptura*)의 일부로 해석하는 것은 그렇게 하고 싶은 자들이 그렇게 해도 되는 어떤 선택의 문제가 아니다. 그것은 기독교회를 위한 명령"이라고 한다.[72] 그렇다면 성경적인 설교를 추구하는 설교자들이 특정 본문을 '성경 전체'의 관점에서 해석하고 또 설교의 전개 과정에서 신자들에게 믿음을 심어줄 '믿음의 규범'을 제시할 수 있는 성경적인 전략은 어떻게 마련할 수 있을까? 필자는 그 한 가지 방안을 신약 저자들이 예수 그리스도에 관한 복음을 서술하는 핵심적인 방법으로 구약의 예언과 예수 그리스도를 통한 성취를 서로 연결하는 상호본문성(intertextuality)에서 모색하였다.

구약 성경 본문의 저자들(ex. 모세, 다윗, 선지자들)은 자신의 구속역사적인 상황에서 성령의 영감으로 하나님이 종말론적으로 완성할 하나님의 약속의 말씀을 계시로 수납하였고 그 내용을 기록하였다. 이어서 신약의 저자들은 동일한 성령의 영감으로 구약의 예언이 한 치의 오차도 없이 모두 예수 그리스도에게서 성취되었음을 깨달았고, 그러한 깨달음 아래 율법-복음, 약속-성취, 또는 모형-원형의 대응관계 속에서 구약 본문을 인용하면서 예수 그리스도의 복음을 선포하고 기록하였다. 사도들과 신약의 저자들이 성령의 감동 아래 이 복된 소식을 기록할 당시 그들은 구약의 저자들이 예언하고 기다렸던 모든 말씀들이 예수 그리스도 안에서 그대로 성취되었음을 분명히 깨달았으며 그 연속성에 대한 분명한 이해 아래 예수 그리스도의 성취를 더욱 분명히 강조하고 이를 통해서 신자들과 독자들에게 그리스도에 관한 믿음을 심어줄 목적으로 구약의 본문들을 인용하였다.

이렇게 신약의 저자들이 구약 본문의 내용(content)과 형식(form), 그리고 그 의도(intention)의 연속성을 구속역사의 관점에서 유지하면서 구약 본문을 인용한 상호본문성은, 오늘날 성경의 저자들과 동일한 맥락에서 그리스도의 복음을 신자들에게 들려줘서 그 심령에 그리스도에 관한 믿음이 자라도록 설교해야 하는 설교자들에게 중요한 설교학적인 전략을 제시한다. 앞서 확인한 바와 같이 구약과 신약의 연속성을 따르는 성경적인 설교는 하나님의 말씀의 명제적인 내용과 의미수반발화의 작용력, 그리고 효과수반발화의 효과를 확보하여 하나님의 백성들과 소통하는 삼자원석인 커뮤니케이션 행위이다.

이를 위해서 설교자는 특정한 성경 본문의 명제적인 내용을 성경 전체를 관통하는 구속사적인 관점에서 해석해야 한다. 또한 신자들에게 믿음을 심어주기 위하여 제시하는 의미수반발화의 작용력인 설교의 주요 형식은 약속-성취 모델이나 모형-대형의 모형론과 같이 '옛 세상'과 그리스도 안에서의 '새 세상' 사이의 반전을 담아야 한다. 마지막으로 본문의 총체적으로 단일한 의미를 반전의 깨달음의 작용력으로 설교하는 목적은, 설교 메시지를 통하여 신자와 그리스도와의 연합을 성취하기 위함이다. 결국 구약과 신약의 상호본문성은 성경적인 설교를 위한 효과적인 설교해석학의 프레임을 제공한다.

1. 복음서 본문이나 서신서 본문을 하나 선택하여 해당 본문과 구약 성경과의 연관성을 분석해보자. 해당 본문을 설교학적인 상호본문성 관점으로 분석하여 저자가 참고하는 선행자료(pre-text)와 메시지 수신자의 상황(context), 수신자에게 의도하는 수사적인 목적(post-text) 그리고 이상의 요소를 종합적으로 고려한 실제 메시지(text)의 구조 의미론을 각각 제시해보자. 이 과정에서 해석자가 새롭게 깨달은 본문의 추체험은 무엇인가?

---

2. 해석한 본문의 추체험을 오늘날의 청중들도 거의 동일한 수준에서 경험할 수 있도록 하려면 해석자·설교자는 어떤 설교 메시지의 수사적인 목적과 내용, 그리고 형식을 갖추어야 할까?

내러티브 본문의 설교를 위한 구조주의 해석

1. 들어가는 말

기독교 목회자들이 강단에서 전하는 설교 메시지는, 성령의 조명 과정을 거쳐서 그 메시지를 듣는 신자들에게 하나님의 말씀(the Word of God)다운 효과수반발화의 효력을 발휘한다. 설교 메시지가 하나님의 말씀다운 효과수반발화의 효력을 발휘할 필수조건은 설교자가 설교 이전에 성령 하나님의 조명을 따라 성경 본문을 해석해야 한다. 그렇다면 인간 설교자의 설교 메시지가 하나님의 말씀다운 효력을 발휘하도록 하려는 목적으로 설교자들은 어떻게 성경 본문을 해석해야 하는가? 어떻게 성경을 해석하여 설교하는 것이 하나님의 말씀다운 효과와 영향력을 보장할 수 있을까?

2천 년 교회의 역사를 관통하는 개혁신학의 핵심적인 사상은 "성경은 곧 하나님의 말씀"이라는 것이다. 역사와 인생을 초월하면서도 역사와 인생 속에서 계속 말을 걸어오시는 하나님은 지금도 오직 성경을 통해서만(sola scriptura) 자기 백성들에게 말씀하신다.[73] 올바른 성경 해석이 곧 2천 년 교회의 역사를 지탱해왔기 때문에, 지난 2천 년 동안 흘러온 교회의 역사는 곧 성경 해석의 역사라고 해도 과언이 아니다.

초대교회나 중세시대에는 알레고리 해석이나 신비주의 해석, 또는 4중의 해석과 같은 잘못된 성경 해석 방법들이 등장한 적도 있었다. 하지만 루터나 칼빈과 같은 종교개혁자들을 통해서 다음과 같은 올바른 성경 해석의 원리들이 정착되었다: 성경은 스스로 해석한다는 자증의 원리(Scriptura sui ipsius interpres), 본문의 문법과 역사적 배경을 존중하는 해석 방법, 그리스도 중심의 구속역사에 관한 신학적인 해석 원리, 본문의 문자적 의미 배후에 있는 성령의 의도, 간결성과 명료성(brevitas et facilitas).[74] 이러한 성경 해석 방법론들은 성경 본문이 인간 저자의 기록임에도 불구하고, 이들을 통하여 말씀하셨던 살아계신 하나님의 음성을 새롭게 다시 경청할 수 있는 해석 방법론을 제공하였다.

그 이후로도 수 많은 신학자들과 철학자들에 의하여 다양한 해석 방법론들이 새롭게 등장했으며, 성경 해석학은 역사의 진행 속에서 지금도 계속 발전을 거듭하고 있다.[75] 이번 장에서는 성경 본문의 궁극적인 저자인 하나님께서 본문을 통해서 말씀하려는 최종적인 의도(final intention)를 찾아낼 수 있는 통전적인 해석 방법론의 전략을 모색하기 위하여 성경의 내러티브 본문에 대한 구조주의 연구 방법론을 살펴보고자 한다.

2. 다양한 성경 해석 방법론들

성경 해석의 기본적인 패러다임은 과거 성경의 저자가 기록한 본문을 후대의 독자들이 읽고 해석함으로써 이 과정에서 하나님의 음성을 듣고 하나님과의 만남의 사건을 경험하고 영적인 변화를 경험하는 것이다. 이 과정을 간단한 해석학적인 도식으로 정리한다면 "과거 저자 → 본문 ← 현대 독자"의 패러다임이다.[76] 이 간략한 패러다임은 복잡하고 광대한 하나님의 말씀 전달과 의사소통 전체 과정을 간명하게 집약한 것이다.

과거 성경 저자들은 하나님의 계시를 수납하여 이를 일종의 문학 작품과 같은 형식에 담아서 당대 독자들에게 전달하였다. 정경이라는 거룩한 문서가 체계적으로 정리되고 성경화의 과정을 거침으로 당대 독자들의 한계를 뛰어넘어 하나님의 말씀으로서의 권위를 획득하고 그 다음 세대 하나님의 백성들에게까지 전승되었다. 정경화 덕분에 과거에 선지자들과 사도들에게 직접 계시하셨던 하나님은, 성경의 정경화 단계 이후에는 오직 성경을 통해서만(sola scriptura) 말씀하신다. 그러므로 성경의 정경화 단계 이후에 하나님의 말씀을 듣기를 원하는 모든 세대 신자들은, 오직 성경을 올바로 해석하는 일에 집중해야 한다. 이 과정에서는 성령 하나님이 말씀의 의미를 깨닫게 하시는 조명(illumination)이 필수적이다.

"과거 저자 → 본문 ← 현대 독자"의 기본적인 성경 해석의 패러다임은, 이 패러다임의 구성 요소들에 대한 관심에 따라서 다양한 해석학 방법론으로 세분화된다. 첫째 구분은 저자와 본문의 역사적인 상관관계에 집중하는 통시적인 해석(diachronic interpretation)과 특정 본문의 문학적인 세계 자체에 집중하는 공시적인 해석(synchronic interpretation)으로 구분하는 것이다. 통시적 해석은 성경의 특정 본문이 구전으로 전승되고 기록된 역사적인 진행 과정에 관심을 기울이거나(역사비평적인 연구), 또는 해당 본문 전후를 관통하는 구속역사를 살피는데 집중된다. 반면에 공시적인 해석은 특정 본문 안에서의 수사적인 전략이나 본문의 문학 세계에 집중한다.

둘째 구분은 현대 독자의 신학적인 입장에 따라서 성경 본문의 기록과 해석 과정에 구속역사를 주관하는 삼위 하나님의 개입을 인정하는 신본주의 해석과, 삼위 하나님의 개입을 배제하고 본문의 문학적인 세계에만 집중하는 인본주의 해석으로 구분할 수 있다. 전자의 대표적인 해석 방법론에는 역사적인 해석과 문법적인 해석, 그리고 구속사에 관한 신학적인 해석이 있다면, 후자의 대표적인 방법론으로는 역사비평이나 문학비평, 그리고 독자반응비평들이 있다.

종교개혁 이후 한동안 성경신학이 조직신학의 그늘에 가려 크게 발전되지 못하다가, 근대 이후로 성경의 영감설이 퇴조하는 가운데 성경에 대한 역사 비평적인 해석 방법론들이 발전하였다. 역사 비평적인 해석 방법론은 성경의 영감이나 통일성을 인정하지 않으며 다양한 구전과 문서들이 후대의 편집자들의 편집 의도에 맞게 편집되고 정리되어 최종적인 정경의 형태를 갖추었다는 전제를 취한다. 이러한 역사 비평적인 해석 방법론에는 사본비평과 자료비평, 편집비평, 양식비평, 전승사비평, 등등이 포함된다.

성경을 하나님의 계시된 말씀으로 인정하지 않고 성경의 유기적 통일성을 부정하는 학자들에 의하여 발전된 인본주의 해석 방법론에는 역사비평이나 문학비평, 그리고 독자반응비평과 같이 비평(criticism)이라는 단어가 뒤따른다. 그 이유는 성경 해석 작업 뿐만 아니라 성경 본문의 기록과 전달, 그리고 해석의 전체 과정에 삼위 하나님의 신적인 개입의 여지를 철저히 차단하고 일반 문학작품에 대한 합리적이고 이성적인 비평 활동(critical reflection)의 연장선상에서 성경을 해석하기 때문이다.

하지만 20세기 중반에 들어서면서 점차 성경 해석의 초점이 성경 본문 배후에 존재했던 것으로 가정되는 다양한 구전들의 역사적 진승 과정으로부터 최종적으로 독자 앞에 놓인 성경 본문의 문학적인 세계로 이동(또는 확장)되었다. 즉 과거 저자와 현재 텍스트를 관통하는 역사적인 전승 과정에 대한 통시적인 탐구에서부터 최종 본문에 대한 공시적인 탐구로 성경 해석학의 주된 관심사가 이동(또는 확장)하였다. 이러한 공시적인 성경 해석학에는 정경비평(canonical criticism)이나 수사비평(rhetorical criticism), 내러티브 비평(narrative criticism), 담화 분석(discourse analysis), 구조주의(structuralism) 등등이 포함된다.

3. 복잡계의 창발론과 성경 해석

1) 성경 본문의 역동성

이렇게 다양한 해석 방법론들이 발전을 거듭하고 있는 상황에서 개혁파 목회자들은 어떤 해석 방법론들을 활용하여 성경을 해석해야 하는가? 이 질문 앞에서 필자는 설교를 위한 성경 해석의 중요한 목적을 다시금 확인하고자 한다. 성경을 해석하는 다양한 이유와 목적을 고려할 수 있겠지만, 설교를 위한 성경 해석의 가장 중요한 목적은 성경의 궁극적인 저자인 삼위 하나님이 과거에 기록된 성경 본문을 통해서 현대 독자들에게 달성하려는 의사소통의 목적을 달성하는 것이다.

이러한 목적 지향적인 의사소통은 텍스트의 의미 전달 중심의 의사소통에 비하여 좀 더 거시적인 차원의 의사소통 이론에 관한 이해를 요청한다. 달리 말하자면 성경 해석 과정을 하나님이 해석자에게 성경 본문을 통해서 어떤 목적을 달성하는 의사소통의 과정이자 말씀을 통한 변화와 갱신의 사건으로 이해하는 것이다. 여기에서 중요한 점은 의사소통의 일종인 성경 해석 과정을 본문의 의미 전달이나 내용 전달의 차원보다는, 목적 달성의 차원에서 이해하는 것이다. 성경 본문의 주해자에게는 미시적인 차원에서 특정 본문의 단어나 구절의 역사적 배경이나 문법적인 의미가 중요할 수 있다.

하지만 성경 본문을 설교하려는 설교자에게 성경 해석 과정에서 가장 중요한 요소는, 결국 본문이 설교자와 독자들에게 실행하려고 의도하는 수사적인 의도와 목적이다. 말하자면 과거의 저자와 최초의 독자 사이에 본문을 중심으로 발생했던 의사소통의 역동성(communicative dynamic)이 동일한 본문과 현대의 독자 사이에 그대로 재현되는 것이다. 앞 장에서 확인한 바와 같이 성경 본문을 전체 성경의 시각에서 해석하여 본문의 저자가 달성하려고 했던 수사적인 목적이 현대 독자에게 실현되는 것이다. 달리 말하자면, 성경 본문 해석 과정에서 해석자가 본문을 매개로 저자의 과거 추억을 재현하여 추체험을 얻는 것이다. 그리고 자신이 추체험한 성경 본문의 감동을 설교 시간에 회중을 대상으로 구현해내야 한다.

2) 역동적 등가성과 화행론

이러한 과정은 다음의 그림으로 설명할 수 있다. 다음의 설교 해석학의 과정은 성경 해석과 설교 메시지의 전달에 관한 이중의 삼차원으로 진행된다. 먼저 성경 해석의 소통은 본문의 내용과 문학적인 형식을 파악하여 본문의 의도를 해석자가 경험하는 과정이다. 이어서 설교 메시지 전달 과정은 성경 본문의 의도를 설교자가 청중을 대상으로 실행하는 과정이다. 이 과정에서 설교자는 설교의 내용과 효과적인 설교 형식을 동원한다.

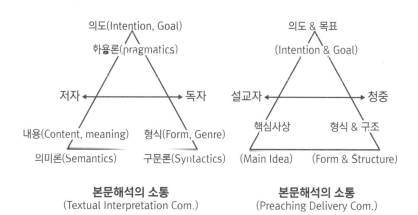

본문해석의 소통
(Textual Interpretation Com.)

본문해석의 소통
(Preaching Delivery Com.)

설교해석학(Homiletical Hermeneutic)

성경해석과 설교 메시지의 전달에 관한 목적 지향적인 이중소통은 "역동적 등가성"으로 설명할 수 있다.[77] 역동적 등가성(dynamic equivalence)이라는 개념은 1950년대 이후 성경 번역학에 크나큰 기여를 제공한 유진 나이다(Eugene Nida)가 주창한 것이다.[78] 유진 나이다에 의하면, 원천언어(SL, Source Language)의 텍스트(ST, Source Text)를 목표언어(TL, Target Language)의 텍스트(TT, Target Text)로 옮기는 번역의 최종 목표는, ST와 TT의 미시적인 단어나 문장의 의미의 문자적 일치(verbal equivalence)도 아니고 ST와 TT의 미시적인 의미를 전달하는 형식(formal equivalence)도 아니라, ST가 발휘하는 의사소통의 역동성이 TT를 통해서 다시 재현되도록 하는 것이다. 이를 가리켜서 역동적 등가성(dynamic equivalence), 또는 기능적 등가성(functional equivalence)이라고 한다.

번역 이론에서 등장한 역동적 등가성 개념은 현대 기독교 해석학이나 선교학, 그리고 설교학의 영역으로 확장되어 사용되고 있다. 이 과정에서 역동적 등가성 개념은 화행론이나 복잡계의 창발론, 그리고 성경 해석과 설교 과정에서의 성령의 조명에 관한 신율적 상호작용론(theonomic reciprocity)과 연대적으로 결합하여 성경 해석과 설교 과정에서 발생하는 말씀사건의 의미를 더욱 선명하게 밝혀주고 있다.

예를 들어 케빈 벤후저는 해석 과정에서 성경 본문의 의미가 실현되는 종합적인 과정을 논리적으로 설명하기 위하여 화행론과 복잡계의 창발론을 끌어들인다. 먼저 화행론(speech-act theory)은 의미 전달이 단순히 지성적이고 논리적인 메시지의 내용 전달만이 아니라 그 메시지 속에는 수사적인 형식과 실행력이 함께 동반되어 최종적으로는 메시지가 본래 의도했던 최종의 목적을 성취하는 결과까지를 고려한다. 케빈 벤후저에 의하면 성경 해석은 현대의 크리스찬 독자와 성경 본문 사이에 진행되는 의미에 관한 커뮤니케이션 행위이다. '의미에 관한 커뮤니케이션 행위'는 단순히 성경 본문의 역사적인 배경이 파악되거나 본문 단어나 구절의 문법적인 의미가 드러난다는 것이 아니다. 그보다 케빈 벤후저가 주목하는 '의미에 관한 커뮤니케이션 행위'는 성경 저자가 독자에게서 성취하려고 의도하는 의미가 독자의 세계 안에서 최종적으로 실현되는 종합적인 과정을 가리킨다. 그래서 케빈 벤후저에 의하면 "의미(meaning) 는 형식과 질료(명제적 내용), 에너지와 궤적(의미 수반 발화 작용력), 목적론 혹은 최종 목적(효과수반발화의 효과)을 가지고 있는 삼차원적인 커뮤니케이션 행위"라고 한다.[79]

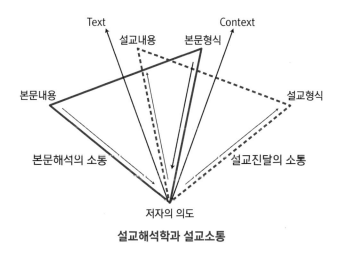

설교해석학과 설교소통

3) 해석의 복잡계와 창발하는 의미

케빈 벤후저는 화행론적인 차원의 성경 해석과 설교가 하나님이 말씀하시는 신비로운 언어 사건이 될 수 있는 논리적인 근거를 복잡계의 창발론으로도 해명한다. 제롬 싱어(Jerome L. Singer)에 의하면 복잡계(complex system)란 서로 상호 작용하는 다수의 하위 체계들과 구성 요소들로 이루어져서 그들의 행동이나 작용의 인과관계를 거시적이고 통전적으로 파악해야 하는 시스템을 의미한다.[80] 예를 들어 (소화계와 호흡계, 순환계의 다양한 시스템으로 구성된) 신체나, (당회와 각종 부서, 인적 및 물적 자원들로 구성된) 교회,

자연 생태계는 대표적인 복잡계이다. 이와 마찬가지로 성경 해석과 설교의 전체 과정도 성경 본문과 해석자, 해석 방법론, 성령의 조명과 같은 다양한 요소들이나 하위 체계로 구성된 일종의 복잡계(a complex system)로 이해할 수 있다.

그런데 벤후저에 의하면 복잡계의 독특성은 창발적 속성(emergent property)에서 찾아볼 수 있다고 한다. 창발적인 속성은 복잡계가 다양한 하위 체계들과 요소들이 상호 작용하는 가운데 특정 하위 체계의 차원이나 요소들의 차원으로는 결코 해명할 수도 없고 역산하여 설명할 수도 없는 새로운 차원의 현상이 나타나는 것을 의미한다.[81] 예를 들어 교회 안에서 신자들이 설교 메시지를 통해서 하나님을 경험하고 그 분의 음성을 들을 수 있는 것은 설교자의 설교 메시지나 강단, 그리고 일정한 목회적인 공간이 동원되기 때문이지만, 하나님과의 만남은 단순히 설교자의 특정한 설교 메시지나 음향 시스템이 없이는 불가능하면서도 그렇다고 그러한 요소들이 하나님과의 만남을 보장하지도 않고 가역적으로 환산하여 설명할 수도 없는 새로운 차원의 창발적인 현상이다.

벤후저가 주목하는 복잡계의 창발론과 역동적 등가성 개념을 성경 해석의 과정에 적용해 본다면, 해석자는 다음 세 가지 복잡계 구조를 고려해야 한다: ① 성경 본문 자체의 의미론적인 복잡계와, ② 본문의 의미가 재현되는 과정에서의 해석 과정의 복잡계, ③ 그리고 설교자가 특정한 회중을 대상으로 본문의 역동적 등가성을 재현하는 설교 전달 과정의 복잡계.

위 세 가지 복잡계 중에서 먼저 성경 본문의 의미론적인 복잡계를 자세히 살펴보고자 한다. 특정 성경 본문은 여러 가지 짧막한 의미들을 담고 있는 단어들과 구절들, 이미지, 장면, 등장인물들, 개념들, 단락들로 구성된 일종의 다차원의 해석학적인 복잡계(multi-dimensional hermeneu-tical complex system)이다. 성경 본문의 의미론적인 복잡계는 성경 해석 과정을 통해서 해석자에게 의도했던 의미가 실현된다. 해석 과정에서 해석자는 여러 단어와 구절들의 의미를 찾으며, 본문의 문학적인 특성들이나 수사적인 장치들, 그리고 여러 등상 인물들이나 이미지, 장면들을 연상하면서 본문의 의미 형성 과정을 뒤따라간다. 이 과정 역시 다양한 요소들과 해석학적인 하위 체계들이 동원되기 때문에 성경 해석 과정을 해석학적인 복잡계라고 부를 수 있다. 성경 본문의 해석학적인 복잡계는 해석 과정에서 해석자의 질문이나 탐구 과정, 그리고 성령의 개입과 상호 작용하면서 최종적으로 해석자의 실존 세계에 말씀 사건(Word-event)이라는 창발적인 결과를 가져온다.

달리 표현하자면 성경 본문 해석을 통하여 주체험이 발생한 것이나. 주해와 원리화, 그리고 설교 적용의 3단계 중에서 원리화의 과정이 진행되는 것이고, 해석자는 그 내용을 신학적인 중심사상(theological main idea)으로 정리할 수 있다

이렇게 성경 해석 과정은 다양한 요소들과 하위체계들의 상호 작용 과정에서 하나님의 말씀이 성취되는 복잡계적인 창발 사건일 뿐만 아니라, 하나님께서 해석자의 삶과 인생에 변혁적인 사건을 실행하는 화행론의 말씀사건(Word-event of speech-act theory)이다. 이러한 화행론적인 말씀사건은 어떤 하나의 해석 방법론에 의하여 기계적으로 발생하는 것이 아니라, 성경 해석의 과정에 개입하는 다양한 요소들의 복잡한 상호 작용과 아울러 성령의 초자연적인 개입과 해석자의 인지세계에 대한 조명을 통해서 발생하는 말씀 사건이다.

따라서 해석자는 다양한 체계들로 구성된 해석 방법론을 다양한 의

미의 맥락과 층위를 가진 성경 본문에 적용하여 그 속에서 하나님의 말씀 사건과의 조우(encounter)를 경험해야 한다. 그리고 그러한 말씀 사건의 경험을 다시 설교 시간에 구현하여 설교를 듣는 회중 신자들로 하여금 하나님과의 만남을 경험하고 또 변화를 경험하도록 해야 한다. 이를 위해서 성경 해석자는 앞서 간략히 언급한 다양한 해석 방법론을 통합적으로 활용하여 성경 본문에서 하나님의 말씀 사건을 경험해야 한다.

4) 말씀 추체험을 위한 다층위 의미구조

그렇다면 설교자가 성경을 해석하는 과정에서 성경이 하나님의 말씀이라는 믿음을 가지고 역사적 및 문법적, 그리고 신학적인 해석 방법론을 동원하여 본문을 통하여 말씀하시는 하나님의 음성이라는 창발적인 말씀사건(word-event)을 추체험할 수 있는 효과적인 해석 방법론은 무엇인가? 앞서 살펴본 바와 같이 특정한 성경 본문은 의미론적인 복잡계로 형성되어 있으며 달리 표현하자면 '다층위적인 의미구조'로 이루어져 있다. 성경 본문 해석 과정은 본문의 다층위적인 의미구조를 낱낱이 분해하는 과정이다. 본문의 다층위적인 의미 구조는 크게 역사적인 내러티브 진행 과정과 이를 문서의 형태로 바꾸어 기록된 본문의 문학(문법) 양식, 그리고 그 본문 배후에 있는 신학적인 목표가 다층위적인 의미 구조로 응축되어 있다. 해석자는 이러한 다층위적인 의미 구조를 풀어 헤쳐서 결국 본문이 독자에게 달성하려는 말씀-사건을 추체험해야 한다.

이를 위하여 개혁파 목회자들은 성경이 일반적인 문학 작품이 아니라 인간 저자가 기록한 메시지를 사용하여 현대 독자에게 말씀하시는 하나님의 말씀이라는 신학적인 전제를 확신해야 한다. 성경을 일반 문학 작품으로 간수하는 인본주의 학자들의 비평적인 전제는 거부해야 한다.

그렇다면 개혁파 목회자들은 기존의 성경해석학계에서 널리 받아들여지고 있는 문학 비평적인 성경 해석 방법론에 대하여 어떤 입장을 취해야 하는가? 개혁주의 성경해석학의 관점에 비추어 볼 때 문제는 현대 문학비평이론이나 문학 비평석인 성경 연구 방법론 그 자체에 있지 않고 그 방법론을 활용하는 신학자들의 신학적 전제에 있다.

예를 들어 문학 비평 이론을 구약성경 해석에 적용한 로버트 알터(Robert Alter)는 성경에서 실제 역사의 차원을 약화시켜서 구속역사적인 실제 사건을 통해서 발생한 계시로서의 성경을 가리켜서 '역사화된 산문 씩션'(historicized fiction)이라고 부른다.[82] 문학 비평적인 해석학자들이 성경을 역사화된 픽션으로 보는 중요한 이유는, 본문의 문학 세계가 그 자체로 완벽한 수사적인 역동성을 발휘하기 때문이나. 안토니 씨슬톤(Anthony Thiselton)에 의하면 현대의 대표적인 문학 비평 이론인 "형식주의와 구조주의는 텍스트를 하나의 체계로 보는 접근 방식을 취한다"고 한다.[83] 이들의 문제는 본문의 문학 세계를 구성하는 내러티브 체계가 그 자체로 완벽하게 느껴질수록 본문 바깥에 실재하는 하나님의 구속역사를 간과하는 것이다. 이들의 눈에 보기에 본문 바깥의 실재 세계는 모두 다 본문 안의 문학 세계로 흡수된 것이다.

그러나 하나님과 구속역사는 문학 세계가 완벽하게 묘사하든 묘사하지 않든 관계없이 본문의 문학 세계 바깥에 여전히 존재하며 진행되고 있다. 해석자가 해석 과정에서 이를 온전하게 경험하든 경험하지 않든 하나님의 구속역사는 해석자의 인식 세계 바깥에서 중단됨이 없이 일관성을 가지고 진행하고 있다.[84]

따라서 성경 해석자는 문법적이고 역사적인 해석 방법을 따라서 본문의 표층 구조 배후에 존재하는 저자의 의도를 파악해야 하고, 한 걸음 더 나아가서 성경 본문을 통해서 독자와 소통의 목적을 달성하려는 성령 하나님의 의도, 즉 신학적인 의미를 찾아내야 한다. 이러한 성령 하나님의 의도는 본문의 배후에 심층 구조에 깔려 있다. 따라서 해석자는 성경 본문의 표층 구조만 살필 것이 아니라 본문을 다층위적인 의미의 구조로 해석하는 안목을 가져야 한다.[85]

물론 성경 본문에 대한 문학 비평적인 해석에 치우치는 것도 문제가 많다. 알란 컬페퍼(Alan Culpepper)에 의하면 성경 해석학에 문학 비평을 도입하는 과정에서 다음 세 가지 이의가 제기될 수 있다고 한다. 첫째는 현대문학을 비평적으로 연구하기 위하여 고안된 현대 문학 비평 방법론을 고대의 저술에 적용하는 것은 비합리적이라는 비판이다. 둘째는 소설 장르를 연구하려는 문학 비평 방법은 하나님의 말씀인 성경을 연구하는데 부적절하다는 비판이다. 셋째는 문학 비평은 역사 비평이 제공하는 이점을 무시하고 역사적인 서술 장르에 해당하는 복음서의 본질을 쉽게 무시한다는 비판이다.

이러한 비판은 일부분 설득력이 있는 동시에 일부 과장된 비판이다. 6, 70년대에 계발된 현대의 문학 비평 이론들 중에서 일부 이론들은 고대의 성경 저자들의 수사적인 전략이나 본문 자체의 문학적인 세계를 전혀 존중하지 않고 과도한 덧씌우기의 해석을 시도하는 경우도 있다. 하지만 역사와 신학, 그리고 문학의 3차원으로 구성된 성경은 분명 일종의 문학 작품이고 저자들 역시 문법적이고 문학적인 기록 양식을 어느 정도 고려하여 기록하였기 때문에 성경 해석 과정에서 문학적인 연구 방법론을 활용하는 것은 필수적이다.

물론 현대의 문학 비평 방법론을 활용하는 일부 해석학자들이 성경의 역사적 실재의 차원을 무시하여 해석하는 부분은 결코 인정할 수 없다. 반면에 일부 문학적인 연구 방법론들 중에는 최종적인 정경으로서의 성경 본문의 문학적인 통일성을 기본 전제로 존중하는 입장을 취하기 때문에, 이와 유사한 맥락에서 성경 계시의 유기적 점진성과 통일성을 인정하는 개혁과 목회자들이 문학적인 연구 방법론을 선별적으로 활용하는 것은 오히려 성경 본문의 추체험을 위하여 도움이 될 수 있다.[86] 이런 맥락에서 필자는 성경의 내러티브 본문과 같이 다양하고 복잡한 의미론적인 층위를 가진 내러티브 본문에 대한 구조주의적인 해석 방법론을 제안하고자 한다.

4. 성경 내러티브에 대한 문학적인 해석

1) 20세기 성경 해석학의 지각변동

성경은 시편과 내러티브, 계명들, 예언의 말씀, 복음서, 서신서 등등과 같은 다양한 문학 장르로 이루어졌다. 20세기 중반 이전에는 이러한 문학 장르들에 대한 성경 해석의 초점이 역사 비평에 집중하여 문서설과 전승사 비평, 양식사 비평, 그리고 편집사 비평 방법론들이 발전하였다. 하지만 20세기 중반 이후로 성경 본문의 배후 역사에 집중하던 통시적 해석이 본문의 문학 세계 자체에 집중하는 공시적 해석으로 점차 이동하였다. 1968년에 제임스 뮬렌버그는 '성서문학학회'(the Society of Biblical Literature, SBL) 회장 취임 강연에서 양식비평의 한계를 극복할 방안으로서 수사비평을 제안하였다.[87] 성경 해석의 초점이 본문 배후의 역사적인 전승 과정이 아니라 본문의 문학 세계 자체에 집중하자는 것이었다.

한편 1970년대 들어서면서 당시 구약신학의 주요 흐름으로 이어져 오던 성경신학운동(Biblical Theology Movement)도 성경의 통일성을 강조하면서도 그 기저의 신학적인 동력을 역사비평에서 끌어오려던 한계 때문에 점차 와해되어갔다. 이런 상황에서 브레바드 차일즈(B. S. Childs)는 구약신학의 발전을 방해하는 장애물로 역사비평을 지목하였다.[88] 역사비평은 성경 본문의 배후 역사를 파헤치면서 본문의 통일성을 파괴하다 보니 결국 성경신학운동과 충돌했다는 판단이었다. 차일즈에 의하면 성경 본문의 가치는 신앙 공동체가 그 최종 본문을 정경으로 간주하고 읽기 때문에 해석자 역시 본문 배후의 역사를 파헤칠 것이 아니라 최종 본문의 정경적 형태와 맥락안에 담겨 있는 신학적 의미에 집중해야 한다는 것이다.

성경 본문의 문학 형태와 그 안에 펼쳐진 세계에 관한 해석학적인 관심은 20세기 중반의 신학자들에 의하여 새롭게 시작된 것이 아니라, 예수님에게서 시작되고 사도 바울과 어거스틴, 그리고 종교개혁자들을 통해서 계승 발전된 통전적인 해석 전략이다. 예수님은 엠마오 도상의 두 제자들의 잘못된 성경 해석을 책망하시면서 그 두 제자에게 "모세와 모든 선지자의 글로 시작하여 모든 성경에 쓴 바 자기에 관한 것을 자세히 설명"해주셨다(눅 24:27). 사도 베드로 역시 예수 그리스도의 부활 사건과 오순절 날의 성령 강림 사건을 모세오경과 연결하여 이해하지 못하던 당시 유대인들을 향하여 시편 16편의 문학 세계와 당시의 구속역사의 세계를 서로 연결하여 그리스도 중심의 새언약 사건을 설교하였다(행 2:22-36).

2) 문학 비평에 근거한 성경 해석

20세기 중반 이후 다수의 신학자들과 문학비평가들이 문학 비평적인 성경 해석학의 발전에 기여하였다.[89] 예를 들어 1946년에 에리히 아우어바흐(Erich Auerbach)는 『미메시스: 서구 문학에서 실제에 관한 개념』(Mimesis: The Representation of reality in Western Literature)을 발표하였고, 노스롭 프라이(Northrop Frye)도 『위대한 코드: 성경과 문학』(The Great Code; The Bible and Literature)에서 성경에 대한 역사 비평적인 접근을 비판하면서 문학 비평의 중요성을 강조하였다. 이 외에도 마이어 스턴버그(Meir Sternberg, 1985)의 『성경 내러티브의 시학: 관념적 문학과 읽기의 드라마』(The Poetics of Biblical Narrative: Ideological Literature and the Drama of Reading), 아델 벌린(Adele Berlin, 1983)의 『성경 내러티브의 시학과 해석』(Poetics and Interpretation of Biblical Narrative)와 시몬 바-에프랏(Shimon Bar-Efrat, 1989)의 『성경 내러티브의 예술』(Narrative Art in the Bible)과 같은 저서들이 20세기 후반 문학 비평적인 성경 해석학의 발전에 초석을 놓았다.

성경 내러티브에 대한 문학 비평적인 해석 방법론들을 활용하는 신학자들은 시모어 채트먼(Seymour Chatman)의 기본 구조를 "실제 저자 → 내러티브 본문 → 실제 독자"의 의사소통 모델에 적용하여 다음과 같은 좀 더 자세한 내러티브 의사소통의 모델을 활용한다: 실제 저자 → [암시된 저자 → 해설자(내레이터) → (인물, 사건, 시간, 배경, 초점 맞추기) → 수화자(내레이티) → 암시된 독자] → 실제 독자.[90]

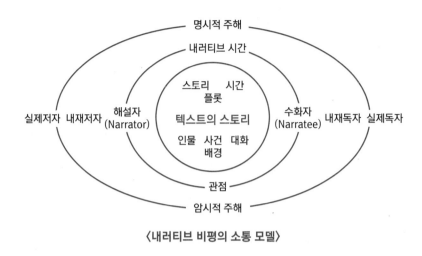

명시적 주해

내러티브 시간

스토리　시간
플롯
텍스트의 스토리
인물　사건　대화
배경

실제저자　내재저자　해설자
(Narrator)

수화자　내재독자　실제독자
(Narratee)

관점

암시적 주해

〈내러티브 비평의 소통 모델〉

　　이 패러다임에서 대괄호([..]) 안의 요소들이 문학비평이나 내러티브
비평의 방법론을 활용하여 내러티브 본문 안에서 파악해야 할 사항들이
라면, 대괄호 바깥의 실제 저자와 실제 독자는 역사적인 해석이나 신학
적인 해석을 활용하여 파악해야 할 사항들이다.[91] 그레마스의 구조주의
는 실제 저자와 실제 독자 사이의 의미론적인 복잡계를 분석하는데 유
용한 해석 방법론을 제시하였다.

5. 그레마스의 내러티브 구조에 관한 해석 방법론

프랑스의 기호학자인 알기르다스 줄리앙 그레마스(Algirdas Julien Greimas,
1917-1992)는 구조주의 언어학의 창시자인 소쉬르의 사상을 참고하여 기
호학 사각형(semiotic rectangle)과 내러티브 구조의미론 해석(narrative
semiotics approach)에 의한 행위소 모델(actant model)을 제안하였다. 그레마

스에 의하면 내러티브의 구조적인 의미 생성 과정을 이해하기 위해서는 표층 구조와 심층 구조, 그리고 담론 구조를 종합적으로 파악해야 한다.[92] 텍스트의 표층 구조는 내러티브 비평의 분석 대상이라면, 텍스트의 심층 구조는 의미론적인 복잡계의 분석 대상이다.

그레마스의 심층 구조와 표층 구조는 소쉬르가 처음 제안했던 랑그와 파롤의 구분을 따른 것이다.[93] 소쉬르는 언어 활동의 사회적이고 구조적인 측면을 가리켜서 랑그(langue)라고 하였고, 개인적이고 구체적인 발화 행위를 파롤(parole)이라고 불렀다. 랑그와 파롤은 언어 활동의 상호 보완적인 측면을 설명하는 개념이다. 예를 들어 파롤은 실제 발화 행위를 가리키지만 소쉬르가 보기에 실제 발화 행위가 가능하려면 사회구조적인 언어 체계인 랑그가 선행해야 한다. 랑그는 의미 전달이 가능하도록 지원하는 사회적이고 잠재적인 의미의 심층 층위라면, 파롤은 이러한 의미의 층위를 구체적으로 사용하는 실제적이고 표층적인 의미의 층위이다. 그레마스도 소쉬르처럼 언어나 텍스트를 통해서 의미가 생성되고 전달되려면 의미의 심층 구조와 표층 구조가 서로 상호 작용해야 한다.

1) 그레마스의 기호학의 사각형

그레마스가 발전시킨 구조 의미론에서 의미의 심층 구조는 기호학의 사각형(semiotic rectangle)으로 쉽게 설명된다. 기호학의 사각형은 의미가 생성되는 과정의 체계가 의미의 대조 관계(contrary relation)와 모순 관계(contradiction), 그리고 암시 관계(implication)를 통해서 구조적으로 생성되고 전달된다는 사실을 잘 보여준다.

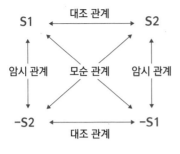

S1 ←— 대조 관계 —→ S2

암시 관계   모순 관계   암시 관계

-S2 ←— 대조 관계 —→ -S1

[그레마스의 기호학 사각형]

먼저 대조 관계는 S1과 S2가 서로 대조적인 의미 관계를 맺고 있다는 것이다.[94] 예를 들어 '절대 선'은 '절대 악'과 대조 관계를 형성하며, '하나님 나라'는 '사탄의 나라'와, '사랑'은 '증오'와 '외부'는 '내부'와 대조 관계를 형성한다.[95] 이어서 모순 관계는 S1과 대조 관계가 아니지만 분명히 S1이 아닌 것들, 즉 -S1과의 상호 관계를 가리킨다. 예를 들어 S1(하나님 나라) ↔ S2(사탄의 나라)의 구조에서 -S1에 해당하는 단어나 개념으로는 저주나 심판, 불행을 떠올릴 수 있다면, -S2에 해당하는 개념으로는 축복, 평안, 행복을 떠올려 볼 수 있다. 마지막으로 암시 관계는 -S2가 S1을 암시하거나 -S1이 S2를 포함하는 관계이다. 앞의 예를 사용하여 암시 관계를 설명한다면 저주나 심판, 불행은 사탄의 나라와 암시 관계 또는 포함 관계에 있다고 말할 수 있고, 축복이나, 평안, 행복은 하나님 나라와 암시 관계 또는 포함 관계에 있다고 말할 수 있다.

그레마스에 의하면 의미가 생성되고 전개되는 과정은 대조 관계와 모순 관계, 그리고 암시 관계의 사각형을 따라서 다양한 방식으로 이루어진다는 것이다.[96] 그레마스의 기호학 사각형 모델을 성경 해석에 적용해 본다면, 아담의 범죄와 타락 이후로 하나님 나라와 사탄의 나라가 대조 관계를 형성하기 시작하였다(S1 ↔ S2). 하지만 하나님은 자기 백성들과 맺은 언약의 성취를 위하여 메시아를 통한 대속을 예고하신다(S1 ↔ -S2). 새언약에 관한 예언에도 불구하고 이스라엘 백성들은 계속해서 하나님의 말씀에 불순종하며 악행을 일삼았다(-S2 ↔ -S1). 그래서 옛언약 하에 이스라엘의 역사는 하나님의 나라에 대적하는 사탄의 반역을 폭로한다. 하지만 하나님은 사탄의 반역과 자기 백성들의 불순종에도 불구하고 자기 백성들과 맺은 언약과 언약적인 공의와 사랑에 근거하여 약속하신 메시아를 이 땅에 보내어 대속의 죽음을 죽게 하시고 다시 사흘만에 부활시킴으로 새언약을 완성하셨다(S1 ↔ -S2). 성부 하나님의 보좌 우편에 좌정하신 그리스도께서는 이 땅에 자신의 몸된 교회를 세우시고 교회를 통하여 온 우주 만물을 통치하시며 재림을 통한 새 하늘과 새 땅의 완성을 향하여 달려가도록 인도하신다(S1 ↔ -S2).

2) 그레마스의 행위소 모델

기호학의 사사형 모델이 거시적인 차원에서 의미가 생성되고 발전되으로 전개되는 심층 구조를 설명한다면, 그레마스의 행위소 모델은 좀 더 미시적인 차원에서 의미가 생성되고 전개되는 표층 구조를 설명한다. 그레마스에 의하면 의미를 생성하는 내러티브의 문학 세계는 발신자(또는 저자)와 객체(또는 대상, object), 수신자(또는 독자), 주인공, 대적자, 그리고 조력자의 여섯 개의 행위소(actant, 또는 행위항)로 형성된다고 한다. 여섯 개의 행위소는 크게 주인공과 대적자, 그리고 조력자로 이어지는 의미 생성의 맥락과, 발신자, 객체, 그리고 수신자로 이어지는 의미 전달의 맥락으로 구분될 수 있다.

① 발신자는 의미 생성의 맥락 바깥에서 의미 전달의 맥락 안으로 개입하여 주인공을 파송하거나 등장인물들을 조종하여 사건을 진행한다.

② 주인공은 의미 생성의 맥락 안에서 대적자와 조력자와의 상호 작용 과정 속에서 사건을 진행하며 고유한 의미를 생성하거나 고유한 목적을 추구한다. 대적자의 방해나 조력자의 도움은 그 의미나 목적을 더욱 부각시켜 주는 보조적인 기능을 감당한다.

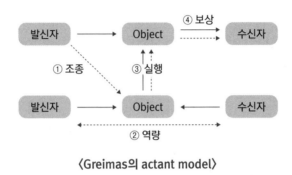

〈Greimas의 actant model〉

③ 대적자는 주인공과 극단의 대조적인 입장에서 투쟁함으로써 의미 생성을 추구하는 사건을 방해하거나 지연시킨다.

④ 조력자는 측면에서 주인공의 의미 추구나 목적 달성을 지원하거나 혹은 우회적으로 성취한다.

⑤ 객체(또는 목적 object)은 발신자가 주인공을 조종함으로써 달성하려는 행동과 사건의 목적이며 발신자가 수신자에게 제공하려는 보상이거나 또는 성취하려는 수신자 지향적인 목적이다.

⑥ 수신자는 표층적인 차원에서는 주인공으로부터 객체를 전달받거나 심층적인 차원에서는 발신자로부터 의미를 전달받는 최종적인 대상이다.

그레마스의 행위소 모델은 저자와 독자 사이에 진행되는 표층구조와 아울러 내러티브 내부에서 진행되는 심층 구조를 구분하여 두 가지 의미 구조가 긴밀하게 상호작용하는 과정을 통해서 성취되는 저자의 궁극적인 의도를 간명하게 파악할 수 있도록 안내한다.[97] 내러티브 본문은 발신자가 수신자에게 전달하려는 메시지를 딤고 있다. 그런데 그 메시지는 내러티브 안에서는 인물과 사건의 상호 작용을 통해서 부각된다. 발신자는 내러티브의 스토리 라인 속에 여러 인물들을 등장시키고 각자에게 역할을 부여한다. 그렇게 등장한 주인공은 조력자와 대적자의 상호 관계 속에서 사건의 흐름에 독특하게 반응함으로써 저자가 주인공에게 부여한 의미론의 역량을 발휘한다. 주인공이 사건의 흐름을 주도하기도 하고 사건의 흐름에 독특한 방식으로 반응하는 가운데 배후에 숨어 있는 저자의 수사적인 의도가 독자에게 때로는 호기심이나 몰입으로, 또 충격적인 반전과 감동으로 전달된다. 이러한 과정을 통해서 저자는 수신자에게 의도한 저자의 의도를 달성하는 것이고 독자 편에서는 저자의 추억에 공감하여 추체험이 발생한다.

6. 벧엘 선지자 내러티브에 대한 구조주의 해석

필자는 이상과 같이 살펴본 그레마스의 구조의미론을 벧엘 선지자 내러티브(왕상 13:1-34)에 적용하여, 이 본문의 내러티브가 오늘의 독자들에게 전달하고 실행하려는 역동적 등가성(dynamic equivalence)을 분석하고자 한다. 이를 위해서 먼저 본문 전후의 구속사적인 배경을 분석하고, 그 배경의 연장선상에서 본문의 심층 구조에 담긴 저자의 의도를 파악하고자 한다.

1) 왕상 11-16장의 구조의미론과 그 맥락

창세기로부터 말라기로 진행하는 구약 성경의 흐름 속에서 다윗 왕조는 아브라함 언약의 잠정적인 성취를 상징한다. 하나님의 언약은 창조로부터 시작하여 노아언약과 아브라함 언약, 그리고 모세 언약과 다윗 언약으로 진행한다. 다윗 왕조의 계승자인 솔로몬은 다윗 언약을 성취하는 상징적인 차원에서 솔로몬 성전을 건축하였음에도 불구하고 열왕기상 11장부터 하나님과 맺은 언약을 거역하고 이스라엘에 우상숭배를 도입하는 죄악을 범하였다. 하나님이 이스라엘 백성들과 맺은 영원한 언약은 하나님의 지속적인 섭리와 끈질긴 인내하심으로 지탱되어 왔지만, 언약의 파트너인 이스라엘 백성들의 최고 통치자인 솔로몬 왕이 앞장서고 모든 백성들이 뒤따르는 방식으로 하나님의 언약을 총체적으로 파기하는 최종적인 한계상황에 직면한 것이다. 그래서 하나님은 열왕기상 11장 9-13절에서 언약 파기(왕상 11:9-11a)에 따른 심판의 말씀(왕상 11:11b)과 그럼에도 불구하고 지속되는 하나님의 언약과 구원(왕상 11:12-13)을 선포하셨다.

첫째로 언약 파기에 대한 심판의 말씀은 "내가 반드시 이 나라를 네게서 빼앗아 네 신하에게 주리라"는 것이다. 둘째로 그럼에도 불구하고 지속되는 하나님의 언약과 구원의 말씀은 "네 아버지 다윗을 위하여 네 세대에는 이 일을 행하지 아니하고 네 아들의 손에서 빼앗으려니와 오직 내가 이 나라를 다 빼앗지 아니하고 내 종 다윗과 내가 택한 예루살렘을 위하여 한 지파를 네 아들에게 주리라"는 것이다.

하나님은 다윗언약의 계승자인 동시에 파기자인 솔로몬을 심판과 자비의 이중 프레임으로 처리하신다. 한편으로 하나님은 솔로몬의 범죄를 심판하신다. 솔로몬은 다윗언약을 올바로 준행하고 계승해야 하는 최고의 임무를 맡은 왕임에도 불구하고 그에게 주어진 최고의 권한을 악용하여 이스라엘 내에 우상숭배를 도입하여 이스라엘 백성들 전체가 언약을 파기하도록 악행을 범하였다. 따라서 솔로몬에 대한 심판과 징벌이 불가피하게 되었다. 그래서 하나님은 그에 대한 징벌로 이브라함 언약의 잠정적인 성취이며 언약 성취의 상징물인 이스라엘 왕국(열 지파)을 솔로몬과 다윗 가문으로부터 빼앗아서 다른 사람에게 넘기기로 결정하신다.

또 다른 한편으로 하나님은 솔로몬에게 자비를 베푸신다. 솔로몬은 다윗 언약의 계승자이기 때문에 하나님은 솔로몬을 당장 징벌하시지는 않고 그의 아들 르호보암 시대에도 나라가 보존되도록 섭리하신다. 이러한 인내와 자비를 통해서 하나님은 자기 백성과 한 번 맺은 인약의 영원성과 성취의 신실성을 증명하신다.

이제 솔로몬의 언약 파기에 대한 하나님의 섭리가 이미 예정된 상황에서 이어지는 열왕기상 12-16장은 이미 예정된 하나님의 섭리가 이 세상의 구속역사 속에서 등장하는 여러 인물들과 사건들 속에서 구체적으로 어떻게 실현되는지를 보여준다. 그런 의미에서 열왕기상 12-16장은 11장 11-13절의 부록이라고 해도 과언이 아니다: "여호와께서 솔로몬에게 말씀하시되 네게 이러한 일이 있었고 또 네가 내 언약과 내가 네게 명령한 법도를 지키지 아니하였으니 내가 반드시 이 나라를 네게서 빼앗아 네 신하에게 주리라 그러나 네 아버지 다윗을 위하여 네 세대에는 이 일을 행하지 아니하고 네 아들의 손에서 빼앗으려니와 오직 내가 이 나라를 다 빼앗지 아니하고 내 종 다윗과 내가 택한 예루살렘을 위하여 한 지파를 네 아들에게 주리라 하셨더라"(왕상 11:11-13).

하나님과 맺은 언약을 파기한 솔로몬에 대하여 하나님은 한편으로는 언약의 신실성을 지키기 위하여 그 아들 르호보암을 통하여 유다지파에 대한 통치권 행사를 인정함과 동시에, 또 다른 한편으로는 언약 파기에 대한 심판으로 여로보암에게 아히야 선지자를 보내서 다윗 가문과 아무런 관련이 없는 여로보암에게 이스라엘의 열 지파를 쪼개서 넘겨줄 것을 약속하신다. 열왕기상 11장 14절 이하의 내용은 하나님의 심판과 자비의 이중적인 언약의 말씀이 실제로 성취되는 자세한 과정을 추적한다.

2) 여로보암의 길을 걷는 이스라엘 백성들

느밧의 아들 여로보암은 에브라임 지파 스레다 사람으로서 다윗성을 보수하는 과정에서 탁월한 능력을 발휘한 것을 계기로 솔로몬의 신하로 발탁되었다(왕상 11:28). 이어서 아히야 선지자를 통해서 신탁의 메시지가 주어진다. 아히야는 하나님의 말씀 선포의 수사적인 효과를 극대화하기 위하여 자기가 입은 새 옷을 열 두 조각으로 찢어서 여로보암에게는 열 조각을 건네주면서, 하나님께서 "이 나라를 솔로몬의 손에서 찢어 빼앗아 열 지파를 네게 주겠다"(왕상 11:31-32)는 하나님의 약속을 전달한다.

언약의 하나님의 입장에서 볼 때, 여로보암이 물려 받을 열 지파는 다윗에게 허락하셨던 언약의 증표이기 때문에 다윗에게 약속하셨던 언약의 말씀이 여로보암에게도 동일하게 선포된다. "네가 만일 내가 명령한 모든 일에 순종하고 내 길로 행하며 내 눈에 합당한 일을 하며 내 종 다윗이 행함 같이 내 율례와 명령을 지키면 내가 너와 함께 있어 내가 다윗을 위하여 세운 것 같이 너를 위하여 견고한 집을 세우고 이스라엘을 네게 주리라"(왕상 11:38).

한편 이스라엘의 열 지파는 르호보암의 폭정을 계기로 르호보암의 통치를 부정하고 여로보암을 새로운 왕으로 추대하였다. 하나님의 약속 대로 솔로몬의 신하였던 여로보암이 이스라엘의 새로운 왕으로 등극하였다. 구속사의 관점에서 보자면, 하나님은 언약을 파기한 솔로몬과 다윗 가문을 징계하여 솔로몬과 그의 아들 르호보암에서 하나님의 언약의 상징이자 언약의 수혜자인 이스라엘 나라를 빼앗아서 여로보암에게로 넘기셨다.

그런데 여로보암의 입장에서는 자신은 역사의 주인이신 하나님으로부터 새로운 이스라엘의 왕으로 선택되고 추대를 받았다. 르호보암의 입장에서는 엄청난 축복의 기회가 주어진 셈이다. 여로보암은 만일 앞으로 "하나님의 율례와 명령을 잘 지키기만 하면" 하나님께서 그와 함께 계셔서 하나님이 다윗을 위하여 집을 세워 주신 것과 같이 여로보암의 통치권도 견고하게 해 주실 것이고 이스라엘에 대한 통치권도 계속 존속되도록 해 주실 것이다.

하나님이 여로보암에게 약속하셨던 이스라엘 나라는 새언약을 향하여 진행하는 언약의 역사에서 상징과 실체의 대응 관계를 가진다. 여로보암이 통치할 이스라엘 나라는 그리스도께서 친히 통치하시는 하나님 나라를 향한 언약적인 상징이다. 따라서 여로보암은 자신에게 주어진 이스라엘과 통치권의 상징이 그리스도께서 친히 통치하시는 하나님 나라의 영광과 책임을 가리키고 있음을 깨닫고 그 계명의 말씀을 신중하게 순종해야만 했다.

하지만 이스라엘의 새로운 왕으로 등극한 여로보암은 하나님의 계명에 별 관심이 없었다. 그의 관심은 오히려 왕권 강화와 이를 위한 백성들의 민심이었다. 이스라엘의 열 지파들이 하나님께 제사드리러 예루살렘으로 올라가는 일이 잦아지다보면, 결국 열 지파의 민심이 자신에게서 르호보암으로 넘어갈 것이 두려워졌다. 여로보암의 정치 생명에 가장 치명적인 장애물은, 결국 민심의 향배가 어디로 튈 것인가 하는 염려였다. 새로운 왕으로서 인정받고 싶은 마음, 왕으로서의 인기와 세간의 찬사를 계속 유지하고 싶은 마음이 간절했다. 그리하여 여로보암은 예루살렘의 성전을 대체할 대체물로 금송아지와 제단을 제작하여 벧엘과 단에 각각 설치하였다.

여로보암은 하나님으로부터 언약의 보증인 이스라엘의 열 지파를 넘겨받았지만, 언약의 보증인 이스라엘 백성들을 계속 통치하며 왕권을 유지할 결정적인 방법으로서 하나님의 말씀을 준행하지 않고 언약의 보증에 불과한 이스라엘 백성들의 민심을 유지할 수단으로 우상숭배를 도입한다. 그래서 구속사의 아이러니는 언약의 보증인 이스라엘 백성들의 마음을 자기에게로 유지시키는 수단이, 곧 하나님과 맺은 언약을 파기하는 우상숭배라는 것이다. 언약의 보증으로 주어진 이스라엘 백성이 곧 언약을 파기하는 결정적인 계기로 작용한다는 것이다. 이런 맥락에서 열왕기상 12-16장은 하나님과 맺은 언약에 불순종한 이스라엘 왕들의 악행들이 반복적으로 고발하며 비판한다. 그러한 고발 기사의 백미는 벧엘 선지자 내러티브에서 발견된다.

3) 말씀 성취의 필연성 확인하기

(1) 기호학 사각형의 대조관계

열왕기상 13장 전체 내러티브는 크게 유다 출신의 선지자(왕상 12:21의 스마야와는 다른 인물)가 여로보암 왕에게 그의 악행을 책망하며 하나님의 심판을 선고하는 내용(왕상 13:1-10)과, 하나님의 사람이 벧엘 출신의 늙은 선지자의 유혹을 받아서 그가 제공하는 음식과 물을 먹고 마심으로 하나님이 보낸 사자에게 물려 죽는 내용(왕상 13:11-28), 그리고 마지막으로 벧엘의 늙은 선지자가 유나 출신 선지자의 시체를 정중하게 장사지내고 자신이 죽거든 "자신의 시신과 뼈를 그의 뼈 곁에 안치하라"는 유언과 하나님의 말씀 성취의 필연성을 확증하는 내용(왕상 13:29-34)으로 구성된다.

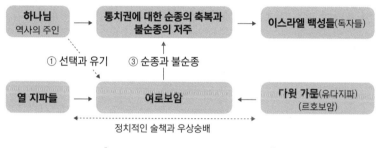

[여로보암의 선택과 유기(왕상 11~14)]

열왕기상 13장 전체 내러티브를 구조의미론의 관점에서 해석할 때 가장 중요한 해석학적인 관심사는 본문을 통해서 하나님이 독자들에게 성취하려는 말씀-사건(Word-event)의 핵심은 무엇인가 하는 것이다. 그 말씀 사건의 핵심은 크게 세 부분으로 전개된다. ① 첫째는 열왕기상 11-12장에서 계속 반복된 언약 파기에 따른 심판과 회복에 관한 말씀(왕상 13:1-10)과, ② 벧엘의 늙은 선지자의 유혹으로 유다의 선지자가 사망하는 아이러니(왕상 13:11-28), ③ 그리고 벧엘 출신의 선지자가 품었던 의구심이 확실하게 해소되면서 마무리되는 단계(왕상 13:29-34)이다.

이러한 3단계의 의미 생성과 발전의 과정을 통해서 본문은 독자들에게 "말씀 성취의 필연성"에 관한 충격적인 깨달음을 가져다 준다. 그 과정을 좀 더 자세히 살펴보자.

먼저 하나님이 하나님의 사람(스마야)을 선택하여 벧엘의 우상 제단에서 분향하는 여로보암에게 보내서 그로부터 3백년 후에 태어날 요시야 왕이 거짓 선지자들을 대량 숙청함으로 성전을 정화(개혁)할 것을 예언한다. 이러한 예언은 당시 북왕조의 군왕이던 여로보암 왕권에 대한 정면 도전과 반역을 의미한다. 그래서 분노한 여로보암은 스마야를 체포하려고 하지만 그의 손이 굳어지며 예언 성취를 당장 상징하는 징조로서 제단이 갈라지며 재가 제단에서 쏟아지는 일이 발생한다.

공포에 사로잡힌 여로보암이 하나님의 사람에게 자기 손의 회복을 위하여 기도해 줄 것을 부탁하여 기도함으로 왕의 손이 이전과 같이 회복된다. 왕은 하나님의 사람에게 선물과 환대를 제의하지만 하나님의 사람은 왕의 제의를 단호하게 거절하여 하나님의 말씀 성취의 필연성을 강조한다.

그레마스의 기호학 사각형의 관점에서 볼 때, S1(말씀 성취의 필연성)과 S2(여로보암의 불순종에 따른 심판)의 대조관계가 설정되고, 이러한 대조 관계는 다시 -S2에 해당하는 유다 출신의 선지자와 -S1에 해당하는 벧엘 출신의 선지자 그리고 여로보암의 종교정책을 추종하는 이스라엘 백성들과 각각 함축 관계(S1≥-S2와 S2≥-S1), 또는 암시 관계를 맺으면서 기존의 대조 관계(S1↔S2)가 두 선지자의 대립으로 확대된다(-S2↔-S1).[98]

(2) 기호학 사각형의 모순 관계

이렇게 내러티브 본문의 의미론적인 전개 과정이 기존의 대조 관계를 거듭 반복하면, 독자 편에서 새로운 의미의 창발이니 충격적인 반전의 깨달음은 더 이상 기대하기 어렵다. 열왕기상 13장의 내러티브가 이 단계에서 종료된다면 이 내러티브는 이전에 선포된 심판과 회복에 관한 하나님의 말씀과 별반 새로울 것이 없다. 그래서 저자(또는 발신자)는 11절부터 벧엘의 늙은 선지자를 등장시켜서 "말씀 성취의 필연성"에 대한 모순 관계를 새롭게 끌어들인다. 즉 말씀 성취의 필연성을 확신해야 하는 유다 출신의 선지자는 거꾸로 그 말씀에 불순종하고, 반대로 말씀 성취의 필연성을 의심하는 벧엘의 선지자는 반대로 하나님의 말씀을 선포하고 그 성취를 확인하며 아들들에게 하나님의 말씀 성취의 필연성을 선포한다. 의미론적인 모순 관계가 형성된 것이다.

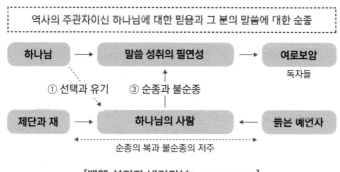

[벧엘 선지자 내러티브(왕상 13:11-32)**]**

그레마스의 행위소 모델은 발신자가 수신자에게 어떤 보상(또는 의미)을 제공하는 과정에서 의미 제공의 효과를 극대화하기 위하여 표층 구조 안에 주인공과 대적자의 상호 대조적인 역학 관계를 활용한다. 하지만 그러한 역학 관계는 이전의 뚜렷한 대조 관계가 아니라 그 소속이 불분명한 모순 관계를 상징적으로 활용하여 대조 관계의 실체를 더 분명하게 드러낸다.[99] 그 과정을 좀 더 자세히 살펴보자.

여로보암에게 "요시아 왕을 통한 성전 개혁"에 관한 예언의 말씀을 선포했던 "하나님의 사람"이 벧엘에서 사라져가는 동시에 갑자기 "벧엘에 한 늙은 선지자"가 등장한다. 이 늙은 선지자는 언제부터 선지자 사역을 시작했으며 지금은 왜 벧엘에 머물러 있는가? 그는 왜 당시 대부분의 거룩한 사람들이 여로보암의 악행을 피하여 예루살렘이나 남쪽 유다로 내려갔음에도 불구하고 벧엘에 그대로 남아 있었는가? 열왕기하 23장 18절에서 이 사건 이후 300년이 지난 다음에 요시야 왕이 이방의 우상을 숭배하던 산당을 훼파하고 우상숭배를 청산하며 산당 근처 무덤에 안치된 거짓 선지자들과 우상숭배자들의 뼈를 불사를 때 이 벧엘의 늙은 선지자를 가리켜서 "사마리아에서 온 선지자"라고 호칭하고 있다(왕하 23:18). 그렇다면 이 벧엘의 늙은 선지자는 원래 사마리아에서 살다가 여로보암의 새로운 정책과 종교정책을 지지하는 입장에서 벧엘로 이주했다고 볼 수 있다. 게다가 자기 아들들은 여로보암이 주도하는 새로운 우상숭배의 자리에 참석하도록 보낸 것을 볼 때, 여로보암의 새로운 종교정책에 은연중에 동조하고 있음을 엿볼 수 있다.

그런데 아들들로부터 하나님의 사람이 행한 일과 메시지를 전해 듣고서 그의 마음속에 여러 복잡한 생각들이 들었을 것이다. 그가 고민했을 혼란스러운 마음을 상상력을 발휘하여 재구성해보자!

"들리는 소문에 의하면 하나님께서 여로보암에게 열 지파를 맡기신다고 선지자(아히야)를 보내서 예언했고(왕상 11:30-39) 이스라엘의 열 지파가 실제로 르호보암의 압제로부터 벗어나서 여로보암의 통치 아래서 태평성대를 누리기 시작했다. 이런 정황을 고려할 때, 하나님의 복이 남왕조와 르호보암을 떠나서 북왕조 여로보암과 그를 따르는 열 지파에게 함께 하고 계시는 것이 분명하다. 그러나 하나님의 축복의 정점이랄 수 있는 벧엘 금송아지 예배의 자리에 갑자기 등장한 저 하나님의 사람이 말한 것은 도대체 무슨 메시지인가? 왜 이 하나님의 사람이 전하는 메시지(제단을 파괴하고 성전을 정화하겠다)는 이전에 하나님의 축복의 중심축이 여로보암에게로 이동할 것이라는 아히야 선지자의 메시지와 충돌하는가? 여로보암이 벧엘에 예루살렘 성전을 대체하는 금송아지 우상을 설치하고 백성들이 여기에 동참하면서 누리는 물질적인 번영을 임마누엘의 표징으로 받아들여도 좋은가? 나는 아히야 선지자의 예언을 믿고 따라서 여로보암의 길을 뒤따르고 있는데, 갑자기 등장한 하나님의 사람은 왜 이전의 예언과 대치되는 메시지를 전하는가? 어느 것이 진정 하나님의 뜻인가? 정녕 이 사람이 전한 메시지가 하나님의 입에서 나온 말씀인가? 어느 쪽이 참 진리이고 어느쪽이 거짓인가?"

벧엘 출신의 선지자가 제기한 갈등과 고민은 전체 내러티브의 반전의 실마리를 제공한다.[100] 그레마스의 행위소 모델의 관점에서 볼 때 발신자로부터 메시지를 수용하는 수신자가 표층 구조 속의 주인공의 입장으로 들어간다. 그리고 기호학 사각형의 관점에서 볼 때, 두 선지자의 대조 관계(-S2↔-S1)에 의미론의 역전이 발생한다. 그 과정을 좀 더 자세히 살펴보자.

유다 출신의 선지자는 여로보암에게 하나님의 말씀을 전한 다음에 왕이 제의하는 호의를 매몰차게 거절하고 벧엘을 떠나간다. 하지만 하나님의 뜻을 분명하게 확인하고 싶어했던 벧엘의 선지자가 뒤따라가서 그와 대면한다. 벧엘의 선지자는 유다의 선지자에게 "나와 함께 집으로

가서 떡을 먹으라"고 호의를 제안한다(왕상 13:15) 그러자 유다의 선지자는 벧엘에서는 절대로 떡도 먹지 말고 물도 마시지 말고 왔던 길로 그대로 되돌아가지도 말고 다른 길을 이용하여 급히 떠나라는 말씀을 들었다며 그 호의를 단호하게 거절한다.

이 때 벧엘의 선지자는 자신의 집요한 의구심을 해결할 목적으로 "나도 그대와 같은 선지자"로서 천사가 여호와의 말씀으로 자신에게 말씀하기를 유다의 선지자를 공궤하라고 말씀하셨다고 거짓말을 한다. 이 야기를 끌어가는 내러티브 본문 속의 내러이터는 벧엘의 선지자가 유다에서 온 선지자를 속이며 거짓말을 하는 것임을 독자에게 분명히 알려준다(왕상 13:18b). 독자들 마음 속에 뭔가 일이 단단히 잘못되어가고 있음을 확인시켜 준다. 그렇다면 앞으로 무슨 일이 벌어질까?

놀랍게도 하나님의 사람은 벧엘의 늙은 선지자의 호의를 그대로 받아들인다. 왔던 길을 그대로 돌아가서 하나님이 분명 금지했던 말씀을 어기고 음식과 물을 먹고 마신다. 하나님의 말씀을 선포한 선지자가 스스로 하나님의 말씀을 거역하는 것이다. 그러자 이번에는 하나님의 진짜 말씀이 누구에게 임하는가 하면 유다의 선지자를 속여 넘긴 벧엘의 거짓 선지자에게 임한다. "네가 여호와의 말씀을 어겼고 그 명령을 지키지 아니하였기 때문에 네 시체가 네 조상들의 묘실에 들어가지 못할 것이다"(왕상 13:21-22). 충격적인 반전이 발생한다. 유다 출신 선지자의 입장에서 볼 때는 매우 황당한 일이 아닐 수 없다. 하나님의 뜻이라며 자기를 초청하여 환대했던 선지자가 갑자기 태도를 바꾸어서 하나님의 뜻을 어겼기 때문에 저주와 심판을 받으리라는 하나님의 말씀을 전하는 것이다.

(3) 새롭게 확정된 대조 관계

열왕기상 13장의 내러티브는 이 단계에서 급격한 반전이 발생한다. 이전 단계에서 형성되었던 두 선지자 사이의 대조 관계(-S2↔-S1)가 새로운 대조 관계(-S1↔-S2)로 선환한다. 하나님의 말씀을 확고히 믿고 올바로 선포했던 유다의 선지자는 하나님의 말씀을 파기하고, 하나님의 말씀을 불신하며 선지자를 속였던 벧엘의 선지자는 하나님의 말씀을 올바로 선포하고 있다. 그래서 두 선지자의 대조 관계가 완전히 뒤바뀌는 역전이 발생한다.

왜 이런 역전이 발생한 것일까? 유다 출신의 선지자는 자신이 여로보암에게 선포한 하나님의 말씀(환대를 거절하라)과 이후에 벧엘의 선지자가 자신에게 선포한 하나님의 말씀(환대를 수락하는 것이 하나님의 뜻이다)의 일관성과 연속성을 통전적으로 수용하는데 실패하였다. 시간이 흐르고 상황이 달라지자 하나님의 말씀도 달라질 수 있다고 생각한 것이다. 그래서 벧엘 선지자의 제안을 수락해서 그가 제공한 음식을 먹었고, 또 그가 다시 하나님의 심판의 말씀을 선포하자 황당한 표정으로 그 집을 나섰다. 그리고 "사자가 길에서 그를 만나 물어 죽였다"(왕상 13:24a). 사자는 배가 고프거나 자기에게 위협을 가할 때만 사람을 공격함에도 불구하고 그가 탄 나귀는 전혀 해치지 않고 또 유다 출신 선지자의 "시체를 먹지도 아니하고 나귀를 찢지도 아니함으로" 이 사건이 하나님의 말씀을 어긴 선지자에 대한 하나님의 비상한 섭리 속에서 진행되고 있음을 간접적으로 선포한다.

이러한 반전을 통하여 저자는 내러티브 심층에서 독자에게 어떤 메시지(object)을 전달하는가? 하나님의 사람이 하나님의 말씀을 파기했고,

반대로 하나님의 말씀을 의심했던 사람이 거꾸로 하나님의 말씀을 담대히 선포할 정도로 분명한 확신에 도달했다는 것이다. 독자들도 동일한 의미론의 궤적을 따라가라는 것이다.

유다에서 온 선지자가 사자에 물려 죽었다는 소식을 전해 들은 벧엘의 선지자는 비로소 하나님의 사람이 전한 말씀이 반드시 성취될 것을 믿으며 그 사람을 자기 묘실에 극진히 장사했다. 장사한 후에는 자신도 죽거든 자신의 뼈를 하나님의 사람을 장사한 묘실에 함께 안치하여, 하나님의 사람이 생전에 선포했던 심판의 말씀이 반드시 성취될 것을 확증하면서 자신은 그 심판을 면할 수 있기를 기대한다. 벧엘의 선지자는 그동안의 의구심을 모두 해소하고 유다에서 온 선지자가 미리 예언하였던 하나님의 심판이 성취될 미래를 미리 내다보았던 것이다. 실제로 열왕기하 23장 18절에서는 후대에 요시야가 유다 출신의 하나님의 사람의 뼈를 그대로 보존하도록 지시를 할 때 이 하나님의 사람을 유혹에 빠뜨려 사자에게 물려 죽게 하였던 "사마리아 출신의 늙은 선지자"의 뼈도 그대로 보존하도록 지시했다.

이로써 벧엘 선지자 내러티브는 정상적인 하나님의 선지자들이 과거에 계속 선포했던 하나님의 말씀이 그 백성들에게 온전히 받아들여지지 않은 상황에서 벧엘의 거짓 선지자를 등장시켜 의미의 모순 관계를 형성하고 의미의 모순 관계를 활용하여 독자들에게 충격적인 깨달음의 반전을 제공한다. 벧엘의 선지자는 내러티브의 표층 구조 안에서는 유다 출신의 선지자에 대적하는 대적자의 위치에 있었으나 말씀 성취에 대한 의구심이 계기가 되어 표층 구조 안에서는 말씀 성취 과정을 집요하게 확인하는 주인공의 역할을 감당한다. 그리고 심층 구조의 차원에서는 말씀 성취의 필연성을 액면 그대로 믿고 하나님에게로 돌아올 것을 간청하는 메시지 발신자의 역할을 수행한다.[101] 이렇게 참 선지자와 거짓 선지자의 대조 관계에 역전이 발생한 원인을 성경 말씀에 대한 신뢰의 관점에서 비교하자면 유다에서 온 선지자는 하나님의 말씀 성취의 개념을 파편적으로만 이해했던 반면에(sola scriptura), 벧엘 출신의 선지자는 좀 더 거시적인 관점에서 의심을 했다가 그 의혹이 해소되는 과정을 거치면서 거시적인 관점에서 본래 말씀의 성취를 더욱 확신을 할 수 있었다(tota scriptura).

7. 새언약 시대의 말씀 성취와 설교 메시지

벧엘 선지자 내러티브를 올바로 해석하고 설교하려는 설교자들은 본문 내러티브의 복잡한 의미의 층위와 맥락이 이상과 같이 반전을 거쳐서 진행되는 과정에서 생성되고 전개되는 저자의 의도(선포된 하나님의 말씀 성취의 필연성)을 잘 파악해야 하고 그렇게 파악된 저자의 의도가 자신의 설교를 통해서 회중 가운데 다시 재현됨으로 본문의 역동적 등가성이 제대로 발휘될 수 있도록 해야 한다.

　그렇다면 여로보암 시대에 이상과 같은 과정을 거쳐서 말씀 성취의 필연성을 깨달았던 벧엘의 선지자가 오늘날 새언약의 시대를 살아가는 현대의 신자들에게 동일한 말씀 사건으로 경험되고 본문의 역동적 등가성이 성취되도록 하려면 새언약 시대의 일꾼인 현대의 설교자들은 어떻게 설교해야 하는가? 이 질문은 본문 주해의 중심사상(exegetical main idea)인 '말씀 성취의 필연성에 대한 믿음과 순종'이 오늘날과 같이 새언약 시대를 살아가는 신자들을 향한 설교의 중심사상(homiletical main idea)으로 발전시키는 설교학적인 방법론을 묻는 질문이다.

　이 질문에 대한 해답을 마련하려면 벧엘 선지자 내러티브가 전제하는 문제점과 그에 대한 해답의 의미론적인 구조가 오늘을 살아가는 신자들이 직면한 문제점과 그에 대한 해답의 의미론적인 구조와 구속사적으로 동일시되고 있음을 이해해야 한다. 첫째 두 세계의 공통된 문제점은 하나님의 말씀이 미래에 분명히 성취될 것을 쉽게 믿으려 하지 않고 또 그런 이해와 믿음에 합당한 순종의 삶이 뒤따르지 않는다는 것이다. 이러한 부정적인 문제점이 두 세계에 공통으로 해당되는 문제점이다. 2021년 1월에 시작된 코로나 팬데믹은 무한 질주를 자랑하던 현대 문명을 급작스럽게 올스톱시켰고, 기독교 교회에 대한 사회적인 신뢰도에도 부정적인 영향을 끼쳤다. 코로나 팬데믹 시대를 살아가는 신자들의 입장에서는 출애굽의 하나님이나 예수 그리스도의 우주적 통치, 성령 하나님의 교회를 향한 감화 감동의 역사가 더 이상 현실을 살아가는데 의미 있는 도움을 주지 못하는 것처럼 보인다. 이런 상황에서 기독교 목회자, 설교자들은 강단에서 무슨 말씀을 선포할 수 있을까? 과연 온 우주와 역사, 그리고 인생을 최종적으로 심판하러 강림하시는 예수 그리스도의 재림은 동화 속의 이야기에 불과한 것인가?

　벧엘 선지자 내러티브는 이러한 불신앙의 문제를 직접 고민하고 목숨을 걸어가면서까지 확인했던 벧엘 선지자를 주인공으로 내세워 말씀 성취의 확실성을 선포한다. 그런데 벧엘 선지자의 확신이 오늘날 신자들의 문제에 대한 해답으로 제공되려면 그러한 극적인 반전을 거친 확신으로만 충분하지 않다. 왜냐하면 벧엘 선지자가 경험했던 극적인 반전은 일종의 상징적인 반전이고 내러티브의 구조 의미론의 관점에서 볼 때 심층 구조 차원의 상징적인 반전이 실제로 가리키는 구속역사적인 반전, 즉 그리스도께서 친히 불신앙적인 사람들의 모든 고민과 절망, 그리고 심판을 친히 다 감당하심으로 성부 하나님이 우리 수신자들에게 최종적으로 제공하고자 하는 말씀 성취의 실제인 그리스도를 제공하셨기 때문이다.

그래서 벧엘 선지자 내러티브에 관한 설교의 초점이 본문의 표층 구조에서 주인공으로 등장하는 벧엘 선지자의 의심과 확증 과정, 그리고 확신의 반전만을 따라간다면, 이는 이 본문의 발신자인 하나님께서 오늘날의 수신자들에게 궁극적으로 전달하려고 하는 본문의 실제인 그리스도와 그 분이 구속역사에서 성취하신 새언약의 능력과 영광을 놓치는 것이다. 달리 말하자면 본문의 상징이 가리키는 실제가 곧 메시지의 발신자인 하나님이 최종적인 수신자인 오늘의 우리들에게 제공하려는 예수 그리스도이며, 예수 그리스도의 대속석인 죽음과 부활, 그리고 오순절 성령 강림을 통한 임마누엘의 성취에 관한 메시지가 곧 벧엘 선지자가 표층 구조 안에서 만들어 냈던 상징적인 메시지의 실제 말씀 사건이다.

안식일 논쟁 내러티브에 대한 해석과 설교

I. 들어가는 말

현대의 독자가 성경 본문을 해석하는 중요한 이유가 있다. 단순히 과거에 발생한 하나님의 구속 사건에 관한 지식을 얻기 위함이 아니라 과거에 선포됐던 하나님의 말씀-사건(the Word-event)을 오늘의 해석 과정에서 새롭게 경험하기 위함이다. 이러한 해석학적인 목표에 도달하려면, 해석자는 본문의 선행 자료들을 분석하여 과거의 말씀-사건을 발생시킨 이전의 선행 자료들의 상호 의미론적인 역학 관계를 재구성해야 한다. 해석자는 선행 자료들의 상호 역학 관계를 재구성함으로 본문이 지향하는 소통의 목적과 공감할 수 있다.

설교학적인 상호본문성은 특정한 성경 본문의 의미를 구성하는 선행 자료들의 상호 의미론적인 역학 관계를 종합적으로 파악하는 한 가지 해석 방법이다. 이 방법을 통하여 특정 본문의 메시지가 발화되기 이전이나 기록되기 이전에 먼저 선행하는 자료들(pre-text)과 발화 시점의 여러 수사적인 상황들, 역사적인 상황, 그리고 그 발화와 기록의 소통으로 파생되는 결과물들(post-text)이 서로 유기체처럼 상호작용하여 독자로 하여금 말씀-사건의 창발을 경험하도록 하는 과정을 통전적으로 이해할 수 있다.

필자는 이번 챕터에서 안식일 논쟁 내러티브(마 12:1-21)를 설교학적 상호본문성 관점으로 해석하고 이를 통하여 도출된 본문의 의미와 구속사적인 목적을 설교 메시지로 설교할 수 있는 기본적인 설교 개요를 제시하고자 한다.

II. 안식일 논쟁 내러티브에 대한 설교학적 상호본문성 관점의 해석

안식일 논쟁 내러티브 안에는 상호본문성의 네 가지 요소들이 그대로 발견된다: ① 선행하는 자료들과 관점들(pre-text)과, ② 예수님의 제자들의 안식일 규례 불이행을 비난하는 바리새인들의 역사적인 상황(context), ③ 예수께서 바리새인들의 고소를 반박하는 수사적인 상황과 수사적인 목적, 그리고 마태가 초대교회 신앙공동체를 향하여 해당 내용을 기록할 때 염두에 두고 있던 수사적인 목적, ④ 예수님의 말씀을 기록으로 남긴 마태와 성령 하나님이 후대의 독자들에게 의도하는 수사적인 목적과 신학적인 목표(post-text).

안식일 논쟁 내러티브(마 12:1-21)를 설교학적인 상호본문성의 관점으로 해석하는 순서는 다음과 같다. 먼저 본문의 전체적인 의미의 개괄적인 흐름을 파악하고, 이어서 안식일 논쟁 내러티브 안에서 설교학적인 상호본문성을 구성하는 프리-텍스트(pre-text)와 컨텍스트(context), 텍스트(text), 그리고 포스트-텍스트(post-text)를 순차적으로 파악하는 것이다. 이 순서가 꼭 절대적인 것은 아니다. pre-text와 context를 파악하는 과정은 문법적 및 역사적 주해 방법과도 부합된다.

1. 마태복음 전체 문맥

1) 세 단락의 교차배열

① 예수의 탄생과 세례 요한의 준비(1:1 4:16)
② 예수의 말씀과 사역과 이에 대한 대조적인 반응들(4:17-16:20)
③ 예수의 고난과 죽음, 그리고 부활(16:21-28:20)

마태복음 5장부터 7장까지에서 예수 그리스도께서는, 새언약의 중보사로서 시내산 언약의 중보자였던 모세처럼 언약의 산에서 새언약 백성들의 대표자인 제자들과 산상수훈의 말씀으로 새언약을 체결하였다. 이어서 마태복음 8장부터 예수께서는 말씀만으로 나병환자를 즉시로 고치심으로 새언약이 시행되는 하나님 나라의 권세를 구현하셨고, 백부장은 오직 말씀과 성령의 인도하심으로 실현되는 하나님 나라의 권세를 깨닫고 그 권세와 영광으로 심지어 자기 하인까지 고침을 받을 수 있었다.

2) 바리새인들의 심층 프레임

예수께서 공생애 동안에 매우 신랄한 어조로 바리새인들의 언행을 비판하신 이유는 무엇일까? 예수께서 당시 바리새인들을 가리켜서 '악하고 음란한 세대'(마 12:39; 16:4), 또는 '독사의 자식들'(마 12:34; 23:33)이라고 악평하신 이유가 있다. 그들의 표면적인 언행의 배후의 심리적인 기저에는 율법주의와 행위 구원론, 인본주의 선민사상, 자신들의 종교적인 기득권을 보호하려는 탐욕들, 위선과 거짓의 심층 프레임이 자리하고 있기 때문이다. 당시 그들은 여호와 하나님께서 이스라엘 백성들과 맺은 언약의 증표인 모세오경의 말씀을 일반 백성들에게 해석하여 그들을 하나님의 나라로 인도할 최고의 권위를 가졌다. 이들이 감당해야 할 책임은 하나님의 자녀들이 하나님의 말씀에 순종하도록 모범적인 리더십을 발휘하는 것이다. 그럼에도 '자신들은 그 천국으로 들어가지도 않을 뿐더러 그곳으로 들어가려는 다른 사람들도 제대로 들어가지 못하도록 방해'하였다(마 23:13). 이들은 자신들의 기득권을 지탱하고 보호해 줄 여러 전통들과 헛된 규범들을 만들었고, 그러한 헛된 전통과 규범들 속에 숨어서 일반 이스라엘 백성들이 참되신 하나님을 섬기는 일에서 벗어나 헛된 전통과 규범에 집착하도록 하여 행위 구원의 늪에 빠지도록 하였다. 그래서 주님은 "너희는 교인 한 사람을 얻기 위하여 바다와 육지를 두루 다니다가 생기면 너희보다 배나 지옥 자식이 되게 하는도다"고 이들의 위선과 거짓된 전통을 책망하셨다(마 23:15).

　　당시 바리새인들은 자신들이 하나님의 말씀을 가장 헌신적으로 연구하는 것을 과시할 목적으로 "그 경문 띠를 넓게 하며 옷술을 길게 늘여 뜨리고"(마 23:5) 다니기를 좋아하였다. 또 그러한 행위를 통해서 백성들로부터 관심과 존경 받는 것을 과시하고자 "잔치의 윗자리와 회당의 높은 자리와 시장에서 문안 받는 것과 사람에게 랍비라 칭함 받는 것을 좋아하였다"(마 23:7). 당시 바리새인들의 심층 프레임에는 토라의 계명을 가장 철저하게 지키는 사람들이 '여호와 하나님의 복을 받을 수 있다'는 행위 구원론이 자리하고 있었으며, 자신들이 토라를 가장 잘 지키는 특권 계층의 사람들이라는 거짓된 자부심이 자리하고 있었다.

이들은 십계명의 넷째 계명인 안식일 준수와 관련하여 자신들의 특별한 탁월성을 증명하고 또 일반 백성들을 지도할 목적으로, 안식일에 실천 불가능한 항목들(먼 거리 여행, 추수, 의술 행위, 음식 준비, 불을 켜고 끄는 일, 등등)을 상세한 목록으로 만들었고, 일반 백성들에게 맹목적인 실행을 강요하였다. 예를 들어 '다메섹 문서'(the Damascus Document) 10장 21항에 의하면, '안식일에는 누구든지 자기 마을 너머 1천 규빗 이상 걸어 나가지 못하게 하라'는 규정이 있다.[102]

하지만 공생애 사역을 시작하신 예수 그리스도의 눈에는 이러한 위선적인 전통들과 규례들은 가증스러울 뿐이었다. 바리새인들 자신들도 모세오경의 말씀을 제대로 순종하지도 않을 뿐만 아니라 다른 이스라엘 백성들 역시 하나님과의 친밀한 교제와 연합의 자리로 인도하지 못하고 오히려 여호와 하나님의 자비와 은총을 대적하도록 만들 뿐이었다.

3) 예수님과 바리새인들의 심층 프레임 대결

안식일 논쟁 내러티브를 본격적으로 해석하기 전에 먼저 살펴볼 배경은 예수님과 바리새인들이 수시로 논쟁을 벌일 때 그 논쟁의 배후에 자리하고 있는 두 심층 프레임, 즉 예수님의 심층 프레임과 바리새인들의 심층 프레임을 각각 파악하는 것이다. 이 두 심층 프레임의 대립과 갈등이 안식일 논쟁 내러티브(text)가 선포되는 당시의 수사적인 상황(rhetorical context)를 형성한다. 예수님이 하나님 나라의 복음을 선포함에도 불구하고 당시 유대 사회의 지도층에 해당되던 서기관들과 바리새인들은 예수께서 오직 말씀만으로 중풍병자에게 사죄를 선언하고 치유하는 것을 동의하지 못하였다. 당시 유대사회에서 사죄 선언과 병자의 치유에 관한 선언은 오직 예루살렘 성전의 기득권을 책임지고 있던 제사장들만의 고유한 특권이었기 때문이다. 당시 이스라엘 백성들에 대한 사죄 선언과 치유 선언이 이뤄지려면 다음 세 가지 조건이 충족되어야만 했다.

① 첫째로 예루살렘 성전 안이라는 지정된 장소에서만 가능했다.
② 둘째는 오직 레위 제사장의 계보를 따라서 당시 예루살렘 성전에서 제사의 절차를 주관하는 권한이 위임된 특정한 제사장들만 가능했다.
③ 셋째로 그 시점도 희생 제물의 번제가 드려지고 또 환자의 경우에는 일정한 격리 조치 이후에 명확한 치유의 증거가 나타난 이후라야 가능했다.

당시 제사장들이 희생제사에 참석한 이스라엘 백성들에게 선언할 수 있었던 것도 치유와 사죄의 시점을 확인할 수 없고 그저 미래의 성취에 대한 기대감을 담은 '아론의 축도'(민 6:24-26)에 불과하였다.

새언약의 성취자이신 예수님의 입장에서 볼 때, 당시 바리새인들의 언행은 명백한 직무유기나 다름 없었다. 그래서 예수님은 마태복음 5-7장에서 새언약 시대의 최고 증거인 하나님의 복음을 선포할 때부터 당시 사죄 선언에 관한 유대 지도자들(제사장들, 서기관들, 바리새인들)의 관례적인 사죄 선언 프레임에 정면 대결을 선언하셨다. 심층 프레임들 간의 정면 대결은 마태복음 5장 21-48절에서 여섯 가지 대조법으로 잘 나타난다. 여섯 가지 대조법의 말씀 모두 '너희는 그동안 .... 라고 들어왔다. 하지만 나는 이제 새롭게.... 라고 선언한다'는 대조 형식을 가지고 있다.[103]

이 여섯 가지 대조법의 말씀은 살인과 간음, 이혼, 맹세, 보복, 사랑이라는 십계명과 율법의 핵심적인 주제들을 담고 있다. 그러나 그 심층의 대조 프레임은 하나님의 말씀에 관한 기존의 권위 있는 해석 입장을 전면 부정하고 예수께서 직접 여호와 하나님의 권위로 하나님의 말씀을 대안적으로 선포하는 형식을 취하고 있다.

산상수훈에서 발견되는 대조법은 이후에도 예수님의 복음에 관한 바리새인들의 대조적인 반응으로 계속 강화되고 결국 예수를 죽이기로 모의하는 수준으로 빌진하였다. 예수님은 하나님 나라 심층 프레인에 근거하여 바리새인들과 제사장들의 심층 프레임과 영적 전쟁을 감당하셨고, 이러한 영적 대결은 공생애 후반부에(마태복음 23장에서) 일곱 차례의 저주('화 있을진저 외식하는 서기관들과 바리새인들이여!')를 통하여 점차 고조된다. 이러한 심층 프레임 대결은 결국 당시 유대 종교지도자들의 음모로 십자가 처형을 받기에 이르렀다.

2. 안식일 논쟁 내러티브가 진행되는 말씀-사건의 배경

1) 안식일 논쟁 내러티브의 세 가지 에피소드

안식일 논쟁 내러티브의 세 가지 에피소드와 그 간략한 내용은 다음과 같다.

① 마 12:1-8, 성전보다 더 큰 그리스도에 관한 계시의 말씀

② 마 12:9-14, 안식일의 치유를 통한 그리스도의 권위의 계시와 바리새인들의 반응

③ 마 12:15-21, 이사야 예언의 말씀이 그리스도를 통하여 성취되었다는 마태의 평가.

① 안식일에 예수의 제자들이 밀밭 사이를 지나다 굶주림을 면하고자 밀 이삭을 잘라 먹었다. 이 모습을 지켜보던 바리새인들이 안식일의 추수 금지 전통을 빌미로 예수님께 제자들 지도의 책임을 추궁하였다. 그러자 예수님은 다윗의 선례를 인용하셨다. 다윗이 사울왕의 추격에 도망하다 성소에 들러 진설병을 먹었어도 죄가 되지 않았고 또 안식일에 제사장들이 성전 안에서 자신들이 맡은 제사 진행의 일을 감당하더라도 죄가 되지 못했던 선례를 인용하였다. 이를 통하여 예수님은 제자들이 성전보다 더 큰 예수 자신과 함께 동행하는 과정에서 굶주림을 면하고자 밀 이삭을 잘라 먹은 행동의 심층 프레임 의미를 드러내 주셨다. 그들의 행위는 결코 안식일을 거룩히 지키라는 모세오경의 말씀에 불순종한 죄악에 해당되지도 않을 뿐만 아니라 오히려 안식일의 주인이신 예수님과 함께 하나님의 은혜 안에서 참 안식을 누리고 있음을 역설하셨다.

② 이어서 예수님은 회당으로 들어가셨고 바리새인들은 계속 예수의 신적인 권위를 무너뜨리고자 손 마른 사람에 대한 의료행위의 타당

성을 심문하였다. 이 때 예수님은 안식일에 양 한 마리가 구덩이에 빠졌을 때 건져내지 않겠냐고 질문하신 다음에 그 사람을 '손을 내밀라'는 말씀만으로 고쳐주신다. 그러자 바리새인들은 예수를 어떻게 죽일 수 있는지에 대하여 의논하기 시작하였다.

③ 예수께서는 바리새인들의 음모를 간파하시고 그 자리를 떠나셨다. 마태 저자는 이러한 예수님의 언행은 이사야 선지자가 오래 전에 예언했던 말씀, 즉 메시아가 장차 이방 백성들에게 하나님의 은혜를 증거하고 실현하리라는 약속이 예수 그리스도를 통해서 이루어진 것으로 평가하였다.

2) 안식일 논쟁 내러티브의 역사적이고 수사적인 상황

복음서에서 대부분의 논쟁 내러티브의 논리적인 추론 과정은, 소통 행위자들이 서로 공유하는 표층 프레임으로부터 시작하여 상대방의 심층 프레임을 무력화하고 최종적으로 소통 행위 당사자의 심층 프레임을 활성화하는 방향으로 진행한다. 이러한 논리적인 추론 과정(text)의 종합적인 의미를 쉽게 파악하려면, 먼저 이러한 논리적인 추론 과정이 전개되는 말씀-사건의 수사적인 상황(context)과 그 상황 속에서 진행되는 소통의 논리 전개 과정을 세심하게 살펴봐야 한다.

① 첫번째 말씀-사건의 상황은 예수께서 바리새인들의 심층 프레임을 허물어뜨리기 위하여 논쟁의 접촉점으로 삼는 바리새인들의 세계관이다(pre-text). 앞서 살펴본 바와 같이 당시 바리새인들의 심층 심리에는

행위 구원론과 자신들의 기득권을 보호하려는 이기심이 깔려 있었다. 이들은 예수님의 제자들이 안식일에 밀 이삭을 비벼 먹자, 예수님의 권위를 무력화할 목적으로 예수님에게 제자들을 올바로 지도하는지에 관한 의문을 제기하였다. 안식일에 밀 이삭을 비벼 먹는 제자들의 행동은 자신들이 주장하는 표층 프레임에 비추어 볼 때 하나님의 말씀에 불순종하는 패역한 행위나 다름 없다는 논리다.

이에 대항하는 예수님의 반박 논리는 바리새인들의 표층 프레임과 심층 프레임의 상호 연관성을 향하여 전개되었다. 달리 말하자면, 바리새인들의 표층 프레임과 심층 프레임의 상호 연관성은 예수님께서 '인자는 안식일의 주인'이라는 계시의 말씀을 선포하기 위한 수사적인 배경(rhetorical context)을 만들고 있다.

② 안식일 논쟁 내러티브에서 오늘의 해석자들이 주목해야 할 또 다른 말씀-사건의 상황은, 제자 마태가 처한 구속역사적인 상황이다. 제자 마태가 직면한 구속역사적인 상황은 2단계로 구성된다. 첫번째는 등장인물의 난처한 상황이고, 두번째는 오순절 성령 강림 이후에 본문을 기록하면서 안식일 논쟁 사건의 의미를 구속역사의 관점에서 깨닫고 이를 후대의 신자들에게 전달하려는 기록자 마태의 수사적인 상황이다.

제자 마태가 처한 첫번째 구속역사의 상황은 사건 발생 시점에서 본문 사건의 등장 인물 중의 한 사람으로서 제자 마태가 바리새인들의 비난에 당황하는 상황이다. 당시 예수님은 인자를 통한 하나님의 은혜의 통치가 새롭게 시작되고 있음을 말씀하셨고, 또 안식일 규례와 전통의 문제점들을 조목조목 비판하였다. 당시 바리새인들이 주장하고 다수의 이스라엘 백성들이 지키고 있던 안식일 규례를 그대로 따를 필요가 없다는 것이다.

그러다 안식일에 전도 여행을 계속하다 밀밭 사이를 지나게 되었고 시장기를 느꼈던 일부 제자들은 예수님의 말씀을 기억하면서 밀이삭 몇 개를 잘라서 손으로 비벼 알곡을 먹기 시작하였다. 이들을 예의 주시하던 바리새인들이 즉시로 예수님에게 다가기서 당시 안식일 규례에 근거하여 제자들의 행동을 문제 삼으며 제자들을 올바로 지도해야 할 예수님의 책임까지 추궁하기 시작하였다. 이러한 당황스러운 상황은 곧이어 예수님께서 계시적인 말씀을 선포하실 말씀-사건의 수사적인 배경(rheotirical context)을 형성하였다.

③ 제자 마태가 직면한 두 번째 구속역사의 상황(redemptive historical context)은 마태가 오순절 성령 강림 이후에 예수 그리스도께서 구약에 예언된 안식일 규례가 추구하는 하나님 안에서의 참된 안식과 위로의 의미를 깨달았을 때, 마태 공동체에 속한 초대교회 기독교인들이 직면한 모순적이고 역설적인 실존적 문제 상황(existential context)이다. 예수 그리스도께서 십자가에 달려 죽으시고 부활하심으로 구약 성경이 예언했던 예루살렘 성전의 본래 기능은 그리스도 안에서 온전히 회복되었다. 뿐만 아니라 오순절 성령 강림 사건과 초대교회의 설립으로 그리스도께서 가져오신 새 창조의 시대, 그리고 참 성전이신 그리스도 안에서 신자들이 누리는 참 안식과 평강은 그 약속의 말씀을 믿는 모든 성도들의 유업으로 보장받았다. 그럼에도 불구하고 제자 마태가 초대교회 공동체 안팎에서 만나는 신자들은 여전히 그들의 참 안식과 평강을 방해하는 사탄 마귀의 유혹과 핍박에 대항하여 영적 전쟁을 치루어야만 했다. 이것이 제자 마태가 안식일 논쟁 내러티브를 오순절 성령 강림 이후의 구

속역사적인 시각으로 재해석해야만 했던 말씀-사건의 실존적인 문제 상황이다.

결국 안식일 논쟁 내러티브를 설교학적인 상호본문성의 관점에서 해석할 때 해석자가 확인해야 하는 수사적이며 역사적인 상황(context)은 다음 세 가지이다. ① 첫째는 예수님께 시비를 거는 바리새인들의 심층 프레임의 악한 의도이고, ② 둘째는 마태를 포함한 열 두 제자들이 바리새인들의 비난 앞에서 당황하는 역사적인 상황이고, ③ 셋째는 오순절 성령 강림 이후 사탄 마귀와 계속되는 영적 전쟁을 치루는 초대교회의 구속역사적인 실존 상황이다.

3. 안식일 논쟁 내러티브의 말씀-사건

안식일 논쟁 내러티브에서 해석자가 주목하여 경험해야 할 말씀-사건의 텍스트(text of the Word-event)는 앞서 확인한 세 가지 역사적이고 수사적인 상황을 염두에 두고 선포된다.

1) 바리새인들의 비난에 반박하는 말씀-사건

(1) 예수님의 첫번째 논박: 다윗의 진설병

바리새인들의 비난에 대한 예수님의 첫번째 논박 내용은 사무엘상 21장 1-6절에서 사울왕에게서 도망하던 다윗이 제사장 이외에 먹을 수 없는 진설병을 먹고도 죄가 되지 않았다는 것이다. 예수님께서 바리새인들의 비난을 반박할 목적으로 다윗의 진설병에 관한 선례를 언급하신 이유는 무엇 때문일까? 그 이유는 분명 예수님은 두 행동 사이에 어떤 공통점에 주목하셨기 때문일 것이다. 그렇다면 예수님은 제자들의 행동과 다윗의 행동 사이에 어떤 공통점에 주목하셨을까?

양용의 교수는 두 행동 사이의 유사성에 관한 여러 학자들의 견해를 분석하여 배고픔의 주제 평행성과 안식일의 규례 파기의 공통점, 그리고 의식법이라는 낮은 단계의 선이 배고픔을 해결하는 좀 더 높은 단계의 선에 종속되어야 한다는 공통점의 세 가지 가능성을 고려하였다.[104]

① 다윗이 평소에 제사장 이외에 먹을 수 없는 진설병을 먹었다면 의식법을 파기한 행위로 비난을 받았을 것이다. 하지만 사울왕의 추격을 피하여 굶주림과 배고픔을 면해야 하는 절박한 상황에 직면하여 어쩔 수 없는 최후의 자선책으로 진설병을 취했기 때문에 죄가 되지 않았다. 예수님의 제자들도 식량이 넉넉한 상황이 아니라 굶주리는 절박한 상황에서 안식일 추수 금지 전통을 파기하였기 때문에 비난할 수 없었을 것이다. 랍비들도 사람의 생명이 위중한 상황에서는 의식법의 침해 가능성을 일부 열어 두기도 했다. 하지만 이런 해석의 약점은 다윗의 굶주림은 생명의 위기 상황까지 치닫는 심각한 문제였으나, 제자들의 허기는 그러한 절박한 위기상황이라고 보기 어렵다.

② 두번째 가능한 공통점은 안식일 규례 파기다. 즉 예수님은 다윗이 안식일에 진설병을 먹을 수 없는 규례를 위반하였더라도 죄가 되지 못했던 선례와 마찬가지로, 제자들 역시 안식일 규례를 위반하였더라도 문제가 될 것이 없다는 논리다. 하지만 이런 해석의 문제점은 다윗이 사울왕의 추격을 피하여 성소에 찾아들어간 날이 안식일인지 아닌지 성경

본문은 중요한 사항으로 언급하고 있지 않다는 점이다.

③ 세번째 가능한 공통점은 낮은 단계의 규칙(의식법)은 높은 단계의 공의(생명과 관계된 다급한 원칙)에 종속되어야 한다는 우월한 공의의 문제다. 하지만 이런 해석의 문제점은 두 행동을 승인할 때 적용되는 우월한 공의의 기준은 다르다는 것이다. 다윗의 행동을 승인할 때 적용되는 우월한 공의의 기준은 진설병은 제사장 이외에 먹을 수 없으며 제사에 참여한 이스라엘 백성들 당사자의 경우에는 정결 규례를 반드시 시행해야 한다는 레위기의 제사법 규례다. 하지만 제자들의 밀이삭 취식 행위에 관한 우월한 공의의 기준은 모세오경에서 언급하는 안식일 규례에 관한 장로들의 전통과 랍비들의 규범이었다.

그렇다면 예수님께서 주목하였던 두 행동 사이의 유사성이나 공통점은 무엇이었을까? 양용의 교수의 연구에 의하면, 다윗의 행동(삼상 21:1-6)과 예수님의 자기 계시(성전보다 더 큰 이) 사이의 유사성은 모형론적 관계를 통해서만 가장 잘 이해될 수 있다고 한다.[105] 다윗이 성소의 진설병을 요청하여 먹은 행동의 표층 프레임은 다윗이 하나님의 성소에 대하여 기대했던 심층 프레임의 영적인 기대감과 믿음을 암시한다. 당시 다윗은 스스로를 여호와의 싸움을 싸우는 용사로 이해하였고(삼상 18:17, 25:28), 여호와께서 최종적인 승리를 가져다 주실 것을 믿었으나, 자신을 죽이려는 사울왕을 대적할 수 없어서 그로부터 도피의 길을 떠날 수 밖에 없었다. 다윗이 사울왕의 추격을 피하여 놉의 제사장 아히멜렉을 찾아갔던 심층의 동기는 여호와의 싸움을 싸우는 전사로서의 자기 정체성 인식 때문이다. 다윗은 당시 제사장이 하나님을 예배하는 성소를 하나님의 도피성으로 간주하여 하나님께 피하는 자는 반드시 그 분으로부터 참된 위로와 안식을 얻기를 기대했을 것이다(시편 5:11; 17:7; 31:19).

그래서 다윗이 아히멜렉에게 제사장 이외에 먹을 수 없는 진설병을 요청하여 먹은 행동의 표층 프레임은, 그 심층에 여호와의 제사장과 성전으로부터 자신의 생명을 보호받을 수 있으리라는 믿음에서 비롯된 것으로 해석할 수 있다. 예수님은 다윗의 표면적인 행동과 그 배후에 자리하고 있는 심층의 믿음의 연관성을 그대로 제자들의 행동에 적용하셨다. 결국 다윗이 성전에 도움을 얻고자 찾아가서 진설병을 먹은 행동이나 제자들이 안식일에 밀 이삭으로 굶주림을 면한 것은 그 심층에 하나님 나라의 은총을 누리는 동일한 프레임이 들어 있다는 것이다.

④ 바리새인들을 논박하던 예수님의 수사적인 의도. 그렇다면 예수님이 다윗의 행동으로 바리새인들의 비난을 논박하셨던 근본적인 수사적인 목적은 무엇이었을까? 예수님이 다윗의 선례를 언급하신 표면적인 이유는 바리새인들의 비난을 반박하고 제자들의 행동을 변호하려는 것처럼 보인다.

하지만 예수님이 다윗의 사례를 인용하면서 의도했던 심층의 수사적인 의도는, 다윗이 아히멜렉의 성소에 기대했던 하나님의 인도하심이 예수님의 제자들이 예수님에게 기대하는 하나님의 인도하심과 유비의 상응 관계에 있음을 논증하려는 것이다(post-text). 이러한 구속역사적인 유비 관계에 근거하여 예수 그리스도 자신은 아히멜렉의 성소나 예루살렘 성전보다 더 큰 여호와 하나님의 메시아로, 자신이 참 성전의 기능을 온전히 회복하는 여호와 하나님의 참 성전이며, '안식일의 주인'으로 그분 안으로 들어오는 모든 자들에게 참된 안식과 영생을 보장하는 하나님의 메시아라는 기독론적인 계시의 말씀을 선언하려는 것이다(post-text).[106]

다윗은 장차 임할 메시아가 다스릴 은혜의 왕국을 기대하며 굶주림의 위기 앞에서 성소를 찾아가 당시 표면적인 규례에 의하면 제사장 이외에 먹을 수 없는 진설병이라도 요청하여 먹을 수 있었다. 그렇다면 다윗이 기다렸던 하나님의 메시아 예수 그리스도가 친히 사람의 몸을 입고 이 세상에 강림하여 참 성전의 기능을 회복하였다면, 그 성전 안으로 들어온 제자들이 낡은 안식일 규례와 속박에 더 이상 갇혀 있을 필요가 없다는 것이다. 인자 자신이 곧 안식일의 참다운 위로와 평강을 제공하기로 약속한 예루살렘 성전보다 더 큰 여호와 하나님 자신이라는 계시의 말씀이다(post-text).

⑤ 다윗 모형론의 '더 충만한 의미'(*sensus plenior*). 예수님이 바리새인들의 비난을 반박하는 심층 프레임은 예수의 자기 계시에 관한 기독론이 자리하고 있더라도, 예수님의 논박의 표층 프레임은 제자들의 안식일 규례 위반을 다윗의 사례로 변호하는 것처럼 보인다. 그렇다면 예수께서 다윗의 사례를 인용하는 역사적인 정당성은 어떻게 평가할 수 있을까? 사무엘상 21장 1-6절에서 다윗이 아히멜렉 제사장에게 진설병을 요청할 당시에 다윗은 원하는 목적을 시급히 달성할 목적으로 아히멜렉에게 거짓말을 하고 있지는 않았을까? 다윗이 아히멜렉에게 도움을 받은 일로 인하여 나중에 도엑은 사울왕에게 두 사람의 협력 관계를 고자질하였고 사울왕은 이 일로 놉의 제사장 85명을 학살하였다. 다윗의 거짓말과 놉의 제사장 85명의 죽음 사이에 느슨한 인과관계가 형성된다고도 볼 수 있다. 이렇게 다윗의 거짓말 때문에 나중에 심각한 문제가 발생하였음에도 불구하고, 예수님은 제한적인 수사적 목적 때문에 다윗의 행동을 혹시 너무 미화하여 인용하지 않았을까? 예수님은 다윗의 행동에 대하여 자의적 해석(또는 과도한 의미 주입, *eisegesis*)을 시도하지는 않았을까?

이 질문에 대한 한 가지 해답의 가능성은 사무엘상 21장 1-9절에서 아히멜렉과 다윗의 대화를 중의법(重義法, double entendre)으로 이해하는 것이다.[107] 사무엘상 21장 1절에서 다윗은 사울왕의 추적을 피하여 놉의 제사장 아히멜렉을 찾아갔다. 다윗의 표면적인 행동은 사울왕의 추적을 피하여 자신을 도와줄 사람을 찾아간 것이다. 하지만 그 심층 프레임에는 이스라엘의 지도자로 선택되고 사무엘 선지자로부터 기름부음을 받고(삼상 16:13) 여호와의 군대를 모욕한 골리앗을 무찌름으로(삼상 17:47) 여호와의 전쟁을 승리로 이끈 하나님의 메시아(삼상 18:6-7)에 대한 믿음과 자의식이 있었다. 이런 심층 프레임 때문에 다윗은 사울왕이 자신을 죽이려는 익도가 노골적으로 드러나기 시작하자 여호와의 제사장은 반드시 여호와의 군대를 생명의 위협에서 보호해 주리라는 믿음을 가지고 놉의 아히멜렉 제사장을 찾아갔다.

자신을 혼자서 찾아온 다윗을 본 아히멜렉은 이상한 생각이 들었다. 당시 아히멜렉은 사울왕이 다윗을 당장 잡아 죽이려고 한다는 내막을 자세히 알지 못하였다. 당연히 다윗이 자신을 찾아온 심층 프레임의 믿음이나 다윗이 자신에게서 원하는 목적을 완벽하게 이해할 수 없었다. 다만 평소에 당당하고 또 여러 군사들과 함께 움직였던 다윗의 평소 모습과 달리 당황스럽고 급박한 표정으로 혼자서 자신을 찾아온 다윗이 이상하게 보일 뿐이었다. 그래서 "어찌하여 네가 홀로 있고 함께 하는 자가 아무도 없느냐?"(삼상 21:1)고 질문하였다.

이 질문에 대하여 다윗은 다음과 같이 자신의 처지를 해명하였다. "왕이 내게 일을 명령하고 이르시기를 내가 너를 보내는 것과 네게 명령한 일은 아무것도 사람에게 알리지 말라 하시기로 내가 나의 소년들을 이러이러한 곳으로 오라고 말하였나이다."(삼상 21:2) 다윗이 아히멜렉에게 전하는 메시지를 표면적으로만 평가한다면 이는 분명 거짓말이다. 사울왕이 다윗에게 어떤 임무를 맡겨서 파견한 것이 아니기 때문이다. 하지만 다윗은 아히멜렉에게 자신의 긴박한 상황을 액면 그대로 설명할 수도 없는 처지이면서도 아히멜렉으로부터 하나님의 도움을 받아내야 하는 절박한 상황이었다.

이런 모순된 상황에서 다윗은 자기 내면의 심층에 자리하고 있는 여호와 하나님에 대한 믿음을 아히멜렉이 수긍할 수 있는 표층 프레임에 담아서 重義法(double entendre)으로 해명한 것으로 이해할 수 있다. "여호와 하나님께서 나에게 여호와께서 이미 승리로 이끄신 그 분의 전쟁을 맡기셨습니다. 그 전쟁은 장차 하나님의 메시아께서 승리로 이끄실 것이지만 그 승리의 날이 오기까지는 성령의 감동으로 하나님의 계시를 깨달은 자들만이 이해할 수 있을 것입니다. 주께서는 여호와의 전쟁에 협력할 군사들을 더 보내주실 것입니다. 그들도 나와 함께 여호와의 전쟁에 참여할 것입니다"(삼상 21:2에 관한 중의법적 해석).

이런 심층 프레임 속에서 다윗은 곧이어 아히멜렉에게 넉넉한 분량의 음식물을 요청한다. "이제 당신의 수중에 무엇이 있나이까? 떡 다섯 덩이나 무엇이나 있는 대로 내 손에 주소서"(삼상 21:3) 그러자 아히멜렉 제사장은 지금 당장은 넉넉한 분량의 음식물이 없고, 여호와 하나님께 제사로 드리는 진설병이 있는데, 다윗과 함께 동참할 군사들이 정결규례를 지켰다면 내어 줄 수 있다고 제안하였다(삼상 21:4). 아히멜렉 제사장은 비록 다윗의 심층 프레임을 완벽하게 이해하지는 못하였지만, 그러나 그가 평소에 사울왕과 이스라엘을 위하여 목숨을 걸고 충성스럽게 자기 책임을 감당하고 있음을 고려하여 다윗의 말을 액면 그대로 믿어 주었다. 그리고 정결규례의 조건을 내걸면서 제사장 이외에 먹을 수 없는 진설병을 다윗에게 제안해 주었다.

　　그러자 다윗은 다시 중의적인 표현을 사용하여 자신과 부하 군사들이 진설병을 먹을 조건을 충분히 충족한다고 설명하였다. "우리가 참으로 삼 일 동안이나 여자를 가까이 하지 아니하였나이다. 내가 떠난 길이 보통 여행이라도 소년들의 그릇이 성결하겠거든 하물며 오늘 그들의 그릇이 성결하지 아니하겠나이까?"(삼상 21:5) 다윗은 표면적으로라도 최근 3일 어간에 정결규례를 위반한 일도 없고 또 여자를 가까이 한 일도 없었다. 하물며 그 마음 중심으로부터 여호와의 전쟁에 참여한 하나님의 군사로서 목숨이 경각에 달린 위급한 상황에서, 어찌 여호와 하나님의 은혜에 관한 심령의 정결규례를 더욱 간절히 의지하지 않겠느냐는 것이다.

　　이렇게 다윗의 답변은 표층의 문자적인 표현만으로 판단한다면 분명 거짓말이지만, 그 심층에는 여호와의 전쟁에 관한 중의적인 의미가 들어 있었다. 다윗과 아히멜렉의 대화는 성령 하나님께서 개입하셨다. 성령 하나님은 다윗으로 하여금 여호와의 전쟁에 관한 말씀을 깨닫게 하시고 믿게 하시고 아히멜렉 제사장의 질문 앞에서 여호와의 전쟁의 승리에 관한 확신을 담아서 답변하도록 인도하셨고, 동일한 성령 하나님께서 다윗의 대답을 듣는 아히멜렉의 심령을 감동시켜서 결국 다윗이 원하는 음식물과 골리앗의 칼까지 다윗에게 내어주도록 인도하셨다. 나중에 놉의 제사장 85명이 죽임을 당한 결정적인 이유는 다윗의 거짓말 때문이 아니라 사울왕의 극악무도한 악행과 도엑의 탐욕스런 고자질 때문이었다.

　　예수님은 바리새인들의 비난에 대하여 다윗의 진설병 사례로 반박하셨다. 다윗도 사람 제사장 아히멜렉을 찾아가서 자신의 굶주림을 면하고 생명을 보호할 골리앗의 칼을 공급받았다면, 당연히 다윗이 간절히 기대하였던 하나님의 제사장인 예수 그리스도 안에서 그의 제자들이 배고픈 문제를 해결하고 참 위로와 평안을 경험한 것을 어찌 문제 삼을 수 있겠느냐는 것이다. 아히멜렉 제사장이 배고픈 다윗에게 진설병을 내어주었다면, 여호와 하나님의 제사장이 들판의 곡식들과 열매들을 자라게 하셔서 그 제자들이 굶주림을 면할 수 있도록 인도하신 것이 어찌 문제가 될 수 있겠냐는 것이다. 이렇게 예수님은 다윗이 여호와의 제사장과 성소에서의 참 안식을 기대하고 믿는 믿음이 참 제사장이신 예수 그리스도 안에서 제자들이 참 안식의 증표로 밀 이삭을 잘라 먹은 것으로 인정해주셨다.

이러한 논리적인 흐름을 따라서 예수님은 다윗-제사장의 모형이 제자들-예수 그리스도의 실재로 성취되었음을 확증하셨다. 예수님께서 다윗의 사례를 언급하신 수사적인 전략은 이어서 선언하시는 예수님의 두 가지 자기 계시, 즉 '예루살렘 성전보다 더 큰 존재', 그리고 '안식일의 주인'이신 여호와 하나님으로서의 자기 계시의 선포를 미리 준비하는 논리적인 토대를 마련한다. 특히 "다윗이 자기와 그 함께 한 자들"이라는 표현을 (3절과 4절에서) 거듭 사용하신 수사적인 의도는 다윗이 확신했던 여호와의 전쟁에 함께 했던 무리들과 다윗의 관계를 예수님과 제자들에게로 확장하여 '성전보다 더 큰 이'에 관한 비교 우위의 수사학을 전개할 논리적 토대를 마련하였다.

(2) 안식일의 주인이신 그리스도의 말씀-사건

이어서 예수님은 '안식일에 제사장들은 번제물과 소제물을 여호와께 드리라'는 민수기 28장 9-10절의 말씀을 인용하시면서 바리새인들의 비난을 반박하신다.

① 민 28:9-10 - 안식일에는 일 년 되고 흠 없는 숫양 두 마리와 고운 가루 십분의 이에 기름 섞은 소제와 그 전제를 드릴 것이니 이는 상번제와 그 전제 외에 매 안식일의 번제니라.

② 마 12:5 - 또 안식일에 제사장들이 성전 안에서 안식을 범하여도 죄가 없음을 너희가 율법에서 읽지 못하였느냐?

민수기 28장 9-10절 말씀은 안식일에 제사장들이 일 년 되고 흠이 없는 숫양 두 마리와 고운 가루 십분의 이에 기름 섞은 소제와 그 전제를 여호와 하나님께 반드시 드리도록 규정하고 있다. 하지만 예수님은 두 번째 질문(마 12:5)에서는 민수기의 규정을 문자적으로 인용하지 않고 해석적인 의미를 두 가지 덧붙여 바리새인들의 비난을 반박하셨다. 첫째는 제사장들이 안식일 규례를 침해한다는 것이고, 둘째는 죄가 되지 않는다는 것이다.

첫째로 예수님은 제사장들이 안식일에 성전 안에서 예물을 드리는 것을 가리켜서 안식일 규례를 위반한 것으로 표현하셨다. "안식을 범하여도"라는 예수님의 표현은 구약 시대 제사장들이 안식일에 안식을 범하였다는 뜻이 아니라 바리새인들이 그렇게 해석하는 입장을 그대로 가져와서 말씀하신 것이다. 너희 바리새인들은 민수기 28장의 말씀을 잘못 해석하여 구약 시대 제사장들이 성전 안에서 안식 규례를 범하는 것으로 해석하고 있지만 실상은 그런 것이 아니지 않느냐?는 뜻이다. 실상을 보자면 민수기 28장의 규정은 구약 제사장들은 일반 이스라엘 백성들과 달리 안식일에도 희생제물을 정성스럽게 준비하여 여호와 하나님께 제사 드리는 노동의 수고를 감당해야 했다. 이러한 행동은 표면적으로 볼 때는 일반 이스라엘 백성들이 평일에 노동의 수고를 감당하는 것 이상으로 중노동이나 다름없었다. 바리새인들은 이들의 중노동을 잘못 해석하기를 안식일에는 노동하지 말라는 규정을 침해하는 것으로 생각하고 있다는 것이다. 그렇게 보일 수 있지만 그런 뜻이 아니지 않느냐는 것이다.

안식일에 제사장들의 중노동은 어떤 식으로든 결코 정죄 받을 수 없다. 왜냐하면 안식일에 제사장들의 노동은 희생제물을 번제로 태우는 표면적인 행위의 문제가 아니라 장차 도래할 하나님의 제사장이 감당할 모든 희생제물의 상징적인 의미를 예시적으로 보여주기 때문이다. 구약 시대 모든 제사장들이 안식일 때마다 그토록 정성을 다하여 일 년되고 흠이 없는 숫양 두 마리와 고운 가루 십분의 이에 기름 섞은 소제와 그 전제를 여호와 하나님께 드리고 또 그 일부분을 직접 먹으면서 간절히 여호와 하나님께 기도했던 소망이 있었다. 그것은 장차 하나님의 메시아가 이 세상에 직접 강림하셔서 이 모든 희생제사의 모형이 가리키는 속죄와 중보의 역할을 모두 성취해 주셔서 자신들의 죄가 사함을 얻고 또 여호와 하나님의 성전 안에서 참된 예배를 드림으로 위로부터 임하는 하나님의 사죄의 은총과 하나님과 함께 먹고 마시는 친교의 기쁨을 충만히 누릴 수 있도록 해 달라는 것이다. 이들의 수고가 아니고서는 어떻게 구약 시대 하나님의 백성들이 하나님의 메시아를 통한 온전한 희생제사를 통한 죄사함의 은총을 기대할 수 있었겠는가?

드디어 예수 그리스도께서 이 세상에 친히 강림하시고 사탄 마귀에게 사로잡힌 자들에게 하나님 나라의 복음을 전하시며 그들을 해방하고 계시다. "내가 너희에게 이르노니 예루살렘 성전보다 더 큰 이가 너희 앞에 있느니라." 이어서 예수님은 마지막으로 호세아 6장 6절의 말씀을 인용하신 다음에 '인자가 안식일의 주인'이시라는 가장 결정적인 기독론의 계시를 선언하신다.

① 호 6:6 : 나는 인애를 원하고 제사를 원하지 아니하며 번제보다 하나님을 아는 것을 원하노라.

② 마 12:7-8 : 나는 자비를 원하고 제사를 원하지 아니하노라 하신 뜻을 너희가 알았더라면 무죄한 자를 정죄하지 아니하였으리라 인자는 안식일의 주인이니라 하시니라.

두 구절에서 예수님이 취하시는 논리적인 추론의 전개 과정은 표층 프레임의 호세아 6장 6절로부터 시작된다. "나는 자비를 원하고 제사를 원하지 아니하노라." 예수님은 호세아 6장 6절 상반절을 인용하시다가 하반절을 그대로 인용하지 않고 '그렇게 말씀하신 하나님의 뜻과 마음을 너희가 제대로 깨달았더라면 무죄한 자를 정죄하지 않았을 것'이라고 반박하셨다.

마태복음 12장 7절의 하반절에서 예수님은 다음과 같은 논리로 바리새인들을 책망하셨다. 첫째는 하나님의 말씀에 가장 정통하다고 자부하는 당시 바리새인들은 호세아 6장 6절의 말씀을 제대로 이해하는 데 실패하였다는 것이다. 둘째는 그러한 무지와 무지에서 비롯된 패역함으로 거듭하여 예수님의 제자들처럼 무죄한 자를 정죄하는 죄를 범했다는 것이다. 그렇다면 예수님이 언급하신 무죄한 자는 누구를 가리킬까? 이 역시 중의적인 표현으로 표면적으로는 제자들을 가리키지만 심층적으로는 예수님을 가리킨다. 여호와 하나님의 보냄을 받은 메시아 예수님은 완전히 무죄한 자이시고 그 누구로부터 판단이나 정죄를 받으실 대상이 아니시다. 하지만 바리새인들은 제자들을 비난하면서 여호와 하나님을 비난하고 정죄하는 죄를 범하였다.

셋째로 '예수님 자신은 안식일의 주인이시다.' 안식일의 주인은 안식일에 사람 제사장들과 일반 이스라엘 백성들로부터 예물을 받으시는 분이시고, 모세오경을 포함한 구약의 모든 말씀의 의미를 해석하여 하나님의 뜻을 선포할 권세를 가진 존재다. 예수 그리스도께서 강림하시기 전까지 이런 책임과 권한은 제사장들과 바리새인들, 서기관들이 행사했다. 하지만 그들은 일반 이스라엘 백성들을 하나님의 은혜의 자리로 인도하지 못하고 오히려 그토록 거룩한 책무와 권한을 일종의 이기적이고 탐욕적인 기득권으로 만들어서 세속적인 영광과 사회적인 지위를 누리는데 급급하였고 하나님의 백성들에게는 여호와 하나님의 구속과 은혜를 오해하도록 만들었다.

이제 예수 그리스도께서 이 세상에 친히 강림하셔서 이 모든 바리새인들의 오류들과 잘못을 교정하여 주시고 구약시대 모든 제사장들과 선지자들이 예고하였던 모든 역할들을 온전히 수행하기 시작하셨다. 그런 의미에서 '인자는 안식일의 주인'이시고 인자가 곧 여호와 하나님에게서 직접 보냄을 받은 하나님의 메시아이시다.

2) 약속의 말씀을 가시적으로 성취하시는 보이는 말씀-사건

예수님께서는 바리새인들의 비난을 논박하신 다음에 그 밀밭 사이를 지나 바리새인들이 모세오경을 강론하기 위하여 모인 회당으로 직접 들어가셨다. 그곳에는 하나님의 말씀 강론을 기대하는 이스라엘 백성들과 하나님의 치유를 기대하는 손 마른 사람이 찾아와 있었다. 예수님이 병자들을 고쳐주고 있다는 소문을 들었던 사람들은 예수께서 안식일에 의술 행위의 노동을 금지하는 안식일 규례를 준수할 것인지 아니면 어기고서라도 환자를 고쳐줄 것인지 의문이 들었다. "안식일에 병 고치는 것이 옳으니이까?"

그러자 예수님은 다음과 같이 질문하셨다. 가난한 어떤 사람이 소유한 양 한 마리가 하필 안식일에 구덩이에 빠져서 절박한 상황이 발생하였다. 안식일 노동 금지 규례 때문에 못 본 체하거나 다음 날까지 기다리겠느냐? 당연히 끌어내야 하지 않겠느냐? 양 한 마리도 끌어내야 한다면, 하물며 여호와 하나님에 대한 믿음을 가지고 있는 환자라면 더욱 고쳐줘야 하지 않겠느냐는 것이 예수님의 답변이다.

예수님의 마지막 말씀은 당시 바리새인들이 고집하는 헛된 안식일 규례가 하나님의 선을 제대로 이해하지도 못하고 또 실천하지도 않음을 책망하신 것이다. "그러므로 안식일에 선을 행하는 것이 옳으니라!" 이 문장은 두 가지 부정적인 모습을 책망하는 반어적인 의미가 들어 있다. 첫째는 바리새인들은 안식일에 공급되는 하나님의 선이 무엇인지를 몰랐다는 것이다. 당시 바리새인들은 하나님의 말씀인 모세오경과 안식일 제도에 관한 말씀을 가장 깊이 있게 연구했음에도 불구하고 하나님께서 안식일 제도를 마련하셔서 장차 임할 메시아를 통하여 이스라엘 백성들에게 하늘의 위로와 평강을 베푸실 것임을 이해하는 데 실패하였다. 둘째는 당시 바리새인들은 안식일이든 어떤 날이든 최소한의 상식과 양심을 따라서 위급한 상황에서도 도움이 필요한 미물들이나 사람들에게 도움을 제공하고 선행을 베풀어야 함에도 불구하고 상식적이고 마땅하고 당연한 선행을 베풀지 않았다.

그렇게 책망하신 다음에 예수님은 손 마른 사람에게 그 어떤 주술적인 행위가 없이 단지 '손을 내밀라'는 말씀만으로 그 병자의 질병을 고쳐주셨다. 예수님이 바리새인들의 비난을 논박하고 또 병자의 질병을 고쳐주신 것은, 바리새인들의 권위에 두 가지 차원으로 심각한 도전으로 다가왔다. 첫째는 당시 바리새인들은 이스라엘 사회에서 모세오경의 말씀을 해석하고 선포함으로 이스라엘 사회에서 말씀하시는 하나님의 권위를 대신하였다. 하지만 예수님은 바리새인들의 심층에 자리한 성경 해석의 오류와 예루살렘 성전에 대한 오해의 문제를 책망하시고 또 잘못된 성경 해석을 통해서 그들이 누리려는 종교적인 기득권과 거짓된 위선을 거침 없이 폭로하셨다.

둘째는 예수님은 안식일 제도에 숨어 있는 하나님 말씀의 선포 권위와 그 영광과 능력을 동일한 말씀 선포만으로 직접 증명하시면서 손 마른 사람을 고쳐주셨다. 만일에 예수님께서 손 마른 사람에게 안수를 했다거나 땅바닥에 침을 뱉어서 치유의 수단으로 사용하는 행동을 보이셨다면, 안식일에 의술행위의 금지를 위반한 것처럼 보일 수도 있다. 하지만 예수님은 그런 일체의 행동이 없이 오직 말씀 한 마디, '손을 내밀라'는 말씀만으로 병자를 고쳐주셨다. 예수 그리스도께서 천지 만물을 창조하시고 자기 백성들에게 참된 안식을 제공하시는 여호와 하나님이시라는 계시의 말씀이 가장 명백하고도 분명하게 드러났다. 앞서 선포했던 '성전보다 더 큰 존재'요 '안식일의 주인'이신 기독론적인 계시의 말씀이 치유를 통해서 보이는 말씀-사건으로 완벽하게 성취된 것이다.

하지만 이 모든 과정을 지켜보았던 바리새인들의 반응은 "어떻게 하여 예수를 죽일까 의논하는 것"이었다(마 12:14). 예수님의 말씀과 치유 행위를 통하여 드러나는 하나님 나라의 심층 프레임이 바리새인들이 목숨처럼 여기는 행위 구원론과 종교적 엘리트의식의 심층 프레임을 무너뜨리려 하기 때문이다.

3) 고난에 직면한 초대교회 신자들을 위로하는 말씀-사건

이렇게 예수님의 계시적인 말씀과 그 말씀의 성취가 분명하게 계시됨에도 불구하고 바리새인들은 예수를 죽일 모의를 본격적으로 시작하였다. 그러자 예수님은 바리새인들의 해결 불가능한 심층 프레임을 아시고 그 회당을 떠나가셨다. 그러자 많은 사람들과 병자들이 예수님을 뒤따르자 예수님은 이 병자들을 모두 다 고치시고는 '자기가 메시아인 것을 소문내지 말라'고 경고하셨다.

예수님께서 공생애 초기에 자신이 메시아인 것을 소문내지 말도록 입단속을 시킨 이유가 있다. 사람들이 자신을 세속적인 욕망을 충족시키는 거짓 메시아로 오해할 것을 우려하셨기 때문이다. 하지만 변화산 사건을 통하여 나사렛 예수께서는 제자들이 자신을 하나님이 보내신 메시아이신 것을 제대로 이해한 것을 확인하신 다음에 자신이 희생제물로 죽고 부활하실 것을 말씀하기 시작하셨다.

마태복음의 기록자인 마태는 12장에서 안식일 논쟁에 관한 예수님의 말씀과 치유 사건을 기록한 다음에 이사야 42장 1-4절을 인용함으로 '안식일 논쟁 내러티브'를 마무리한다. 이 시점에서 현대 해석자의 본문 해석의 시각은 안식일 논쟁의 사건 발생 시점에서 오순절 성령 강림 이후 이 사건을 기록하는 기록 시점으로 이동하는 마태의 시선을 따라서

...

이동해야 한다. 그 이유는 바리새인들의 비난을 반박하고 손 마른 병자를 고쳐주신 예수님의 능력을 눈 앞에서 직접 목격하고 경험했던 마태의 입장에서 과거 사건의 추억이 현재 마태가 염두에 두는 초대교회 신자들의 고난 상황에 대한 수사적인 목적을 떠올리기 때문이다.

① 말씀-사건의 배경과 목적

마태가 이사야의 예언으로 안식일 논쟁 내러티브를 마무리하는 기록 시점에서 저자로서 주목하는 상황은 그리스도에 대한 신앙 때문에 온갖 핍박과 고난에 직면한 초대교회와 신자들의 구속역사적인 실존 상황(existential context)이다.

② 이사야 예언 구절을 인용하는 수사적인 목적

이런 상황에서 저자 마태가 '안식일 논쟁 내러티브'(마 12:1-16)에 이사야 42장 1-4절을 인용하여 덧붙인 이유가 있다. 바리새인들의 비난에 관한 예수님의 말씀(마 12:3-8)과 손 마른 병자의 치유 사건(마 12:13)은 거시적인 구속역사의 관점에서 볼 때 오래 전 이사야 선지자가 예언했던 약속의 말씀이 예수 그리스도를 통하여 완벽하게 성취된 결정적 증거이기 때문이다.

③ 약속-성취 모델의 내용

이사야 예언과 마태의 해석적인 인용의 내용은 다음과 같이 문자적으로 일치하는 내용과 함축적으로 해석하는 내용으로 구성된다.

주제	사 42:1-4	마 12:18-21
메시아의 정체	내가 붙드는 나의 종, 내 마음에 기뻐하는 자 곧 내가 택한 사람을 보라	보라 내가 택한 종 곧 내 마음에 기뻐하는 바 내가 사랑하는 자로다
성령의 인도와 사역	내가 나의 영을 그에게 주었은즉 그가 이방에 정의를 베풀리라	내가 내 영을 그에게 줄 터이니 그가 심판을 이방에 일게 하리라
메시아가 이 땅에 정의를 시행하는 인자하고 온유한 모습	상한 갈대를 꺾지 아니하며 꺼져가는 등불을 끄지 아니하고 진실로 정의를 시행할 것이며 그는 쇠하지 아니하며 낙담하지 아니하고 세상에 정의를 세우기에 이르리니	그는 다투지도 아니하며 들레지도 아니하리니 아무도 길에서 그 소리를 듣지 못하리라 상한 갈대를 꺾지 아니하며 꺼져가는 심지를 끄지 아니하기를 심판하여 이길 때까지 하리니
메시아의 영향력	섬늘이 ㄱ 교훈을 앙망하리리	또한 이방들이 그의 이름을 바라리라

메시아의 정체는 여호와 하나님께서 선택하여 여호와 하나님의 사명을 감당하는 종이며 그렇기에 여호와께서 사랑하시고 그 마음에 기뻐하는 자이다. 그 메시아는 성령 하나님의 인도를 따라서 택함을 받은 이스라엘 백성들과 이방인들에게 하나님의 공의로운 통치를 실행할 것이다. 그가 하나님의 백성들 가운데 여호와 하나님의 공법대로 인자를 베풀고 공의를 실행하는 방식은 세상의 거만한 군왕들이 악법을 시행하며 백성들을 학대하는 방식과는 전혀 다를 것이다. 하나님의 임마누엘에 대한 충격적인 이미지는 '상한 갈대와 꺼져가는 등불'의 이미지로 극대화된다.

'상한 갈대'와 '꺼져가는 등불'의 이미지는 누구를 가리키는 은유인가? 다음 세 가지 가능성을 순차적으로 살펴보자.

ⓐ 첫째는 이스라엘 백성들이 하나님 대신 의존하려던 애굽의 바로와 애굽의 권세를 가리킨다. 열왕기하 18장 21절과 이사야서 36장 6절에서 하나님은 지금 당장 보기에는 이스라엘에게 큰 도움이 될 것 같아서 하나님 대신 애굽 왕 바로의 권세를 의존하려 하지만, 하나님께서 애굽 왕 바로의 권세를 심판하시고 꺾으실 것이기 때문에 그 권세는 결국 만천하에 상한 갈대에 불과함이 증명될 것이다.

ⓑ 둘째는 하나님의 자비와 은총이 필요한 하나님 백성들의 비참하고 절망적인 모습에 대한 은유로 이해할 수 있다. 하나님은 상한 갈대처럼 보이는 고아와 과부들일지라도 세상의 군왕들처럼 무시하거나 박대하지 않을 것이고 꺼져가는 등불처럼 보이는 가련하고 가난한 인생들일지라도 포악하게 대하지 않을 것이다. 누구든 하나님의 은총과 자비를 구하는 모든 이들은 메시아를 통하여 위로와 평강을 얻을 것이다. 그 결과 땅 끝에 사는 이방인들과 땅 끝의 섬들까지라도 그 메시아의 말씀과 은총을 간절히 구하여 누릴 것이다.

ⓒ 셋째는 이사야 선지자가 하나님의 영광을 무시하는 이스라엘 백성들에 대하여 즉각적으로 심판하지 않으시고 장차 메시아를 통해서 구원을 예고하시는 상황에서 깨달은 하나님의 섭리 방식에 관한 은유다. 메시아는 하나님의 성령으로 충만하여 이방 땅에서부터 공평과 정의를 베풀 것이다. 그러나 그 모습은 마치 상한 갈대임에도 불구하고 꺾이지 아니하고 꺼져가는 등불처럼 보이는 상황에서도 쉽게 꺼지지 않을 정도

로 무기력하고 무능한 방식으로 진행된다는 것이다. 세상의 군왕들처럼 강력하고 강제적인 방식이 아니라 오히려 무시하면 무시당할 수 있는 방식으로 자기 백성들 속에서 인격적으로 조금씩 설득하는 방식으로 진행될 것이라는 말씀이다.

그렇다면 하나님의 섭리는 언제까지 이렇게 인격적이면서도 무능한 방식으로 지속된다는 말씀인가? 하나님의 백성들이 마땅히 누려야 할 은총과 자비를 방해하는 모든 사탄 마귀의 권세를 최종적으로 박멸하고 결박하는 재림의 날이 올 때까지, 메시아는 계속해서 이 세상에서 온유하고 겸손한 방식으로 하나님의 공법을 시행할 것이다. 왜냐하면 그렇지 않고 삼위 하나님께서 자신의 모든 능력과 영광과 권능을 온전히 나타내신다면 그 앞에서 온전히 남아 버틸 수 있는 죄인들은 한 사람도 없을 것이기 때문이다.

④ 약속-성취 모델의 수사적인 효과

마태가 안식일 논쟁 내러티브의 후반부를 이사야 예언의 인용으로 마무리하여 약속-성취 모델을 제시하는 것이 초대교회 신자들에게 하나님의 말씀-사건으로 다가올 수 있었던 이유가 있다. 그것은 예수께서 바리새인들의 비난에 반박하면서 당혹감에 빠진 자기 제자들에게 신학적인 자긍심을 제공해 주신 수사적인 전략이, 그대로 그리스도에 대한 신앙으로 인한 핍박과 고난의 위기 상황에 있는 자신들을 위로하시며 자신들의 신학적인 손을 들어주시는 말씀처럼 느껴졌기 때문이다. 안식일 논쟁 내러티브의 결론부에서 마태를 통하여 이사야 예언의 말씀을 듣는 초대교회 성도들의 시각에는, 고난과 핍박으로 인하여 당황하는 자신들이 마치 바리새인들의 비난 때문에 당혹감에 빠진 제자들의 모습이 오버랩되었다. 뿐만 아니라 더 중요한 예수님의 모습 하나가 강하게 오버랩되었다. 그것이 바로 예수 그리스도께서 그 분의 말씀과 성령의 감동으로 이 세상에서 자기 백성들을 영원한 생명과 안식으로 아주 조용하고 은밀하게 인도하시는 모습이다.

부활 이후 승천하여 여호와 하나님 보좌 우편에 앉아 계신 예수 그리스도께서는 초대교회 성도들의 신학적인 곤경의 문제를 세상의 군왕들처럼 강력한 권세를 동원하여 위력적인 방식으로 해결하시는 분이 아니다. 승천하신 그리스도께서 지상의 자기 백성들을 박해하는 대적자들을 논박하시며 사탄 마귀의 권세를 제압하시고 그 속에서 자기 백성들을 구출하시고 이들에게 영원한 생명을 주시고 영원한 안식을 누리게 하시는 방식은, 심지어 지금 하늘의 여호와 하나님께서 성령의 능력으로 신자들을 위로하시거나 대적자들을 잠잠케 하신다고 믿기에는 너무나도 조용하고 너무나도 은밀하게 진행되고 있다.

이것이 독자들에게는 참으로 충격적인 반전의 깨달음이며, 본문이 추구하는 마태의 추체험의 핵심이고 해석자가 거듭 확인해야 할 '말씀-사건'의 핵심이다. 바리새인들과 당시 제자들에게 '다투지도 않고 들레지도 아니하며 아무도 길에서라도 그 분이 확실한 방식으로 논증하는 소리를 들을 수도 없는 방식으로' 일하셨던 주님께서는 초대교회가 세상으로부터 온갖 핍박과 고난을 받는 중임에도 오직 그 분의 말씀을 감동하시는 성령 하나님의 감화력으로 자기 백성들을 의와 평강으로 인도하고 계신다는 것이다.

III. 안식일 논쟁 내러티브에 관한 설교의 말씀-사건

1. 설교를 위한 상호본문성

설교자가 안식일 논쟁 내러티브를 설교학적인 상호본문성의 관점으로 해석한 다음에 마태가 의도했던 구속사 신학적인 의미를 말씀-사건으로 경험하였다면, 그 다음 단계는 마태가 초대교회 성도들에게 의도했던 말씀-사건을 오늘의 신자들이 그대로 경험하도록 설교하는 것이다. 이때 주목할 것이 초대교회 신자들의 구속역사적인 상황과 오늘날 신자들의 구속역사적인 상황의 공통분모와 이에 대한 설교자의 동일시이다. 저자 마태가 본문을 기록하는 시점에서 주목하던 수신자의 상황은 오늘날 현대 기독교 신자들의 신앙생활의 상황과 일치한다. 그 때나 지금이나 하나님 나라 백성들이 당혹감에 빠지고 절망할 수 밖에 없는 이유는, 하나님께서 자신들의 기도에 응답하시는 표적을 도무지 찾아올 수 없기 때문이다. 이렇게 오늘의 설교자들/목회자들이 '안식일 논쟁 내러티브'를 현대의 신자들에게 하나님의 말씀의 권위와 정당성을 가지고 해석하여 설교할 수 있는 성경신학적인 근거가 두 상황의 일치에 있다.[108]

① 구속사적인 설교의 목적. 신자들로 하여금 코로나19사태에도 불구하고 성경이 증언하는 여호와 하나님은 자신의 교회와 신자들을 그 품에 품으시고 말씀과 성령의 인도하심 속에서 세상이 이해할 수 없는 신비한 방식으로 인도하고 계심을 믿고 그 섭리에 순종하는 삶을 살도록 설득한다.

② 수사적인 전략. 예수님은 바리새인들의 비난이라는 표층 프레임을 자기 계시라는 심층 프레임 노출의 출발점으로 활용하셨다. 이와 마찬가지로 오늘날 설교자들도 성도들이 현대 사회를 살아가면서 경험하는 여러 신앙의 갈등과 모순의 문제를 표층 프레임의 출발점으로 활용하여 심층 프레임의 하나님의 신비로운 인도하심과 기이한 은혜의 역사를 선포해야 한다.

③ 서론의 문제 제기. 신종코로나 바이러스 문제로 적지 않은 성도들은 '하나님께서 우리와 함께 하신다'는 성경의 가르침에 혼란스러워하고 있다. 따라서 설교자는 설교의 출발점에서 신자들이 경험하는 다양한 신앙의 모순과 갈등의 문제를 언급하면서 서론을 시작할 수 있다. 역사의 주관자이시며 신자들의 보호자이신 삼위 하나님께서 코로나19사태에도 불구하고 우리 신자들과 함께 동행하신다는 증거는 과연 무엇일까?

2. 설교의 개요

코로나19사태에도 불구하고 하나님은 여전히 독생자의 피값으로 구속하신 자신의 교회와 신자들의 삶 속에 동행하고 계시다. 마태는 오순절 성령 강림 이전에 예수님과 함께 전도여행을 다니실 때 그리고 바리새인들과 논쟁할 때 예수님께서 좀 더 적극적으로 하나님 나라의 능력을 그들에게 나타내신 것을 잘 이해하지 못하였다. 왜 주님은 구약의 율법과 선지자들이 예언하고 기대했던 강력한 천둥과 번개의 능력으로 바리새인들의 비방을 잠재우지 않으시는가? 왜 주님은 손 마른 사람을 즉시 고쳐주시면서 같은 능력으로 바리새인들의 비방을 천둥과 번개로 즉시 심판하시지 않을까?

하지만 오순절에 성령 하나님이 강림하시고 주님의 제자들의 심령에 강림하신 다음에 비로소 깨달았습니다. 공생애 동안에 주님이 그렇게 무기력한 모습으로 자기 백성들을 구속하신 것은 이사야 선지자가 예언했던 예언의 말씀이 그대로 성취된 모습이라는 것을. 만일에 공생애 동안에 주님이 시내산에서 이스라엘 조상들이 목격했던 천둥과 번개처럼 강림하셨더라면 그 분이 바리새인들을 불태워 심판하시기 이전에 자신들조차도 그 앞에 살아남을 수 없었다는 것을. 주님이 제자들을 점진적으로 설득하시고 하나님의 말씀과 불순종을 자기 주도적으로 선택할 수 있도록 시간을 허락하시고 기다리시는 것이야말로 최고의 은혜이고 선물이었다는 것을.

그래서 '상한 갈대'와 '꺼져가는 등불'은 하나님의 은혜가 없이는 단한 순간도 살 수 없는 자신들인 동시에, 그들 속에서 예정하신 구원을 이루어가고 계시는 하나님의 모습이 그와 같다는 것을 비로소 마태는 깨달았다. 그 깨달음으로 초대교회 성도들을 바라볼 때, 그 성도들 역시 고난 앞에서 주님의 능력을 구하는 모습은 오순절 성령 강림 이전에 주님의 공생애 때 바리새인들 앞에서 쩔쩔매던 자신들과 흡사하다는 것을 다시금 발견하였다. 마태는 초대교회 성도들에게 힘주어 말해주고 싶었다. 주님은 이 고난의 현장에 우리 신자들과 함께 동행하고 계시다는 것을. 성경 말씀과 성령의 감동으로 지금 우리와 함께 동행하고 계시다. 그 분은 결코 세상의 군왕들처럼 완력으로 사람들의 심령을 제압하지 않으시고 오히려 우리가 우리 안에 있는 예수 그리스도에 대한 믿음을 가지고 자발적으로 말씀에 순종하기를 기다리고 계신다. 언뜻 보면 임마누엘 주님은 상한 갈대처럼 보이기도 하고 꺼져가는 등불처럼 보인다.

하지만 우리 안에서 우리와 함께 동행하시는 주님은 결코 꺼지지 않는 등불처럼 우리의 희망이 되어주고 계시다. 우리는 그 믿음으로 코로나19사태를 주께서 하루빨리 종식시켜 주시기를 간절히 기도한다. 동시에 개인 면역력 유지와 바이러스 확산을 방지하기 위하여 우리가 할 수 있는 최선의 노력을 다해야 한다. 사회적 거리두기로 인하여 성도의 친교를 충분히 나누지 못하는 주변의 성도들에게 더욱 사랑의 마음을 담아서 전화나 문자로 격려해야 한다. 우리 안에서 결코 꺾일 수 없는 갈대처럼 결코 꺼질 수 없는 등불처럼 우리 주님이 우리와 동행하심을 믿고 각자에게 주어진 사명과 헌신의 몫을 힘껏 감당해야 한다.

그렇게 할 때 우리는 모두 다 각자의 자리에서 하나님이 인정하시는 예배자로 우뚝 설 수 있을 것이다. 이 위기도 머지않아 끝났을 때 우리 모두는 하나님의 은혜와 능력을 담대히 증거하며 하나님 나라를 밝히는 하늘의 별과 같이 빛날 것이다.

1. 안식일 논쟁 내러티브를 설교학적인 상호본문성 관점에서 선행 자료 (pre text)와 수사적인 상황(context), 본문(text), 그리고 수사적인 의도 (rhetorical intention, post-text)의 의미론적인 역학 관계를 분석해 보자.

2. 마태복음 12장의 안식일 논쟁 내러티브(마 12:1-21)를 구성하는 세 가지 에 피소드에 대한 해석을 읽고 새롭게 깨달은 점을 나누어 보자.

3. 예수님이 안식일 논쟁 내러티브에서 인용한 이사야 42:1-3의 인용부에서 '상 한 갈대'와 '꺼져가는 등불'의 은유는 애굽왕 바로의 권세와 하나님 나라 백성 들, 그리고 그 자녀들을 십리하시는 하나님의 섭리 방식 세 가지 중에 누구를 가리키는가?

4. 안식일 논쟁 내러티브에 대한 마태의 추체험을 오늘날 설교 청중에게 최대한 가깝게 재현할 설교 메시지의 개요와 구성을 어떻게 만들 것인가?

내러티브 모형론에 따른
예수님의 천국 비유 해석과 설교

I. 늘어가는 말

토마스 롱(Thomas Long)에 의하면 예수님의 천국 비유에 관한 설교는 모든 설교자들이 정복하기를 원하는 설교학의 고봉(高峰, preacher's dream)이지만 설교 경험이 많지 않은 설교자들에게는 악몽(惡夢, preacher's nightmare)으로 끝나는 경우가 적지 않다.[109] 예수님의 천국 비유는 성경해석학 분야와 설교의 분야에서 다루기에 매우 까다로운 주제이기 때문이다.[110] 지난 2천 년 동안 비유 해석사에서는 비유 본문에 관한 신학적인 의미를 위하여 풍유적 해석이 필요하다는 입장과 문자적인 해석을 고집하면서 풍유적인 해석을 비판하는 입장으로 양분되었다. 비유 본문에서 하나의 의미만 해석해야 한다는 입장과 하나 이상의 의미를 끌어낼 수 있다는 입장이, 서로 양보할 수 없는 탄탄한 해석학의 논리를 갖추고 서로 격돌 중이다.[111]

예수님의 천국 비유는 설교 사역의 현장에서도 수 많은 사이비 이단들의 알레고리 해석의 진앙지이기도 하다. 예를 들어 신천지는 성경 해석의 가장 중요한 방법은 '비유 풀이'라고 주장한다. "성경의 하나님 말씀은 육적인 것처럼 보이나 비유를 베푼 것인데, 사람들이 문자에 매여 육적으로 해석함으로 하나님을 모른다."[112] 신천지에서는 '씨 뿌리는 자의 비유'(마 13:1-9; 막 4:1-9; 눅 8:4-8)에 언급된 알곡과 가라지 두 종류의 씨앗이 뿌려진 밭을 정통 교회로 해석한다.[113] 정통 교회 안에는 알곡과 가라지 두 종류의 씨앗이 뿌려진 상태라는 주장이다. 정통 교회의 밭에서는 알곡을 추수하고 가라지는 불태워야 하는데, 그 역할은 열두 지파로 창조된 신천지의 사명이라고 주장한다. "계시록이 성취되는 추수 때는 교회와 목자와 성도가 다 끝이 나기에 오직 천국 곳간인 시온산으로 추수되어 가야 한다. 이 때 추수되어 가지 않고 자기 교회에 남아 있는 자는 가라지 단에 묶여 있는 자이다. 가라지 단에 묶여 있는 자는 목자든 성도든 다 구원 받지 못한다."[114] 이렇게 기독교의 사이비 이단 단체들은 복음서의 비유 본문을 알레고리로 해석함으로 정통 교회 신자들을 미혹하고 있다.[115]

필자는 이러한 문제점을 해결하고자 예수님의 천국 비유 본문에 관한 성경적인 해석 전략과 그에 따른 성경적인 설교의 방안을 모색하고자 한다. II장에서는 먼저 성경에 나타난 '비유'의 용례인 구약의 히브리어 '마솰'(מָשָׁל)의 용례와 신약의 헬라어 '파라볼레'(παραβολή)의 용례를 살펴볼 것이다. III장에서는 초대교회 교부들의 알레고리 해석과 종교개혁자 칼빈의 문법적 및 역사적 해석, 아돌프 율리허의 '하나의 비교점' 해석, C.H. 다드의 비유 해석에서 '삶의 자리'(Sitz im Leben, setting in life)의 쟁점들을 다룰 것이다. IV장에서는 현대 신학자들의 비유 해석 쟁점으로 하나의 신학적인 의미와, 비유에 대한 풍유적 해석, 천국 비유가 달성하는 변혁적인 언어-사건, 구조주의 비유 해석, 역사적인 모형론과 내러티브 모형론을 차례대로 살펴볼 것이다. 마지막 Ⅴ장에서는 내러티브 모형론에 따른 천국 비유 해석과 이에 근거한 설득력 있는 내러티브 설교 형식과 전략을 마련할 것이다.

Ⅱ. '비유'의 성경적 용례

1) 히브리어 '마솰'(מָשָׁל)의 용례

히브리어 '마솰'(מָשָׁל)은 간설한 잠언(왕상 5:12;9:7, 잠 1:1,6;10:1; 전 12:9; 겔 18:2,3)이나 예언(민 24:3), 비유(시 49:5; 78:2; 겔 17:2; 21:5), 속담(삼상 10:12; 겔 12:22; 14:8; 합 2:6), 노래(민 24:3), 비사(욥 27:1; 29:1)로 번역된다. 로버트 스타인에 의하면 구약성경의 '마솰'(מָשָׁל)은 "단순히 도덕적, 영적 진리들만을 전달하는 여러 이야기들보다 훨씬 더 광범위하고 다양한 개념들을 포함하고 있다."[116] 그렇다면 '마솰'(מָשָׁל)에 담긴 내용과 그 형식, 그리고 목적은 무엇일까?

① '마솰'(מָשָׁל)에 담긴 내용. '마솰'(מָשָׁל)의 용례를 살펴보면 그 내용은 하나님의 신비한 섭리와 구속의 은총, 그리고 불순종한 이스라엘에게 임한 심판에 관한 언어적인 진술과 선포임을 알 수 있다.

민 24:3 - 그가 예언을 전하여 말하되 브올의 아들 발람이 말하며 눈

을 감았던 자가 말하며

왕상 9:7 - 이스라엘은 모든 민족 가운데에서 속담거리와 이야기거
리가 될 것이며

잠 1:6 - 잠언과 비유와 지혜 있는 자의 말과 그 오묘한 말을 깨달으
리라

시 49:5 - 내가 비유에 내 귀를 기울이고 수금으로 나의 오묘한 말을
풀리로다

시 78:2 - 내가 입을 열어 비유로 말하며 예로부터 감추어졌던 것을
드러내려 하니

겔 17:2 - 인자야 너는 이스라엘 족속에게 수수께끼와 비유를 말하라

겔 18:2 - 너희가 이스라엘 땅에 관한 속담에 이르기를 아버지가 신
포도를 먹었으므로 그의 아들의 이가 시다고 함은 어찌 됨
이냐

합 2:6 - 그 무리가 다 속담으로 그를 평론하며 조롱하는 시로 그를
풍자하지 않겠느냐

브올의 아들 발람은 출애굽한 이스라엘의 진로를 방해하고 대적하
려는 발락의 요청대로 이스라엘을 저주하려고 하였다(민 23:27). 하지만
발람은 발락의 기대와 달리 성령의 감동으로 이스라엘을 향한 하나님의
구속과 그 은총을 축복하고 말았다. 이 때 발람이 사용한 언어적인 진술
형식이 '마샬'(מָשָׁל, 민 24:3)이었다. 시편과 잠언, 그리고 선지서에서도 사
용되는 '마샬'(מָשָׁל)의 용례는 사람들에게 감추어졌던(시 78:2) 하나님의 신
비를 드러내는 언어적인 수단으로 사용된다. 즉 하나님께서 이스라엘과
이 세상에서 펼쳐가시는 하나님의 신비로운 구속과 섭리, 심판과 회복

에 관한 언어적인 진술이 '마샬'(מָשָׁל)의 주요 내용이다.

② '마샬'(מָשָׁל)의 형식. '마샬'(מָשָׁל)의 형식은 '마샬'(מָשָׁל)을 진술하는 주체가 선지자인 경우에 예언의 형식을 갖추기도 하고, 솔로몬과 같은 지혜자의 경우에는 잠언의 형식(잠 1:1,6)을, 시편 저자의 경우에는 비유의 형식(시 49:5, 2)을, 이스라엘 백성들이나 세상 사람들이 주체인 경우에는 속담의 형식(왕상 9:7; 겔 18:2; 합 2:6)을 취한다.

③ '마샬'(מָשָׁל)의 수사적인 목적은 발람의 예언(민 24:3)에서는 발람이 발락의 기대와 반대로 이스라엘을 향한 하나님의 은혜로운 구속의 작정과 그 작정이 반드시 실현되는 장래 이스라엘의 영광스런 미래 모습에 대한 축복을 확증하려는 것이다. 잠언(잠 1:1,6)의 경우에는 하나님이 불합리해 보이는 이 세상에서 구속하신 백성들을 섭리하시고 통치하심으로 드러나는 하나님의 섭리에 관한 도덕적인 교훈을 가르치려는 것이다. 시편에서 '마샬'(מָשָׁל)의 수사적인 목적은 하나님의 구속 언약의 은총과 그 신비를 분명한 언어로 진술하여 계시하려는 것이다.

예를 들어 시편 전체의 내용을 간략하게 서술하자면 다음과 같이 정리할 수 있다. 하나님이 무조건적으로 이스라엘을 자기 백성 삼으시고 영원한 언약을 맺으셨고, 그 언약에 따라 이스라엘 백성들에게 복을 주셨다. 하지만 이스라엘은 잠시 언약의 축복을 누리며 감사하다가 다시 옛 본성대로 말씀에 불순종하고 언약을 파기하자 하나님은 이들을 징계하시고 심판하셨다. 하지만 하나님은 불순종한 이스라엘 백성들을 영원히 심판하지 않으시고 고난 중에 있는 이스라엘 백성들 탄식하며 구원을 간청하는 이스라엘에게 찾아오셔서 이들을 다시 구속하시고 회복하시며 영광스런 미래를 약속하신다.

2) 헬라어 '파라볼레'(παραβολή)의 용례

헬라어 신약성경에서 '비유'를 의미하는 '파라볼레'(παραβολή)는 모두 48회 등장한다. 이중에 누가복음 4장 23절에서 한 차례 '속담'으로 번역하였고, 나머지 47회는 모두 '비유'로 번역하였다. '파라볼레'(παραβολή)는 히브리서에서 2회 '비유'로 언급되고(히 9:9), 나머지 대부분(46회)은 모두 공관복음서에 예수님이 천국에 관한 계시의 수단으로 등장한다. 그렇다면 '파라볼레'(παραβολή)의 내용과 형식, 그리고 수사적인 목적은 무엇일까?

① 파라볼레의 내용. '파라볼레'(παραβολή)의 내용은 대부분(48회 중 46회) 예수님의 천국 계시에 관한 내용을 담고 있다. 예수님은 천국을 어떤 농부가 좋은 씨를 제 밭에 뿌리는 파종에 비유하였다(마 13:34). 이외에도 천국은 "마치 사람이 자기 밭에 갖다 심은 겨자씨 한 알 같으며"(마 13:31), 여자가 가루 서 말 속에 갖다 넣어 전부 부풀게 한 누룩과 같고"(마 13:34), 밭에 감추인 보화와 같으며(마 13:44), 좋은 진주를 구하는 장사와 같으며"(마 13:45), 그 종들과 회계하려 하던 어떤 임금과 같고"(마 18:23), 품군을 얻어 포도원에 들여보내려고 이른 아침에 나간 집 주인과도 같고(마 20:1), 자기 아들을 위하여 혼인 잔치를 베푼 어떤 임금과도 같으며"(마 22:2), 등을 들고 신랑을 맞으러 나간 열 처녀와 같다"(마 25:1).

② 파라볼레의 수사적인 형식. '파라볼레'(παραβολή)의 수사적인 형식은 "천국은 -과 같다"는 기본 공식을 갖추고 있으며, 천국에 관한 진리(원관념)을 예수님 당시 팔레스타인의 일상 경험(보조관념)에 빗대어 비교점(comparison)을 근거로 설명한다.[117] 예수님이 천국의 원관념을 당시 사회

문화의 보조관념을 활용하여 설명할 때, '파라볼레'(παραβολή)의 수사적인 비유 형식의 분량은 '누룩 비유'(마 13:33)나 밭에 감추인 보화의 비유(마 13:44)처럼 한 문장 정도로 간단한 경우와, '진주 비유'(마 13:45-46)나 '그물 비유'(마 13:47-48)처럼 간단한 플롯을 갖춘 경우, 그리고 씨 뿌리는 자의 비유(마 13:3-8)나 열 처녀 비유(마 25:1-13)처럼 기-승-전-결의 내러티브 플롯을 갖춘 '내러티브 비유'로 나뉠 수 있다.

그렇다면 예수님이 천국을 '파라볼레'(παραβολή)의 수사적인 형식에 담아 전달할 때, 청중에게 의도했던 수사적인 목적은 무엇이었을까? 지난 2천 년의 비유 해석의 역사는 이 질문에 관한 해답의 실마리를 제공한다.

III. 비유 해석의 역사

1. 초대교회 교부들의 알레고리 해석

초대교회 기간 중에는 복음서의 비유에 관한 알레고리 해석 방법이 대세를 이루었다. 그 배경에는 그리스-로마 사회에서 권위적인 문서로 간주되었던 여러 신화들에 대한 상징적인 해석, 또는 알레고리 해석의 풍조도 한 몫을 했다. 뿐만 아니라 모세오경에 등장하는 비도덕적인 구절들을 단지 문자적으로 이해할 경우(ex. 창 38장의 유다와 다말의 행동, 시 137:9, "네 어린 것들을 바위에 메어치는 자는 복이 있으리로다"), 그리스 로마의 도덕과 윤리에 비하여 다소 저급해보임으로 이교도들에게 기독교 복음의 우위를 적극 변증하기에는 한계가 있었다. 이런 배경 속에서 초대교회 교부들은 성경에 대한 문법적 및 역사적 해석 방법보다는 문자 배후의 상징적 의미를 더 적극적으로 추구하였다.[118]

알렉산드리아의 클레멘트(Clement of Alexandria, 150-215)는 선한 사마리아인 비유(눅 10:30-35)를 다음과 같이 알레고리로 해석하였다. 선한 사마리아인은 그리스도를 의미하며, 강도들은 어두움의 통치자들, 강도 만난 자의 상처는 공포와 육욕, 분노, 고통, 사기, 쾌락을 의미하며, 그 상처 위에 부어진 포도주는 다윗의 포도나무의 피, 그 상처에 바른 기름은 성부의 사랑을, 그리고 상처를 싸매서 건강과 구원을 회복한 것은 믿음과 소망, 그리고 사랑의 회복으로 해석하였다.[119]

클레멘트의 후계자 오리겐은 데살로니가전서 5장 23절의 "너희의 온 영(τὸ πνεῦμα)과 혼(ἡ ψυχὴ)과 몸(τὸ σῶμα)이…. 흠 없이 보전되기를 원하노라"에 근거하여 인간이 몸과 혼, 그리고 영으로 구성된 것처럼, 성경 본문도 (σῶμα, 몸에 상응하는) 문자적 의미와 (ψυχὴ, 혼에 상응하는) 도덕적인 의미, 그리고 (πνεῦμα, 영에 상응하는) 영적인 의미로 구분하여 해석할 수 있다고 보았다.[120] 오리겐은 이러한 삼분설의 해석방법론에 근거하여 선한 사마리아인의 비유를 다음과 같이 알레고리화하였다. 여리고로 내려가던 사람은 아담을 의미하며, 그가 떠나 온 예루살렘은 낙원을, 여리고는 이 세상, 강도들은 악한 세력들과 인간의 원수들, 상처는 불순종과 범죄를, 지나간 제사장은 율법을, 선한 사마리아인은 그리스도를, 나귀는 그리스도의 몸을 의미하며, 여관은 교회를, 데나리온 두 개는 성부와 성자에 대한 지식을, 여관 주인은 교회를 보호하는 천사들, 선한 사마리아인이 여관으로 다시 돌아오겠다는 약속은 그리스도의 재림에 대한 약속으로 해석하였다. 로버트 스타인에 의하면 초대교회에서 선한 사마리아인의 비유를 알레고리화한 최고봉은 어거스틴(Augustine, 354-430)이라고 한다.[121] 이런 사례들에서 알 수 있듯이 알레고리 해석 방법은 초대교회 주요 교부들 사이에 널리 사용되었다. 물론 안디옥의 교부들과 크리소스톰은 알레고리 해석 방법을 거부하고 문법적이고 역사적인 해석을 주장하였다. 하지만 이들의 주장은 초대교회 안에 큰 영향을 주지 못하였다.

2. 칼빈의 문법적 및 역사적 해석

칼빈은 중세시대의 우화적인 해석을 거부하고 문법적 및 역사적 해석에 근거한 신학적인 해석과 당대 교회를 향한 설교의 적용을 균형 있게 추구하였다. 푸켓(D.L. Puckett)에 의하면, 칼빈은 구약 성경의 모형과 예언을 해석함에 있어서 문자적인 해석을 추구하는 유대인 해석가와 그리스도를 지향하는 신학적인 해석을 추구하는 기독교 해석가 사이의 균형을 추구하였다.[122] 칼빈은 구약 본문의 역사적인 문맥을 무시하거나 본문의 문맥을 무시하고 세부적인 내용을 신학화하는 해석을 우화적인 해석(allegorical interpretation)이라 비판하였다.

존 칼빈은 갈라디아서 4장에서 사도 바울이 이삭과 이스마엘을 각각 을 따라 난 자와 영을 따라 난 자로 설명하는 부분('이것은 비유니', ἅτινά ἐστιν ἀλληγορούμενα)을 다시 설명하는 중에, 다음과 같이 알레고리 해석을 정당화하는 사람들을 비판하였다: "오리겐과 그 밖에 많은 사람들이 성경을 비유적인 방법으로만 해석함으로써 성경의 순수한 본 뜻과는 거리가 멀게 해석했다. 저들은 문자대로의 의미는 너무 무미건조하다고 생각하면서, 문자의 꺼풀 속에 캐낼 수 없는 보다 깊은 비밀이 숨겨졌는데 그 비밀은 다만 비유적인 방법으로만 인출할 수 있다고 주장한다...이것은 의심할 여지없이 성경의 권위를 약화시키며, 성경을 읽어서 얻는 유익을 빼앗으려는 사단의 속임수다. 하나님은 성경의 순수한 의미가 거짓된 주석으로 매장될 때, 이러한 신성모독에 대하여 정당한 심판으로 복수하셨다."[123]

칼빈은 포도원 품군 비유(마 20:1-16)에 대한 주해에서도 다음과 같이 우화적인 해석을 비판하였다: "이 비유의 세밀한 면을 검토해 보려는 생각은 공연한 호기심이다. 우리는 그리스도께서 우리에게 말씀하시려는 의도 그 이상을 찾으려고 해서는 안 된다." 포도원 품꾼 비유 내용 중에 "날이 저물매"(마 20:8)의 의미에 관하여 칼빈은 우화적인 해석을 시도하는 사람들을 이렇게 비판하였다: "유대인들이 이방인들에 대한 악의와 증오심을 갖고 있었으므로, 주님은 이 말씀으로 책망하는 것이라고 상상하는 자들은 이 비유의 요점을 놓치고 있다... 이 비유의 단순한 의미는 하나님이 보상을 주시는 데 있어서 어떤 구애를 받지 아니하신다는 것이다."[124]

3. 아돌프 율리허의 '하나의 비교점' 해석

1888년 이전까지는 복음서의 천국 비유 한 편 속에는 하나 이상의 다양한 신학적인 의미가 내포된 것으로 간주되었다. 초대교회 이후로 오랫동안 표준적인 해석 방법으로 정착된 알레고리 해석의 주류 전통은 이러한 입장을 대변하였다. 하지만 아돌프 율리허(Adolf Jülicher, 1857-1938)가 1888년에 펴낸『예수의 비유 강설』(Die Gleichnisreden Jesu)은 비유 해석의 역사에 획기적인 전환점을 제공하였다. [125] 아돌프 윌리허는 복음서의 천국 비유를 '단 하나의 비교점'(a single point of comparison)을 가진 직유(similitude)로 정의하였다. 각각의 비유는 의도하는 단 하나의 실재(reality)를 가리키는 단 하나의 그림(picture)만이 있을 뿐이고, 그림 이미지로 묘사되는 비유의 세부적인 서술의 소재들(씨앗, 파종, 옥토, 가시밭, 자갈밭)은 단 하나의 실재(천국), 또는 의도하는 의미(그리스도의 성육신을 통한 구원)를 구성하는 배경 자료나 이미지 배경의 색채만을 제공할 따름이다. 로버트 스타인에 의하면, 아돌프 윌리허가 비유 해석사에 끼친 지대한 공헌은 비유(parables)와 알레고리(allegories)를 하나의 의도된 의미와 여러 의미들로 명확하게 구분한 것이다. [126] 이를 통해서 오랫동안 맹위를 떨쳤던 알레고리 해석을 종식시켰다.

4. 찰스 다드의 '삶의 자리'

20세기에 들어서 비유 연구의 중요한 공헌은 찰스 다드(Charles H. Dodd)와 요아킴 예레미야스(Joachim Jeremias)에게서 이루어졌다. 찰스 다드는 비유 해석에서 아돌프 윌리허가 주장했던 '단 하나의 요점'의 중요성을 인정하면서도, 1936년에 펴낸 『하나님 나라의 비유들』(The Parables of the Kingdom)에서 천국 비유에 대한 역사적인 배경 해석의 중요성을 강조하였다. 즉 예수님의 천국 비유를 그 원래의 역사적이고 문화적인 배경 속에서, 그리고 처음 청중들의 '삶의 자리'(Sitz im Leben, setting in life)에서 이해해야 할 것을 강조하였다. [127] 다드의 주장은 예수님의 천국 비유를 지나치게 현대 독자들에게 적용지향적으로 해석하려는 경향에 제동을 걸었다.

즉 이 비유가 '오늘날 우리에게 어떤 의미를 주는가?'를 질문하기 전에 먼저 '예수께서 당시 유대인 청중들에게 어떤 의도를 달성하려고 했는가?'를 먼저 질문해야 한다는 것이다.[128] 찰스 다드는 예수님의 비유를 처음 청중들의 '삶의 자리'에서 이해하기 위하여, 당시 유대 청중들의 세계관과 그 기저의 사상들, 랍비와 같은 교사들로부터 듣고 싶은 교훈들, 이에 대한 예수님의 일반적인 교수법들을 살펴봐야 할 것을 강조하였다.[129]

이렇게 볼 때 '잃은 양을 찾는 비유'(눅 15:4-7)나 '잃은 드라크마를 찾는 비유'(눅 15:8-10) 해석에서는 예수님이 이 비유 강설을 시작한 배경을 제공하는 당시의 '삶의 자리'로서 바리새인들과 서기관들의 예수님에 대한 비판과 적의를 그 출발점으로 삼아야 한다. "바리새인과 서기관들이 수군거려 이르되 이 사람(예수)이 죄인을 영접하고 음식을 같이 먹는다 하더라."(눅 15:2). 예수님이 공생애 동안에 천국 비유를 통하여 하나님 나라 백성들을 하나님의 영원한 언약과 영생의 자리로 인도할 당시, 종교적인 기득권을 가진 서기관들과 바리새인들은 예수님의 복음 전도 활동을 배척하고 증오하였다. 이에 대한 예수님의 답변이 '잃은 양을 찾는 비유'(눅 15:4-7)와 '잃은 드라크마를 찾는 비유'(눅 15:8-10)의 말씀이다. 즉 예수님은 이러한 비유의 말씀을 통하여 성부 하나님이 지금 예수님 자신의 공생애 사역을 통하여 하나님의 집을 버리고 떠나버린 자기 백성들을 불러서 다시 하나님의 집으로 인도하고 있음을 계시하셨다. 성부 하나님이 예수님 자신의 사역으로 이스라엘의 잃어버린 양들을 다시 불러들이고 계시며, 이스라엘 백성들이 그토록 기다려 왔던 하나님 나라는 예수님 자신의 공생애 사역을 통하여 임하고 있다는 것이다.

IV. 현대 신학자들의 비유 해석

홍창표 교수에 의하면, 최근 비평학자들은 예수님의 비유와 관련하여 다음 세 가지 주제를 중심으로 열띤 논쟁을 벌이고 있다: ① 예수님의 비유는 단일한 요점만을 제시하는가, 아니면 하나 이상의 요점을 제시하는가? ② 예수님의 비유는 풍유와 다른 것인가? 아니면 비유와 풍유가 합쳐져 있는가? ③ 비유의 목적으로 언급된 '계시의 은폐'는 발화 이전부터 의도한 것인가, 아니면 발화 결과에 대한 평가인가?[130]

1. 발화자가 의도한 하나의 신학적인 의미

로버트 스타인(Robert H. Stein)은 『비유 해석학』(An Introduction to the Parables of Jesus)에서 초대교회 이후 지난 2천년의 비유 해석의 역사를 고찰하고 다음 네 단계 비유 해석의 원리를 제시하였다.[131]

> ① 비유에서 하나의 요점을 찾으라. 절대적으로 필요한 경우를 제외하고는 비유의 세부적인 서술들에서 알레고리적 의미를 찾지 말라.
> ② 비유가 발언된 삶의 정황을 파악하라.
> ③ 복음서 저자가 예수님의 비유를 어떻게 해석했는지를 파악하라.
> ④ 하나님께서 비유를 통하여 오늘날 우리들에게 말씀하는 적용점을 파악하라.

비유 해석 방법론에 관한 로버트 스타인의 공헌은 편집비평의 원리를 비유 해석에 적용한 것이다. 편집비평의 주된 관심사는 마태나 누가와 같은 복음서 저자들이 각자 복음서를 작성할 때 기존의 문서 자료들을 참고하면서도 각자가 독자들에게 전달하려는 독특한 신학적인 의미 전달의 목적을 달성하기 위하여 자신들의 자료를 편집한 방식에 관한 것이다.[132]

편집비평의 원리를 비유 해석에 적용한다면, '은 열 므나의 비유'(눅 19:12-27)에서 예수님이 당시 유대의 청중들에게 전달하려고 의도한 메시지는 무엇이었을까? 그 실마리는 누가가 비유를 서술하기 직전에 역사적인 배경으로 언급한 '하나님 나라의 지연'에서 찾아볼 수 있다: "그들이 이 말씀을 듣고 있을 때에 비유를 더하여 말씀하시니 이는 자기가 예루살렘에 가까이 오셨고 그들은 하나님의 나라가 당장에 나타날 줄로 생각함이더라."(눅 19:11). 예수님이 상대했던 당시 유대 청중들의 문제와, 저자 누가가 상대했던 초기 독자들의 상황(제3의 삶의 정황, the third Sitz im Leben)은 무엇이었을까? 유대 청중들의 문제는 예수께서 예루살렘에 가까이 오셨으니 이제 곧 하나님 나라가 당장 큰 능력과 영광으로 성취될 것으로 기대했었다.

이 문제에 관하여 예수님은 므나 비유를 통하여 답변하시는 해답은 다음과 같다. 첫째, 예수님은 하나님 나라 왕권을 가지고 이 세상에 강림하셨다. 둘째, 하지만 온전한 영광과 능력 가운데 임하는 하나님 나라는 지연되었다. 셋째, 지연된 하나님 나라를 기다리는 백성들의 자세는 하나님 나라를 맡은 청지기로서 신실하게 말씀에 순종하는 삶을 사는 것이다. 넷째, 그리스도의 재림으로 성취될 온전한 하나님 나라를 믿지 못하는 자들은, 청지기의 삶에서 실패할 것이고 이들의 불순종은 상응하는 심판을 받을 것이다.[133]

2. 천국 비유에 대한 알레고리 해석과 적실한 적용

1) 크레이그 블룸버그의 입장

로버트 스타인이 율리허-다드-예레미야스를 따라서 비유에서 단 하나의 신학적인 의미를 추구했다면, 크레이그 블룸버그는 비유가 당대 군중들이나 청취자, 그리고 후대의 독자들에게 연관성을 맺고 그들에게 신학적인 의도를 달성하는 단계까지 나아가는 과정에서 알레고리 해석의 가능성을 인정하였다. 즉 예수님의 비유 해석의 목표는 단일한 신학적인 의미를 파악하는 것만으로 충분하지 않고, 당시 제자들과 유대 군중들, 그리고 후대의 독자들에게 의도한 의미를 달성하는 차원을 고려하여 2차적인 의미의 적용이 가능하다는 것이다. 크레이그 블룸버그(Craig Bloomberg)는 예수님의 천국 비유에서 준(準) 사실적 기록에 관한 문자적 해석과 2차적인 의미의 해석(또는 적용)을 기다리는 풍유에 관한 은유적 해석으로 구분하였다. 준 사실적 기록을 해석할 때에는 문자적인 해석 방법이 충분하지만, 2차적인 의미의 해석을 기다리는 풍유에 대해서는 은유적 해석이 필연적으로 요청된다는 것이다. [134] "그 비유가 풍유인 것은 비유의 모든 요소들이 다른 어떤 것을 상징하기 때문이 아니라 적어도 각 비유의 몇 부분이 그 이야기에 나오는 2차적 의미를 은유적으로 가리키는 역할을 하기 때문이다."[135] 그래서 그레이그 블룸버그에 의하면 "풍유적 해석은 대스승이 피하신 열등한 예술 양식이 아니라 비유를 설명하는 필수적 방법이며 이론으로 풍유를 부인하는 사람조차도 실제에서는 풍유를 피할 수 없다."[136]

2) 비유의 신학적인 의미와 수신자 상황에 적실한 적용

크레이그 블룸버그가 예수님의 비유를 설명하는 필수적인 방법으로 풍유적인 해석을 인정하는 의미는 비유의 단일한 신학적인 의미를 인정하는 것과 대립하는 것이 아니다. 그보다는 비유의 메시지가 주도권을 갖고 청취자나 후대의 독자들의 실존적인 세계관으로 돌격해 들어오는 연관성의 차원 또는 설교 메시지 전달과 적용의 차원 때문이다. 즉 블룸버그가 말하는 2차적인 해석은 알레고리 해석이 아니라 비유의 신학적인 의미를 수신자의 독특한 상황에 맞게 적용하는 것이다. 2차적인 의미의 해석을 성경 해석학의 관점에서 설명하는 용어가 알레고리 해석, 또는 은유적인 해석이고, 이를 설교학의 관점에서 설명하자면 적용 지향적인 설득, 또는 적용 지향적인 설교라고 할 수 있다.

비유 해석에서 먼저 준(準) 사실적 기록에 관한 문자적 해석은, 말 그대로 비유 본문의 문법 사항을 고려하고 1세기 삶의 정황을 고려하여 역사적으로 주해하는 것이다. 씨 뿌리는 자의 비유에서 농부는 말 그대로 1세기 팔레스타인의 농부를 의미하며 씨앗은 그대로 곡식 씨앗을, 그리고 옥토는 기름진 토양을 문자적으로 의미하는 것으로 받아들이는 것이다. 하지만 이 단계에서 한 걸음 더 나아가 예수님이 씨 뿌리는 자의 비유를 제자들에게 말씀할 당시 옥토는 제자 베드로와 같은 신실한 이스라엘 백성들을 의도했던 것인지 그 옥토라는 단어에 바리새인들은 배제되었는지의 여부는 비유의 신학적인 의미에 대한 2차적인 설득 과정과 적용 과정에 따라 결정되어야 한다는 것이다. 그래서 예수님의 천국 비유가 당시 제자들과 유대 군중들, 그리고 후대의 독자들에게 의도한 2차적인 의미(또는 수신자의 상황에 맞는 적용적인 의미) 속에는 그리스도의 성육신으로 도래한 하나님 나라 실현의 선포로부터 시작하여, 그 은혜의 구원을 받아들이라는 초청과 그 구원을 거부한 자들에 대한 심판, 이미 임한 하나님 나라와 동시에 아직 임하지 않은 하나님 나라 사이의 긴장, 재림 지연에 대한 경고, 지연된 재림을 인내하며 맡겨진 청지기 직분을 성실히게 감당하라는 여러 교훈과 권면들을 포함한다. 이렇게 예수님의 비유는 천국의 의미에 관한 단 하나의 신학적인 의미를 교훈함과 동시에 그 비유를 듣거나 읽음으로 마주하는 청취자들과 독자들의 실존적인 상황에 연관성을 맺고서 적실한 반응을 요구하는 것으로 이해한다면, 예수님의 비유에서 2차적인 의미의 파생을 배제하기 어렵고 도리어 예수님의 비유에서 2차적인 의미의 여지를 고려하는 '적용 지향성'을 인정할 수밖에 없다.

3) 성경의 사례에서 발견되는 적실한 적용으로서의 알레고리 해석

'예수님이 마태복음 13장에서 먼저 씨뿌리는 자의 비유를 선포하셨을 때, 제자들은 그 비유의 신학적인 의미를 온전히 이해하지 못하였고 디나아가 자신들의 삶에 그 비유의 적용적인 의미를 가져와 자신들의 실존 상황에서 적극 실천하지도 못하였다. 그러자 예수님은 그 비유를 구성하는 소재들의 개별 단어와 개념들을 제자들의 인지 수준에 맞추어 적용적으로 연관시켜 주셨다. "돌밭에 뿌려졌다는 것은 환난이나 박해가 일어날 때 넘어지는 자"를 의미한다는 것이다(마 13:20-21). 이러한 2차적인 해설은 이 비유의 신학적인 의미가 아니라 그리스도 안에서 도래한 천국이라는 단일한 신학적인 의미가 메시지 수신자의 상황에 맞게 2차적으로 적용하는 과정이다. 설교학의 시각에서 보자면 예수님은 바리새인들을 포함한 일반 대중들에게 선포하였던 천국에 관한 연설 메시지를 제자들의 실존 상황에 맞추어 다시 설교적인 연관성을 맺어주신 것이다. 그래서 마태복음 13장의 천국 비유 속에는 구약 시대에 예언한 메시아 주도적인 천국에 관한 원리화 메시지와 새언약 백성의 대표자인 제자들을 향한 천국의 신학적인 메시지에 대한 실존적인 적용 지향적 설교 메시지가 함께 기록된 것으로 이해할 수 있다.

　사도 바울도 갈라디아서 4장 21절 이하에서 아브라함의 두 아들 이삭과 이스마엘을 영을 따라 난 자와 육을 따라 난 자로 설명한 것은, 창세기 12장 이하의 불변하는 아브라함 언약과 하나님의 주권에 관한 아브라함 내러티브에 담긴 단일한 신학적인 의미를 잘 이해하지 못하는 갈라디아 교회 신자들에게 율법으로 돌아가지 말 것을 설득하는 단일한 신학적인 의미를 이들에게 설득력 있게 적용한 설교 메시지의 일부로 볼 수 있다. 사도 바울은 이러한 적용 지향적인 설명을 가리켜서 '비유로 설명하겠다'(ἅτινά ἐστιν ἀλληγορούμενα)고 하였다(갈 4:24).

　이와 같은 사례는 사도 바울이 '영적 전쟁'이라는 단일한 신학적인 의미를 잘 실천하지 못하는 에베소교회 성도들을 설득하기 위하여 로마 병사들의 '전신갑주' 은유로 설득하는 경우에서도 잘 나타난다. 사도 바울은 영적 전쟁의 승리를 위한 필수 요건으로 진리와 칭의, 믿음, 구원, 성령의 감동 등등을 군사들의 전신갑주를 이루는 허리띠, 호심경, 신발, 방패, 투구, 검 등등의 은유로 설득하였다(엡 6:10-17). 영적 전쟁에서 승리하기 위하여 하나님의 은혜로 얻은 구원에 대한 확신이 필수적이지만, 이 구원을 투구의 은유에 한정하면 전체 성경(tota scriptura)의 관점을 벗어난 알레고리 해석이다. 하지만 사도 바울은 은혜로 얻은 구원에 대한 확신의 중요성을 부각시키기 위하여 전쟁에 임하는 군사가 자신의 머리를 보호하기 위하여 착용하는 투구의 은유로 설명하고 있다. 해석자가 "구원의 투구"(엡 6:17)라는 구절에서 '구원'과 '투구'를 배타적으로 한정하여 연결시켜 해석하면 알레고리 해석의 오류에 빠지는 것이고, 다른 은유(방패나 금고)를 동원해서라도 얼마든지 구원의 중요성을 납득시킨다면 올바른 은유 해석과 설교적인 적용을 달성한 것으로 이해할 수 있다.

3. 천국 비유가 달성하는 변혁적인 언어-사건

예수님의 천국 비유는 어떤 과정을 거쳐서 당시 제자들과 군중들, 그리고 후대의 독자들에게 의도한 2차적인 의미(또는 설교 적용의 차원)를 달성하는가? 푹스와 에벨링과 같은 신해석학파는 비유 해석 과정에서 해석자 또는 청취자에게 발생하는 변혁적인 언어 사건에 주목하였다. 신해석학은 비유 해석 과정을 해석자가 주도적으로 비유 본문의 상징어가 가리키는 의미를 찾아가는 과정으로 이해하지 않고, 오히려 예수님의 비유 발화가 당시 청중과 후대 독자들의 기존 세계관을 도전하고 변혁하는 언어 사건으로 이해하였다.[137]

이러한 입장은 예수님의 비유를 단순히 천국의 비밀을 서술하는 차원으로 이해하였던 전통적인 비유에 포함된 직유와 은유에 관한 이해의 지평을 확장하는 것이다. 언어 철학의 입장에서 보자면 예수님의 비유는 천국에 관한 명제적인 정의(propositional definition)를 서술하는 것이 아니라, 그동안 숨겨진 하나님 나라의 통치가 예수 그리스도의 성육신을 통하여 성취되었음을 선포함으로 당시 유대인들과 후대 독자들의 세계관에 심판을 선고하고 은혜로 열린 하나님 나라 안으로 들어올 것을 초청하며, 겸손하게 그 나라의 은총을 간구하는 자들에게 이미 그 나라 백성됨의 특권이 주어졌음을 확증하는 수행적인 수단(performative language tool)이다.

로버트 풍크는 율리허와 다드, 예레미아스가 주장했던 비유의 '단 하나의 요점' 입장을 그대로 받아들이면서도, 예수님의 비유를 설명 지향적인 직유와 '의미 창조'(creative of meaning) 지향적인 은유를 구분하였다.[138] 설명과 묘사 지향적인 직유는 '-처럼'이나, '-과 같은' 수사법을 사용하여 원관념과 보조관념을 직접 비교하는 차원에 머무른다면, 은유(metaphor)는 언급하는 실재를 전달하는 매개체이고 설득의 목표를 달성하는 최고 수단으로 이해하였다.[139] 이와 유사한 관점에서 셀리 맥파규(Sallie McFague)에 의하면, 비유 해석이란 독자가 비유를 주도적으로 해석하는 것이 아니라 반대로 비유가 독자를 해석하는 것이고, 독자의 기존 가치관과 세계관의 문제와 그 한계가 예수님의 천국 비유에 의하여 폭로되고 드러나며 예수님의 천국 비유에 담긴 새로운 전망이 독자의 새로운 세계관으로 재정립되는 과정이다.[140]

천국 비유에 담긴 깨달음의 언어-사건(의 잠재력)은 현대적인 은유 이론(theory of metaphor)과도 흡사하다. 레이코프와 존슨에 의하면, "은유의 본질은 한 종류의 사물을 다른 종류의 사물의 관점에서 이해하고 경험하는 것"이다.[141] 예를 들어 '시간은 돈이다'는 은유 문장은 경제 논리가 뿌리 깊게 깔린 현대인들의 시간에 대한 생각(명시적 정보A)과 돈과 같은 재화에 대한 생각(명시적 정보B)을 둘로 결합하여 이전과 달리 새롭고 혁신적으로 사고하도록 유도하는 문장이다. 발화자가 청취자의 인식 세계에 개념적인 통합의 목적을 달성하기 위하여 수사적인 전략으로 사용하는 연결사가 '-과 같은(-like)'이나, '-처럼(-as)'이다. 예를 들어 '시간은 돈이다'는 은유 문장의 경우, 발화자는 아직 시간과 돈에 관한 두가지 명시적 정보를 통합적으로 결합하여 사고하지 못하는 청취자로 하여금 두 가지 명시적 정보를 통합적으로 결합하여 사고하도록 유도하는 문장이다.[142] 레이코프에 의하면 이러한 은유 문장을 통한 설득의 과정은 대화 참가자가 함께 공유하는 개념들의 언어(= 근원 영역, source domain)로부터 시작하여 발화자가 목표하는 개념에 대한 깨달음(= 목표 영역, target domain)으로 진행된다. 발화자가 수신자에게 의도했던 목표 영역은 원관념에 관한 새로운 깨달음을 얻는 개념적 통합의 단계다.

예수님의 천국 비유도 원관념과 보조관념의 개념적 통합을 이끌어 내기 위하여 천국의 원관념을 1세기 유대 문화의 다양한 보조관념들과 은유적으로 연결하고 있다. 예를 들어 예수님은 천국의 원관념에 관한 개념적인 통합을 이끌어내고자 '-과 같이'(as)리는 '연결사'를 다양한 보조관념들과 연결시켰다: 씨 뿌리는 자의 비유(마 13:3-9, 18-23), 알곡과 기리지의 비유(마 13:24-30, 36-43), 겨자씨 비유(마 13:33), 누룩의 비유(마 13:33), 밭에 감추인 보화의 비유(마 13:44), 값진 진주의 비유(마 13:45-46), 그물의 비유(마 13:47-50), 열처녀 비유(마 25:1-13), 달란트 비유(마 25:14-30) 등등.

예수님의 비유를 이렇게 이해할 경우, 비유 해석자의 관심은 비유에서 언급되는 1세기의 유대 농경 문화나 사회에 관한 보조관념과 비유로 계시되는 천국의 원관념 사이의 단순한 유사성이 아니라, 비유가 당시 청중들이나 후대의 독자들에게 의도하는 변혁적인 언어-사건을 그대로 실현하는 것이다. 로버트 스타인에 의하면 예수님의 천국 비유는 하나님 나라에 관한 신학적인 의미를 설명하거나 서술하는 차원에 머무르지 않고, 오히려 비유를 듣거나 읽는 사람들과 새로운 실존적인 관계를 맺고서 그들을 천국의 은총을 수용하고 합당한 헌신의 반응을 이끌어 내거나 또는 천국의 은총을 거부하고 그에 따른 책임과 심판을 결정하는 언어-사건이다. 이렇게 볼 때 예수님의 천국 비유는 해석자가 해석하는 해석 대상이 아니라, 도리어 해석자에게 다가와서 해석자를 새롭게 변혁하는 해석의 주체인 셈이다. [143]

"비유가 해석의 대상이 아니라 해석의 주체"라는 주장을 설교학의 관점에서 다시 설명하자면, 오늘날의 설교자가 비유 본문을 설교할 때 예수님처럼 설교해야 한다는 뜻이다. 즉 설교자는 천국 비유의 메시지가 설교 청취자들에게 기존의 가치관과 세계관에 도전하며 새로운 천국의 세계관을 재구성하는 언어-사건으로 다가오도록 설교 메시지를 구성하고 그렇게 설교해야 한다. 천국 비유의 2차적인 의미나 천국 비유의 해석학적인 주도권은 오직 천국 비유를 설교하는 설교자가 설교 메시지를 통하여 청중에게 변혁적인 깨달음의 문을 열어주는 언어-사건으로 선포할 때만 가능하기 때문이다.

4. 구조주의 비유 해석

1) 크레이그 블룸버그의 전체론적 모델

크레이그 블룸버그(Craig Bloomberg)는 천국 비유 해석에 관한 기존의 다양한 입장들을 비평한 다음에, 신해석학파가 주장했던 비유 해석과 적용에서의 언어-사건 개념과 구조주의적인 비유 해석 방법을 참고하여 천국 비유에 관한 전체론적 모델(holistic model)을 제안하였다. [144] 그에 의하면, 예수님의 천국 비유를 해석할 때 가장 바람직한 모델은 해석하려는 내러티브 비유의 "한 텍스트의 낱말들을 그 낱말이 들어 있는 좀 더 큰 의미론적 구조의 문맥 안에서 해석하고, 저자가 궁극적으로 독자(또는 청중)에게 전달하려고 의도하는 의미를 찾아내는 것"이라고 한다.[145]

천국 비유에 관한 전체론적인 해석(holistic interpretation)은 '내러티브 비유'의 '행위자'(actant)에 대한 상호 작용을 분석하는 단계(내러티브 비유 안에서 행위자들 상호 관계 분석)와, 해당 비유가 구조적인 프레임을 통하여 의미를 형성하는 과정을 추적하는 단계(내러티브 비유 바깥에서 저자가 수신자들에게 전달하려는 최종 의미 분석)로 구분된다.

먼저 구조주의 해석 방법에 따른 내러티브 비유 해석의 첫째 단계는 내러티브 안에 여섯 가지의 행위자(actant)의 상호 작용을 분석하는 것이다.[146] 크레이그 블룸버그에 의하면, "각 비유는 중요한 등장인물마다 하나의 요점을 말하니 - 종종 각 비유미디 2, 3명의 등장 인물이있다 - 이 중요한 등장 인물은 십중팔구 비유에서 자신이 아닌 다른 것을 상징하는 요소이며 그래서 비유에 풍유적 성격을 준다."[147] 크레이그 블룸버그는 이러한 비유 해석 방법을 가리켜서 '단일한 세 요점'(simple three-point) 비유라고 칭하였다. 그에 의하면, '단일한 세 요점 비유'에서는 내표적인 한 인물이 통치자나 권위자 역할을 맡고, 그 아래에 서로 대조적인 두 인물로 선한 아랫사람과 악한 아랫사람이 등장한다.[148]

따라서 내러티브 비유의 거시적인 차원에서 해석자는 발화자(sender)가 대상(또는 메시지 내용, object)을 수신자(receiver)에게 전달하는 과정과 이 과정에서 각각의 행위자 역할을 파악한다. 이어서 해당 내러티브 비유의 미시적인 의미 구조의 차원에서는 주인공(hero)과 조력자(helper), 그리고 반대자(또는 대적자, opponent)가 의미 형성을 위하여 맡은 고유한 역할을 분석한다.

예를 들어 탕자의 비유(눅 15:11-32)에서 발화자는 예수님, 수신자는 유대의 청중들, 메시지 내용은 자격 없는 자를 은혜로 구원하시는 하나님의 사랑이다. 발화자는 이 메시지 내용을 전달하고자 주인공과 조력자, 그리고 대적자를 동원한다. 주인공은 아버지로서 성부 하나님을 상징하고, 하나님의 사랑을 거부하는 탕자는 조력자로 예수님 당시의 세리와 죄인들을 가리키며, 대적자는 탕자의 형으로서 예수님의 자비를 반대했던 바리새인들을 가리키는 것으로 해석할 수 있다.[149]

내러티브 비유를 구조주의 관점으로 해석하는 둘째 단계는 이상의 의미가 내러티브의 플롯이나 프레임 안에서 형성되고 수신자나 독자들이 내러티브의 진행 과정에 참여할 때 최종적으로 수신자들(독자들)에게 전달되는 과정을 재구성하는 것이다. 즉 발신자(예수님)이 수신자(당시 청중과 후대의 독자들)에게 말씀하려는 최종적인 의미(신학적인 의미)와 적용점을 찾아내는 것이다. 이 단계는 내러티브 비유 안에서 신학적인 의미를 찾아가는 단계와, 해석자가 비유의 신학적인 의미를 현대의 청중에게 적실한 연관성을 맺고 적용되도록 설교 메시지를 전달하는 단계로 구분할 필요가 있다.

2) 하나 이상의 신학적인 의미

예수님이 탕자의 비유를 통하여 당시 청중들과 후대의 독자들에게 전달하려는 신학적인 의미는 무엇일까? 이 비유의 전반부(눅 15:11-16)에서 자세하게 묘사되듯이 하나님의 자녀인 신자의 타락에 관한 경고인가? 아니면 중간 단락(눅 15:17-24)에서 묘사되듯이, 자격 없고 조건 없는 자들에게 베푸시는 하나님의 전폭적인 사랑에 관한 메시지인가? 아니면 후반부(눅 15:25-32)에 불쑥 등장하듯이 첫째 아들의 불평으로 암시하는 것처럼 하나님이 자격 없는 자들에게 공급하시는 은총에 관하여 불공평하다고 불평하지 말라는 경고의 메시지인가? 가장 균형 잡힌 해석은 세 가지 인물들이 각각 세 가지 의미를 함축하는 것으로 해석하는 것이다.[150] 실제 설교자가 세 가지 의미 중에 어느 하나를 선택하여 그 하나의 메시지를 집중적으로 청중에게 적용하는 것은 설교자와 회중이 직면한 그 고유의 설교 상황(preaching context)에서 설교자가 성령의 조명을 따라 결정할 문제다. 탕자 비유 본문은 그 세 가지 설교 적용의 가능성을 모두 확보하고 있을 뿐이지 어느 하나만을 우선적으로 강요하는 것으로 해석할 수 없다.

5. 역사적인 모형론과 내러티브 모형론

1) 역사적인 모형론

역사적인 모형론(historical narrative)은 구약 시대에 진행된 구속의 역사 과정에서 약속의 형태로 주어진 모형의 인물과 제도, 직임과 사건들(모형, type)이 예수 그리스도의 죽음과 부활, 그리고 성령 강림을 통해서 완성된 하나님 나라의 성취(원형, archetype) 과정을 해명하는 해석 전략이다. 예를 들어 유월절 어린 양의 희생 제사는 그리스도의 속죄 제사를 모형론적으로 예표하며 예루살렘 성전과 그 안에서의 제사 제도들은 참 성전이신 예수 그리스도와 교회를 예표한다. 성전 안의 등불과 진설병은 예수 그리스도께서 공급하시는 영생의 빛과 하나님의 말씀을 예표한다.

이렇게 역사적인 모형론은 구속역사의 진행 과정에서 발생한 사건들이나 반복적으로 시행했던 제도들을 통해서 예표와 성취의 관계를 확인하는 해석 방법이다. 역사적인 모형론 해석의 핵심적인 조건은 과거 사건과 후대 사건의 상응점이다.[151]

2) 내러티브 모형론

모세오경에 대한 존 세일헤머의 분석에 의하면 모세오경의 내러티브는 하나님이 천지를 창조하시고 이스라엘을 구속하신 사실의 세계를 언어의 형태로 재구성한 것이다.[152] 저자의 의도는 후대의 독자들도 하나님의 구속에 동참하도록 하려는 것이다. 그런데 모세오경 저자는 이러한 수사적 목적을 달성하는 한 가지 전략으로 '내러티브 모형론'을 사용하고 있다. '내러티브 모형론'(narrative typology)이란 모세오경의 시간적인 흐름 안에서 나중 사건들은 독자로 하여금 과거의 이야기들을 기록할 수 있도록 과거 사건(모형, type)의 이야기와 후대 사건(원형 archetype, 또는 대형 antitype)의 이야기가 유사성의 상응 관계를 갖도록 기록된 내러티브이다.[153] 그래서 내러티브 모형론은 역사적인 모형론과 마찬가지로 과거 사건의 모형과 후대 사건의 대형 사이의 상응관계를 갖지만, 그 상응관계는 역사적인 사건의 진행으로 구성되는 것이 아니라 상징적인 이미지와 이야기를 반복적으로 서술함으로써 두 이야기 사이에 상응 관계가 형성된다.

존 세일헤머는 모세오경 안에서 발견되는 내러티브 모형론의 사례로 창세기 12장 10-20절의 아브라함 애굽 방문 내러티브가 나중에 창세기 41장 이하 출애굽기 12장까지에서 야곱과 70인이 애굽으로 들어가서 장대한 이스라엘 민족을 형성하여 애굽 바로의 권세를 무너뜨리고 출애굽한 과정 전체를 암시하고 있음에 주목하였다.[154] "만일 두 이야기 사이의 유사성이 우연이 아니라면 이들의 구성 뒤에는 일종의 내러티브 모형론이 분명히 존재하는 것이다."[155] 존 세일헤머에 의하면 모세오경 안에는 다양한 내러티브 모형론이 등장한다. 창세기 13장 5-11절에서 아브라함과 롯의 분리 기사는 - 앞서 창세기 4장에서 가인과 아벨의 분리로부터 내러티브 모형론이 상응관계를 가질 뿐만 아니라 - 나중에 창세기 41장-출 12장에서 이스라엘 백성들의 출애굽 과정에서 중다한 잡족들(출 12:38)의 반역과 분리에 대한 의미론의 상응 관계를 형성한다.[156] 또 창세기 1-2장의 창조 기사("그대로 되니라")는 방주 제작에 관한 노아 내러티브를 예시하며 출애굽기 25-31장에서 성막 건축에 관한 묘사와 의미론의 상응 관계를 형성한다. 출애굽기 36-40장에서 성막 완공에 관한 내러티브에서는 "여호와께서 모세에게 명령하신대로 되니라"는 구절이 거듭 반복되면서 이스라엘 회중에 세워진 성막은 창세기 1-2장의 천지 창조를 재현하고 있음을 내러티브 모형론의 상응관계로 명시하고 있다.

3) 성경 언약들의 통일성과 전체 성경의 상호본문성

성경의 여러 언약들을 그리스도 중심성으로 연구한 팔머 로벗슨에 의하면 모세오경 안에서는 창세기 2-3장의 창조언약과 창세기 9장의 노아언약, 12-15장의 아브라함 언약, 17장의 할례 언약, 22장의 이삭 번제 사건, 28장의 야곱 언약, 49장의 열 두 지파의 축복 언약, 출애굽기 19-20장의 시내산 언약이 거듭하여 구조적인 통일성을 형성한다.[157]

팔머 로벗슨이 성경의 전체 언약들의 진행 과정에서 주목했던 언약의 반복적인 갱신과 예수 그리스도 안에서의 성취를 향한 통일성은 모세오경 안에서도 예표의 차원에서 거듭 등장한다. 예를 들어 출애굽기 32장에서 금송아지 우상을 통한 언약 파기와 출애굽기 33-34장에서의 새로운 언약 갱신과 두번째 십계명 수여의 의미론적인 패턴은, 레위기 안에서도 10장의 나답과 아비후 제사장들의 언약 파기에도 불구하고 거듭 언약 갱신을 위한 정결 규례의 율법이 다시 등장하는 방식으로 상응 관계를 형성한다. [158]

모세오경 안에서 발견되는 내러티브 모형론의 상응 관계는 복음서 안에서도 복음서 저자들의 구약 인용을 통해서 거듭 발견된다. 예를 들어 아브라함과 야곱 일행이 애굽으로 내려갔다가 다시 애굽의 권세를 물리치고 출애굽한 과거 사건(모형1)은 호세아 선지자의 예언적인 전망 (호 11:1, 이스라엘이 어렸을 때에 내가 사랑하여 내 아들을 애굽에서 불러냈거늘)을 통하여 미래에 그리스도를 통한 하나님의 백성들의 구원을 예언하는 예언 기사(원형1)로 사용된다. 마태는 아기 예수가 헤롯의 박해를 피하여 애굽으로 피신한 사건을 서술할 때 역사적인 모형론의 상응 관계를 주목하였고, 과거 아브라함과 야곱, 그리고 이스라엘 백성들의 출애굽에 관한 역사적인 상응 관계를 기록으로 전환할 때 내러티브 모형론의 전략으로 서술하였다: "요셉이 일어나서 밤에 아기와 그의 어머니를 데리고 애굽으로 떠나가 헤롯이 죽기까지 거기 있었으니 이는 주께서 선지자를 통하여 말씀하신 바 애굽으로부터 내 아들을 불렀다 함을 이루려 하심이라"(마 2:14-15). 마태가 아기 예수의 애굽 피신을 서술하는 과정에서 호세아의 예언을 인용한 이유는, 예수께서 과거 이스라엘의 구속역사를 반복적으로 되풀이하심과 예수가 옛 모세를 능가하는 '새 모세'(new Moses)로서 옛 출애굽을 능가하는 '새로운 출애굽'을 성취하실 것을 암시하기 위함이다. [159]

V. 내러티브 모형론에 따른 비유 해석과 설교

역사적인 모형론에서는 과거 사건의 모형이 예수 그리스도의 구속에 관한 원형(또는 대형)과 상응 관계를 형성한다면, 내러티브 모형론에서는 과거에 시술된 하나님의 구속과 이스라엘의 신앙에 관한 내러티브의 모형이 예수님이 서술하는 천국 비유의 등장인물이나 사건에 관한 서술에서의 원형으로 상응 관계를 형성한다. 이러한 비유 해석의 전략은 예수님의 천국 비유를 성경 전체의 구속역사 관점에서 확장하여 해석하는 방식과 일치한다.[160]

1) 탕자의 비유에 관한 내러티브 모형론 해석

탕자의 내러티브 비유(15:17-24)를 내러티브 모형론의 관점에서 해석한다면, 모형(type)과 원형(archetype)의 상응 관계는 어떻게 결정할 수 있을까? 앞서 크레이그 블룸버그의 비유 해석 사례에서 확인한 바와 같이 비유 안에 등장하는 주인공(아버지)과 조력자(탕자), 그리고 대항자(큰 아들)는 각각 과거 구약의 구속역사(내러티브 모형1, narrative type1)를 내러티브 방식으로 다시 진술(내러티브 원형1, narrative archetype1)함과 동시에 앞으로 그리스도 자신이 성취할 십자가 죽음과 부활의 사역(내러티브 원형2, narrative archetype2)을 예고한다.

먼저 탕자(조력자)의 불순종과 방탕에 관한 에피소드(내러티브 원형1-1, narrative archetype1-1)는 구속 받은 이스라엘 백성들의 범죄와 타락, 영원한 언약에 대한 파기와 뒤따른 하나님의 심판에 관한 과거 내러티브를 (내러티브 모형1, narrative type1) 이야기 방식으로 재진술함 동시에 성부 하나님의 마지막 계시인 예수 그리스도의 찾아오심에도 불구하고 이를 알아보지 못하고 여전히 배척하는 현재 유대인들의 패역함에 관한 신학적인 의미(내러티브 원형1-2, narrative archetype1-2)와 비교점의 상응 관계를 형성한다. 탕자가 유산을 청구하는 패역한 언사나 아버지 집을 떠나버린 에피소드(내러티브 원형1-1, narrative antitype1-1)은 출애굽한 이스라엘 백성들이 시내산 언약 체결 직후에 금송아지 우상을 섬기고(출 32:1-6), 사사시대에 하나님의 말씀에 불순종하며 온갖 악행을 저질렀으며(삿 2:11-15), 다윗 언약과 솔로몬 통치 이후 온 이스라엘이 하나님의 계명을 불순종했던 악행들(왕상 11:26-40)에 관한 내러티브 모형(narrative type1)과 비교점의 상응 관계를 형성할 뿐만 아니라 현재 예수 그리스도를 배척하는 유대인들의 불신앙(내러티브 원형1-2, narrative archetype1-2)과도 상응 관계를 형성한다.

둘째로 아버지(주인공)의 풍성한 자비와 사랑, 그리고 돌아온 탕자를 조건 없이 용서하시는 은총의 에피소드(내러티브 원형2-1)는 구약 시대 반복적으로 이스라엘에게 제공되었던 수 많은 언약갱신의 사건들(아담 언약, 노아 언약, 아브라함 언약, 야곱 언약, 모세 언약, 다윗 언약, 새 언약의 예언에 관한 말씀(내러티브 모형2)과 최종적으로 예수 그리스도의 성육신을 통한 새언약의 갱신에 관한 신학적인 의미(내티브 원형2-2)와 비교점의 상응 관계를 형성한다.

셋째로 장자(대적자)의 불평과 이에 대한 아버지의 호소에 관한 에피소드(내러티브 원형3-1)는 구약 시대 반복적으로 이스라엘에게 선포된 회개의 메시지들(내러티브 모형 3)과 신약 시대 사도들의 교회를 향한 성결과 거룩으로의 초청에 관한 메시지들(내러티브 원형3-2)과 의미론적인 상응 관계를 형성한다.

2) 씨뿌리는 자의 비유에 관한 내러티브 모형론 해석

씨 뿌리는 농부의 모습(원형1)은 성부 하나님께서 구약 시대에 수 많은 선지자들을 통하여 자기 백성들을 불러 모으시는 성부 하나님의 모습(모형1)과 비교점의 상응 관계를 형성한다. 옥토밭의 은유(내러티브 원형2-1)는 이사야 선지자의 포도원 내러티브(사 5:1-7, 내러티브 모형2)와 비교점의 상응 관계를 형성할 뿐만 아니라 예수 그리스도의 천국 복음이 하나님의 자녀들의 심령에 오류 없이 선포되고 그들의 심령 안에서 본래 의도했던 효과적인 결실을 거두는 하나님 나라의 성취에 관한 신학적인 의미(내러티브 원형2-2)과도 비교점의 상응 관계를 형성한다.

가시밭이나 자갈밭의 은유(내러티브 원형3-1)는 과거 이스라엘 백성들의 우상숭배와 타락, 언약 파기의 사례들(내러티브 모형 3)과 비교점의 상응 관계를 형성할 뿐만 아니라, 천국 복음이 전파되는 이 세상에서 하나님을 대적하는 사탄과 마귀들의 유혹과 핍박에 관한 신학적인 의미(내러티브 원형3-2)와 상응 관계를 형성한다. 이 은유(내러티브 원형3-1)는 또한 사탄 마귀의 유혹과 핍박에 굴복하는 경우들이 있을지라도 하나님의 교회와 신자들은 성령 하나님의 감동으로 고난 중에 인내하며 최종적으로 영적 전쟁에서 승리를 거두도록 하시는 하나님의 절대 주권에 관한 신학적인 의미(내러티브 원형3-3)와도 비교점의 상응 관계를 형성한다.

3) 천국 비유와 개념적 통합

앞서 확인한 바와 같이 예수님의 천국 비유는 은유의 연결사(-과 같다)를 활용하여 천국의 원관념을 예수님 당시의 사회 문화적인 여러 보조관념들과 연결시켜서 당시 청중과 후대의 독자들 편에서 천국에 관한 새로운 깨달음, 즉 개념적인 통합을 이끌어내고 있다. 그렇다면 예수님의 천국 비유를 설교하려는 설교자들은 예수님이 제자들과 신실한 독자들에게 달성했던 천국에 관한 개념적인 통합을 이끌어내려면 어떻게 설교해야 할까? 이 질문에 대한 한 가지 설교학적인 대안의 실마리는 예수님의 비유가 문제로부터 갈등의 고조를 거쳐 역전의 깨달음으로 진행하는 내러티브 플롯에서 찾을 수 있다. 토마스 롱에 의하면 "좋은 설교는 모호함을 불러일으키고 그것을 해결하는 것으로, 갈등의 시작부터 절정으로 그리고 대단원에 이르기까지 연속적으로 움직여가는 내러티브의 구조를 갖춘 것"이라고 주장했다.[161]

그렇다면 탕자의 비유에 관한 설교에서 개념적인 통합은 어떤 방식으로 진행될 수 있을까? 앞서 확인한 바와 같이 탕자의 비유는 세 가지 신학적인 의미를 담고 있다. 둘째 아들에게 허락된 하나님의 은총과 이에 대한 언약 파기, 자녀들에게 조건 없이 은총과 사랑을 베푸시는 하나님의 사랑, 불평하는 장자를 향하여 아버지의 마음을 함께 품으라는 하나님의 호소.

이 중에 세번째 신학적인 의미는 먼저 믿은 신자들이 나중에 믿는 신자들을 향한 하나님의 사랑과 섭리를 불공평한 것으로 불평하지 말고 함께 기뻐해야 한다는 교훈이다. 이 비유(눅 15:11-32) 말미에서 아버지(성부 하나님)는 은혜로 베푸시는 사랑을 불평하는 첫째 아들(바리새인들)에게 다음과 같이 호소하셨다. "너는 항상 나와 함께 있으니 내 것이 다 네 것이로되 이 네 동생은 죽었다가 살아났으며 내가 잃었다가 얻었기로 우리가 즐거워하고 기뻐하는 것이 마땅하도다."(눅 15:31-32).

하지만 탕자의 비유에 관한 설교에서 종종 설교자들은 세번째 신학적인 의미를 놓치곤 한다. 이 비유 말미는 형이 아버지의 간절한 호소에 어떻게 반응했는지, 집 안으로 들어가서 잔치에 참여했는지 아니면 잔치에 참여하지 않았는지 명시적으로 밝히지 않고 종결하고 있다. 이러한 미완의 종결 방식은 내러티브 진행에 참여하는 수신자들의 관심과 참여를 유도하고 청중과 독자 편에서의 반응과 결단을 호소하는 수사적인 전략이다. "너도 아버지와 함께 탕자의 환영 잔치에 참여해야 하지 않겠느냐?"는 결단을 촉구하고 있는 것이다.

4) 반전의 깨달음을 위한 내러티브 설교 형식

유진 로우리는 그의 명저 『이야기식 설교구성』(The Homiletical Plot)에서 모호한 문제점으로부터 갈등 심화, 그리고 복음의 실마리와 깨달음의 반전, 그리고 대단원의 결말로 진행하는 내러티브 설교 형식을 제시하였다.[162] 내러티브 설교 형식의 5단계 과정은 다음과 같다. ① 평형감각을 무너뜨리기, ② 모순을 깊이 분석하기, ③ 해결의 실마리를 암시하기, ④ 복음을 선포하여 경험하도록 하기, ⑤ 긍정적인 결과를 기대하기.

이상의 다섯 단계는 설교 시간의 진행 과정에서 기존의 쟁점에 관한 새로운 통찰을 제공함으로 청중으로 하여금 천국 복음의 변혁적인 능력을 생생하게 경험하도록 하는데 효과적인 설교 플롯을 갖추고 있다. 따라서 예수님의 천국 비유를 설교하려는 설교자들은 이상에서 소개한 내러티브 비유에 관한 내러티브 모형론 해석을 통하여 신학적인 의미를 확정한 다음에 그 신학적인 중심사상(theological main idea)을 유진 로우리의 5단계 내러티브 설교 형식에 맞추어 설교 메시지를 디자인하면 청중 편에서의 효과적인 깨달음의 반전을 거둘 수 있다.

유진 로우리의 대표적인 비유 설교인 "더 이상 무엇을 바라겠는가?"
는 포도원 품꾼 비유(마 20:1-16)에 관한 탁월한 내러티브 비유 설교의 사
례를 제시하였다. [163]

① **평형감각을 무너뜨리기**: 포도원 주인이 나중에 온 일꾼부터 일찍
   온 일꾼들에게 동일한 품삯을 지급하였다.

② **모순을 깊이 분석하기**: 포도원 주인의 품삯 지급 방식은 노관례
   에 비추어 볼 때 매우 불공정한 처사였다. 이런 내용을 말씀하시
   는 예수님은 과연 이러한 불공정한 처사를 지지한다는 말씀인가?

③ **해결의 실마리를 암시하기**: 예수님의 품꾼 비유 말씀에 담긴 차
   별의식과 부당함에 대한 불평은 오늘날 교회에서 하나님의 은혜
   에 대한 기대감이 없는 신자들의 말투에서도 종종 발견된다. 나
   도 그동안 열심히 교회를 섬겼건만 돌아오는 것은 실망스럽다는
   것이다. 하지만 이 비유의 핵심은 노동에 대한 정당한 지급도 아
   니고 차별 없는 대접에 관한 메시지가 아니다

④ **복음을 선포하여 경험하도록 하기**: 이 비유의 핵심은 하나님 나
   라 한 가족의 이야기다. 하나님 품 안에 온전히 들어오지 못한 이
   들을 간절히 기다리는 아버지의 사랑 고백이다. 일찍 온 일꾼은
   먼저 주님 품 안에 들어온 백성들이라면 나중 온 일꾼들은 나중
   에 주님 품 안에 들어오려는 초신자들이다.

⑤ **긍정적인 결과를 기대하기**: 이 비유의 초점은 나중에 가까스레 도착한 이들이라도 놀라운 하늘의 은혜를 베푸시겠다는 하나님 사랑의 고백이다. 이런 아빠 앞에서 내가 먼저 들어왔다고 더 달라고 할 것인가?

유진 로우리는 이상의 내러티브 설교 형식을 통하여 예수님이 본래 의도하셨던 천국에 관한 새로운 깨달음의 반전을 시도하였다. 이러한 내러티브 설교 형식은 예수님의 천국 비유가 의도했던 천국에 관한 핵심적인 의미에 해석의 초점을 맞출 뿐만 아니라 다가오는 천국의 통치에 대한 바른 반응을 효과적으로 이끌어내는 수사적인 목표까지 잘 달성하고 있다.

하나님 말씀의 설득을 위한
틀 의미론

제이콥 피렛(Jacob Firet)에 의하면 하나님은 자기 백성들의 영적 변화와 성숙의 역동성(agogic moment)을 위하여 언어적인 수단을 통해서 자기 백성들에게 찾아오신다. 그렇다면 설교자, 목회자가 언어적인 수단을 통해서 자기 백성들에게 찾아오시는 하나님의 구원 사건을 어떻게 섬길 수 있을까? 이 질문에 응답하기 위헤서 필자는 하나님 나라의 언어적 수단과 신자들의 영적 변화와 성숙의 언어적 수단에 대해서, 그리고 내러티브의 틀 의미론과 프레임 전쟁에 대해서 고찰하고자 한다.

1) 하나님 나라의 언어적 수단과 신자들의 영적 변화

제이콥 피렛이 강조한 바와 같이 설교자, 목회자의 중요한 사명은 설교 메시지라는 언어 수단을 통해서 자기 백성들에게 찾아오셔서 신자들의 영적 변화와 성숙을 이끌어내는 하나님의 구원과 성화의 과정을 섬기는 것이다. 설교자, 목회자가 말씀을 통해서 이루어지는 하나님의 나라(통치)를 올바로 섬기려면 하나님 나라(통치)가 설교 메시지의 언어(말씀)라는 수단을 통해서 이루어진다는 사실을 잘 이해할 필요가 있다. 예수님이 공생애를 시작할 때 맨 처음부터 선포했던 핵심적인 메시지는 '때가 찼고 하나님의 나라가 가까이 왔으니 회개하고 복음을 믿으라'는 것이었다(막 1:15; cf. 눅 8:1; 9:1). 제자들도 예수님처럼 '하나님의 나라'를 전파하는 데 최선을 다하였다(행 20:25; 28:23).

예수님의 하나님 나라 도래를 위한 공생애 사역에서 주목할 점은 예수님은 삼위 하나님의 구원과 통치를 비유와 같은 연설의 언어 수단을 사용하여 전달하였다는 사실이다.[164] 씨 뿌리는 자의 비유나 달란트 비유와 같은 이야기들은 천상의 진리를 전달하는 언어적인 수단일 뿐만 아니라, 삼위 하나님이 그의 백성들을 구원하시고 말씀으로 통치하시며 하나님처럼 거룩한 삶을 살도록 이끄는 가장 최선의 효과적인 수단이었다. 사도 바울에 의하면 "하나님의 나라는 먹는 것과 마시는 것이 아니요 오직 성령 안에 있는 의와 평강과 희락"이다(롬 14:17). 하나님 나라의 언어적인 역동성을 '성령 안에 있는 의와 평강과 희락'으로 설명하자면, '악령에 사로잡힘으로 말미암은 불의와 고통과 슬픔으로부터 성령 안에 있는 의와 평강과 희락으로의 구원과 성화로 설명할 수 있을 것이다. 즉 설교 메시지의 언어 수단을 통해서 실현되는 하나님의 통치는, 부정적인 상황을 묘사하는 언어(ex. 불의와 슬픔)로부터 긍정적인 상황을 묘사하는 언어(ex. 공의와 희락)로의 논리적인 흐름을 통해서 실현된다고 말할 수 있다.

성경은 말씀을 통해서 실현되는 하나님 나라를 위한 다양한 언어적 수단들을 제시한다. 예를 들어 하나님의 구속역사에 관한 이야기들과 내러티브들은 그 백성들로 하여금 살아계신 하나님과의 인격적인 만남을 가능하게 하는 최고의 수단이며, "신자들의 영적인 경험과 노력의 토대"로 작용한다.[165] 그러한 언어적 수단들로는 하나님의 구속역사에 관한 이야기들과 찬양들, 내러티브, 예수님의 비유와 은유들, 시편의 동의적 평행법과 대조적 평행법, 직설법과 명령법의 논리적인 구조, 선과 악의 대조법, 불신에서 확신으로의 반전 등등 다양하다. 이렇게 다양한 언어적인 수단들은 하나님의 나라가 신자들의 삶과 교회 생활 속에서 구현되도록 하는 결정적인 방편들이다. 하나님께서 자기 백성들에게 찾아오셔서 구원과 성화의 모멘텀을 만들어낼 때, 그러한 구원과 성화는 다음과 같은 언어적인 수단을 통해서 이루어진다.

① 구원의 언어적 수단 : 구원을 위한 설교 메시지의 언어 수단은 부정적인 상황을 묘사하는 언어들로부터 긍정적인 상황을 묘사하는 언어로의 논리적인 진행과 급격한 반전으로 진행된다. 불신자를 구원하실 때 하나님은 자기 백성들을 죄와 사망의 권세로부터 용서와 생명의 나라로 옮기신다. 이러한 구원이 발생할 때 하나님의 차원에서는 성령 하나님께서 직접 자기 백성들로 하여금 자신들이 범한 끔찍한 범죄를 기억하고 회상하며 양심의 가책을 느끼도록 감화 감동하심으로 회개의 자리로 이끄시고 그 영혼을 구원하신다. 그러나 인간 설교자의 차원에서는 설교자가 먼저 죄와 사망의 끔찍한 권세를 생생하게 묘사하고 이 메시지를 듣는 과정에서 청중으로 하여금 자신들이 만일 하나님의 은혜를 의지하지 않는다면 그러한 죄와 사망의 권세로부터 결코 벗어날 수 없는 절망적인 상태임을 직시하도록 설득한다. 그리고 하나님의 은혜를 기대한다면 하나님이 예비하신 무조건적인 자비와 용서, 그리고 영원한

생명을 받아들이도록 그 심령의 문을 강력하게 두드린다. 이렇게 설교자는 부정적인 상황으로부터 복음을 통한 긍정적인 상황으로의 변화를 순차적으로 서술하는 설교 메시지의 설득력 있는 논리 수단을 통해서 하나님의 소명과 중생 사역을 실제적으로 봉사할 수 있다.

② 성화의 언어적 수단 : 성화를 위한 언어적 수단은 삼위 하나님의 은총에 대한 무지와 불신을 묘사하는 언어들로부터 하나님의 은총과 자비에 관한 깨달음과 확신을 묘사하는 논리적인 과정으로 진행된다. 예를 들어 신자들은 종종 하나님의 임마누엘에 관한 믿음이 흔들리거나 영적인 침체의 상태에 빠지기도 한다. 이럴 때 설교자는 먼저 하나님의 은총에 관한 신자들의 무지 상태를 묘사하고 이어서 신자들의 일상생활 속에 늘 내주하시고 동행하시는 은밀하신 하나님의 섭리와 그 분의 신비로운 은총을 묘사함으로, 신자들로 하여금 이미 자신의 인생 속에서 풍성하게 베푸신 하나님의 은혜를 새롭게 깨닫도록 유도해야 한다.

구원과 성화를 위한 언어적인 수단들의 공통점은 부정적인 의미로부터 긍정적인 의미로의 반전의 깨달음이나 발전적인 진행이다. 이 과정에서 설교자들이 주목할 것은 부정적인 의미들과 긍정적인 의미들이 전후의 맥락과 구조적인 배열을 통해서 의미 작용을 만들어낸다는 것이다. 찰스 필모어의 틀 의미론은 이러한 의미 작용을 쉽게 설명해 준다.

2) 찰스 필모어(Charles Fillmore)의 틀 의미론

인지언어학자 조지 레이코프는 프레임을 가리켜서 "세계가 어떻게 작용하는가에 대해 깊숙이 자리 잡은 심적 구조"로 정의한다.[166] 거시적 관점에서 볼 때 프레임은 특정한 의사소통의 상황에서 사회적 의미의 전후 맥락을 구조화하고 질서화하여 의사소통 참여자들의 합리적 판단이 이루어지도록 하는 역할을 한다.[167] 그 결과 의사소통 과정에서 의미(meaning)는 단어나 문장 또는 짤막한 발성을 통해서 전달되는 것이 아니라, 저자(화자) 내면에 자리한 여러 의미 프레임들을 순차적으로 자극하고 순차적으로 활성화하는 과정을 통해서 이루어진다. 따라서 효과적인 의사소통을 추구한다면, 의미의 소통 과정에서 주목할 것은 개별적인 단어의 의미나 파편적인 의도가 아니라 의사소통의 양쪽 파트너의 인지 세계에 이미 구축된 '유기적인 의미 체계'(organic meaning system)를 파악하는 일이다.

'체계 속의 의미'(meaning in the system)의 관점에서 의미의 상호 전달 과정을 추적하는 대표적인 해석 전략이 인지언어학의 틀 의미론이다. 틀 의미론(frame semantics)에 의하면, 낱말의 의미와 기술은 언어 사용자의 인지 세계 속에 선행하는 경험과 지식, 사고방식, 가치관, 신념, 문화 체계들을 종합적으로 고려할 때 비로소 이해될 수 있다고 한다.[168] 그래서 저자와 독자 사이 또는 화자와 청자 사이의 의사소통은, 양쪽 파트너가 이미 가지고 있는 여러 의미 체계(meaning frame)가 현재 진행 중인 의사소통 중에서 다시 활성화되는 과정을 통해서 이루어진다는 것이다.

'체계 속의 의미' 이론은 인지언어학에서 이해하는 '은유 이론'(metaphor theory)과도 일맥상통한다. 전통적으로 은유(metaphor)는 '-같다'는 직유적인 표현이 생략된 암시적인 비유법이다. '당신은 나의 별'이라는 은유법 문장에서 별은 당신의 실재를 별처럼 찬란하게 빛나는 존재를 비유적으로 묘사한다. 하지만 인지언어학자 조지 레이코프는 은유에 관한 전통적인 견해를 거부한다. 그에 의하면 "은유의 본질은 한 종류의 사물을 다른 종류의 사물의 관점에서 이해하고 경험하는 것이다."[169] 조지 레이코프는 현대인들이 사용하는 언어가 "은유적으로 구조화되어 있다"고 이해하면서,[170] 은유를 통한 설득의 과정을 표층 프레임의 근원 영역(source domain)으로부터 심층 프레임의 목표 영역(target domain)으로 진행되는 논리적 추론 과정으로 이해한다.[171]

예를 들어 "논쟁은 전쟁"이라는 문장에서 '논쟁'과 '전쟁'은 전혀 다른 사건이지만 서로 대립되는 견해를 설득하려는 논쟁을 심각한 전쟁의 관점에서 이해하는 화자는 그렇지 않은 독자나 청자를 설득하기 위하여 "논쟁은 전쟁"이라는 은유를 설득 전략으로 활용한다. 즉 논쟁과 전쟁을 별개로 생각하는 청자와 독자의 표층 프레임의 근원 영역(source domain)으로부터 대화를 시작하여 화자가 의도하는 심층 프레임의 목표 영역(target domain)으로 대화의 논리를 이끌어가면서 설득의 목표에 도달할 수 있다. 화자와 청자 바깥의 제3자는 화자와 청자 사이에 진행된 논리적인 설득 과정 전체를 분석하고 화자가 "논쟁은 전쟁"이라는 은유로 청자를 설득하였다고 해석할 수 있다.

3) 내러티브의 틀 의미론과 프레임 대결

찰스 필모어의 틀 의미론과 조지 레이코프의 프레임 대결에 관한 통찰은 성경의 구속역사에 관한 내러티브 본문 해석과 설교에 효과적으로 활용될 수 있다. 왜냐하면 성경의 구속역사에 관한 내러티브는 다양한 등장인물들과 의미의 상호 관계를 오늘의 신자들에게 제시하여 이들로 하여금 현재 진행되는 영적 전쟁의 실상을 정확하게 파악하고 예수 그리스도와의 구속사적인 연합(redemptive historical communion with Christ)을

이루도록 하는 하나님의 효과적인 수단이기 때문이다.[172]

다음 도표는 앞에서 살펴본 그레마스의 행위소 모델과 기호학 사각형(semiotic square), 등장인물의 성격화(characterization), 찰스 필모어의 틀 의미론, 다양한 의미 프레임들의 상호 관계로 형성되는 대조관계와 암시관계, 모순관계, 조지 레이코프의 프레임 전쟁을 그림으로 표현한 것이다.

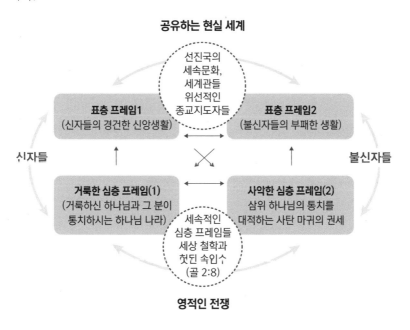

성경은 창조로부터 그리스도의 구속 사건을 관통하여 재림으로 진행되는 전체 구속역사 내러티브가 묘사하는 영적 전쟁의 실체가 무엇인지를 보여준다. 그것은 바로 거룩한 심층 프레임과 사악한 심층 프레임 사이에 총체적인 영적 전쟁(universal spiritual warfare)이 진행되고 있다는 것이다. 그레마스의 기호학의 사각형(semiotic square) 관점에서 볼 때, 성경의 구속역사 내러티브는 누 가지 대소석인 심층 프레임과 두 가지 대

조적인 표층 프레임을 통해서 의미의 세계를 독자들에게 펼쳐 보여준다. 위 그림에서 왼쪽 하단은 거룩한 심층 프레임(divine deep frame, DF1)으로 성경의 구속역사 내러티브가 제시하고 신자들이 심령 중심에 확신하는 하나님 나라를 가리킨다. 오른쪽 하단은 사악한 심층 프레임(evil deep frame, DF2)으로 삼위 하나님을 대적하는 사탄 마귀의 권세를 가리킨다.

① 대조적인 프레임들: 의미 구조론의 관점에서 설명하자면, 심층 프레임의 대조관계는 표층 프레임의 대조관계로 재현된다. 오른쪽 상단은 신자들의 경건생활을 나타내는 거룩한 표층 프레임(holy surface frame, SF1)을 가리킨다. 이와 대조적으로 오른쪽 상단은 불신자들의 부패한 표층 프레임(evil surface frame, SF2)을 가리킨다. 이 두 가지 대조적인 표층 프레임이 현실세계에서 사람들이 감각하고 지각하는 다양한 사회 문화적인 양식과 다양한 가치관 및 세계관들을 형성한다.

② 암시적이고 모순적인 프레임들: 하나님의 의미 세계에서 이상의 네 가지 의미 프레임들은 대조 관계만 형성하는 것이 아니라 다양한 모순 관계와 암시 관계도 형성한다. 그래서 두 가지 심층 프레임 사이의 총체적인 영적 전쟁이 진행되고 있지만, 이 세상을 살아가는 신자와 불신자들은 심층 프레임을 올바로 파악하기도 어렵고 여기에 대응하기도 어렵다.

③ 다양한 변종 프레임들: 사악한 심층 프레임과 사악한 표층 프레임은 다양한 형태의 변종 프레임들을 계속 양산한다. 예를 들어 사도 바울은 골로새 지역의 교회를 향하여 헛된 철학들과 속임수들을 경계할

것을 권면했다. 오늘날에도 전 세계에 수 많은 세속적인 심층 프레임들과 세계관, 그리고 가치관들이 존재한다. 이상의 세속적인 심층 프레임은 현대인의 사고와 언어, 그리고 행동에 지대한 영향력을 발휘한다. 예를 들어 종교 지도자들 중에서 거룩한 영향력을 나타내지 못하고 세속적인 방법을 동원하여 상당한 영향력을 발휘하는 경우가 있다. 또 선진국의 발전된 대중문화나 번영한 도시의 외관들, 대중매체를 통해서 확산되는 자본주의 가치관이나 물질만능주의는 세속적인 표층 프레임으로 불신자들과 신자들에게 상당한 영향력을 발휘한다. [173]

심층 프레임과 표층 프레임 모두 사람들의 사고방식과 행동양식에 영향을 준다. 둘의 차이점은 심층 프레임은 눈에 보이지 않고 쉽게 파악되기 어렵다는 것이다. 반대로 표층 프레임은 사람들 눈에 보이며 쉽게 파악되고 그래서 신자와 불신자를 막론하고 서로 공유할 수 있는 것들이다.

설교자가 말씀을 통해서 실현되는 하나님 나라를 봉사한다는 의미를 틀 의미론의 관점에서 설명하자면, 신자들이 이미 익숙해져 있는 표층 프레임의 근원 영역으로부터 성경 본문이 새롭게 가리키는 심층 프레임의 근원 영역으로의 반전의 깨달음을 안내하는 것으로 이해할 수 있다. 예를 들어 다윗과 골리앗의 전투는 다윗과 골리앗 중에서 누가 더 강력한 능력을 소유했는가에 관한 무력 대결이 전부가 아니다. 이는 전투에 관한 표층 프레임 대결에 불과하다. 그 심층에 더 중요한 대결이 진행되고 있다. 골리앗의 도전은 이스라엘 백성들이 과거에 하나님과 맺었던 거룩한 언약을 자신과의 싸움을 통해서 새롭게 체결하자는 언약 파기의 도전이었다. 다윗과 골리앗 사이의 표층 프레임은 무력 대결처럼 보이지만 그 저변에 심층 프레임 대결은 언약 갱신과 언약 파기의 전쟁이었다.

다윗은 하나님과 맺었던 언약을 뒤로하고 골리앗 자신과 새롭게 언약을 맺자고 제안하는 골리앗의 제안을 들었을 때, 성령 하나님의 감동으로 여호와 하나님의 절대 주권적인 섭리를 기억하였다. 과거에 사자와 곰을 물리치면서 언약 파기를 막아주셨던 하나님의 절대 주권을 기억하면서 "내가 너를 쳐서... 온 땅으로 이스라엘에 하나님이 계신 줄 알게 하겠다"고 외치며 나아갔었다.

살아계신 여호와 하나님에 대한 믿음의 확신으로 그를 무너뜨렸다. 이로써 다윗과 골리앗 사이의 대조적인 입장의 심층 프레임이 골리앗의 죽음과 다윗의 승리라는 대조적인 표층 프레임의 성취로 종결되었다. 오늘날의 설교자들도 다윗과 골리앗 싸움에 관한 내러티브를 프레임 대결의 관점에서 해석할 때, 그 청중들도 표층 프레임으로부터 심층 프레임으로 이동되는 설교 메시지를 통하여 자기 백성들에게 찾아오셔서 구원과 성화의 반전을 주도하시는 하나님과의 인격적인 만남을 경험할 수 있다.

내가 좋아하는 성경 내러티브 구절을 '틀 의미론과 프레임 대결'의 관점에서 분석하여 표층 프레임과 심층 프레임의 상호 작용을 파악해보자. 그렇게 깨달은 말씀-사건을 청중들도 쉽게 공감할 수 있는 설교문을 작성해보자.

반전의 깨달음을 위한
설교의 맥락화

설교자가 3단계 로고스 맥락화 과정에서 성경 본문을 해석하여 저자의 영적 경험을 추체험하고 또 하나님의 말씀을 경청하였다면, 그 다음 넷째 단계는 자신의 추체험을 신자들도 경험할 수 있도록 설교 메시지를 준비하여 전달해야 한다. 이것이 4단계 로고스 맥락화이다. 이 과정은 다음 몇 가지 실교학적인 기초 이론들도 설명될 수 있다: 말씀-사건을 위한 효과수반발화, 아리스토텔레스의 '반전의 깨달음', 유진 로우리의 내러티브 설교 플롯.

1. 반사성과 설득력 구조

설교는 신자들을 그리스도와의 연합의 자리로 인도하는 것이다. 신자들이 설교 메시지를 듣고서 죄악으로 일룩진 자신의 내면 세세를 하나님의 진리와 사랑이 충만한 새사람으로 바꾸어야 한다. 그리고 자신이 관계를 맺고 있는 주변 세계에 자신의 역량과 은사로 자기가 받은 하나님의 진리와 사랑의 성품을 자기 주변에 언약 관계를 맺은 하나님의 백성들에게 나타내야 한다. 신자는 주변 환경에 굴복당하는 반응형 인간(reactive person)이 아니라 자기 주도형 인간(proactive person)이기 때문이다. 자기 주도적인 사람은 주변 환경에 그대로 굴복하는 것이 아니라 하나님의 말씀과 성령의 감동을 통하여 주변 환경에 영적인 차원의 반응과 파동을 만들어 낼 줄 아는 사람이다. 설교자는 바로 그러한 영적인 자기 주도적 신자를 길러내야 한다.

자기주도적 능력은 '반사성'으로도 설명된다. 반사성(reflexivity)이란 사람의 인식구조나 관점은 기존 세상으로부터 영향을 받지만 그와 동시에 사람의 인식구조와 관점이 기존의 물리 세계에 영향을 줄 뿐만 아니라 기존의 물리 세계의 일부분을 형성한다는 관점이다. 연어와 같은 회귀성 어종이 거친 하천물을 거슬러 올라가는 것에 비유할 수 있다. 회귀성 어종에게는 산란 시의 깨끗한 시냇물의 냄새가 회귀 본능으로 각인되어 있다. 상류로부터 흘러오는 거친 물살은 내면의 회귀 본능을 더욱 자극할 뿐이다. 자기 주도적인 능력을 갖춘 인간(proactive person)은 고난 상황에 굴복당하는 것이 아니라 고난 상황을 극복한다. 내면의 반사성이 작용하기 때문이다. 고난이란 외부 조건은 내면의 반사성을 압도하는 것이 아니라 오히려 새로운 목표점을 제시하고 그 목표를 달성할 내면의 본능을 자극한다.

인식과 실존의 관계에서 근대의 합리주의는 물리 세계에 관한 과학적인 실험과 경험을 통해서 지성과 인식 구조가 만들어진다는 점을 강조했다. 하지만 포스트모던 시대에는 사람의 인식구조나 실존적인 인식

...
성경이 말씀하는 설교
286

은 자연의 물리 세계나 본질보다 앞선다는 점을 강조한다. 내면의 거룩한 본능이 일종의 반사성으로 작용하기 때문에 변화하는 세상에 함몰되는 것이 아니라 오히려 변화하는 세상을 창조할 수 있다.

하나님이 성경을 통하여 신자들에게 기대하는 하나님의 나라도 마찬가지다. 하나님 나라는 성경 속에 펼쳐져 있을 뿐만 아니라 설교자의 설교 메시지에 감동을 받은 신자들의 믿음을 통해서 21세기 현실 세계 속에 구현될 수 있다. 어두운 가운데 빛이 있으라 말씀하셨던 하나님의 말씀이 그 설교자와 신자 내면에서 새로운 창조의 능력으로 작용하는 것이다: "어두운 데에 빛이 비치라 말씀하셨던 그 하나님께서 예수 그리스도의 얼굴에 있는 하나님의 영광을 아는 빛을 우리 마음에 비추셨느니라"(고후 4:6).

설교자가 자신의 메시지로 영적인 자기 주도성과 영적인 반사성을 제대로 발휘하려면 어떻게 해야 할까? 관건은 앞서 설명한 성경 해석 과정에서의 추체험에 달렸다. 설교자는 먼저 성경 속에 펼쳐진 하나님 나라를 체험하였는가? 주해 과정을 통해서 목격한 하나님 나라를 신자들의 내면 세계 안으로 옮겨서 그들의 심층 프레임을 설득할 수 있는가? 신자들의 귀에 하나님 나라를 설득할 뿐만 아니라 신자들의 눈에 하나님 나라의 표징을 제시할 수 있는가? 그렇게 해서 신자들의 귀와 눈 앞에 하나님 나라에 관한 설득력 구조를 제시할 수 있는가? 그렇게 해서 신자들도 각자의 삶 속에서 하나님 나라를 구현할 능력을 훈련시킬 수 있으며 그렇게 안내해 줄 수 있는가?

설교자가 신자들에게 제공해야 하는 설득력 구조는 설교자가 신자들의 귀에 들려주는 들리는 말씀과 신자들의 눈에 보여서 확증하는 보이는 말씀이 서로 결합함으로 신자들의 내면 세계 속에 하나님 나라를 향한 믿음을 형성한다.

2. 말씀-사건을 위한 효과수반발화

4단계 로고스 맥락화의 핵심은 설교자의 추체험이 회중에게 말씀-사건 (Word-event)으로 다가와서 회중도 설교자의 추체험에 공감할 수 있도록 설교의 형식과 구조를 회중의 인지 패턴과 프레임에 최적화하는 것이다 (optimization). 3단계 로고스 맥락화의 핵심인 언어적 전환은 역사적 사건 이 문학 세계로 바뀐 것이라면, 4단계 로고스 맥락화의 핵심은 설교자의 메시지라는 언어의 의사소통이 역사적인 의미 사건으로 전환하는 것이 다. 그러면 어떻게 인간 설교자의 메시지가 청중에게 하나님과의 인격 적인 만남의 사건을 촉발하는 말씀-사건(Word-event)로 경험될 수 있을 까? 이 질문에 대한 해답은 신적인 차원과 인간적인 차원을 동시에 고려 해야 가능하다. 독일의 저명한 설교학자인 루돌프 보렌(Rudolf Bohren)은 아놀드 반 룰러(Arnold A. van Ruler)의 신율론적인 상호관계를 그의 설교 학에 적용시켜서 성령론적인 설교학(pneumatological homiletics)을 제시한 다. 루돌프 보렌에 의하면 하나님의 말씀의 신적인 차원과 인간 설교자 의 메시지라는 인간적인 차원의 '거대한 간격'은 성령 하나님의 조명과 인간 설교자의 책임 있는 수사적 전략을 통해서 연결될 수 있다고 한다.

루돌프 보렌이 말하는 인간 설교자의 기술적인 차원은 케빈 벤후저 가 주목하는 효과수반발화의 관점에서 설명될 수 있다. 케빈 벤후저는 존 오스틴(J. Austin)의 화행론(speech-act theory)을 성경해석학에 적용하여, 성경 본문의 의미(meaning)는 형식과 질료(명제적 내용), 에너지와 궤적(의미 수반 발화 작용력), 목적론 혹은 최종 목적(효과수반발화의 효과)을 가지고 있는 삼차원적인 커뮤니케이션 행위로 이해한다.[174] 성경을 강해하는 설교를 화행론의 관점에서 고찰할 때, 설교는 설교자와 청중 사이에 명제적인 내용이 담긴 설교 메시지를 전달하는 과정이지만 설교 메시지는 이러한 단순발화행위의 차원을 뛰어넘어 성령의 조명과 설교 형식이라는 작용력의 도움을 받아서 청중이 설교자의 내면세계에 공감하고 궁극적으로 하나님과의 인격적인 만남을 경험하는 효과수반발화의 효력을 발휘한다.

성경을 통해서 계시되는 하나님의 말씀이 청중에게 효과수반발화의 효력을 나타내는 이유는 다음 두 가지 때문이다. 첫째는 모든 의사소통이 소통의 네 차원과 관련을 맺고서 진행되기 때문이다. 모든 의사소통은 소통에 참여하는 당사자가 일정한 인격적인 상호 관계를 전제하고 있으며, 소통의 당사자가 자신을 노출하는 노출 행위이고, 사실에 관한 정보를 전달하며 소통에 참여하는 당사자의 반응을 호소하기 때문이다.

이러한 소통의 '네 귀 모델'은 하나님의 말씀에도 그대로 적용된다. 설교는 첫째로 하나님과 청중 사이의 영원한 생명의 언약 관계를 전제한다. 그래서 성경 수신자는 이방인이 아니라 신앙 공동체 내부인, 또는 연극의 유비를 사용한다면 연기를 할 줄 아는 배우에게 수어진 연극 대본과 같다.

둘째로 설교의 소통은 하나님 편에서의 자기 노출 행위이며, 하나님은 창세 전의 예정을 실제 구속역사 과정에서 실행하시고 성취하시는 분으로 자신을 나타내신다. 셋째로 설교는 삼위 하나님의 구속 과정에 관한 사실을 근거하며, 마지막으로 설교는 하나님의 자녀들인 회중 편에서의 회심과 성화를 기대하며 선포된다.

3. 5단계 로고스의 공동체적 맥락화

추체험이 담긴 설교 메시지가 회중에게 온전히 선포될 때, 이를 들은 청중에게 로고스의 효과수반발화의 효력이 실현된다. 그리고 로고스의 효과수반발화의 효력은 다섯 번째 맥락화의 단계에서는 회중의 영적 변화와 성숙이라는 반응으로 실현된다.[175] 결국 다섯 번째 로고스의 맥락화는 회중의 영적 변화와 성숙으로 실현된다. 설교자가 염두에 두어야 할 설교학적인 통찰은, 발터 벤야민의 언어철학과, 레슬리 뉴비긴의 설득력 구조, 교회의 두 가지 표지, 말씀의 구현을 위한 회중 해석, 구속사를 구현하는 네 가지 내러티브들이다.

1) 발터 벤야민의 언어철학

발터 벤야민의 언어 철학은 설교자가 강단에서 감당해야 하는 들리는 말씀과 보이는 말씀의 결합과 관련하여 유용한 통찰을 제공한다. 발터 벤야민은 창세기 1-3장에서 이 세상의 모든 언어를 다음 3가지로 압축한다.[176] 첫째는 창세기 1장 1절과 요한복음 1장 1절의 말씀에서 확인되듯이 이 세상 만물을 창조하신 하나님의 창조 언어다. 하나님은 모든 만물과 각종 동물들과 식물들과 사물들 전체를 오직 말씀만으로 창조하셨다. 발터 벤야민에 의하면 모든 만물들과 사물들이 오직 하나님의 말씀과 창조 언어로 창조되었기 때문에, 모든 만물들 속에는 거룩한 하나님의 본질과 창조적인 속성을 가리키는 언어적인 본질이 내재되어 있다고 한다. 발터 벤야민은 모든 만물 속에 내재한 언어적 본질을 가리켜서 사물 언어(language of things) 또는 형상 언어라고 한다.

그런데 사물 언어의 한 가지 문제는 사물 언어 스스로 자신의 언어적 본질을 직접 선포하거나 천명하지 못하고 간접적으로 발산할 수 밖에 없으며 최종적으로 언어적인 능력을 갖춘 사람이 그 이름을 불러주고 묘사와 해석, 그리고 설명 작업을 통해서 그 언어적인 본질을 바깥으로 구현할 때까지 기다려야 한다는 것이다.

이러한 사물 언어의 한계에 대한 하나님의 대안은 구술 언어의 능력을 갖춘 사람(아담)이다. 발터 벤야민은 사물언어와 구별된 아담의 언어를 가리켜서 명명 언어 또는 구술언어라고 한다. 하나님이 오직 말씀만으로 만물을 창조하실 때 여기에서 제외된 유일한 대상이 아담과 하와다. 하나님은 아담과 하와 만큼은 말씀만으로 창조하시지 않고 자신의 형상을 따라 이미 만들어진 흙에 자신의 숨결인 성령의 생기를 불어넣으셔서 하나님과 언어적인 교감이 가능한 생령으로 창조하셨다. 하나님이 이렇게 모든 만물은 자신의 말씀으로 창조하시면서 오직 인간만 하나님처럼 언어를 구사할 능력을 가진 존재로 창조하신 이유가 있다. 그것은 자기 백성을 언어로 하나님과의 소통하며 교제하는 자리로 초대하고 언어로 온 세상을 통치하는 자리로 초대하시 위함이다. 그런 하나님의 거대한 계획 속에 지음 받은 아담은 자신의 언어적 능력을 발휘하여 온갖 사물들과 동식물들의 이름을 불어주면서 그것들 속에 내재한 거룩한 언어적 본질을 바깥으로 이끌어 냈다.

구속역사 속에서 모든 선지자들과 사도들, 그리고 설교자들은 성부 하나님의 말씀이신 성자 예수 그리스도께서 시공의 역사 속에서 행하신 구속 계시에 관한 구술언어가 특정한 시공의 시점에 청중의 눈 앞에 구현된 사물언어와 연결시켜 주는 작업을 하는 사람들이다. 설교자는 성경 본문의 구술 언어(또는 낭낭 언어)와 청중이 싣고 있는 뭔새 시공 세계에 펼쳐진 사물언어 속에 내재한 하나님의 임마누엘을 서로 연결시켜 주어야 한다. 달리 표현하자면 그리스도에 관한 구술 언어와 신자들이 눈으로 목격하는 이 세상과 역사, 인생들과 교회의 외양을 통해서 그대로 구현되고 있는 사물언어를 서로 연결시켜 주어야 한다. 아담은 동식물들과 사물들에게 이름을 지어주고 묘사하면서 그 속에 내재한 사물언어를 구술언어로 전환했다면, 선지자들과 사도들, 그리고 오늘날의 설교자들은 그리스도 중심의 구속역사와 인생들 속에 내재한 사물언어를 그리스도에 관한 구술언어와 서로 연결시켜 주어야 한다.

2) 레슬리 뉴비긴의 설득력 구조와 교회의 두 가지 표지

청중에게는 귀로 하나님의 말씀이 들려와야 하고, 심령의 눈으로는 약속의 말씀이 그대로 성취되리라는 기대감이 마치 청사진처럼 비전으로 형성되어야 한다. 청중은 귀로 들려오는 하나님의 말씀이 자신들의 눈에 가시적으로 나타나고 보여질 때 그 메시지를 하나님의 말씀으로 믿는다. 성령 하나님은 신자들의 귀에 들리는 말씀을 들려주실 때, 성령의 감동으로 그 심령에 이미지로 그려지는 보이는 말씀을 만들어낸다. 들리는 말씀과 보이는 말씀이 서로 상응할 때, 비로소 그 마음에 믿음이 형성되고 그 믿음은 고난 중에 약속을 향하여 인내하도록 역사한다. 그래서 성령 하나님은 보이는 말씀을 두 단계로 형성한다. 첫째는 말씀이 선포될 때 설득됨으로 기대하는 말씀이고, 믿음으로 인내한 다음에 가시적으로 성취되어 보이는 말씀이다.

　선교학자들은 들리는 말씀과 보이는 말씀이 서로 결합하여 신앙을 형성하는 것을 가리켜서 설득력 구조(plausible structure)라고도 부른다. 전통적으로 설득력 구조는 교회의 가시적인 제도나 구조, 건물, 풍부한 인적 자원, 가시적인 사회 문화 활동, 종교 활동으로서 보이지 않는 하나님을 설득하는 효과적인 수단으로 작용하는 종교적인 하부구조(religious infrastructure)를 의미한다. 설교자가 신자들에게 제공하는 설득력 구조는 신자들의 귀에 들려주는 들리는 말씀과 신자들의 눈에 보여서 확증하는 보이는 말씀이 서로 결합함으로 신자들의 내면 세계 속에 믿음으로 형성된다.

　설교학에서 정의하는 들리는 말씀과 보이는 말씀은, 개혁파 교회론에서 두 가지 교회의 표지(two marks of the church)로 다시 설명될 수 있다. 개혁파 교회의 두 가지 표지는 말씀 선포와 성례 시행이다. 교회의 표지를 발터 벤야민의 언어철학의 관점에서 설명하자면, 말씀 선포는 구술 언어에 해당 되며 성례 시행은 사물 언어에 해당 된다. 구술 언어를 통한 설교사역이 성부께서 그리스도 안에서 보이지 않는 하나님 나라를 통치하시고 섭리하시는 복음을 선포하는 들리는 말씀-사건이라면, 사물 언어에 해당되는 세례와 성만찬을 시행하며 신자들을 돌보는 목양 사역 전체는 눈에 보이지 않는 하나님 나라의 복음을 신자들이 가시적으로 경험할 수 있도록 그들의 눈 앞에 구현하는 보이는 말씀-사건이다. 신자들의 입장에서는 들리는 말씀-사건과 보이는 말씀-사건이 그들 내면에 설득력 구조로 작용하여 장차 하나님이 이루실 하나님의 약속에 관한 견고한 믿음으로 나타난다.

3) 하나님 나라의 해석학적 실재론을 실현하는 구속사 내러티브들

설교자는 하나님이 말씀 로고스를 통해서 구현되는 하나님 나라를 봉사하는 역할을 감당한다. 이 봉사 활동의 핵심은 성경 해석을 통해서 본문의 저자의 영적 경험을 추체험하는 것이고, 자신의 추체험을 청중도 공감하도록 반전의 깨달음의 내러티브 형식으로 설교 메시지를 회중에게 선포하는 것이다. 설교자가 말씀으로 성취되는 하나님 나라의 전체 과정을 종합적으로 이해하는 것이 중요한 이유가 있다. 설교자의 설교학적인 관점이 말씀으로 성취되는 하나님 나라의 실재가 그대로 재현되는 데 결정적인 비중을 차지하기 때문이다. 앞서 언급한 영적인 반사성 원리가 그렇다. 그런 이유로 필자는 말씀이 실현되는 하나님 나라의 전체 과정을 해석학적 실재론의 관점에서 고찰하였고, 좀 더 자세하게 5단계 로고스 맥락화의 관점에서 해명하였다.

그렇다면 설교자가 해석학적 실재론의 관점에서 로고스가 구현되는 하나님 나라를 봉사할 때 가장 기본적으로 염두에 둬야 할 핵심 내러티브는 무엇인가? 마지막으로 필자는 구속 사건을 구현하는 네 가지 내러티브들과 교회의 공동체적 정체성을 구현하는 목회 사역을 제시하고자 한다.[177] 설교자가 구속역사의 재현을 목표로 설교 사역을 감당할 때 다음 네 가지 내러티브를 늘 염두에 둬야 한다.

① 성경의 구속역사 내러티브(biblical redemptive history narrative): 성경의 구속역사 내러티브의 핵심은 옛언약과 새언약의 대비로 표현되고, 자세한 언약의 역사는 창조언약으로부터 시작하여 노아언약과 아브라함 언약, 그리고 모세 언약과 다윗 언약, 새언약에 관한 예언과 성취로 진행된다 새언약의 성취는 좀 더 자세하게 예수 그리스도의 성육신, 십자가 죽음과 부활을 통한 새언약의 성취, 그리스도의 승천과 성령 하나님 파송, 교회의 탄생과 고난 중에라도 사탄 마귀의 권세를 이기며 복음

이 전 세계로 전파됨, 그리스도의 재림으로 진행된다.

② 교회사를 통해서 실현된 기독교 내러티브(the Christian narratives): 교회의 역사는 하나님의 계시된 말씀이 교회의 역사 속에 맥락화되고 적용된 다양한 사례들을 제공하며, 현대의 설교자들에게 규범적인 가치를 제공한다.

③ 지역 교회의 정체성 내러티브(communal identity narrative): 설교자는 하나님의 말씀이 실현되는 대상인 신자들의 정체성 확립 과정을 올바로 이해해야 한다. 그럴 때 설교자가 선포하는 하나님의 말씀이 그들의 필요 상황과 맥락에 적실하도록 적용되고 말씀이 추구하는 효과수반발화의 효과가 실현될 수 있다. 이와 관련하여 제임스 호프웰과 캐롤 피어슨(Carol Pearson)의 통찰이 유용하다. 제임스 호프웰은 『회중: 이야기와 구조』(Congregation: Stories and structures)에서 노스롭 프라이(Northrop Frye)의 문학적인 원형비평 방법을 회중의 정체성에 관한 내러티브 분석에 적용하여 회중의 정체성을 파악하는 목회신학적인 방법을 제시하였다. 노스롭 프라이에 의하면 모든 문학 작품들의 근저에는 희극(comedy)과 로맨스(romance), 비극(tragedy), 그리고 아이러니(irony)의 네 가지 내러티브 범주가 있다고 한다. 제임스 호프웰은 청중이 개인적으로 그리고 공동체적으로 형성된 정체성의 내러티브를 파악하기 위하여 노스롭 프라이의 네 가지 내러티브 범주를 여기에 대응되는 신앙적인 세계관과 결부시킨다. 즉 희극은 영지주의 세계관(gnostic worldview)에, 로맨스는 은사주의 세계관(charismatic worldview)에, 비극은 정경적인 세계관(canonical worldview)에, 마지막 아이러니는 실증주의 세계관(positivism worldview)에 대응시킨다.

④ 신자 개개인의 정체성 내러티브(individual identity narrative): 설교자는 다양한 신자 개개인의 독특성을 고려하여 하나님의 말씀을 제시해야 한다. 이를 위해서 신자 개개인의 심리적인 독특성을 고려할 필요가 있다. 캐롤 피어슨은 『내 안에 6개의 얼굴이 숨어 있다』(The Hero Within: Six Archetypes We Live By)에서 융 심리학의 원형이론(archetypal theory)을 인간 심리 분석에 적용하였다. 이 책에서 캐롤 피어슨은 인간 내면에 여섯 가지 원형(고아, 방랑자, 전사, 이타주의, 순수주의자, 마법사)이 숨어 있으며 인생의 여행길에서 이러한 원형들이 다양한 방식으로 나타난다고 한다.[178] 또한 신자 개개인의 독특한 상황은 교육과 훈련, 그리고 성과의 3단계로 진행되는 시그모이드 곡선을 통해서도 간단히 표현될 수 있다.

4. 목회 사역을 구현하는 공동체 정체성 내러티브

제이콥 피렛에 의하면 말씀의 형태로 자기 백성들에게 찾아오시는 하나님의 구원과 이를 통한 영적 변혁을 위한 구체적인 실천 양식은, 케리그마(Kerygma, 설교)와 디다케(Didache, 교육), 그리고 파라클레시스(Paraklesis, 상담)의 형태를 취한다고 한다. 말씀의 형태로 자기 백성들에게 찾아오시는 하나님의 구원의 현재화의 세 가지 양식 중에서, 케리그마는 말씀을 통한 하나님의 찾아오심에 의한 구원의 실행화를 위한 양식(the mode of actualization)이고, 디다케는 구원의 지속화(continuation)를, 그리고 마지막으로 파라클레시스는 구원의 집중화(concentration)를 위한 양식이라고 한다.[179]

다니엘 로우(Daniel Louw)는 제이콥 피렛(J. Firet)의 세 가지 하나님 나라 양식을 더욱 확장시켰다. J. Firet에 의하면 하나님의 프락시스가 신앙 공동체 안에서 구현되는 가시적인 양식으로 다음 일곱가지 목회 사역을 제시한다: 설교(proclamation), 교육(edification and instruction), 상담과 돌봄(care and admonishment), 친교와 코이노니아(mutual fellowship), 목회사역(ministry), 예배와 찬양(worship and praise), 구제와 선교(outreach and stewardship).[180]

나가는 말

설교는 신자들을 그리스도와의 연합의 자리로 인도하는 것이다. 신자들이 설교 메시지를 듣고서 죄악으로 얼룩진 자신의 내면 세계를 하나님의 진리와 사랑이 충만한 새사람으로 바꾸어야 한다. 그리고 자신이 관계를 맺고 있는 주변 세계에 자신의 역량과 은사로 자기가 받은 하나님의 진리와 사랑을 나타내야 한다.

신자가 자신의 삶의 환경 속에서 하나님의 신리와 사랑을 나타내는 것을 달리 표현하자면 주변 환경에 굴복당하는 반응형 인간(reactive person)이 아니라 자기 주도형 인간(proactive person)이라고 말할 수 있다. 신자가 그리스도와 영적인 연합을 이룬 것을 다른 방식으로 표현한다면 영적인 자기주도성(spiritual proactivity)라고도 할 수 있고, 인식과 실존의 상관관계를 고려하여 영적인 반사성(spiritual reflexivity)로도 표현할 수 있다.

자기주도적인 사람은 주변 환경에 그대로 굴복하는 것이 아니라 하나님의 말씀과 성령의 감동을 통하여 주변 환경에 영적인 차원의 반응과 파동을 만들어 낼 줄 아는 사람이다. 설교자는 바로 그러한 영적인 자기주도적 신자를 길러내야 한다. 이러한 능력은 반사성을 통해서도 설명된다. 반사성이란 사람의 인식구조나 관점은 기존 세상으로부터 영향을 받지만 그와 동시에 사람의 인식구조와 관점이 기존의 물리 세계에 영향을 줄 뿐만 아니라 기존의 물리 세계의 일부분이라는 관점이다. 인식과 실존의 관계에서 근대의 합리주의는 물리 세계에 관한 과학적인 실험과 경험을 통해서 지성과 인식 구조가 만들어진다는 점을 강조했다. 하지만 포스트모던 시대에는 사람의 인식구조나 실존적인 인식은 자연의 물리 세계나 본질보다 앞선다는 점을 강조한다.

하나님이 성경을 통하여 신자들에게 기대하는 하나님의 나라도 마찬가지다. 하나님 나라는 성경 속에 펼쳐져 있을 뿐만 아니라 설교자의 설교 메시지에 감동을 받은 신자들의 믿음을 통해서 21세기 현실 세계 속에 구현될 수 있다.

필자는 이런 목적 의식을 가지고 성경 해석과 설교 메시지의 전달을 종합적으로 이해할 수 있는 해석학적인 실재론에 근거한 설교학 이론을 제시하였다. 해석학적인 실재론의 핵심은 말씀으로 성취되는 하나님 나라의 전체 과정을 5단계 로고스의 맥락화 과정으로 이해하는 것이다. 설교자가 자신의 설교 사역을 말씀으로 성취되는 하나님 나라의 5단계 로고스의 맥락화 과정으로 이해할 때, 기독교 설교의 본래 목적을 효과적으로 달성할 수 있다.

그룹 토의를 위한 질문

1. 자신의 개인 정체성 내러티브를 작성해보자.

_____

_____

_____

_____

2. 내가 섬기는 교회에서는 5번째 로고스 맥락화가 어떤 모습으로 구현되고 있는가?

_____

_____

_____

_____

3. 우리 교회 공동체의 정체성 내러티브를 작성해보고, 교회 공동체의 창립 비전과 목표, 지나온 역사에 관한 개괄, 인적 구성과 물적 자원, 목회 비전과 장기적인 미션 선언문, 핵심 가치, 그리고 이를 위한 목회적인 전략을 서술해보자.

_____

_____

_____

_____

_____

청중에 대한
설교학적 이해

1. 청중 이해의 필요성

모든 설교자는 자신의 설교를 듣는 청중에 대한 고유한 철학과 입장을 가지고 있다. 그리고 특정한 설교 메시지 한 편은 설교자의 고유한 청중 이해의 외부적인 발현이요 표현이다. 청중의 정체성에 대한 설교자의 고유한 철학과 시각이 특정한 설교 메시지를 만드는 내부 동인으로 작용하며, 특정한 설교 메시지 한 편 속에는 설교자의 고유한 청중관(聽衆 觀)이 깔려 있다.

　예를 들어 조용기 목사가 평소 오중복음과 삼박자 축복에 관한 설교 메시지에서 그토록 강조하는 하나님의 이미지는 그 자녀들에게 영적인 축복과 물질적인 축복을 베푸시는 하나님이시다. 조용기 목사가 보기에 자신의 설교 메시지를 경청하는 청중들은 영적인 축복 뿐만 아니라 마땅히 물질적인 축복도 필요하고 또 이를 현세에서 마땅히 누려야 할 존재로 확신하고 있다. 그는 이러한 청중관에 근거하여 오중복음과 삼박 자축복의 메시지를 중심으로 40여 년간의 설교사역을 일관되게 감당하였다(조용기 1996:402).

곽선희 목사 역시 그 고유한 하나님의 이미지와 아울러 그 이미지에 상응하는 청중관을 갖고 있다. 그의 설교 메시지에서는 우주와 인생을 다스리시고 섭리하시는 역사의 주관자 하나님과 그 앞에 조용히 순례자의 길을 걸어가는 한 인간의 모습이 그의 설교 메시지를 관통하고 있다(민경배 2000:285). 곽선희 목사에 의하면, 그 교구민들은 한국사회에서 어느 정도 엘리트로 성공했을런지는 모르나 그 내면 실상은 영적으로 갈 바를 알지 못하고 방황하는 존재들이다. 이들에게 꼭 필요한 설교 메시지는 역사의 주관자이신 하나님의 섭리 앞에서 각자에게 주어진 책무에 최선을 다하고 이후의 결과는 그 분께 겸손히 맡겨야 한다는 것이다.

옥한흠 목사도 세상으로부터 구원받은 성도와 세상으로 보냄을 받은 그리스도의 제자라고 하는 양면적 교회론을 중심으로 청중을 이해하였다. 그래서 그의 설교 메시지는 설교자가 양떼를 목양하는 목회자로서의 위로(세상으로부터 구원받은 하나님의 백성)와 함께 그리스도의 제자를 향한 강력한 도전과 책망의 메시지(세상으로 나아가야 할 그리스도의 제자)를 번갈아 선포하였다(cf. 권성수 1997:68-97).

이상의 실례가 분명 확인시켜 주는 것이 있다. 모든 설교자는 청중에 대한 나름의 고유한 철학과 관점을 가지고 있다는 것이다. 그리고 그 고유한 청중관이 설교 메시지에서 일관성 있게 부각되는 특정한 하나님의 이미지와 긴밀한 상응 관계를 맺고 있다.

설교자가 평생 선포해야 할 하나님의 말씀은 하나님의 이중적인 성품 그대로 하나님의 은혜로운 구원의 선물과 그 선물을 받은 자로서 합당한 거룩한 성품의 열매에 관한 엄중한 명령이다. 하지만 설교자가 마음 속에 품은 청중에 대한 고유한 철학과 관점에 따라 설교 메시지에 담긴 하나님의 모습도 다소 편향적일 수 밖에 없다. 피터스(Pieterse) 교수에 의하면 설교자들이 회중의 구체적인 상황에 익숙하지 않을 때 설교가 성경 편향적인 경향을 띤다"고 지적하였다.[181] 설교자가 성경 강해와 청중의 현실적 필요의 균형을 제대로 유지하지 못하거나 풍성한 하나님의 성품과 속성에 관해 다소 편향적인 이해를 가졌을 경우, 설교 메시지에서 실제로 강조하는 하나님의 모습도 편향적인 모습이 부각될 수 있다.

따라서 본 챕터에서는 설교의 의사소통에 참여하는 청중에 관한 균형 잡힌 이해를 모색하고자 한다. 설교자가 청중을 균형 있게 이해할 효과적인 방법은 무엇일까? 본 챕터에서는 설교의 다섯 가지 구성 요소의 상호 작용을 통하여 청중에 대한 적절한 이해를 모색하고자 한다. 설교학적인 입장에서 청중을 설교의 다른 핵심구성요소와의 상관관계 속에서 이해할 때, 청중은 아래의 도표에서와 같이 하나님(6), 성경(5), 그리고 설교자(4)와 설교학적 상호 관계를 맺고 있다.

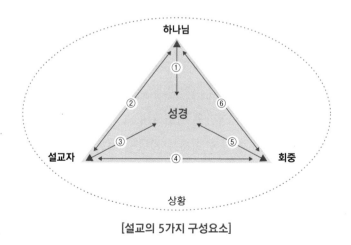

[설교의 5가지 구성요소]

1. 청중의 컨텍스트에 대한 이해: 신학적 존재로서의 청중

신학적 존재로서의 청중은 설교의 다섯 가지 구성요소들 중에 설교 메시지의 전달을 위한 설교적인 상황을 구성한다. 설교 메시지의 배경 상황을 제공하는 청중의 신학적 존재는 하나님과 영생의 언약을 맺었으나 이 세상의 사탄 마귀와 영적 전쟁으로 인하여 역설적 긴장과 갈등 관계에 있다. 전통적인 인간론은 이러한 영적 긴장과 갈등의 문제를 기독론과 직접 상응하여 복음과 구원의 차원에서 조급하게 해결하려고 하였다. 하지만 구속역사의 진행을 종합적으로 고려하는 실천신학적인 인간론은 기독론 뿐만 아니라 구원론과 성령론, 교회론, 그리고 종말론의 통전적인 역학관계 속에서 청중 신자를 이해한다. 이러한 종합적인 인간론 이해는 하나님 말씀인 로고스의 공동체적인 맥락화와도 더욱 체계적으로 부합한다.

1) 언약 백성의 역설적 긴장과 갈등

① 하나님의 언약 백성인 청중. 설교자의 올바른 청중 이해의 출발점은 하나님과 언약 관계를 맺은 신자로서의 청중이다. 설교 메시지를 듣는 청중은 삼위 하나님과 영생의 언약관계를 맺고 그 영원한 나라로 초대받아서 그 나라의 은혜와 영광을 체험하며 그 나라 백성에 합당한 성품의 반응을 나타냄으로 종말에 임하는 하나님 나라를 준비하며 그 나라의 왕되신 하나님께 영광을 돌려야 하는 존재다. 이러한 종말론적인 목적을 온전히 수행하려면 하나님의 말씀을 경청하고 성령 하나님의 감화 감동을 받아야 한다. 이들은 하나님의 구속역사 안에서 종말론적인 목

적으로 성령 하나님의 감동을 따라 설교 강단 앞에 모인 거룩한 하나님 나라 백성들이다.

② 언약 백성의 역설적 긴장과 갈등. 설교자가 거룩한 하나님 나라 백성들을 대상으로 설교 메시지를 전할 때 유의할 점이 하나 있다. 언약 백성인 청중은 하나님과 세상, 또는 하나님의 말씀과 세상의 사탄 마귀의 유혹 사이에 역설적 긴장에 놓여 있다. 삼위 하나님이 언약 백성들과 맺은 영원한 언약 관계가 이들을 "역설적인 긴장"(paradoxical tension)에 위치시킨다. 역설적 긴장의 한 쪽 편에서 청중은 하나님의 은혜를 따라서 구원을 받은 하나님의 백성이다. 그래서 그들은 비록 막연하게나마 하나님이 얼마나 좋은 분이신지에 대한 나름대로의 믿음과 그 이미지를 가지고 있다. 비록 이러한 믿음과 인식이 미미할지라도 최소한 하나님의 말씀을 들으러 강단 앞에 모일 때에는 청중은 자신들의 믿음과 인식을 공적으로 확인받기를 원하는 기대가 있다.

반 데르 기스트(Van der Geest)에 의하면 청중은 설교를 들으러 강단 앞에 모일 때 그 설교로부터 기대하는 바가 안정감, 구원감, 이해의 3가지 욕구가 있다고 한다.[182] 그 하나의 욕구는 안정감의 욕구이다. 작게는 자신의 마음속에 품고 있으며 크게는 면면히 흘러오고 있는 신앙적 전통이 붙잡고 있는 신앙적 입장을 설교를 통해서 새롭게 재확인 받으면서 이를 통하여 안정감을 얻으려는 욕구가 있다고 한다. 비슷한 맥락에서 크래독(Craddock) 역시 주장하기를 청중은 이미 메시지를 가지고 있으며 설교자는 청중에게 전혀 새로운 사실을 가져다주는 자가 아니라 다만 교회와 청중이 이미 가지고 있는 메시지를 구체적으로 표현해내는 역할을 한다(Craddock, 1994:54).

또 다른 한편으로 언약 백성인 신자들의 신학적 정체성은 이 세상 사탄 마귀의 악영향으로 인하여 영적인 의심과 번민, 갈등에 직면한다. 내면의 의심과 외부의 고난 때문에 영생의 언약 관계가 흔들리고 때로는 그 신앙이 무너지는 것 같고 언약 관계가 끊어진 것 같은 갈등과 번민, 그리고 심각한 의심과 낙심에 빠지곤 한다. 언약 백성인 청중은 한편으로 삼위 하나님을 향한 분명한 믿음과 신앙을 갖고 있으나, 또 다른 한편으로는 아직 온전히 해결되지 못한 삶의 실존적인 질문과 연약성이 남아 있다. 한편으로 하나님에 대한 믿음 안에서 모든 문제를 해결할 수 있으리라 확신하면서도, 또 다른 한편으로는 여전히 그 내면에서 해결되지 못한 죄성과 욕망으로 인하여 자꾸만 실수하거나 넘어지면서도 그렇게 이중적이고 모순적인 삶을 부둥켜안고 계속 살아가야 하는 존재다.

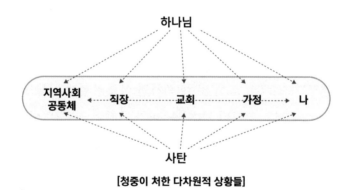

[청중이 처한 다차원적 상황들]

이러한 의미에서 버트릭(Buttrick)은 모든 신자들을 '구원 받았으나 여전히 이 세상을 살아가는 존재'(Being-saved-in-the-world)로 정의하였고, 설교를 듣는 청중은 본질상 이러한 역설적이고 이중적인 삶의 실상에 대한 뿌리 깊은 의식(double consciousness)을 가지고 있음을 지적하였다.[183]

오른쪽 그림은 설교 메시지를 듣는 청중 신자들을 하나님과 세상 사이에 있는 역설적 긴장과 갈등의 문제를 좀 더 구체적으로 개인 심령의 차원과 그가 속한 가정과 교회, 직장, 그리고 지역 사회 공동체와, 당대의 정치, 경제, 사회, 문화의 입체적인 상황을 보여준다. 청중이 위치한 역설적 긴장과 갈등의 문제는 이들이 하나님과 사탄 사이에 진행되는 영적인 전투의 현장 한 복판에 위치하기 때문이기도 하다.

청중 신자들이 영적 전투의 한복판에 위치한 배후에는 삼위 하나님의 신비로운 계획과 섭리가 작용한다: "네 하나님 여호와께서 이 사십 년 동안에 네게 광야 길을 걷게 하신 것을 기억하라 이는 너를 낮추시며 너를 시험하사 네 마음이 어떠한지 그 명령을 지키는지 지키지 않는지 알려 하심이라 너를 낮추시며 너를 주리게 하시며 또 너도 알지 못하며 네 조상들도 알지 못하던 만나를 네게 먹이신 것은 사람이 떡으로만 사는 것이 아니요 여호와의 입에서 나오는 모든 말씀으로 사는 줄을 네가 알게 하려 하심이니라"(신 8:2-3)

2) 전통적인 목회신학의 인간론 비판

설교자는 청중이 처한 역설적 긴장의 문제를 좀 더 탄탄한 실천신학적인 인간론 위에 구축해야 한다.

① 기독론에 대응하는 인간론. 전통적인 설교학이나 실천신학에서도 설교 메시지를 듣는 청중을 하나님과 언약 관계를 맺은 신자들로 전제하였다. 하지만 전통적인 설교학의 인간 이해는 다분히 기독론이라는 제한적인 신학 프레임에 갇혀 있었다. 즉 전통적인 설교 메시지에서 전제하는 인간 이해, 또는 전통적인 목회 사역 현장에서 전제하는 신자 이

해는 주로 예수 그리스도를 구세주로 믿어서 천국의 구원을 받아야 하는 존재에 집중하였다. 또 그리스도 안에서 구원 얻는 신앙을 가지고 있다면, 그리스도의 말씀을 윤리적으로 실천해야 하는 존재로 이해하는 차원에 머물렀다.

② 기독론에 편중한 목회 사역의 문제. 그리스도 중심의 인간 이해 자체만으로는 나쁠 것이 없다. 하지만 설교자의 청중 이해가 지나치게 기독론에 대응하는 차원에 머무를 경우 설교 메시지 역시 그러한 편향성을 반영할 수 밖에 없다. 초신자 대상의 설교 메시지 주제는 예수 그리스도에 대한 믿음과 구원에만 머무르기 쉽다. 또 이미 신앙을 가진 신자들 대상의 설교 메시지 주제는 그 믿음에 합당한 여러 윤리와 도덕의 실천만을 편파적으로 강조하여 율법주의 구원론을 양산할 우려가 있다.

다니엘 로우(Daniel Louw)에 의하면, 전통적으로 목회 현장에서 목회자들의 인간 이해의 신학적 기초가 주로 인죄론(人罪論)과 기독론에 편중되었다. 목회자가 목회 사역이나 설교 사역을 인죄론과 기독론의 좁은 기반 위에서 진행하면 타락한 성도를 위한 교회의 실천적 사역이나 설교 메시지는 자꾸만 '그리스도를 구세주로 영접하라'거나 '그리스도를 믿는다면 그에 합당한 거룩한 삶을 실천하라'는 식의 윤리적인 규범만을 강조하는 결과가 뒤따른다.

③ 기독론에 편중한 설교 메시지 비판. 다니엘 로우에 의하면 윤리와 도덕을 강조하는 설교 메시지에서 예수 그리스도는 신자들의 거룩한 행실에 대한 모범적인 선례로 제시되면 그리스도와 인간 신자 사이의 결코 극복할 수 없는 영적인 불연속성과 무한한 질적 차별성이 간과되

고, 그리스도의 구원사역의 독특성이 침식되는 신학적인 위험이 발생한다.[184]

또 이런 설교 메시지의 실효성과 관련하여 지적할 점이 있다. 예수 그리스도의 믿음을 가진 신자들에게 윤리 도덕의 실천이 설교 메시지의 적용점으로 제공될 때, 충분한 은혜 복음의 감동이 선행하지 않으면 그러한 윤리 도덕의 부과는 언약의 역설적 긴장과 갈등의 문제를 더욱 강화할 뿐이라는 것이다. 인간에 대한 이해가 주로 아담의 범죄와 타락, 그리고 하나님의 뒤따르는 진노와 저주를 피할 해결책으로 예수 그리스도의 기독론에 국한되면, 그러한 인간이해에 기초한 설교 메시지도 타락한 인간의 회심만을 강조하는 구원론 설교에 머무르거나, 또는 신자의 윤리적 실천을 의도하여 설교 메시지의 적용 단계에서는 예수 그리스도가 신자의 윤리적 모범으로 제시된다. 성부 하나님의 은혜와 그리스도의 희생적인 사랑에 관한 메시지가 충분히 제시되지 못한 상태에서 들려오는 도덕과 윤리의 규범이나 교회를 위한 헌신을 독려하는 메시지는 아직 해결되지 못한 신자들의 실존적인 현실의 문제로 말미암은 영적 갈등이 더욱 심화할 수 있다는 것이다(Louw 1998:137, 170). 은혜의 복음이 충분히 선포되지 않은 상태에서 거룩한 성품의 실천은 신앙이 없는 맹목적인 실천이나 기복적인 헌신, 그리고 위선적인 행위 구원론으로 변질될 수 있다는 것이다.

3) 실천신학적인 인간론

① 실천신학적인 인간론. 다니엘 로우는 이렇게 편협한 기독론에 근거한 실천신학과 설교 메시지의 문제를 해결하고자 실전신학에서 올바로

정립해야 할 인간론을 기독론 뿐만 아니라 성령론과 종말론을 종합적으로 포함하여 구축할 것을 제안하였다. 먼저 기독론의 틀 안에서는 하나님과 영생의 언약 관계를 맺은 존재로 이해할 수 있으며 이어서 성령론의 틀 안에서 구원의 서정을 따라서 회심과 성화의 순례 과정을 따라가는 과정적 존재로, 그리고 종말론의 틀 안에서는 그리스도와의 온전한 연합을 추구하는 목적론적 존재(telic being)로 이해할 수 있다.

다니엘 로우에 의하면 실천신학적인 인간론을 먼저 성령론 위에 정립하면 신학적으로는 기독론적 관점에서 하나님의 구속받은 백성으로서의 성도라는 한 인간은 성령론 안에서 말씀에 대한 순종과 성장과 변화의 가능성과 그 과정에 대한 정당성을 확보할 수 있다(Louw 1998:167, 169). 다니엘 로우는 제이콥 피렛이 주장했던 목회신학의 관점을 따라서 목회사역의 핵심적인 역할을 하나님께서 말씀을 통하여 인간을 찾아오시고 하나님과 인간 신자 사이의 영적인 조우(spiritual encounter and communion)가 발생하는 것으로 이해하였다. 실천신학적인 성령론은 이러한 영적 조우와 성화의 과정에 있는 인간 신자의 지속적인 변화와 성숙의 기초를 제공해준다는 것이다.

② 실천신학적인 성령론에 따른 설교 사역. 우리는 이러한 실천신학적인 성령론을 그대로 설교 사역에도 적용해 볼 수 있다. 즉 실천신학적인 성령론은 한 인간 신자를 감동적인 설교 메시지 한 편을 들었다고 그 신앙의 수준이 즉시로 그리고 영원히 변화될 수 있는 존재로 이해하지 않는다. 윤리적이고 도덕적인 규정을 감동적인 메시지로 들었다고 해서 그 메시지 하나가 의도했던 수사적인 목적이 즉시 달성되는 존재로도 기대하지 않는다. 다만 실천신학적인 성령론은 삼위 하나님이 절대 주

권적으로 이끄시는 '구원의 서정' 속에서 꾸준히 하나님의 말씀과 성령 하나님의 감동을 받으며 조금씩 자라고 성장하는 하나님의 은총의 수혜자로 이해할 수 있도록 안내한다.

청중 신자들을 실천신학적인 성령론의 관점에서 지속적인 순종과 변화의 가능성을 기대할 수 있는 존재로 이해할 때에, 설교자는 설교 준비과정에서 청중을 향한 성령 하나님의 감화감동을 위하여 간절히 기도할 수 있다. 뿐만 아니라 지나친 윤리적 설교나 단편적인 적용 중심의 설교로부터 자유로울 수 있다. 왜냐하면 하나님 나라 백성의 정체성을 가진 청중 신자들은 설교 메시지 하나를 듣고서 단회적으로 즉시 순간적으로 영원히 변화되어야 할 존재가 아니라 지속적인 말씀 선포와 성령 하나님의 꾸준한 감화감동 안에서 계속 변화하고 성장해야 할 존재로 바라볼 수 있기 때문이다.

구원의 서정을 주도적으로 인도하시는 성령 하나님이 가장 결정적으로 사용하는 수단이 인간 설교자와 복음 전도자를 통한 하나님의 말씀 선포다. 예수 그리스도의 십자가 죽음과 부활로 말미암아 자기 자녀들의 삶과 인생, 그리고 그 역사 속에서 구현되는 하나님 나라와 이 나라의 주재자 예수 그리스도를 증언하고 선포하는 설교 메시지가 신자의 성화를 위한 가장 결정적인 하나님의 수단이다. 이렇게 실천신학적인 성령론은 설교 사역의 신비와 영광을 더욱 풍성하게 이해할 수 있도록 한다.

③ 종말론과 연결된 인간 신자 이해와 설교 사역. 종말론과 연결된 인간 신자 이해는 설교를 듣는 청중을 군중 속의 고독한 개인이 아니라 영원한 하나님 나라를 향하여 달려가는 목적론적인 존재(*telic* dimension)

로 이해할 신학적인 토대를 목회자들과 설교자들에게 제공한다(Louw 1998:121-122, 174).

설교자가 종말론의 관점에서 청중 신자들을 이해할 때, 설교자는 이들의 구원과 성화를 위하여 삼위 하나님이 가장 결정적으로 사용하시는 설교 사역과 설교 메시지의 중요성을 좀 더 거시적인 안목에서 바라볼 수 있다. 그러한 설교 메시지를 장기간 경청하는 청중 신자들도, 세속 사회 속에서 쉽게 해결되지 못하는 자기 인생 속에 남아 있는 '역설적인 갈등의 문제'를 좀 더 거시적이고 종말론적으로 기필코 완성될 하나님 나라의 시각으로 바라볼 수 있다. 그리고 섭리주 하나님 앞에서 좀 더 의연한 결단과 헌신의 삶을 계속 이어갈 수 있다.

우리 설교자들의 설교 사역에서는 오늘 당장에 내가 전하는 메시지를 통해서 전무후무한 회심과 영적인 감동의 역사가 꼭 일어나야 하는 문제보다 더 중요한 것이 있다. 천지 창조로부터 그리스도 안에서의 새 하늘과 새 땅으로 절대적인 일관성을 갖고 진행하는 하나님 나라의 일관성 안에서 내 설교 메시지가 하나님의 말씀으로 반드시 사용되고 있는가 하는 것이다. 만일에 이 점만 분명하다면 하나님은 내 설교 메시지를 하나님 나라 구현의 수단으로 사용하고 계시는 것이다. 설교는 하나님 말씀의 선포이며, 그 말씀을 듣는 신자들이 설교 메시지를 듣는 중에 거룩하신 하나님 앞에서 자신의 영적 본질을 충격적으로 확인하고 그분의 자비를 새롭게 간구하며 자기 인생과 이 역사 우주 만물 중에 여호와가 과연 하나님이심을 인정하고 그 절대 주권 앞에 굴복하여 여호와 하나님을 경배하는 시간이요 지속적인 과정이다. 성도의 믿음은 이러한 말씀 선포를 통하여 성령의 감동으로 그 심령에 뿌리가 내리고 점점 자라간다. 그리고 그를 향한 하나님의 거시적인 종말론의 목적이 점진적으로 완성된다.

단기적으로 보자면 설교 메시지를 통한 영적 리더십이나 그 파급 효과에 어느 정도 굴곡이 있을 수 밖에 없다. 메시지에 대한 청중의 호응 정도나 '은혜를 받았다'는 감동의 수준, 그리고 메시지에 대한 청중의 헌신에 기복과 굴곡이 잇을 수 있다. 아무리 최고의 설교자라도 항상 홈런을 칠 수는 없다. 그러나 때로는 죽을 쑤는 설교 메시지를 전하더라도 그 설교자의 마음 한 켠에 종말에 완성될 하나님 나라를 간절히 바라보며 지향하고 있다면 그 절망의 순간은 그것으로 결코 끝나지 않는다. "나의 믿음이 없는 것을 불쌍히 여겨 도와주소서"(막 9:22-24). 한 사람의 설교자로 세우신 하나님은 그 설교자를 부르시고 말씀 선포의 은사를 부여하신 작정과 섭리에 대하여 결코 후회하지 않으신다(롬 11:29).

청중은 설교자가 자신의 설교 메시지로 당장 천국과 지옥을 결정하도록 책임져야 하는 설교 메시지의 파트너이기 이전에, 성령 하나님이 로고스 하나님의 말씀과 성령 하나님의 감화 감동으로 간섭하고 계시며 종말을 향하여 진행하고 있는 구속사의 도상에서 함께 순례의 길을 가고 있는 순례자이다. 설교자가 청중을 종말론의 시각으로 이해할 때, 설교자는 불필요한 부담에서 자유로울 수 있으며 더욱 본질적인 하나님 말씀의 준비와 성령 하나님의 조명을 위한 간절한 기도, 그리고 하나님 아버지의 마음과 열정적인 선포에 더욱 집중할 수 있다.

설교 사역과 청중을 성령론과 종말론의 시각으로 이해할 때, 설교 메시지의 강조점은 윤리적이고 도덕적인 적용을 강요하는 것이 아니라 그 순례의 과정 속에서 늘 우리와 함께 하시는 거룩하시고 자비가 풍성하신 삼위 하나님의 능력과 영광, 그리고 그 권능을 더욱 풍성하게 선포할 수 있다. 또 청중의 영적 변화와 성숙은 이전에 생각해 보지 못했지만 새로운 깨달음의 시각이 열릴 때나 이전에 어렴풋했으나 성경 본문 강해를 통해서 더욱 선명하고 더욱 분명한 이미지로 다가올 때, 그 놀랍고 충격적인 하나님의 모습, 성품, 그 놀라운 이미지 앞에 합당한 거룩한 성품과 열정적인 헌신을 자발적으로 실천할 수 있다. '하나님을 사랑하고 하나님께 헌신하라'는 권면으로 청중의 믿음을 변화시키거나 성숙시킬 수 없다. 그보다는 영원 전부터 천지창조를 거쳐서 이스라엘의 패역한 역사와 선지자들의 예언, 그리고 예수 그리스도의 성육신과 십자가 죽음, 부활, 승천, 성령 강림, 사도행전을 통해서 펼쳐지는 교회를 향한 성령 하나님의 인도하심, 2천 년 교회 역사, 그리고 요한계시록에 펼쳐지는 장차 완성될 하나님 나라의 거시적인 내러티브를 지속적으로 가르치고 선포하고 교육하고 그 구속사 내러티브 프레임을 제시 때, 이 구속사 내러티브 프레임이 성도의 구원과 성화의 과정을 이끌어간다.

결국 설교자는 청중을 하나님과 세상의 이중적이고 역설적인 긴장 가운데 위치한 존재로 이해할 수 있다. 이러한 역설적 긴장에 있는 청중의 존재를 좀 더 세부적으로는 3차원의 신학 프레임으로 분석할 수 있다. 먼저 기독론의 틀 안에서는 하나님과 영생의 언약 관계를 맺은 존재로 이해할 수 있으며, 이어서 성령론의 틀 안에서 구원의 서정을 따라서 회심과 성화의 순례 과정을 따라가는 과정적 존재로, 그리고 종말론의 틀 안에서는 그리스도와의 온전한 연합을 추구하는 목적론적 존재로 이해할 수 있다. 이렇게 청중 신자들을 통합적인 신학의 프레임으로 이해할 때, 비로소 설교학적인 청중 이해의 신학적인 토대를 온전히 구축할 수 있다.

4) 실천신학적 인간론에 근거한 설교 메시지의 쟁점

설교단 앞에 모인 청중은 신앙의 역설과 갈등의 문제 때문에 하나님께서 예배와 설교 메시지를 통하여 이 문제에 대한 해답을 들려줄 수 있기를 간절히 기대한다. 만일 설교자가 신앙의 역설과 갈등의 문제를 설교 메시지에서 제대로 다루지 않으면 청중은 그 메시지는 자신들과 아무런 관련이 없다고 생각한다. 더 이상 설교에 귀를 기울이지 않는다.

따라서 설교자는 교회 강단에서 설교 메시지를 전하는 최우선의 이유와 목표를 분명하게 확정해야 한다. 자기가 신학교에서 새롭게 배운 신학 지식을 설교 메시지에 포함시키거나 성경 본문을 연구하여 깨달은 지식을 설교 메시지로 전할 수 있다. 하지만 이것이 설교 사역의 최우선의 이유와 목표라면, 그 설교를 계속 들어야 하는 청중은 말씀하시는 하나님으로부터 분명 버림받은 존재들이다. 말씀하시는 하나님은 청중 신자들이 직면한 영적 문제에 대한 해결책을 제시하심으로 그들을 인도하시는 하나님이시다. 설교자가 설교 시간에 청중의 영적 문제에 대한 말씀의 해답을 선포하지 못하거나 안 하면 분명 그 청중은 하나님의 인도하심을 교회 바깥의 다른 메신저나 다른 수단으로부터 기필코 확보하려 들 것이다. 그만큼 설교자의 메시지는 그 청중들에게 아무런 영향력을 발휘하지 못할 것이고 그만큼 설교자의 목회 리더십은 '밑 빠진 독에 물 붓기'가 될 것이다.

그렇다면 어떻게 할 것인가? 그 해결책을 설교 메시지 작성의 관점에서 좁게 제시하자면, 주해와 원리화, 그리고 설교 메시지의 작성 3단계 진행 과정을 문제(question)와 해답(answer)의 상응 관계(Q&A)로 밟아가는 것이다.

① 주해에서 문제와 해답의 상응 관계. 주해 단계에서 성경 본문 주해의 관심은 본문에 등장하는 등장인물의 문제와 하나님의 해답이 어떻게 서로 연결되는가 하는 것이다. 고린도전서 13장을 연구할 때에도 사랑의 속성을 오래참음과 용납함과 같은 개별적인 특징을 순차적으로 해석하는 것에 머물러서는 안 된다. 오히려 사도 바울이 고린도교회에 하나님의 사랑을 해답으로 제시하도록 자극했던 그 교회의 문제점인 성도들 간의 시기와 질투, 분열의 문제와 사랑의 해답이 어떤 상응 관계를 맺는지를 잘 살펴봐야 한다. 이를 좀 더 확장시켜 설명하자면 설교학적인 상호본문성의 관점에서 선행자료(pre-text), 문학적이고 역사적인 배경(context), 선행자료(pre-text), 본문(text), 화행론의 목적(post-text)을 파악하는 것이다. 자세한 내용은 본서 4장의 2)번 '설교학적인 상호본문성'을 참고하라.

② 원리화에서 문제와 해답의 상응관계. 원리화 단계에서 설교자는 주해 작업에서 얻은 연구 자료들을 보편적인 교훈이나 신학적인 교리, 또는 일반적인 진술로 바꾼다. 하지만 그 차원에 머물러서는 안 되고 그 보편적인 교훈이나 교리, 또는 진술문의 저변에 문제와 해답의 상응관계가 형성될 수 있도록 바꾸어야 한다.

예를 들어 고린도전서 13장을 주해하여 '사랑은 오래 참으며 자랑하지 않는다'는 교훈을 도출했을 경우가 있다. 이러한 일반적인 교훈은 문제와 해답의 대응 관계가 불분명하다. 따라서 설교자는 이러한 일반적인 교훈을 문제와 해답의 대응 관계로 재구성해야 한다. 고린도전서 13장이 교훈하는 '하나님 사랑'에 대응하는 일반적인 문제점은 세속적인 대중매체가 퍼뜨리는 희생 없는 이기적인 사랑이나 순간의 열정에 집착하는 감성적인 사랑이다. 주해 자료를 일반적인 교훈으로 원리화할 때에는 이러한 일반적인 문제점을 염두에 두고 보편적인 교훈이나 교리, 또는 규범을 문장으로 다듬어야 한다: "희생이 없는 이기적인 사랑이 득세하는 이 세상에서 신자가 추구해야 할 사랑은, 하나님으로부터 받은 희생적인 사랑으로 한 가족이요 한 지체된 형제 자매들을 끝까지 인내하며 사랑을 베풀어야 한다."

③ 설교에서 문제와 해답의 상응관계. 설교자가 고린도전서 13장을 설교할 때, 단순히 기독교적인 사랑의 특징을 나열하거나 설교 적용점을 제시하는 뒷부분에서 그리스도의 사랑으로 이웃을 사랑하라고 권면하는 수준에 머물러서는 결코 안된다. 그 이유는 앞서 소개한 청중의 역설적 긴장과 갈등의 문제 때문이다. 청중 신자들은 설교자가 그리스도의 사랑을 설명하거나 희생적인 사랑을 실천하라고 권면하기 이전에 이미 그런 내용을 알고 있다. 예수 그리스도를 구세주로 믿는 신자로서 주변 사람들에게 희생적인 사랑을 베풀어야 한다는 당위성도 잘 인지하고 있다. 청중 신자들의 문제는 그리스도의 사랑이나 사랑을 실천해야 하는 당위성에 무지한 것이 아니라 알면서도 실천하지 못하는 지행불일치다.

청중 신자들은 사랑에 관한 지행불일치의 문제를 가지고 설교단으로 다가온다. 왜 나에게는 성경에 기록된 그 수 많은 하나님 사랑에 관한 체험이 없을까? 과연 하나님은 나를 그 따뜻한 품에 품으시고 사랑을 베풀고 계신가? 만일 그렇다면 왜 나는 그것을 체험하지 못하는가? 무엇이 문제인가? 과연 나는 구원을 받았는가, 아니면 버림을 받았는가? 그리스도의 사랑은 물질적인 궁핍도 없고 인간관계에 아무런 문제가 없는 천하태평의 사람들에게나 해당될 뿐 나에게는 진혀 해당되지 않는 이야기가 아닌가? 이런 고민 중에 있는 청중 신자들에게 과연 설교자는 무슨 메시지를 전할 수 있을까?

설교자는 주해 과정을 통하여 추체험을 가져야 하고, 원리화 과정을 통하여 광대한 구속역사를 주도하시는 하나님의 구속 내러티브에 대한 분명한 확신을 가져야 한다. 설교자가 그 확신의 연장선상에 서서 특정한 청중을 향한 하나님의 말씀, 로고스를 간구할 때 성령 하나님은 반드시 문제와 해답의 상응 관계를 확보한 메시지를 깨닫게 하신다. 그럴 때 비로소 설교자는 문제화 해답의 상응 관계를 확보한 메시지를 좀 더 자세히 SAEVA의 형식을 갖추어 설교문을 작성할 수 있다. SAEVA 설교 형식에 관한 자세한 안내는 다음 13장 "설득력 있는 설교 형식과 구성"에서 다룰 것이다.

2. 청중의 역설적 긴장에 관한 해답 : 해석학적 존재로서의 청중

1) 청중의 역설적 긴장 문제를 해결하는 성경 말씀

설교의 다섯 가지 구성요소에 관한 삼각형 모델이 간단히 보여주듯이, 청중은 설교 상황(preaching context)에서 하나님과 영생의 언약 관계에 있을 뿐만 아니라 성경과 해석학적인 관계(5)에 있다. 설교 메시지 전달의 핵심 목표는 선포된 메시지를 통하여 청중으로 하여금 하나님의 임재 (coram Deo)를 깨닫고 그 앞에 합당한 순종의 반응을 이끌어내는 것이다. 이러한 목적을 달성하는 수단이 일차적으로는 설교자의 설교 메시지이지만 좀 더 근본적으로 그 메시지의 근원(*ad fontes*)은 전체 성경 본문(*tota scriptura*)이다. 따라서 설교 메시지를 통하여 역설적 긴장의 문제를 해결하기를 원한다면, 설교자든 청중이든 자신들은 성경 본문과 필연적으로 해석학적인 관계를 맺고 있음을 깨달아야 한다. 역설적 긴장의 문제가 근본적으로 하나님이 허락하신 신앙에서 비롯된 것이라면, 신앙에서 비롯된 역설적 긴장의 문제는 설교자와 청중이 먼저 나서서 해결하려고 애쓰기 이전에 그들이 성령 하나님의 인도를 따라서 진행되는 성경과의 해석학적인 관계를 통하여 필연적으로 해결되기 때문이다.

청중이 성경과 맺은 해석학인 관계는 성경 본문이 설교의 상황에서 감당하는 다음 두 가지 역할을 통하여 더욱 분명하게 드러난다: 청중을 하나님께로 인도하는 매개체 역할과 하나님 임재를 경험하도록 하는 추체험의 매개체 역할.

① 청중을 하나님께로 인도하는 매개체. 하나님의 임재를 추구하는 설교 상황에서 성경 말씀은 하나님과 세상의 역설적 긴장 속에 얽메인 청중 신사들을 그 세상의 사슬을 풀고 하나님 나라로 구원하여 그 깅역한 임재 앞으로 인도하는 하나님의 최고 매개체(media)다. 성경은 단순히 과거 하나님이 행하신 이적들에 관한 기록이나 등장 인물들의 목격담의 차원에 머무르지 않는다. 그보다는 과거와 미래 시간을 초월하고 동양과 서양의 공간을 초월하신 삼위 하나님께서 자신의 무한한 능력과 영광, 권능과 지혜, 자비와 공의를 계시하시는 하나님의 매체(divine media)다.

성경 말씀이 없다면 유한한 사람이 무한히 구별되신 삼위 하나님과 접촉할 수단도 없으며, 거룩하신 하나님의 임재 안으로 사람들이 나아갈 방법도 없다. 우리 신자들이 성경을 하나님의 계시 말씀으로 고백할 때, 이 고백이 의미하는 바는 안경이 사물을 똑똑하게 보도록 도와주는 것처럼 우리 신자들도 성경을 읽을 때 성령 하나님의 감화 감동으로 하나님을 다시 만날 수 있으며 그 분의 뜻을 발견할 수 있다는 것이다(칼빈, 기독교강요 I. 6. 1). 성경 전편이 증언하는 하나님의 말씀을 통해서, 그리고 하나님이 구원의 역사와 이 세상 역사 속에서 일하셨던 진행 과정에 관한 내러티브를 대하면서 우리 신자들은 자신과 하나님 사이의 영적인 간격이 좁혀지고 역설적인 긴장의 문제가 해소되며 하나님 임재 안에서 놀랍고도 새로운 자유와 은총을 경험할 수 있다.

② 하나님 임재를 체험하는 추체험의 매개체. 설교 상황에서 성경과 관계를 맺고 있는 청중의 위치와 관련하여 주목할 점이 하나 있다. 성경이 하나님과 세상 사이에 있는 청중 신자들의 역설적 긴장의 문제를 해결하는 중재적인 매체 역할을 감당하지만, 성경 그 자체가 하나님의 임재와 동의어가 아니며 성경을 읽는다고 무조건 하나님의 임재를 자동적으로 체험할 수 있는 것이 아니다. 그래서 이 세상을 살아가는 청중 신자들은 하나님과 신학적인 언약 관계를 맺고서 이 세상 속에서 신학적인 역설적 긴장의 문제를 안고 있지만 그와 동시에 성경책과 성경 본문과도 여전히 해석학적인 긴장 관계에 있다. 성경에서 아무 본문이건 무턱대고 읽는다고 자동으로 성령 하나님의 감동이 뒤따르는 것이 아니다. 해석자나 청중 신자들의 해석학적인 헌신과 노력을 통하여 이 긴장의 문제가 극복될 때, 비로소 성경 본문에 대한 새롭고도 충격적인 깨달음과 추체험이 뒤따를 수 있다.

설교학자 버트릭에 의하면 설교 상황에서 청중이 해답을 추구하는 해석학적 욕구는 청중 자신의 신학적 존재(Being-saved-in-the-world)로부터 필연적으로 파생된다고 한다(Buttrick 1987:41). 또 기스트에 의하면 청중은 설교 메시지를 통하여 자신의 실존적인 안정감 이외에 참된 이해를 얻으려는 욕구를 가지고 강단으로 나아온다고 한다(Geest 1981:28-29; cf 크래독 1994:107). 말하자면 설교 상황에서 하나님과 신학적인 관계를 맺고 있는 청중은 세상으로부터 압박을 받은 역설적 긴장의 문제가 성경 본문에 관한 강해를 통하여 제대로 다뤄지고 그 해답에 선포되기를 기대한다는 것이다.

청중은 하나님과 세상 양극단이 서로 중첩하는 역설적 긴장에 위치하고 있으며, 이 긴장과 갈등 때문에 하나님에 대하여 늘 그 해답을 탐구하며 질문하는 존재다. 성경 본문은 청중을 하나님 임재로 이끄는 매개체 역할을 감당하지만 성경 본문의 의미가 온전히 깨달아지고 추체험될 때 비로소 그러한 하나님 임재의 보상은 설교자와 청중 신자들의 것이 될 수 있다.

2) 역설적 긴장 문제를 해결하는 성경의 구속사 내러티브

그러면 성경은 어떠한 방식으로 청중의 해석학적 탐구와 질문에 응답하면서 이들을 하나님의 임재 영역 안으로 이끌어 들일 수 있을까? 성경은 창세기 1장부터 요한계시록 22장까지 일관성을 가지고 계속되는 그리스도 중심의 구속역사 내러티브가 성경 독자들의 인식 세계 안에서 하나님 나라의 능력과 영광, 권능과 지혜, 자비와 공의를 새롭게 깨닫도록 함으로써 이루어진다.

조지 스트롭(George Stroup)은 성경의 구속사 내러티브가 독자들에게 기능하는 해석학적인 탐구 활동에 관한 유용한 통찰을 제공하였다. 조지 스트롭이 제시하는 성경의 구속사 내러티브를 잘 이해하려면 먼저 내러티브(또는 서사, narrative)에 대한 용어 설명이 필요하다. 현재 설교학 계에서는 **Narrative**라는 용어를 다양한 관점에서 서로 혼용하고 있다. 내러티브 비평에 따른 성경해석학의 입장과 한스 프라이의 구속사 내러 티브 입장을 순차적으로 살펴보자.

① 내러티브 비평에 따른 성경해석학 입장. 성경해석학계에 역사비 평 이후에 문학비평의 발전의 연장선상에서 1970년대 이후에 등장한 신 설교학(the New Homiletics)의 한 흐름에 속한 내러티브 설교(또는 서사설교, Narrative Preaching)이다. 내러티브 설교의 해석학적인 기초를 제공하는 '내러티브 비평'(narrative criticism)에 대한 책에서 막 포월(Mark Powell)은 내 러티브나 이야기의 문학적(또는 문예적) 특징을 내러티브 안에 들어 있는 관점(Point of view), 플롯(Plot), 그리고 전개방식이나 움직임(Movement)에서 찾고 있다(포웰 1993:53-4,71ff). 내러티브 비평에 따른 성경 해석의 전략은 성경의 문학적 특성이나 성경의 서사 장르의 본문 속에서 어떻게 서술 자(Narrator)가 어떤 관점(Point of view)을 가지고 수사적 전략 속에서 그 플 롯을 전개하는지, 그리고 그 결과로 나타나는 수사학적 효과는 무엇인 지에 주목한다.

유진 로우리(Eugene Lowry)나 데이빗 버트릭(David Buttrick)은 이러한 수사적 전략을 실제 설교문에도 그대로 포함시켜서 청중에게 감동적인 메시지를 전할 설교학적인 방안을 모색하였다. 이에 관한 좀 더 자세한 내용은 앞의 2장, "현대 설교학의 트랜드"에서 3번, "현대 설교학자들의 주요 방법론"을 참고하라.

② 한스 프라이의 구속사 내러티브. 한스 프라이(Hansa Frei)는 성경 전체가 일관성 있게 제시하는 거대담론(또는 대서사, meta narrative)이 특정한 성경 본문을 하나님 말씀인 로고스의 시각으로 해석하는 해석적 가이드의 역할을 감당함에 주목하였다. 초대교회 이후 전통적인 성경 해석의 역사에서는 성경의 거대담론이 제시하는 서사적 세계의 기준에 따라서 특정한 성경 본문의 문자적 의미(literal meaning)와 문자적 의미가 지시하는 지시대상의 실제 사건(reference to actual event)이 서로 분리되거나 혼돈을 일으키지 않았다고 한다(프라이 1996:17ff). 그러나 19세기 이후 비약적으로 발전한 역사비평이 성경해석학에 적용된 이후부터 성경 본문의 문자적 의미와 그 문자가 지시하는 문자 배후의 실제 역사적인 사건은 짐차 분리되기 시작하였다.

③ 기독교 신앙 공동체의 문화적 하부구조. 내러티브에 관한 두 입장을 비교하자면, 내러티브 비평에서는 내러티브를 주로 문학적이고 수사학적인 관점에서 이해한다. 그러나 후자는 성경 전체를 관통하는 성경신학과 그리스도 중심의 구속역사라는 신학의 관점에서 내러티브를 이해한다. 후자의 입장에 속한 조지 스트룹에 의하면 성경은 단일한 체계로서의 기독교적 서사(Christian Narrative)를 제공하는 모판(ad fontes)이며, 기독교의 공동체는 공동체의 문화적 하부구조(cultural infrastructure)랄 수 있는 기독교적 서사 속에 들어와서 그 서사가 형성하고 있는 단일한 문화 공동체적 세계 속에서 자신들의 정체성을 형성하고 공유할 뿐만 아니라, 지속적으로 그 서사를 공유하고 후대에 계승함으로 자신의 독특한 기독교적 정체성을 유지한다.[185]

3) 구속사 내러티브의 인식론적 실행력

설교자가 청중 신자들의 역설적 긴장의 문제에 관한 해답을 성경 본문의 말씀에 근거하여 제시하려면 성경의 구속사 내러티브가 성경 독자와 설교 청중에게 발휘하는 인식론적인 실행력을 잘 이해해야 한다. 설교학자 리차드 에슬링거(Richard Eslinger)에 의하면, 모든 사람들이나 공동체는 내러티브나 스토리로 구성된 보이지 않는 인식론의 세계에 거주하고 있으며, 모든 내러티브는 그것을 듣는 청중을 때로는 환상적인 도피나 공포 또는 실존적인 책임에 대한 강력한 인식가 도전 앞으로 이끌어가는 인식론적인 실행력을 발휘한다.[186] 이와 같은 맥락에서 기독교인 역시 성경의 구속역사 내러티브와 그 내러티브의 연장선상에서 파생한 기독교적인 내러티브가 구성하는 보이지 않는 인식론의 세계에 거주하고 있다고 한다.

[설교에서의 기독교 서사의 위치]

위의 그림에서 보는 바와 같이 청중은 설교 메시지로 선포되는 하나님의 모습과 그 분의 구원 사역에 관한 성경적인 내러티브를 듣는 과정에서 그들 앞에 언어적으로 제시되는 가상의 내러티브 세계 안으로 초대를 받으며 성령의 감동으로 그 세계 안으로 인도되고 그 세계 안에 임재하시는 하나님의 임재를 깨닫고 그 하나님 나라가 요구하는 요청과 명령에 결단의 반응을 보일 수 있다. 성경의 내러티브와 기독교적인 내러티브가 설교 청중에게 제시하는 가상의 내러티브 세계는 이 세상과 세상의 메스미디어가 지속적으로 제시하는 탐욕스럽고 이기적이며 소비지상주의적인 세속 사회에 대항하는 일종의 영적 전쟁의 베이스 켐프와 같다. 신자들은 성경 본문 강해에 관한 설교 메시지를 듣고서 이 세계 안으로 들어와서 기독교적 가치관과 정체성을 함께 공유하고 주변에 전파함으로 이 땅에서 하나님 자녀된 거룩한 교회 정체성을 그리스도 재림 때까지 온전히 유지할 수 있다. 간단히 말하자면 하나님과 언약 관계를 맺은 신자들이 당하는 역설적인 긴장과 갈등의 문제가 성경 본문이 펼쳐 보이는 구속역사 내러티브에 관한 설교 메시지를 통하여 해결되는 것이다.

4) 구속역사 내러티브 관점의 성경 본문 해석과 추체험

설교자가 자신의 설교 메시지로 하나님의 말씀을 온전히 선포하기를 원한다면, 성경 본문을 해석할 때부터 성경 본문에서 구속역사 내러티브 세계가 명시적으로나 암시적으로 어떻게 펼쳐지는지에 예민한 관심을 기울여야 한다. 설교자는 성경 본문을 읽고 해석하는 과정에서 본문의 문자적인 상호 작용이 궁극적으로 제시하는 성경의 내러티브 세계 속에 들어가서 그 가운데 임하시며 자신의 뜻을 알리시는 하나님을 인격적으로 만나야 한다. 이 해석적 과정은 단지 본문의 역사적 배경을 기계적으로 파악하는 차원에 머무르지 않는다. 본문의 난해구절의 의미는 무엇이며 본문의 중심사상과 이 중심사상을 지지하는 소대지는 무엇인가 하는 것을 확인하는 차원보다 훨씬 그 이상이어야 한다. 성경은 하나님에 대한 정보 창고가 아니다.

칼빈이 말한 바와 같이 성경은 일종의 안경과 같다. 안경을 통해서 사람이 물체를 분명하게 보는 것처럼, 성경을 통해서 하나님에 대해서 무지하며 하나님에 대한 만남이 없는 우리가 성경이라고 하는 안경을 통해서 하나님을 바라보게 되며, 성경이라고 하는 일종의 해석적 도약대의 도움을 받아서 하나님의 임재의 현장 속으로 뛰어 들어가게 되며 그 세계 안에서 하나님과의 영적인 만남을 체험할 수 있다. 성경이 궁극적으로 제시하는 하나님의 구속역사 내러티브 세계는 단순히 하나님 자신만을 위한다거나 하나님의 속성만을 가리키는 문학 세계만이 아니다. 앞에서 살펴본 신학적 존재로서의 청중 신자들이 직면한 역설적 긴장의 문제에 응답하는 하나님 나라다. 설교자가 성경 본문을 읽고 묵상하는 과정에서 그러한 성경의 구속사 내러티브 세계에 눈이 떠지고 그 본문이 궁극적으로 보여주는 하나님 나라와 그 충격적인 장면을 목격했을 때, 비로소 설교자는 청중에게 선포할 하나님 말씀의 실행력을 확보한 셈이다.

신학적 존재로서의 청중 이해가 설교자가 설교에서 집중적으로 해결해야 할 청중의 문제(역설적 긴장)를 보여준다면. 해석학적 존재로서의 청중 이해는 설교자가 그 문제를 어떻게 해결할 수 있는지의 방안(성경 말씀에 대한 추체험)을 보여준다. 다음 질문은 이것이다. 설교자는 자신이 체험한 성경 본문의 추체험을 실제 설교메시지에서 어떻게 청중에게 효과적으로 제시할 수 있는가? 설교 상황에서 청중이 설교자와 맺고 있는 의사소통의 관계를 고찰함으로 이 문제의 해답을 찾아보자.

3. 설교 커뮤니케이션에 참여하는 존재로서의 청중

하나님의 임재를 추구하는 설교에서 청중은 하나님과 성경 이외에 설교자와도 관계(4)를 맺고 있다. 설교자와 청중의 상호관계는 지교회 안에서 목회적 관계를 맺고 있지만, 설교를 중심으로 이해할 때에 상호간의 전형적인 관계는 의사소통의 관계(communication relation)다. 설교자와 청중 사이의 의사소통 관계에서 설교자의 메시지로 청중을 하나님의 임재 앞으로 인도할 실행력은 무엇일까? 그 설교 메시지의 실행력은 성령 하나님의 감동 차원과 인간 설교자의 언어적인 실행력으로 나누어 고찰할 수 있다.

1) 설교 메시지에 대한 성령 하나님의 감화력

하나님의 말씀을 전하는 인간 설교자와 인간 청중은 설교 상황에서 기계적으로 상대편과 일대일의 의사소통 관계만 맺고 있는 것이 아니다. 그보다는 오히려 제1의 설교자요, 제1의 청중이신 성령 하나님의 임재 앞에서 계속 인간 설교자의 메시지에 귀를 기울이시며 또 인간 청중에게 지속적으로 말씀하시는 성령 하나님의 임재 앞에서 선포되는 하나님의 말씀을 공동체적으로 함께 확증하기 위하여 하나님 나라 법정에 초청받은 존재들이다. 설교의 궁극적인 목적이 하나님의 임재 앞에서 그리스도와 연합하는 것이라면 이러한 목적은 사람의 능력으로 가능하지 않고 다만 성령 하나님의 감화 감동하시는 능력으로만 가능하다. 루돌프 보렌의 성령 설교자에 관한 통찰은 아래와 같은 도표로 설명할 수 있다.

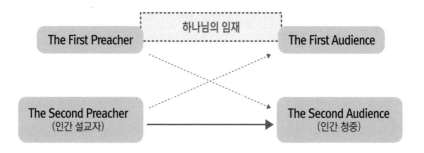

① 제일의 설교자이신 성령 하나님. 독일의 저명한 설교학자 루돌프 보렌은, 설교자와 청중 사이의 의사소통 관계를 성령 하나님의 감동의 관점으로 이해하여 인간 설교자가 청중에게 설교 메시지를 전하기 이전에 이미 성령 하나님은 그들에게 제일의 설교자(The First Speaker; *doctor internus*)로 말씀하고 계심에 주목하였다. 성령 하나님은 언약 백성인 청중에게 꼭 설교 시간에만 설교 메시지를 통하여 말씀하시는 것이 아니다. 그 이전에 길거리를 걷거나 직장생활을 하는 중에라도 역설적 긴장과 갈등을 계기로 호기심과 질문, 고민과 갈등, 번민과 의심의 과정을 거치도록 함으로 그를 세심하게 감화 감동하고 계신다. 또 주일날 설교 시간에 설교 메시지가 선포된 다음에 교회에서 집으로 돌아가는 과정에서도 계속 자신이 고민해왔던 역설적 긴장의 문제와 그에 대한 해답을 자꾸 생각나도록 하는 과정으로 그에게 개별적으로 감화 감동하신다.

② 제일의 청중이신 성령 하나님. 성령 하나님은 청중들이 제 2의 인간 설교자(The Second Speaker, *minister externus*)로부터 선포되는 하나님의 말씀을 듣기 이전에 먼저 제일의 청중(The First Audience)으로써 친히 자신에 관한 인간 설교자의 메시지에 귀를 기울이고 계시다고 한다(보렌 1979:169c, 371). 설교자가 설교 메시지를 선포할 때도 성령 하나님은 설교자의 입술

에서 선포되는 메시지가 하나님이 의도하는 본래 뜻에서 벗어나지 않도록 인도하고자 그 메시지에 상상할 수 없는 관심으로 경청하실 뿐만 아니라, 성경 본문을 해석하며 설교 메시지를 작성하는 과정에서도 설교자의 논리적인 흐름이 하나님이 본래 의도하는 목적에서 벗어나지 않도록 세밀하게 관찰하시며 지켜보시며 혹시 벗어나면 즉시 본 궤도로 회복되도록 감화하신다.

그러나 인간 설교자와 인간 청중 위에서 개입하시는 성령 하나님의 감화 감동의 역사는 인간 설교자와 청중 상호관계 속에 있는 인간적인 차원을 결코 손상하거나 무시하거나 배척하지 않는다. 루돌프 보렌의 주장처럼 설교의 신적인 기적과 인간적인 기교는 서로를 배척하는 것이 아니라 성령론의 신율적인 상호작용 안에서 서로 통합된다(보렌, 94-6). 그렇다면 인간 설교자와 인간 청중 사이의 의사소통 관계는 어떻게 작용함으로 하나님과의 만남을 성취하는가?

2) 설교자와 청중의 언어를 통한 인식 활동

설교의 의사소통 관계에서 설교자는 메시지 발신자(Sender) 역할을, 청중은 수신자(Receiver)의 역할을, 그리고 설교 메시지는 상호 의사소통의 매체(media) 역할을 맡는다. 그렇다면 설교자의 언어는 어떻게 청중의 인식 세계에 작용하며 청중의 양심은 어떻게 반응함으로 청중을 하나님 임재 앞으로 인도할 수 있을까? 이 질문에 대한 해답을 얻으려면, 먼저 언어가 작용하는 방식을 고찰할 필요가 있다. 다음 세 가지 언어철학을 순차적으로 고찰하고자 한다: 논리 실증주의 언어철학, 신해석학파의 체험을 매개하는 수단으로서의 언어, 탈자유주의 설교학의 문화-언어적인 모델.

① 논리 실증주의 언어철학. 18세기 후반에 과학과 합리주의, 논리 실증주의가 언어철학에 영향을 미쳤다. 논리 실증주의 영향을 받은 신학자들은 사람이 구사하는 언어는 언어가 묘사하는 언어 바깥의 지시대상인 실체를 정확하게 진술하고 표현하며 전달하는 최고의 수단으로 간주하였다. 언어와 문장이 정확하기만 하면, 그 언어와 실체간의 일대일 대응관계는 결코 훼손될 수 없는 것으로 받아들여졌다. 논리 실증주의 영향을 받은 설교의 언어에 관한 지배적인 관점은 인식론적이고 명제적인 언어관이었다. 설교 현장에서도 만일 설교자가 명료하고 정확한 문장을 구사하면 청중은 설교자의 마음 속에 있는 하나님의 말씀이 한 치의 오차도 없이 정확하게 전달될 수 있다고 보았다. 자연히 설교자의 최고 관심은 명료하고 정확한 명제 문장을 작성하여 선포하는 것이었다. 그리고 그 명제문을 논리적으로 설득하기 위한 3대지 방식의 논리 전개와 각 대지를 실증적으로 뒷받침할 예화를 제시하는 설교 형식들이 강조되었다.

② 신해석학파의 체험을 매개하는 수단으로서의 언어. 그러나 18세기 이후 전기 비트겐슈타인의 언어관과 하이데거의 언어관이 점차 세력을 잃어가고 의미 탐구의 수단으로 사용되는 언어에 관한 논리 실증주의 사고방식도 점차 힘을 잃었다. 20세기 초반에 신해석학파가 등장하면서 하나님에 관한 설교자의 언어와 그 언어가 가리키는 지시대상 사이의 의미론적인 균열이 더욱 심화하였다. 그 여파는 1960년대 이후 설교학계에도 찾아왔다. 언어와 실체의 일대일 대응관계가 점차 사라져가는 상황에서 설교학계에서도 과거처럼 하나님 나라에 관한 명료하고 정확한 언어 구사가 더 이상 중요한 과제로 인정하기 어려워졌다(틸리케

1982:10, 52ff).

이러한 문제의식에 대한 대안으로 제시된 언어관은 실체에 관한 논리적인 설명 수단이 아니라 청중에게 감동적인 체험을 불러일으키는 수단이자 촉매제라는 관점이다. 프래드 크레독은 제임스 오스틴(J. Austin)과 신해석학파의 에벨링(Gerhard Ebeling)이나 푹스(Ernst Fuchs)를 중심으로 발전한 체험 중심의 언어관을 설교학에 도입하였다. 덕분에 청중에게 명제적인 설교 문장으로 하나님 나라를 설명하고 이해시키려던 지루한 설교 전략에 설교학적인 돌파구가 마련되었다. 즉 설교의 목적은 더 이상 하나님 나라에 관한 지루한 설명이 아니라 메시지를 듣는 청중으로 하여금 언어적인 사건을 실행하며 설교 메시지로 영적인 체험과 감동을 전달하는 차원이 강화되었다.

이와 비슷한 시기에 밀진된 문학비평이나 수사비평에 따른 성경 해석의 영향으로 설교학에서도 점차 이미지 중심의 언어나 상상의 언어, 유비적인 언어가 널리 소개되었다. 신설교학자들이 강조했던 체험 중심의 언어관 저변에는 언어가 지시대상인 실체를 중재하는 매개체 또는 청중의 인식 세계에 그 실체를 하나의 사건으로 발생하는 촉매제에 대한 관점이 자리하고 있었다.

③ 탈자유주의 설교학의 문화-언어적인 모델. 그러나 앞서 2장에서 확인한 바와 같이 탈자유주의 설교학자들은 신설교학파에 속한 설교학자들의 체험 중심의 언어관을 비판하였다. 체험 중심의 언어관은 청중 개개인의 감성적인 체험을 중시하는 반면에 그 신앙 공동체의 독특한 정체성을 표현하는 문화적인 수단으로서의 공동체 언어 관습과 공동체 정체성 내러티브의 중요성을 간과하는 위험이 있나. 딜자유 주의 설교학

의 언어관은 문화-언어적인 모델(cultural-linguistic model)이다. 찰스 캠벨과 같은 탈자유주의 설교학자들에 의하면, 설교자가 강단에서 구사하는 설교 언어는 그 특정한 신앙 공동체의 정체성을 표현하고 강화하며 세대의 한계를 뛰어넘어 다음 세대로 전승하는 문화-언어적 관습이다. 물론 설교자의 강단 언어는 하나님 나라에 관한 실체를 설명하고 묘사하기도 하지만, 그 메시지 자체로 청중의 심령에 하나님 나라를 구현하고 실행하는 실행력을 발휘한다.

예를 들어 교회 바깥의 세속 사회가 코로나 팬데믹과 같은 절망적인 상황에 직면했더라도 주일 예배 시간에 하나님의 임재 앞에 함께 모인 신자들을 대상으로 설교자가 강단에서 "우리 주님은 여전히 살아계시고 주님의 자녀들을 끝까지 책임지십니다"고 선포할 때 그렇게 선포된 메시지는 성령 하나님의 감동으로 청중을 하나님 나라로 인도하는 해석학적인 도약대(hermeneutical springboard) 역할을 제대로 감당할 수 있다. "하나님 나라는 말에 있지 아니하고 오직 능력에 있음이라"(고전 4:20). 설교자가 설교 시간에 선포하는 하나님 나라는 명제 문장으로 자세하게 묘사할 수 있는 차원이 아니라 설교자가 마음에 품은 구속역사 내러티브에 관한 분명한 확신과 성령의 감동이 상호 결합할 때 그 자체로 청중을 끌어들이고 청중의 영안을 열어서 '주님 나라의 기이한 것'을 보여줄 수 있다. "나에게 주의 법도들의 길을 깨닫게 하여 주소서 그리하시면 내가 주의 기이한 일들을 작은 소리로 읊조리리이다"(시 119:27).

3) 상상력을 발휘하는 설교 언어

설교자의 강단 언어가 청중을 하나님 나라로 초청하고 안내하는 해석학적인 도약대 역할을 감당하는 과정은 성령 하나님의 차원과 인간 설교자의 차원으로 구분하여 설명할 수 있다. 성령 하나님의 차원은 설교 메시지에 대한 성령 하나님의 조명의 역사이다. 다른 한편으로 인간 설교자의 차원은 설교자가 구사하는 언어의 매체가 청중의 언어적인 지각 활동과 이를 통하여 상상력이 발휘되는 과정으로 이해할 수 있다.

① 상상과 환상의 차이. 설교에서 상상의 긍정적인 역할을 올바로 이해하려면 먼저 상상(imagination)과 환상(fantasy)의 차이를 구분함으로써 상상에 대한 부정적인 선입관을 제거할 필요가 있다. 대부분의 신학자들에 의하면 환상은 자아가 현실의 한계로부터 도피하도록 자극하는 반면에, 상상은 눈에 보이는 현실의 실체를 꿰뚫고 직관하여 그 배후로 들어가서 현실의 실체 본질을 더 잘 이해하도록 돕는 역할을 한다고 한다.[187] 같은 맥락에서 설교학자 리거트(Riegert)에 의하면 공상은 현실 세계에 대한 적대적인 거부감이나 영지주의적 도피를 암시한다면, 상상은 현실 세계의 본질을 더욱 분명하게 파악할 수 있도록 돕는다.[188]

예를 들어서 "내가 하늘을 나는 새라면 좋겠다"는 환상은 날지 못하는 현실에 대한 일종의 도피 수단으로 작용한다면, 물질의 원자를 이해할 때에 상호 분자 사이에 가상의 선을 연결시켜 이해하는 것은 그 원자 실체를 좀 더 명료하게 이해할 수 있도록 돕는 역할을 한다. 성경 안에서도 성도의 교제를 살아있는 유기적 몸의 지체로 상상하거나 예수님과 성도와의 관계를 포도나무로 비유하는 이유는, 성도들의 모임인 교회의 보이지 않는 영적 본질은 교회의 머리이신 예수 그리스도의 말씀과 그 말씀 선포에 함께 임재하는 성령 하나님의 조명의 중요성을 잘 이해할 수 있도록 하려는 것이다.

② 이미지가 풍성한 설교 메시지. 그렇다면 설교자의 강단 언어가 하나님 나라에 관한 청중의 인식 활동과 상상력을 효과적으로 자극하려면 어떻게 해야 할까? 설교자의 강단 언어가 지나치게 설명문이나 규범에 관한 명령문에 치우치지 않고 좀 더 풍성한 이미지들을 담아낼 수 있어야 한다. 더 많은 예화를 사용하자는 뜻이 아니라 설교 메시지를 다 들은 청중이 교회를 떠날 때 그들의 마음에 설교의 중심사상에 관한 명제 문장이나 몇 가지 구호가 남는 것이 아니라 그러한 중심사상이나 명제 문장을 떠올리는 이미지가 남도록 해야 한다는 것이다.

4) 화행적인 설교 메시지의 수행력

① '막다른 길'처럼 느껴지는 기독교적 규범과 도덕적 호소. 설교학자 트로이거(Troeger)는 지루한 설교자들이 설교 결론에서 던지는 기독교적인 규범이나 도덕적 호소를 가리켜서 막다른 길(a dead end)로 정의하였다. 설교 결론에서 청중에게 '막다른 길'이 일종의 최종적인 해답처럼 제시되면, 청중은 자신들이 고민했던 '역설적 긴장'의 문제가 전혀 해결되지 않고, 오히려 새로운 규범과 의무가 가중된 느낌을 받으면서 메시지 실천을 위한 적극적인 자유 의지를 잃어버린다. 설교는 단지 오늘날의 상황에 대한 기독교적 해결책을 제시하는 것만으로는 불충분하다는 것이다. 왜냐하면 이렇게 제시되는 기독교적인 해결책이 실제로는 청중이 현재 문제점으로 인식하고 있는 핵심 문제이거나 또는 그 문제가 시작된 출발점의 원인이기 때문이다. 신자들이 신앙생활 속에서 느끼는 역설적인 갈등의 문제는 신앙생활을 시작하지 않았다면 결코 제기될 수 없는 질문들이다.

② 청중의 변화를 자극하는 감동적인 이미지와 장면들. 그렇다면 청중을 변화로 이끌려면 어떻게 설교해야 할까? 월터 브루그만(Walter Brueggemann)은 "우리는 어떻게 변화될 수 있는가?"라는 질문에 대하여 사람은 결코 교리적인 논쟁이나 도덕적인 호소로 변화하는 존재가 아니라고 단정했다.[189] 그 대안으로 그가 주목한 것은 하나님 나라에 관한 대안적인 이미지나 그러한 모델의 모습이다. 하나님 나라에 관한 대안적인 이미지나 장면에 청중의 심령에 올바로 각인될 때, 그 이미지가 청중의 심령 안에서 영적 변화를 자극하며 새로운 결단과 순종의 자리로 이끈다고 한다(Brueggemann 1993:24-25; cf 1991:161-183).

설교학자 트로이거(Thomas H. Troeger)에 의하면, 설교 메시지를 들은 청중이 어떤 적용점이나 규범을 실천에 옮기도록 하려면 그 실천을 자극힐민힌 이미지가 먼저 청중의 심령에 각인되어야 한다.[190] 트로이거는 청중의 심령에 각인된 이미지와 그 이미지로부터 자극받은 실행의 밀접한 상관관계에 주목하였고 이러한 상관관계의 관점에서 예수님이 산상수훈에서 형제에게 분노하는 자에 대한 극단의 심판을 언급하신 이유에 주목하였다. "나는 너희에게 이르노니 형제에게 노하는 자마나 심판을 받게 되고 형제를 대하여 라가라 하는 자는 공회에 잡혀가게 되고 미련한 놈이라 하는 자는 지옥 불에 들어가게 되리라"(마 5:22).

예수님이 보시기에 형제에게 노하는 자나 어떤 여인을 바라보고 그 마음 속에 음욕을 품는 자는 그 마음 속에 이미 자극적인 이미지와 연속적인 장면들을 만들어냈다는 것이다. 형제에게 분노하는 자는 그 마음 속에서 이미 형제를 살인한 자이고 마음 속에 음욕을 품는 자는 이미 그 마음 속에서 간음을 행하고 있다는 것이다. 트로이거에 의하면 분노한 사람은 마음 속에서 먼저 상대방을 죽이는 이미지를 연상하고 그러한 마음 속 연상을 실제로 실행에 옮길 효과적인 수단을 찾는다[Troeger (ed Van Seters) 1988:208]. 외부의 행동 이전에 이미지가 내부에 선행하고 있으며 내면의 이미지가 외부의 행동을 조장하는 것이다.

따라서 설교의 목표를 청중 편에서 한 번의 도덕적 결단을 이끌어내는 것이 아니라 지속적인 순종의 원동력을 만들어주는 것이라면, 청중에게 꼭 필요한 것은 성경적인 지식이나 기독교적인 규범이 아니라 그 원칙과 규범을 청중의 마음 속에서 고무시키고 자극하는 긍정적인 이미지이다. 설교 결론의 예화가 청중의 마음 속에 하나님 나라의 풍성한 은혜와 사랑을 묘사할 때, 청중은 자신들 앞에 열린 하나님 나라에 관하여 희망찬 전망을 마음에 품고서 교회 문을 나설 수 있다.

예를 들어서 청중이 직면한 역설적 긴장의 문제는 그들 마음에 아직도 쉽게 해결되지 못한 미움과 증오의 문제라면, 이에 관한 기독교적인 해답과 규범은 "서로 사랑합시다!"일 것이다. 하지만 청중의 인식 세계에 상상력을 자극하고 사랑을 실행하도록 유도하려면, '서로 사랑하라!'는 규범을 던지는 차원에 머무르지 말고 서로 사랑하도록 자극하는 이미지로, 예를 들어 "함께 즐거워하는 잔칫상이 우리 앞에 있습니다", 또는 "우리는 장차 아버지 앞에서 한 상에 모여 먹고 마실 것입니다"와 같은 이미지 문장을 제시해야 한다.

③ 성경의 구속사 내러티브에 대한 추체험. 그렇다면 설교자는 청중 편에서 설교 메시지의 실행력을 고취할 이미지들을 어디에서 확보할 수 있을까? 성경책이 가장 효과적인 보물 창고다. 성경은 하나님과 구원 역사를 독자들에게 생생하게 전달하고 독자들의 인식 세계에 새로운 깨달음의 사건으로 재현하고자 수 많은 등장인물들과 사건들에 관한 이미지

들과 장면들을 활용한다. 그럼에도 설교자들이 성경이 제공하는 가장 탁월한 수행력을 발휘하는 이미지와 장면들을 제대로 포착하지 못하는 이유는, 성경 해석 과정에서 추체험이 일어나지 않기 때문이다. 하지만 성경 본문을 설교학적인 상호본문성 관점에서 해석하여 추체험을 경험한다면, 그 메시지를 들은 청중 역시 하나님의 말씀이 자신들을 놀랍게 변화시키는 것을 경험할 수 있을 것이다. 이에 관한 자세한 실례는 필자의 사무엘상 설교집『하나님 마음에 합한 사람』을 참고하라.

4. 결론

설교자는 청중을 어떤 시각으로 바라보고 설교 메시지를 전해야 하는가? 그들을 예정하시고 구속하시며 섭리하시는 삼위 하나님의 시각으로 바라보고 설교해야 한다. 청중을 향한 삼위 하나님의 시각은 성부 하나님의 시각과 성자 예수 그리스도의 시각, 그리고 성령 하나님의 시각으로 구분된다.

청중을 향한 성부 하나님의 시각은 청중이 하나님과 언약을 맺었으나 아직 풍진세상을 살아감으로 하나님의 섭리와 세상의 공중권세를 잡은 사탄 마귀 사이에 신앙의 역설적 긴장과 갈등 문제에 직면해 있음을 긍휼히 내려다 보시는 시각이다. 청중을 향한 성자 예수 그리스도의 시각은 성부 하나님의 영원한 로고스이신 그리스도께서 친히 세상에 강림하여 대속의 고난을 당하시고 십자가에 죽으시고 사흘 만에 다시 부활하심으로 그들을 향한 성부 하나님의 작정과 구속을 친히 대속제물로 감당해 주시는 간절한 열망과 의지를 말한다.

설교자가 성령 하나님의 감동으로 이 하나님의 간절한 시각을 공유하기 시작하고 복음 전도자의 길을 나섰다면, 성령 하나님은 계속 그 설교자로 하여금 그리스도의 구속에 관한 말씀인 성경 본문을 열어 본문에 담긴 하나님의 구속 경륜을 추체험하도록 인도하신다. 왜냐하면 청중을 향한 성부 하나님의 간절한 의지에 관한 말씀은 예수 그리스도를 통하여 온전히 계시되었을 뿐만 아니라 시공을 초월한 모든 백성들에게 적용되도록 성령 하나님의 감동으로 성경 말씀으로 기록되었기 때문이다. 창세기로부터 계시록까지 펼쳐진 하나님의 구속역사에 관한 거대담론의 내러티브는 이를 읽고 경청하는 청중 신자들을 성령 하나님의 감화 감동으로 거룩하게 변화시켜 그리스도와 연합하도록 인도하신다. 이것이 바로 성경에 펼쳐진 하나님의 구속역사에 관한 내러티브의 인식론적 실행력이며 앞서 확인한 하나님 나라에 관한 해석학적인 실재론이다.

마지막으로 청중에 대한 성령 하나님의 시각은 인간 설교자의 입술을 통하여 구속사 내러티브의 말씀이 선포될 때 그 설교 메시지를 통하여 청중 신자들의 심령을 거룩하게 변화시킴으로 그리스도와 연합을 달성하시는 감화 감동의 역사에 관한 시각을 말한다. 설교자는 청중 신자들을 향한 삼위 하나님의 시각, 즉 신학적 존재(성부 하나님)와 해석학적 존재(성자 하나님), 그리고 의사소통적 존재(성령 하나님)에 대한 분명한 인식을 그대로 자기 마음에 품고 설교 사역을 감당해야 한다.

그룹 토의를 위한 질문들

'열 처녀 비유 본문'(마 25:1-13)에 관한 일반적인 설교 메시지 목적은 다음 두 가지로 구분된다. 청중 신자들을 미련한 처녀들로 전제하고 착하고 지혜로운 처녀가 되라는 알미니안 설교와 청중 신자들을 착하고 지혜로운 처녀들로 전제하고 "이미 얻은 구원을 하나님 은혜 안에서 잘 보존하라"는 칼빈주의 설교로 구분된다. 설교 현장에서 일부 설교자들이 '열 처녀 비유 본문'을 알미니안 신학의 관점에서 설교하는 저변의 청중관(聽衆觀)을 비평적으로 분석해보자. 이런 문제에 대한 성경적인 대안과 해결책은 무엇일까?

설교의 서론

1. 서론의 중요성

설교 서론의 기능은 청중을 설교자와 인격적 차원에서 연결하고 설교 메시지와 인식의 차원에서 연결하는 연결고리다. 설교 서론 단계에서 청중이 설교자와 인격적인 신뢰감을 확인하면, 그 다음 그 공감대의 연장선상에서 설교자가 전하는 설교 메시지에 관심을 기울인다. 서론이 이러한 기능을 제대로 감당하지 못하면 청중은 더 이상 설교 메시지에 귀를 기울이지 않는다.

버트릭(David Buttrick)이나 밀러(Calvin Miller)와 같은 현대 설교학자들은 설교가 시작되는 첫 3분이 나머지 30분의 성패를 결정함을 강조하였다.[191] 오늘날 청중은 관심이나 흥미가 생기는 연설자(speaker)와 메시지가 아니면 즉시 전체 의사소통을 거부한다. 현대인들은 초 단위로 채널을 바꿀 수 있는 TV 리모콘을 가지고 있다. 또 마우스 클릭 하나로 개인적인 관심과 실리적인 목적을 따라서 빛의 속도로 무한대로 펼쳐진 온라인 세상과 인터넷 바다를 항해하고 있다. 이러한 21세기 유목민들에게 아무런 관심도 끌지 못하고 흥밋거리나 실리적인 도움을 주지 못하는 의사소통은 당연히 배척 영순위다.

다행히 한국교회 신자들은 목회자, 설교자에게 상당한 영적 권위를 부여하는 편이고, 담임 목회자로서 설교 메시지를 전달하는 상황에서는 비교적 경청하려는 자세로 설교에 임하는 편이다. 이런 분위기에서 설교자는 서론부터 아주 뜨거운 관심거리나 치열한 고민거리를 꺼내면서 설교 서론을 시작하지 않아도 된다. 그저 성경 본문의 역사적 배경을 설명하거나 본문의 시대적인 상황들을 설명하는 내용으로 곧바로 설교를 시작할 수도 있다. 하지만 담임 목회자라는 조건을 제외하면 청중으로서는 더 이상 듣고 싶지 않은 설교인 것만큼은 분명하다.

2. 서론의 목적과 전략

설교학자 칼빈 밀러(Calvin Miller)는 서론에서 청중의 관심을 낚는 고리를 관계적 고리와 주제적 고리의 두 차원으로 설명한다(Miller 1994:19). 관계적 고리(relational gig)란 설교자와 청중 사이에 상호 인격적인 신뢰의 관계를 의미한다. 설교에서 관계적 고리 만들기가 중요한 이유는, 청중은 자신과 인격적인 신뢰 관계가 맺어진 설교자라야 그의 메시지에 마음문을 열기 때문이다. 주제적 고리(subject gig)란 청중이 설교 메시지의 주제에 부여하는 의사소통의 기대감과 설득력의 연결 고리를 의미한다. 설교에서 주제적 고리 만들기가 중요한 이유가 있다. 청중은 호기심이나 흥미를 끄는 주제라야만 마음을 열고 귀를 열어 설교 메시지를 경청하기 때문이다. 이런 이유 때문에 설교자는 서론에서 청중과 인격적인 신뢰 관계(personal rapport)를 구축해야 하고 설교 메시지와는 주제적 공감대(thematic rapport)를 구축할 수 있도록 최선을 다해야 한다.

청중의 입장에서 신뢰관계(rapport)를 맺는 순서는 먼저 설교자와 인격적 관계가 우선이고 설교 메시지와의 주제적 관계가 뒤따라야 한다. 따라서 설교의 서론에서는 먼저 청중과 공감대를 형성할 수 있는 내용들로 인격적인 신뢰 관계를 먼저 맺고 이어서 설교 메시지의 주제적인 공감대를 형성해야 한다.

① 공감대: 서론의 일차적 목적은 설교자와 청중 사이에 인격적인 신뢰감과 공감대를 형성하는 것이다. 설교자는 청중으로 하여금 "지금 설교자는 자신의 영광과 권세를 과시하고자 설교단에 오른 것이 아니라 우리 청중을 위함이다. 그가 곧 전할 설교 메시지는 참으로 신뢰할만하며 우리에게도 꼭 필요한 메시지"라는 인상을 심어주어야 한다. 이를 위해서 초청 설교자라면 청중에 대한 인사말이나 아이스브레이킹 멘트, 또는 설교자와 청중 사이의 공통분모(하나님을 향한 감사의 열정)에 내하여 언급할 수도 있다. 지속적인 관계가 맺어진 교회라면, 하나님과의 새로운 만남과 말씀-사건을 기대하는 청중에게 그 기대감을 격려하는 메시지로 시작할 수 있다(ex. 살아계신 하나님께서 오늘 성도님들께 반드시 생명을 살리는 권능의 말씀으로 복 내려 주실 줄 믿습니다).

② 필요감: 서론의 중요한 목적은 청중이 앞으로 선포될 설교 메시지에 관심과 흥미, 그리고 기대감을 갖도록 하는 것이다. 서론에서 설교자는 앞으로 짧지 않은 시간 동안 선날뵐 설교 메시지가 청중의 영적인

건덕을 위하여 상당한 유익을 줄 수 있는 내용이어서 마땅히 관심과 집중력을 기울일 가치가 충분하다는 인상을 심어주어야 한다. 설교 메시지에 대한 필요감을 자극할 효과적인 방법은 앞서 언급한 청중의 '역설적 긴장과 갈등'의 문제를 직접적으로 언급하거나 간접적으로 암시하는 것이다.

예를 들어서 '세리 삭개오에 관한 내러티브'(눅 19:1-10) 본문에 관한 설교 메시지를 준비하는 경우를 가정해 보자! 이 설교의 주해적인 중심 명제(exegetical main idea)는 "영적인 탕자 삭개오는 상한 심령을 가지고 주님께로 나아간 결과, 주님의 놀라운 은혜를 경험할 수 있었다"로 정했다. 또 설교의 목적은 "영적인 탕자로 살아가는 현대인들도 상한 심령을 주님께로 가지고 나아가면 언제든지 주님으로부터 놀라운 위로와 은혜를 체험할 수 있음을 깨닫도록 하기 위함이다"로 정했다. 그렇다면 설교 서론에서는 다음과 같은 질문과 초청의 메시지로부터 시작되어야 한다. "영적인 탕자 삭개오는 주님의 놀라운 구원의 은혜를 체험하였습니다. 우리도 어떻게 하면 그러한 놀라운 구원의 은혜를 체험할 수 있을까요? 함께 그 비결을 찾아보고자 합니다."

서론: 성도들의 관심은 하나님의 진정한 구원을 체험하는 것이다. 참된 구원을 체험할 때 그 성도의 삶은 뒤집어질 것이 분명하다. 그러면 어떻게 하면 우리는 하나님의 진정한 구원을 체험할 수 있는가?

첫째로 하나님의 진정한 구원은 상한 마음을 주님께 겸손히 내놓을 수 있는 자들에게 찾아온다. 삭개오는 하나님의 참된 구원에 목말라 했던 자였다. 이름과 현실의 차이 속에서 괴로워했던 자였다.

둘째로 하나님의 진정한 구원은 오직 하나님께서 일방적으로 주시는 것이다. 삭개오가 상한 심령으로 간절한 마음으로 뽕나무에 올라갈 수 있었던 이유도 결국은 예수 그리스도께서 그 마음을 미리 아시고 그 동네를 지나가 주셨기 때문이다. 우리가 혼자서 할 수 있는 것은 아무것도 없다. 오직 겸손히 주님께 우리의 처지를 아뢰는 것뿐이다. 상하고 갈급한 심령을 주님께 아뢸 때, 우리의 모든 것을 다 아시는 주님이 직접 우리에게 찾아오신다.

셋째로 하나님의 진정한 구원은 오늘 우리를 새로운 세계 속으로 이끌어들이는 능력이다. 삭개오는 구원의 감격 속에서 자신의 과거를 근본적으로 돌이켜 회개하고 과거의 삶을 청산하였다. 하나님 은총의 구원 앞에서 과거의 모든 범죄와 탐욕이 물거품처럼 사라지는 것이다.

결론: 하나님의 진정한 구원을 체험하기를 원하는가? 그렇다면 먼저는 상한 심령을 주님께 아뢰라. 그럴 때 주님께서 결코 내버려두시지 않는다. 그 구원을 체험하는 가운데 모든 것을 주님이 말씀 중심으로 살아가는 여러분이 되시기를 바랍니다.

③ 방향감: 서론의 셋째 목적은 청중으로 하여금 앞으로 다룰 설교 메시지의 전체 주제와 목표점의 방향을 설정하도록 인내히는 것이다.[192] 서론에서 설교 메시지의 전체 주제와 목표점의 방향을 제시한다는 것은, 설교 주제의 전체 결론이나 설교 쟁점의 해답을 모조리 공개한다는 뜻이 아니다. 다만 앞으로 설교자가 메시지를 통하여 다룰 설교 전체 주제와 쟁점, 해결의 목표점을 제시하는 것이다.

설교 메시지의 방향 설정 필요성은 텔레비전 뉴스 보도 시간에 아나운서가 특정 주제의 뉴스를 보도할 때 서론의 도입부 역할과 비슷하다. 이 때 아나운서는 서론의 도입부에서 먼저 특정 뉴스 전체를 압축한 한 두 문장을 제시한다. 이어서 현장에 파견되 기자가 등장하여 해당 뉴스의 자세한 내용을 보도한다.

설교의 서론에서 설교자가 설교 전체의 주제나 방향성을 설정하는 효과적인 방법은 설교의 목적을 한 문장에 담아서 제시하는 것이다. 예를 들어 다음과 같은 설교 목적 문장은 서론의 기능을 효과적으로 수행한다: "어떻게 하면 우리도 이 세상에서 유혹에 빠지지 않고 승리하는 삶을 살 수 있는지에 관하여 함께 알아보고자 합니다." "응답받는 기도 생활의 비결은 무엇인지에 관하여 주님의 교훈을 배우고자 합니다."

3. 서론의 유형들

설교 서론의 유형들로는 구체적인 사건 사고를 소개하면서 시작되는 귀납적인 접근 방법과 문제 제시형, 명제나 속담을 먼저 던지는 연역적인 방법, 성경 본문을 직접 다루는 방법, 지난 주의 설교를 요약하는 방법이 있다.

① 귀납적 접근: 실제로 일어난 구체적인 사건이나 뉴스나 세상의 관심사를 소개하면서 시작한다. 또는 설교자가 체험한 예화나 사건으로 시작할 수도 있다. 평소 설교자 자신의 인격에 대한 회중의 관심이 높다면 설교자의 체험이 사소한 사건이라도 충분한 관심을 끌 수 있다. 그렇지 않다면 사소한 에피소드로는 설교 전체 흐름에 대한 청중 편에서의 몰입감을 만들지 못한다.

② 문제 제시: 청중의 일반적인 고민거리나 질문사항, 마음 속의 욕

망, 기대치를 다루면서 시작할 수도 있다. 예를 들어 "로또 열풍이 지금 한국을 휩쓸고 있습니다"고 하면서 세속적인 부에 대한 욕망을 지적하면서 서론을 시작할 수도 있다. "지금 한국은 성형 공화국이라는 말이 있습니다"고 하면서 외모에 대한 지나친 관심이나 열등감을 지적하면서 서론을 시작할 수도 있다. 이 때는 정확한 퍼센트나 숫자 통계를 인용함으로서 청중의 고민이나 질문사항이 자기 혼자만의 것이 아니라 일반인들이 함께 고민하는 질문임을 암시할 수 있다.[193]

③ 연역적 접근: 포괄적인 명제나 삶에 대한 일반적 철학이나 원칙, 속담이나 인용구, 격언들로 서론을 시작할 수 있다. "인생은 고해라, 고난의 바다라는 말이 있습니다." 또는 "가는 말이 고와야 오는 말이 곱다"는 말이 있습니다. 첫 문장에 격언이 나오고 이후 3-4 문장에서 그 격언을 설명한 다음, 동일하게 성경 본문에서도 그러한 경우를 발견할 수 있다고 말하면서 설교 본론 단계에서 성경 본문에 관한 자세한 해설을 끌어들일 수 있다. 하지만 일반적인 속담이나 경구 또는 인생에 관한 철학적인 명제로 시작하는 방식은 예비 설교자나 젊은 설교자들에게는 다소 어울리지 않아 보일 수도 있다. 설교 주제가 다소 무거운 경우에는 서론에서 한 문장으로 전체 주제를 집약하기 어렵고 서론 이후 본론에서 논리 전개 과정이 복잡해진다.

④ 본문 접근법: 청교도적 설교 방법의 하나로서 주일날 정오 예배가 이미 시작된 상황에서 성도들의 예배 전체에 대한 기대감이 충분하게 고조된 상황이라면 설교 서론에서 세상적인 이야기보다는 성경 본문 내용에 관한 해설로 곧장 진입하는 방법이다. 본문 해설식 서론은 교회

내 신자들의 성경 말씀에 대한 높은 헌신과 관심을 잘 배려하는 긍정적인 측면이 있다. 하지만 이러한 서론 방법이 지나치게 획일적으로 사용되면, 설교자의 이미지가 다소 경직되어 보이기도 하고 말씀과 현장의 밀접한 연관성이나 신앙생활의 유연성이 간과될 수도 있다. 예배 전체의 흐름에 다소 답답한 느낌을 줄 수도 있다.

⑤ 지난 주의 설교를 요약하는 방법: 다윗 내러티브나 사도행전에 관한 연속 본문 설교(lectio continua sermon)의 경우에 설교 서론에서 지난 주일 설교 결론을 다시 요약하여 간단하게 소개하고 후속 본문 강해를 이어갈 수 있다. 이미 전체 회중이 지난 번 설교에서 다룬 본문 내용을 충분히 숙지한 상태이기 때문에, 연속적인 논리 전개를 위한 설득력 구조를 효과적으로 재구성할 수 있는 장점이 있다.

4. 서론의 주의사항

① 설교 결론의 예측가능성 허용 금지

서론에서 설교 전체 내용에 대한 방향을 제시하려는 목적의식이 과도하여 설교 전체 내용에 대한 요약이나 결론을 미리 밝혀서는 안 된다. 설교 서론에서 메시지 전체 결론에 대한 예측가능성(predictability)을 허락해서는 안 된다. "오늘 설교의 결론을 미리 말씀드리려고 합니다"(x). 청중이 서론에서 벌써 설교 결론을 미리 예측하는 순간, 그 설교에 대한 호기심과 기대감은 급격히 줄어들고 나머지 설교 메시지는 참으로 지루한 시간낭비처럼 느껴진다(Buttrick 1987:85-6; Miller 1996:129).

② 서론의 한 문장에 대한 과도한 기대감 금지

효과적인 의사소통을 위해서 서론이 매우 중요하지만 설교 전체의 핵심 사상을 한 문장에 담아서 설교 서론의 첫마디에 빵 터뜨리겠다는 생각은 너무 지나친 착각이다(Buttrick 1987:86-92; Miller 1994:19-26). 설교 메시지 전체에 대한 이해와 납득이 충분히 이루어진 다음에 결론적인 한 문장을 제시하는 것이 설득력 있는 순서다. 이를 뒤집어 먼저 결론적인 한 문장을 먼저 제시하려는 시도는 설교자 자신에게는 매우 멋진 시도처럼 보일런지 모르나 설교 메시지에 대한 선지식이 전혀 없는 청중에게는 전혀 공감도 되지 못하고 쉽게 이해되지도 않는다. 현대인이 기억하는 역사적인 명연설 대부분도 서론보다는 결론이 압도적으로 많다.

③ 서론에서 너무 허황된 약속이나 지나치게 세속적인 선물을 가정해서도 안 된다. "오늘 제가 여러분에게 1천만 원씩 나눠드리면 어디에 최우선으로 사용하고 싶습니까? 여러분만큼은 꼭 우리 주님을 섬기시기 바랍니다." "오늘 제가 여러분에게 오프라 윈프리처럼 폰티액 G6 한 대씩 공짜 선물로 나눠드리면 옆자리에 누구를 태우고 뉴해 바나도 드라이브 여행을 떠나고 싶습니까? 여러분만큼은 꼭 우리 주님을 태우시기를 바랍니다"(x).

우리 설교자들이 선포해야 할 하나님은 가정법 세상의 하나님이 결코 아니시다. 상상 속에서나 실천 불가능한 환상, 이룰 수 없는 허황된 꿈 같은 세상 속의 통치자도 결코 아니시다. 하나님 나라는 그런 환상 속에서 잠깐 생각해 볼 수 있는 헌신이나 결단으로 실현되는 것이 결코 아니다.

④ 설교 준비 부족에 대한 변명의 말이나 청중에게 아첨하는 표현을 해서도 안 된다. "솔직히 말씀드리자면, 어제 기도회가 너무 늦게 끝나서, 어제 밤에 갑자기 몸살이 나서, 부모님 생신 잔치에 다녀오느라, 어제 지방에 OO의 장례식에 다녀오느라, 오늘 말씀을 제대로 준비하지 못했습니다. 하지만 우리 성도님들은 늘 하나님 말씀을 암송하기 때문에, 하나님께 기도 많이 하여 하나님 뜻을 잘 알아서 순종하시기 때문에, 제가 대충 설교해도 스스로 알아서 큰 은혜 받으실 줄 믿습니다"(x).

⑤ 논쟁적인 사안이나 두 가지의 입장이 서로 대립되는 쟁점으로 설교를 시작하는 경우 청중의 마음에 불필요한 거부감이 형성될 수 있다. "코로나 팬데믹 시대에 코로나 바이러스를 정치 논리로 봐야 할까요? 상식적인 의학 논리로 봐야 할까요? 저는 코로나를 상식적인 의학 논리로 봐야 한다고 생각합니다." 또는 "천국은 믿음으로 갈까요? 거룩한 헌신으로 갈까요? 저는 오늘 말씀을 통하여 천국은 믿음으로(또는 거룩한 행실로) 간다는 점을 말씀드리고자 합니다." "신앙생활에서 믿음이 중요할까요? 거룩한 실천이 중요할까요? 저는 거룩한 실천이 중요하다고 생각합니다." 이렇게 시작하면 반대 입장의 청중은 뒤따라 이어지는 설교 본론 메시지에 거부감을 가질 것이다.

설득력 있는
설교 형식과 구성

설교 본론부는 설교자가 설교 메시지로 달성하고자 의도했던 목표를 실제로 달성하는 가장 중요한 부분(또는 단계)이다. 13장에서는 설교자가 설교 본론을 논리적으로 이어가는(또는 전개하는) 기본적인 설교 형식으로 'SAEVA 형식'을 살펴보고, 이어서 예화와 전환문장, 그리고 설교 결론에 대해서 순차적으로 살펴보고자 한다.

1. 3대지 설교의 취약점

설교 본론의 구성 방법으로 전통적으로 3개의 핵심 대지를 연역식 논리 전개 방식으로 전개하는 구조였다. 예전에 설교 목적이 논리적인 이해와 설득인 시대에, 이 설교 형식의 장점은 이런 목적을 효과적으로 달성할 수 있다는 것이다. 하지만 설교 목적이 더 이상 논리적인 이해에 근거한 설득만으로 충분치 않은 시대에 연역식의 3대지 설교 형식은 장점보다 단점이 더 많다.

첫째 단점은 각 대지와 대지의 논리적인 연결이 부자연스럽고 오히려 권위적이며 강압적인 느낌을 준다. 전통적인 연역식 3대지 설교에서 '첫째로..'라는 말로 시작되는 첫째 대지가 끝난 다음에는 이어서 '둘째로...'라는 말로 두번째 대지가 이어진다. 문제는 첫번째 대지와 두번째 대지의 논리적인 인과성이 약하다는 것이다. 두번째 대지 단계에서 만일 청중이 '왜 두번째인가?'하는 질문을 던진다면 마땅한 대답이 없다. 굳이 빈약한 대답을 찾아본다면 설교자가 마음에 품은 나름의 논리적인 구조가 그러하기 때문일 뿐이다.

전통적인 연역식 3대지 설교의 두번째 약점은, 명제 문장이나 대지 문장을 먼저 제시하고 이어서 그 구체적인 사례나 확증 문장을 제시하는 설득 형식이 현대인의 설득 논리에 전혀 부합하지 않는다. 설교학자 프레드 크래독에 의하면, 현대인 청중은 구체적인 사례나 실제 사건을 먼저 접하고 이어서 그 사례나 사건 배후의 교훈이나 결론, 또는 적용점을 추론하는 방식이 훨씬 자연스럽다.

그렇다고 해서 30분 이상 진행되는 설교 한 편 전체를 연역논리가 아닌 귀납논리나 가추법으로 끌어가는 것도 한국교회 청중들에게 능사는 아니다. 프레드 크래독과 같은 현대 설교학자들이 제안한 귀납식 설교 형식을 한국교회 설교 현장에 그대로 100% 적용하기에는 이론과 실제 사이의 간격이 만만치 않다. 그 이유는 서구인들의 설득 논리와 한국인의 설득 논리가 상당히 다르기 때문이다. 심리학자 리처드 니스벳 (Richard E. Nisbett)에 의하면, 동양인과 서양인의 사고방식의 대표적인 차이가 있다. 서양인은 논리적이고 분석적인 사고를 선호하는 반면, 동양

인은 종합적이고 관계적인 사고를 선호한다.[194]

이러한 논증 방식의 차이를 설교 형식에 적용해보면 서양인들이 선호하는 연역식 설교 형식과 동양인들의 입장 차이가 분명해진다. 전통적인 연역식 3대지는 설교 메시지 전체 주제를 3-4개로 나누어서 각각의 내시를 하나의 명제 문장에 담아서 순차적으로 제시함으로 전체 메시지를 설득하는 방식이다. 하지만 한국인을 포함하여 동양인들은 설교자가 순차적으로 제시하는 여러 주제들을 설교자라는 채널을 매개하여 그 주제에 인격적으로 공감하는 과정을 거쳐서 설교 전체의 결론에 동의한다.

따라서 한국인 대상의 효과적인 설교 형식을 위해서는 서론의 질문과 본론의 해답의 기본 구조에 연역식 논증 형식과 설교자의 인격적인 진정성에 근거한 실제 적용 점 제시의 설교 형식 요소들이 효과적으로 결합되어야 한다. SAEVA 설교 형식은 이런 수사적인 필요에 대한 효과적인 설교 전략이다.

2. SAEVA 형식

설교는 일방향이 아니라 쌍방향 의사소통이다. 설교 메시지 전달 행위는 설교자가 청중에게 일방적으로 메시지를 쏟아내는 일방향 의사소통(one way communication)처럼 보인다. 하지만 실상은 설교자와 청중이 서로 여러 질문을 던지고 그 해답을 다양한 관점에서 모색하며 비합리적이고 근거 없는 해답을 거부하고 최종적인 하나님 말씀의 결론에 함께 도달하는 쌍방향 의사소통(two way communication)이다.

따라서 설교의 성패는 앞서 거듭 확인한 바와 같이 청중의 역설적 긴장과 갈등의 문제에 대한 성경적 해답의 상응 관계를 설교자가 얼마나 설득력 있게 설교 메시지의 전개 과정으로 재구성하느냐에 달렸다. 실교자가 설교 시간에 청중에게 질문하고 자기 스스로 청중에게 해답해야 하는 가장 중요한 질문은 다음 세 가지다.[195]

① 설명 질문 - '설교자는 지금 특정 주제에 대해서 뭐라고 말하는가?'
② 확증 질문 - '나는 설교자의 주장을 무슨 근거로 믿을 수 있는가?'
③ 적용 질문 - '나는 이 메시지에 어떻게 반응해야 할까?'

위 세 가지 질문은 신학적인 존재로서의 청중이 하나님과 이 세상 사이에 위치하여 실존적으로 고민하는 역설적 긴장과 갈등으로부터 생겨나서 성경적인 해답과 현실적인 실천을 추구하는 과정에서 필연적으로 제기되는 질문이다. 그와 동시에 설교자가 설교 메시지를 통하여 분명한 해답을 제공해야 하는 쟁점이기도 하다. 간단히 말하자면 설교 본론은 설교자가 서론에서 던졌던 질문에 해답을 제시하는 가장 중요한 부분이다. 그 해답은 어떤 순서로 제시할 것인가? 설교의 중심사상에 관한 청중의 순차적인 질문에 순차적으로 응답하는 순서로 제시해야 한다. 설교의 중심사상은 주제와 주제 설명문으로 구성된다.

예를 들어 '세리 삭개오에 관한 내러티브'(눅 19:1-10)의 설교 메시지에서 설교의 중심사상은 다음과 같이 정할 수 있다: "영적인 삭개오 같은 우리 신자들은 상한 심령을 주께로 가져올 때 비로소 주님의 놀라운 구원의 은총을 경험할 수 있다." 이 경우에 설교 주제는 구원의 은총을 경험하는 비결이고, 주제 설명문은 '상한 심령을 주께로 가져와야 한다'이다.

이 설교 메시지를 전할 때 청중은 기본적으로 다음 세 가지 질문을 던질 것이다. 첫째, 설교 주제에 관한 질문은 '설교자는 지금 무슨 주제에 관하여 설교하는가?' 둘째 확증에 관한 질문은 '설교자는 무슨 근거로 우리가 상한 심령을 주님께 가져와야 한다고 주장하는가?' 마지막 셋째 적용 질문은, '하나님은 우리가 이 말씀을 어떻게 실천하고 순종하기를 원하시는가?'

설교 본론부의 논리 순서는 서론에서 제기된 질문에 대한 해답을 제시하되, 방금 언급한 세 가지 세부적인 질문에 대한 응답의 순서를 따라서 세부적으로 해답해야 한다. 만일 설교 주제에 관한 질문에 대한 해답 내용이 하나라면 1대지 설교인 것이고, 3-4개라면 3-4대지 형식으로 설교 메시지가 구성될 것이다. 각 대지의 순서는 세 가지 세부 질문에 대한 순차적인 해답이므로, 설명-확증-적용의 순서로 해답해야 한다.

다만 이 원칙은 교과서적인 원칙이고 성경 본문의 장르별 차이(내러티브 본문인가 아니면 서신서 본문인가?), 전체 설교 메시지의 주제 차이, 또는 주제 설득의 심화 정도의 차이에 따라 확증-설명-적용으로 바뀔 수도 있다. 또 3-4대지의 경우에 적용점은 마지막 대지에만 배치할 수도 있다.

서론 자체가 하나의 구별된 '문제 제기 중심의 대지'로 편성될 수도 있다. 이런 경우는 이어지는 그 다음 대지가 해답 중심의 대지이고, 해답이 1개이면 전체로 1대지 설교 형식, 2-3개이면 2-3대지 설교 형식이 되는 셈이다.

1) 요지를 제시하는 단계

① 문제와 해답의 상응 관계

서론의 문제 제기가 끝나자마자 곧바로 이어지는 설교 본론의 시작 부분은 어떤 문장을 던질 것인가? 설교 전체에서 문제와 해답의 상응 관계를 가장 중요하게 의식한다면 서론의 문제제기 끝부분은 질문으로 마무리하였기 때문에 설교 본론부의 첫 문장은 당연히 설교 대지를 서술하는 요지 명제문이 뒤따라야 한다(Stating step).

예를 들어 '세리 삭개오에 관한 내러티브'(눅 19:1-10)에 관한 설교의 중심사상은 다음과 같다: "영적인 삭개오 같은 우리 신자들은 상한 심령을 주께로 가져올 때 비로소 구원의 은총을 경험할 수 있다." 이 설교의 핵심 주제는 '구원의 은총을 경험하는 비결'이고, 주제 설명문은 '이를 위하여 상한 심령을 주께로 가져와야 한다'이다. 설교자는 서론의 문제 제기 과정에서 "어떻게 하면 우리는 하나님의 진정한 구원을 체험할 수 있는가?"라는 문장으로 질문을 던졌다. 뒤이어 해답으로 요지 명제문이 제시되어야 한다(Stating step).

① 진정한 구원은 상한 마음을 주님께 겸손히 내놓을 때 찾아온다.
② 진정한 구원은 하나님께서 일방적으로 베푸시는 은총을 깨닫는 것이다.
③ 진정한 구원은 오늘 우리를 새로운 세상으로 이끄는 하나님의 능력이다.

이상의 세 대지의 명제문은 "설교자는 지금 무슨 주제에 관하여, 또

...
성경이 말씀하는 설교

는 무슨 내용을 설교하는가?"하는 청중의 질문에 순차적으로 응답하는 문장이다. 만일 요지 명제문이 1개 이상이거나 또는 설교 메시지 전체의 설득 구조를 단계적으로 나누어서 전개할 생각이라면, 각 대지의 명제문은 설교자가 생각하는 최적의 설득 논리 순서를 따라 3-4 문장으로 나뉠 수 있다. 단순화하여 설명하자면, 요지 설명문이 1개이면 1대지 설교, 3-4개이면 3-4대지 설교인 셈이다.

② 문제와 해답의 상응 관계 설정 방식의 다양성

서론의 문제 제기 마지막 질문 문장과 본론 첫 대지 처음 설명문(1 statement)의 긴밀한 상응 관계는 설교 메시지의 설득력에 따라 두 문장을 서로 딱 붙여서 이어가거나 아니면 그 사이에 충분한 역사적 배경 설명이나 등장인물이 상황 설명을 덧붙일 수도 있다. 설교자가 서론에서 던진 질문이 청중 편에서 절실한 필요를 자극하는 질문이었다면, 본론부에서 곧바로 해답을 제시하는 편이 좋다. 앞의 서론에서 청중에게 제기한 문제가 절박하고 심각한 문제일수록, 그 다음 본론에서 제시하는 요지 문장의 호소력은 그만큼 강력할 수밖에 없다. 그러나 낭상 절실한 필요가 아니라면, 본론부에서 곧바로 해답을 제시하지 말고 대지 단락의 뒷부분으로 유예하는 편이 좋다.

질문과 해답의 상응 관계가 전통적인 3대지 설교처럼 너무 피상적이거나 뻔한 관계라면 차라리 해답을 뒤쪽으로 보류하는 편이 좋다. 예를 들어 서론의 문제 제기가 '어떻게 하면 응답 받는 기도생활을 할 수 있을까요?'라면, 본론부 1대지의 설명문장 '말씀에 근거하여 기도하시기 바랍니다'가 이미 익숙한 청중에게는 설득력 있게 다가오지 않을 수도 있다. 특정 메시지에 대한 청중 편에서의 설득력과 공감 여부는 뒤이어지는 성경적인 확증과 실제 사례, 그리고 구체적인 적용이 얼마나 설득력 있게 전달되느냐에 달렸다. 청중 편에서 자주 들었던 익숙한 명제문이라면 1대지의 첫 문장으로 급하게 제시하지 말고, 본문의 역사적인 배경이나 적용을 위한 실제 사례, 또는 간증을 소개한 다음에 1대지 말미에 결론으로 명제문을 제시하는 편이 더 효과적일 수도 있다.

2) 요지 명제문의 성경적 근거를 제시하는 단계

서론의 문제 제기에 대하여 짤막한 진술문 형태의 요지가 제시된 다음에는, 그렇게 주장할 수 있는 성경적인 근거를 제시하는 단계(Anchoring step)로 이어진다. 이는 항해를 멈춘 선박이 강한 바람이나 해류로 표류하지 않도록 바다 밑 깊숙이 앵커를 내려 정박하는 것에 비유할 수 있다. 요지를 제시하는 명제문은 청중 내면의 심리적인 바다에 설득력을 얻지 못하면 이리저리 표류하는 선박과 같다. 명제문이 청중의 심리적인 바다에 확고한 설득력을 얻어서 강한 바람이나 해류에 휩쓸리지 않도록 정박하는 닻이 바로 요지에 대한 성경적 근거에 관한 해설이다.

이 단계에서 설교자는 앞서 요지의 명제문이 하나님의 말씀다운 권위를 가진 성경적 근거를 밝혀야 한다. 성경적 근거가 빈약하거나 충분치 않으면 청중은 설교자가 앞서 제시한 해답이 설교자 개인의 생각이나 견해 차원에 불과하다고 할 것이다. 설교가 청중의 심령 속에서 하나님의 말씀다운 권위를 행사하도록 하려면 설교자가 제시한 요지 명제문이 분명한 성경적 근거를 확보하고 있음을 성경 본문 강해를 통하여 분명하게 보여줘야 한다.

이를 위해서 설교자는 필요한 경우에 성경 본문의 역사적인 배경 설명이나 등장인물의 배후에 개입하여 그들의 사건과 언행을 감찰하시고 성령 하나님의 감동으로 섭리하시며 구원과 심판의 결과를 주도하시는 은밀한 하나님의 일하심을 밝혀내서 청중에게 제시해야 한다. 또 성령 하나님이 과거 역사적 사건의 배후에 작용했던 은밀한 하나님의 구속 경륜의 과정을 문학 작품으로 기록하고 보존하여 독자들에게 생생하게 전달하려고 사용한 본문의 문학적인 구조나 독특한 수사적인 장치나 표현들을 잘 파헤쳐서 청중에게 설명해야 한다.

설교자가 성경적인 근거를 제시하여 요지 명제문에 관한 성경적 확신을 심어주는 단계에서 가장 중요한 사항이 있다. 청중 신자들이 현재 직면한 신앙의 역설적 긴장과 갈등의 문제와 설교자를 통하여 전달되는 하나님의 해답은, 이미 성경 본문이 증언하는 과거 구원의 역사 속에서 동일하게 발견되는 문제와 해답의 상응 관계라는 사실이다. 성령 하나님이 성경 독자들에게 이러한 역설적 긴장의 문제와 해답의 상응 관계를 분명하게 제시하는 이유가 있다. 구속역사 안에서 문제와 해답의 상응 관계는 하나님이 말씀으로 하나님 나라를 세워가시는 가장 기본적인 방식이기 때문이다. "지금부터 일이 일어나기 전에 미리 너희에게 일러 둠은 일이 일어날 때에 내가 그인 줄 너희가 믿게 하려 함이로라"(요 13:19; cf. 요 14:29, 신 29:29; 잠 25:2-3; 골 1:26). 성경에 기록된 과거 하나님의 구원 역사에 관한 내러티브는 단순히 옛날 이야기나 신화 같은 내용으로 화석처럼 문서 속에 굳어 있는 것이 아니다. 성령 하나님의 조명을 받아 설교자가 추체험을 통한 반전의 깨달음을 거쳐 청중의 현재 삶과 인생의 문제 속으로 꿰뚫고 들어와서 그들의 삶을 변화시키고 문제에 대한 해답을 제시하여 그들의 삶을 계속 진행 중인 하나님의 구원 역사 속으로 인도해야 한다.

3) 요지 명제문의 신뢰성을 보완하는 단계

청중이 요지 명제문에 관한 성경적인 근거를 확인했더라도, 요지 명제문이 오늘날 위드 코로나 시대 한국 사회에서도 여전히 유효한 가치관인지에 대하여 의구심을 가질 수 있다. 청중은 설교자에게 확증 질문을 던진다: '나는 설교자의 주장을 무슨 근거로 믿을 수 있는가?'. 따라서 설교자는 앞서 제시한 요지 설명문이 오늘날에도 여전히 유효한 하나님의 말씀임을 확증해야 한다(Explaining & Validating step).

이를 위한 효과적인 수사법은 오늘 삶의 현장에서 발견하는 감동적인 예화나 사례들, 또는 설교자 자신이 체험한 간증을 제시하는 것이다. 예를 들어 출애굽기 4장 1-9절, '하나님 앞에서 지혜로운 선택'이란 제목의 설교의 전체 개요는 다음과 같다.

> 설교의 중심사상: 하나님 앞에서 지혜로운 선택을 위해서는 지팡이를 버리고 꼬리를 붙잡아야 한다.
>
> 서론의 질문: 우리 신자들이 하나님 앞에서 지혜로운 생명의 길을 선택하려면 어떻게 해야 할까요?
>
> 1대지 명제문: 중요한 선택과 결단을 통해서 하나님의 능력을 체험할 수 있다(stating)… (anchoring)… (explaining & validating)… (applying)
>
> 2대지 명제문: 우리 신자들에게 도움이 될 것 같은 세상적인 권세와 수단을 하나님처럼 의지하려고 하면 안 된다(stating). 하나님은 모세에게 지팡이를 버리라고 하셨다. 모세는 자신을 광야에서 지켜줄 것이라 기대했던 지팡이를 내던져야 했다. 그대로 순종했더니 지팡이의 정체가 흉측한 뱀으로 드러났다. (anchoring)… (explaining

& validating). 우리도 세상적인 권세와 수단을 하나님처럼 의지하면 안 된다…(applying)

3대지 명제문: 우리 신자들은 세속적인 관점에서 볼 때 꼬리 같은 연약한 지체들을 섬기는데 최선을 다해야 한다(stating). 하나님은 모세에게 뱀의 꼬리를 붙잡으라고 명하였다. 그대로 순종했더니 다시 지팡이가 되었다. (anchoring)……(explaining & validating).

3대지 명제문에 대한 현실적인 확증: 1등만 대접하는 비정한 사회, 많은 이익이 나지 않는 위중증 환자 앰블런스를 바이패스하는 ○○대학병원, 인생의 미래를 기약할 수 없는 시골 출신 학생을 구원하신 하나님의 은총(validating) '또 누구든지 제자의 이름으로 이 작은 자 중 하나에게 냉수 한 그릇이라도 주는 자는 내가 진실로 너희에게 이르노니 그 사람이 결단코 상을 잃지 아니하리라 하시니라'(마 10:42, anchoring).

하나의 대지 단락 안에서 먼저 요지 명제문과 성경적 근거를 제시한 다음에 추가로 설명과 현대적인 사례의 확증을 추가하는 내용이나 그 분량의 정도는 설교의 중심사상과 설교자의 설득력, 그리고 청중 편에서의 이해와 공감의 삼각형에 관한 설교자의 판단에 달렸다. 설교자가 청중에게 설교의 중심사상을 충분히 설득하여 이해와 공감의 목표에 도달했다면 그것으로 충분하다. 그렇지 못하다면 보충 설명과 현실적인 적용 사례와 예화를 덧붙어야 한다.

4) 요지를 청중의 실제 상황에 맞게 적용하는 단계

청중은 설교 메시지를 듣는 과정에서 설교 메시지에 관한 설명 질문과 확증 질문, 그리고 적용 질문을 던진다. 설명 질문은 '설교자는 지금 특정 주제에 대해서 뭐라고 말하는가?'이다. '요지를 제시하는 단계'는 설교자가 청중의 설명 질문에 응답하는 단계이다. 청중이 설교 주제와 그 내용에 관하여 충분히 납득하면 확증 질문이 뒤따른다: '나는 설교자의 주장을 무슨 근거로 믿을 수 있는가?' '요지 명제문의 성경적 근거를 제시하는 단계'와 '요지 명제문의 신뢰성을 보완하는 단계'는 청중의 확증 질문에 응답하는 과정이다.

청중이 요지 명제문에 대하여 충분한 확증을 거쳐 하나님의 말씀으로 인정하고 받아들이면 적용 질문이 뒤따른다: '나는 이 메시지에 어떻게 반응해야 할까?' 그러면 설교자는 마지막으로 청중이 하나님의 말씀을 각자의 삶 속에서 개인적으로 그리고 공동체의 차원에서 실천할 수 있는 구체적인 적용점을 제시해야 한다(Applying step). 이에 관한 더 자세한 내용은 다음 14장 '설교 메시지의 연관성과 적용'에서 다룰 것이다.

3. 다양한 설교 형식과 구조

설교의 형식과 구조는 인체의 뼈대에 비유할 수 있다. 인체의 뼈대는 각종 중요한 내부 장기와 근육, 살과 피부를 지탱하는 역할을 한다. 설교의 형식과 구조 역시 설교 전체를 지탱해 주는 뼈대와 같다. 설교 형식과 구조는 그 초점이 약간 다르다. 설교 형식은 전체 메시지의 내용을 담은 그릇에 비유할 수 있다면, 설교 구조는 설교의 설득력과 감동의 움직임(전개)을 위한 수사적인 동력을 구성하는 여러 요소들의 총합 시스템을 가리킨다.

1) 질문-해답의 형식과 구조

질문-해답의 설교 형식과 구조는 설교 전체의 핵심사상을 청중에게 설득하는 과정에서 필연적으로 제기되는 질문들과 그에 대한 즉각적인 해답을 설교 전체의 설득력으로 활용하는 설교 형식이다. 설교자는 설교의 중심사상(중심주제와 설명문)에 6하원칙의 질문들(누가, 언제, 어디서, 무엇을, 어떻게, 왜?)을 대입해보고 그 중에 설득력 있는 질문들을 선택하여 설교 전체 메시지를 준비할 수 있다.

예를 들어서 '성령의 은사를 사모하라'는 설교의 중심사상을 설득하는 설교에서 설교자는 아래와 같은 핵심 질문들과 그 해답을 순차적으로 제시함으로 설교 전체 메시지의 수사적인 설득력을 전개할 수 있다.

① 성령의 은사는 무엇인가?
② 하나님은 누구에게 은사를 허락하시는가?
③ 내가 이미 받은 성령의 은사는 무엇인가?
④ 진짜 은사와 가짜 은사를 구분할 기준은?
⑤ 성령의 은사를 받는 방법은?
⑥ 영적 분별력의 은사는 무엇인가?
⑦ 사도 바울이 사랑의 은사를 강조하는 이유는?

한국교회 안에 오순절 은사주의자들이나 신사도운동의 영향력을 고려할 때 신자들은 위와 같은 질문들을 마음에 품고 있다. 설교 전체 메시지의 수사적인 설득력은 위의 질문과 이에 대한 순차적인 해답을 중심으로 진행될 것이다.

2) 결과-원인의 설교 형식

탐정 수사극은 끔찍한 살인 사건이나 범죄 사건을 소개하면서 스토리가 시작된다. 전체 스토리는 수사를 맡은 형사가 살인범을 찾아내는 과정으로 진행된다. 형사는 사건 현장에서 먼저 피살자에게서 상해의 정도나 혈흔을 조사하고 주변에 떨어진 탄피나 권총을 조사하고 그 소지자 추적을 시작한다. 이어서 피살자 주변 인물들을 조사하고 피살자에게 원한을 품음직한 인물들이 있는지를 조사한다. 이 과정에서 감독이나 작가는 주변 인물들에 대한 자세한 인물 묘사를 시도한다. 피살자를 좋아했던 사람들이나 증오했던 사람들, 그리고 그들의 성격과 심리, 직업을 소개함으로 관객으로 하여금 용의선상에 올릴만한 사람들이 있는지를 유추하도록 유도한다. 그렇게 스토리가 진행되다 놀라운 반전이 일어나고 사건의 실마리는 전혀 예상하지 못했던 의외의 장소에서 발견된다. 반전 시나리오가 복잡할수록 스토리에 대한 관객의 몰입감은 높아진다.

설교도 서론에서 먼저 부정적인 결과나 긍정적인 결과를 미리 제시하고 그 원을 추적하는 형식을 취할 수 있다. 서론에서 부정적인 결과를 미리 제시했다면, 본론애서는 무슨 이유로 발생했는지, 그리고 어떻게 그런 부정적인 결과를 피할 수 있는지에 관한 적용점을 제시한다. 다음 몇 가지 사례를 살펴보자.

① 압살롬의 추격을 받는 다윗(삼하 15:13-18)

다윗이 아들 압살롬으로부터 추격을 받는 장면을 서론에서 제시하면 청중은 왜 이런 비참한 막장드라마가 발생했는지의 배경에 관심이 쏠릴 것이고, 설교 뒷부분에서는 그렇다면 그런 부정적인 결과를 피할 수 있는 적용점이 궁금해질 것이다.

② 삼손의 비참한 최후(삿 16:23-31)

설교 서론에서 이스라엘의 영웅 삼손이 블레셋 사람들과 함께 비참한 최후를 맛이하는 장면을 소개하면서 설교 메시지를 시작할 수 있다. 서론의 문제 제기 질문은 '성도는 어떻게 이런 비참한 종말을 피할 수 있을까요?'이다. 설교의 핵심 요지 명제문은 다음과 같이 제시할 수 있다. '첫째, 성도는 자기가 누구인지를 똑바로 알아야 합니다. 삼손은 그렇지를 못했습니다. .... 둘째, 성도는 자신이 지금 전투 중임을 직시해야 합니다. 삼손은 영적 전투의 실상에 둔감하였습니다. 그 결과가 이런 비참한 모습입니다'

③ 다윗이 골리앗을 무찌른 비결(삼상 17:41-54)

설교 서론에서 성경 내러티브의 긍정적인 결과를 미리 제시하고 설교 본론에서는 그 비결을 추적하는 방식으로 시작할 수 있다. 예를 들어 설교 서론에서 다윗이 골리앗을 무찔렀음을 미리 밝히고 설교 본론에서는 그 비결을 3-4개의 명제문으로 순차적으로 제시할 수 있다.

④ 물 위를 걷는 기적을 체험한 베드로(마 14:22-33)

설교 서론에서 다음과 같은 모범적인 모습을 먼저 제시하고 그 비결을 추적하는 방식을 취할 수 있다. "베드로는 물 위를 걷는 기적을 체험하였습니다. 오늘 우리 성도들 역시 하나님의 살아계심을 목도하면서 살아가야 하지 않겠습니까? 하나님의 살아계심을 체험할 수 있는 비결은 무엇일까요?"

설교 본론의 핵심 요지 명제문은 다음과 같이 구성할 수 있다. 첫째는 성도는 하나님의 말씀을 들어야 합니다. 베드로는 걷기 전에 먼저 주님의 말씀을 구하였습니다.. 둘째로 안락한 환경에서 즉시 떠나야 합니다. 예수님의 말씀을 들은 베드로도 즉시 배에서 바다 물로 뛰어내려야 했습니다. 셋째로, 시선을 오직 주님께 고정하고 세상의 풍파에 휘말리지 말아야 합니다. 베드로는 이 점에 실패했습니다.

3) 폴 스캇 윌슨의 네 페이지 설교 형식

설교학자 폴 스캇 윌슨이 제안한 '네 페이지 설교'(The Four Pages of the Sermon)는 한국교회에서 쉽게 오해되곤 한다. 폴 스캇 윌슨의 '네 페이지 설교'에서 '페이지'(page)는 책이나 문서의 페이지가 아니라 설득력 있는 설교 메시지의 설득력을 구성하는 의미 단위를 말한다. 한 편의 설교에 네 가지 의미 단위가 유기적인 의미론 관계를 형성해야 한다는 주장이다.

폴 스캇 윌슨이 제시하는 네 가지 의미 단위는 다음과 같다: ① 성경 본문에 나타난 문제, ② 성경 본문에 나타난 하나님의 행동(해답), ③ 이 세상에 있는 문제, ④ 이 세상에 나타난 하나님의 행동(해답). 쉽게 말하자면 설교 한 편에는 이 네 가지 의미 단위가 상호 유기적인 전개와 진행을 통하여 청중에게 설득력을 발휘할 수 있다는 것이다. 폴 스캇 윌슨이 제안한 '네 페이지 설교'는 전체적으로 성경 세계와 현대 세계의 다리 놓기 구조와 문제와 해답의 대응 구조 두 가지 의미론적인 구조가 하나로 결합된 설교 형식이다.

폴 스캇 윌슨의 '네 페이지 설교'에서 네 가지 의미 단위가 설득력 있게 진행되는 과정은 획일적이지 않다. 예를 들어 ①번의 '성경 본문에 나타난 문제'에서 설교 서론이 시작될 수 있다. 이어서 ②번의 성경적인 해답을 확인하고 다시 ③번의 이 세상에 있는 문제를 다시 언급하고, 마지막 ④번의 해답을 적용점으로 제시함으로 설교 메시지가 종결될 수 있다. 좀 더 귀납적인 설교 형식을 시도한다면 설교 서론에서 ③번의 '이 세상에 있는 문제'를 제시하고 ①번으로 가서 동일한 문제가 성경 본문에서도 발견될 수 있다고 함으로 청중의 관심을 현실의 문제로부터 성경 속의 등장인물의 문제로 가져긴다. 이어서 ①번의 문제에 대한 하나님의 개입과 해답으로 ② 성경 본문에 나타난 하나님의 해답을 제시하고, 마지막 ④번 이 세상에 나타난 하나님의 해답을 적용점으로 제시할 수 있다.

폴 스캇 윌슨의 '네 페이지 설교' 저변에 깔린 수사적인 역동성의 비밀은 필자가 앞서 6장 '내러티브 본문의 설교를 위한 구조주의 해석'에서 소개했던 '그레마스의 기호학의 사각형'을 구성하는 대조 관계와 암시 관계, 그리고 모순 관계에 있다. 즉 성경 속이건 이 세상이건 문제와 해답은 선명한 대조 관계를 형성한다. 이 세상 공중 권세를 장악한 것처럼 보이는 사탄 마귀의 권세의 문제와 이에 대한 하나님의 은혜로운 구원의 해답은 문제 속에 빠진 청중 당사자들에게는 강력한 메시지로 다가올 수 밖에 없다. 또 이 세상의 문제와 성경 속의 문제, 성경 속에 나타난 하나님의 해답과 이 세상에 나타난 하나님의 해답은 싱호 암시 관계를 형성한다. 신앙이 점차 깊어져 가면서 점차 그러한 상호 암시 관계가 강력한 설득력을 발휘한다. 가장 강력한 설득력은 설교 서론에서 먼저 모순 관계가 확립되고 성경 복음의 메시지를 통하여 그 반전의 깨달음이 세공될 때 발생한다.

4) 목회적인 설교 형식

서론	1	인격적 관계 맺기 ↓
	2	주제적 관계 맺기 ↓
본론	3	문제 해결의 원리 이해 ↓
	4	원리의 타당성 검증 ↓
	5	개별적인 적용 방향 제시 ↓
	6	목회적 적용 방향 제시 ↓
결론	7	핵심 이미지

〈설교의 흐름〉

설교 서론에서 설교자와 청중, 그리고 설교 메시지 사이에 의미론의 삼각형 모델이 구축된다. 설교 본론은 앞서 제기된 청중의 역설적 긴장과 갈등의 문제에 대한 하나님 말씀의 해답이 순차적으로 제시된다. 하나님 말씀의 해답은 간단한 명제문으로 문제 해결의 원리가 제시되는 단계로부터 시작하여, 명제문의 신뢰성을 성경 본문으로 검증하고 적용 단계에서는 구체적인 적용점을 제시한다. 그 적용점을 좀 더 자세히 구분하자면 개인적인 차원의 적용점과 공동체적인 차원의 적용점으로 나뉜다. 마지막 설교 결론 단계에서는 전체 설교 메시지를 하나의 핵심 이미지와 장면에 담을만한 감동적인 예화가 제시된다. 설교 결론 단계에서 핵심 이미지가 중요한 이유는 설교가 끝나고 교회 문을 나서는 청중의 마음 속에는 명제적인 진술문이나 도덕적인 호소보다는 마음을 움직이는 감동적인 장면이나 이미지가 오래토록 기억에도 남을 뿐만 아니라 실천을 위한 지속적인 호소력을 발휘하기 때문이다.

4. 설교 예화와 간증

1) 예화의 기능

설교에서 예화가 꼭 필요한가 하는 질문이 제기될 수 있다. 이 질문에 대한 해답은 예화의 기능을 어떻게 이해하느냐에 달렸다. 다음 세 가지 예화의 중요한 기능이 있다.

① 쉬운 이해

예화는 설교자가 전하는 내용을 쉽게 이해할 수 있도록 도와 준다. 예화의 가장 기본적이면서도 고전적인 기능은 연역적인 논리 형식으로 전개되는 설교에서 앞에서 설명한 내용을 쉽게 이해할 수 있도록 도와주는 예화를 제시하는 것이다. 설교자는 설교 시간에 '지식의 저주' 함정에 빠지기 쉽다. 지식의 저주란 어떤 개인이 다른 사람들과 의사소통을 할 때 자신이 말하는 주제를 다른 사람도 충분히 이해할 수 있는 선행 지식을 이미 가지고 있을 것이라고 잘못 추측하여 발생하는 인식적 편견과 오류를 말한다. 예화는 설교자가 자칫 범할 수 있는 지식의 오류를 극복할 수 있도록 돕는다. 예수님도 하나님 나라의 난해한 비밀들을 당시의 청중이 이해하기 쉬운 농경의 문화나 결혼 풍습에 관련된 비유들을 가져와서 설명하셨다.

② 반전의 동력

예화는 의사소통의 상황에서 지루한 분위기에 반전을 제공해 준다. 설교자가 설교 시간에 설교자가 성경적 진리와 기독교 교리를 장시간 논리적으로 설명하기만 하면 듣는 청중은 설교 메시지에 더 이상 집중하려 들지 않는다. 이러한 상황에서 재미난 이야기나 실감 나는 예화들은 느슨해진 청중의 주의력을 새롭게 전환하는 기폭제로 작용한다. 흥미롭고 감동적인 예화는 캄캄한 지하실처럼 답답한 느낌을 주는 설교 메시지에 일종의 영적인 창문과 같은 역할을 하면서 폐부 깊숙이 신선하고 깨끗한 공기가 공급되는 느낌을 준다.

③ 실천과 적용의 동기부여

예화는 설교에서 제시된 교훈을 자신의 삶에 실제적으로 적용하도록 동기를 부여해 준다. 사람은 교리적인 설명이나 윤리적인 권면을 통해서 실제로 가치관이 바뀌거나 어떤 행동에 변화가 발생하는 것이 아니다. 인지된 내용에 공감을 느끼고 실제로 의지가 변하기 위해서는 청중이 해당 내용에 대하여 감정적으로도 공감해야 한다. 감동적인 예화는 이러한 효과를 가져온다.

또 실천적인 행동과 관련된 구체적인 예화는 적용점을 그대로 실천하도록 하는 충분한 동기를 부여한다. 특정한 윤리적 행동에 대한 지침이 제시되는 것만으로 청중이 그대로 준행하지는 않는다. 청중은 마음속에서 어떤 핑계거리를 찾으면서 심리적인 저항선에 계속 머무르려 한다. 즉 자신의 행동을 더 이상 바꾸려 하지 않는다. 이러한 상황에서 실제적으로 준행한 사례를 담고 있는 예화를 제시하면, 적용해야 하는 당위성이나 또는 실천의 동기 부여를 더욱 강하게 느낄 수 있다.

예를 들어서 설교자가 "교회의 사명은 전도"라고 요지를 제시했다면 청중은 이제 그 지극히 보편적이고 추상적인 의미가 어느 범위까지를 가리키는지에 대해서 고민하게 된다. 이 때 설교자는 "사영리를 들고서 틈틈이 전도하는 모 집사님"을 예화로 소개하거나, 또는 아예 "노방전도로 나서서 지하철이나 서울역에서 전도하는 전도자"를 예화로 소개할 수 있다. 또는 "삶 속에서 경건한 삶을 통해서 주위의 감화를 끼치는 장로님"을 예화로 소개하여 앞의 적용점에 관한 구체적인 방향성을 더욱 선명하게 제시할 수 있다.

2) 예화이 요건

이러한 다양한 예화의 기능들이 효과적으로 발휘되기 위해서는 다음 몇 가지 예화의 요건들이 갖추어져야 한다.

① 간단명료
예화는 간단명료해야 한다. 논리적 설명은 복잡한 느낌을 주지만, 반대로 예화는 간단명료하게 제시하여 복잡한 설명들을 쉽게 이해하고 마음에 수용할 수 있도록 설득해야 한다.

② 실제 사실
다양한 대중매체가 범람하면서 그럴듯한 이야기와 장면들이 너무나도 많이 넘쳐나는 오늘날을 살아가는 현대인들은 조금은 신기히고 재미있는 내용을 접할 때 먼저 사실성 여부를 따져보는 데 익숙해져 있다. 현대인들이 그만큼 신기하고도 재미있는 내용들을 자주 접하고 살아간다는 뜻이기도 하다. 만일 설교 시간에 근거 없는 이야기나 비현실적인 예화들이 소개되면 청중은 예화 자체가 비현실적이라 생각하여 메시지의 적용점에 대해서도 실천적인 동기 부여를 더 이상 느끼지 못한다. 적용적인 설교 메시지를 원한다면 설교자는 더욱 현실적인 예화를 사용해야 한다. 설득력 있는 예화는 그 내용이 사실일수록 설득력이 높다.

③ 시각적인 이미지

효과적인 예화를 위해서는 그 속에 생생한 시각적 이미지를 담고 있어야 한다. '빨간 핏자국'이나 '시퍼런 멍', '새하얀 면사포'와 같이 선명하고 생생한 시각적 이미지들은 청중의 뇌리에 강한 인상을 남긴다.

④ 설교 목적 일치

예수님의 죽음과 이에 대한 성도의 심각한 헌신을 요청하려는 목적으로 전개되는 설교라면 우스꽝스러운 예화는 전체적 분위기를 흐트러 놓는다. 예화는 설명하려는 진리나, 또는 설교자가 의도하는 설교의 목적에 밀접하게 부합하여야 한다. 예화를 사용할 때마다 특정 예화를 끌어오는 이유와 목적을 확인해야 하며 예화의 고유한 수사적인 효과와 파장이 설교 목적에 부합하는지 살펴보아야 한다.

⑤ 감성 터치

효과적인 예화는 청중의 감성을 자극하는 내용을 담고 있어야 한다. 예화는 로고스 중심의 논증과 설명에 대한 일종의 전환을 위한 모멘텀을 제공한다. 따라서 예화는 청중의 감성과 의지를 자극할만한 내용을 담고 있어야 한다.

⑥ 결론 함축

예화 자체에 설교 전체의 절정과 의미 있는 결론이 함께 담겨질수록 설득력이 높아진다. 감동적인 예화가 감동적인 설정의 모멘텀 뿐만 아니라 설교 전체 메시지의 의미 있는 교훈과 결론을 함께 담고 있다면 청중은 이 예화의 결론을 통하여 자발적으로 설교 결론에 합류할 수 있다.

3) 예화의 주의사항

① 너무 많은 예화

너무나 많은 예화는 설교 전체 메시지를 잠식할 수 있다. 예화 중심으로 전개되는 부흥회식 설교는 시간 가는 줄 모르고 울고 웃는 가운데 나름 즐겁고 유쾌한 시간을 보낸 느낌을 줄는지 모르나, 오직 그리스도의 십자가 은혜에 대한 강력한 깨달음으로 가능한 성화의 원동력을 얻기 어렵다.

② 신빙성 없는 예화

신빙성이 없는 예화는 설교 전체에 악영향을 준다. 예화는 구체적인 예증을 목적하기 때문에 그 내용이 구체적이고 생생해야 그 설교를 듣는 청중을 실제 말씀 적용과 순종의 자리로 인도할 수 있다. 만일 정확하고도 구체적인 정보가 없이 그저 막연한 내용이나 소문을 전하는 설교 메시지라면 예화의 신뢰도가 무너지고, 이어서 하나님 말씀다운 설교의 권위도 흔들릴 수 있다.

③ 프라이버시 침해

설교자나 청중과 직접적으로 관련된 예화를 공개적으로 언급하는 경우는 세심한 주의가 필요하다. 잘 알고 있는 사람에 대한 개인적인 치부를 드러내는 이야기, 상담 과정에서 접하게 된 개인적인 이야기, 그리고 자기 자신이나 가족들을 은근히 자랑하거나 폄하하는 이야기는 설교자의 이토스(ethos)에 부정적 영향을 줄 수 있다. 설교자와 가족의 이해타산이 개입되었거나 이를 반영하는 예화는 전혀 의도치 않은 결과를 초래할 수 있다. 설교자는 자신의 개인적인 악감정이 설교 메시지로 은연 중에 드러나지 않도록 주의해야 한다. 십중팔구 설교자 개인의 의도가 왜곡됨으로 심각한 파장이 초래될 수 있다.

5. 전환문장의 기능

앞서 설명한 바와 같이 설교 전체 메시지의 설득력은 의미 단위들의 대조 관계와 암시 관계, 그리고 모순 관계의 배열로 이루어진다. 신자들의 역설적 긴장과 갈등의 문제와 이에 대한 성경적인 해답이 대조 관계를 형성하며, 성경 본문의 세계와 오늘 청중의 세계가 대조 관계, 또는 암시 관계를 형성한다. 설교자는 이러한 다양한 의미 단위들을 시간의 순서를 따라서, 또는 문제와 해답의 순서를 따라서 설교문 안에 배열하고 설교 시간에는 이를 구어체 소통 방식으로 청중에게 전달한다.

전환문장은 이러한 의미 단위들을 서로 연결하는 연결부분의 문장을 가리킨다. 설교에서 전환문장은 일종의 다단계 분사체에 비유할 수 있다. 지상에서 발사된 로켓 비행체가 일정한 상공 높이 올라가다 그 분사체의 추진력이 약해질 무렵에 다음 단계의 분사체가 새롭게 점화함으로 로켓 비행체는 계속 추진력을 얻어서 대기권을 탈출할 수 있는 속력을 내서 우주로 날아갈 수 있다. 마찬가지로 대조 관계나 암시 관계, 또는 모순 관계 안에서 하나의 의미 단위가 모두 청중에게 제시되면 그 다음 의미 단위로 전환하기 위해서는 전환문장의 연결고리가 이어져야 한다. 설교에서 전환문장은 다음의 기능을 감당한다.

① 전환문장은 앞에서 다룬 내용(혹은 논리적인 덩어리나 의미 단락)을 결론적으로 잘 이해할 수 있도록 돕는다. 청중은 하나의 의미 단락에 대한 종합적인 이해가 마무리되지 않은 상태에서는 그 나음의 논리 단계로 진행하지 못한다. 그 다음 설교자의 메시지를 잘 이해하지 못하는 것이다. 따라서 설교자는 하나의 의미 단락이 끝나가면 그 다음 의미 단락으로 전환하는 단계에서는 그동안 설명했던 내용을 한 문장으로 종합하여 마무리시어주어야 한다

예를 들어 실로의 성소에서 행실이 나쁜 엘리의 두 아들들의 만행에 관한 사무엘상 2장 12-17절 본문으로 '하나님이 기뻐 받으시는 예배'의 주제로 전하는 설교 메시지를 가정해 보자. 하나님이 받으시는 예배의 첫 번째 특징으로 '예배자의 거룩한 삶'을 요지 명제문으로 제시하고 성경적인 반대 근거로 홉니와 비느하스의 나쁜 행실들과 성폭행을 충분히 설명했다면 그 다음 단계로는 이러한 부정적인 사례와 달리 오늘날 예배자는 거룩한 행실과 성품을 주님께 가져와야 할 것을 적용점으로 제시할 수 있다. 그러한 적용점을 제시하기 전에 먼저 앞의 성경적인 반대

사례를 종합하는 전환문장을 오늘날의 적용점 이전에 다음과 같이 삽입할 수 있다: 이들의 문제는 한마디로 말해서 하나님의 말씀을 무시했다는 것입니다. 그렇다면 우리는 참된 예배자가 되기 위하여 어떻게 해야 할까요?

② 전환문장은 앞에서 언급한 내용을 기반으로 다음 단계로 논리가 전개되는 논리적 근거와 토대를 마련해 준다. 로켓 비행체의 첫 번째 분사체가 소진된 다음에도 계속 대기권 탈출 속도를 유지하려면 두 번째 분사체가 점화되어야 한다. 마찬가지로 설교 전개 과정에서도 첫 번째 의미 단락이 끝나고 그 다음 의미 단락이 유기적인 연속성을 유지하며 등장하려면 이를 위한 전환 문장이 등장해야 한다. 앞에서 예로 든 사무엘상 2장 12-17절 '홉니와 비느하스'에 관한 메시지에서 이들이 하나님의 말씀을 소홀히 여겼다는 내용을 제시한 다음에 그로 말미암은 끔찍한 파장이나 하나님의 심판을 다루기를 원한다면 여기에 적당한 전환문장은 다음과 같다: 하나님의 말씀을 소홀히 여긴 결과로 그들에게는 무슨 일이 일어났을까요?

③ 전환문장은 설교 전체의 의미 구조와 의미 단락의 변화를 아주 쉽게 이해할 수 있도록 돕는다. 앞서 설명한 바와 같이 설교 전체의 의미 구조는 대조 관계와 암시 관계, 그리고 모순 관계를 중심으로 구성된다. 그 사이에 배치한 전환문장은 앞의 의미 단락과 뒤따르는 의미 단락의 상호 논리적인 상응 관계를 쉽게 이해할 수 있도록 돕는다. 전환문장은 앞 뒤 두 단락 관계가 단순한 반복인지 서로를 대조하는 관계인지, 발전적인 흐름인지, 역행인지를 쉽게 이해할 수 있도록 돕는다: 두 가지 차

이점은 무엇일까요? 두 가지 유사점은 무엇일까요? 두 사람의 천국과 지옥을 가르는 한끝 차이는 무엇이었을까요? 또 시간의 흐름에 있어서는 과거로 회귀하는 것인지 과거에서 현재로 되돌아오는 것인지 미래를 전망하는 것인지를 파악할 수 있도록 돕는다: 그 과거는 어떠했을까요? 이런 사람의 미래는 무엇이 기다리고 있을까요?

④ 연결구나 전환문장은 다음에 이어지는 단락에서 설교자는 무엇을 다룰 것인지에 대해서 청중이 미리 예상하며 그 내용을 기대할 수 있도록 안내하는 역할을 한다.

6. 설교의 결론

1) 결론의 기능

설교 결론은 설교사와 청중 사이에 의사소통의 종결을 준비하는 단계다. 결론이 끝나면 청중은 교회 문을 떠나 세상 속으로 나아갈 것이다. 따라서 결론부에서 설교자는 설교를 들은 청중이 교회 문을 떠날 때 그 심령 속에 담고 가야 할 짧은 명제문이나 구호, 또는 감동적인 이미지 한 컷을 잘 담아주는 마지막 결정적인 순간이다. 교회문을 나서는 청중이 그 마음에 새기고 떠나야 할 것들이 있다: ① 설교 전체의 핵심 사상과 이를 담은 명제문, ② 이에 관한 감동적인 이미지 장면, ③ 그리고 적용점 실행에 관한 의지적인 결단과 각오.

2) 결론의 요건

결론을 잘 마무리하기 위해서는 다음과 같은 요건이 갖추어져야 한다. 첫째로 결론 내용은 설교의 전체 내용과 일관성을 유지해야 한다. 설교 전체를 명료하게 요약할 뿐만 아니라 그에 따른 논리적 귀결을 담은 문장이어야 한다. 둘째로 교회를 떠나는 청중의 심령에 설교 메시지가 오래 각인되려면 복잡한 내용보다는 짧고 간결한 문장이나 구호여야 한다. 셋째로 결론은 청중의 의지적인 결단을 위하여 설교자의 열정과 호소력은 강력하면서도 최고조에 달해야 한다. 넷째로 결론부에서 설교자는 설교 메시지의 실천을 위한 구체적 지침과 적용 범위와 방향을 분명하게 제시할 수 있어야 한다.

다섯째로 앞의 설교 메시지가 조금 비관적이거나 부정적이었다고 하더라도 결론부는 적극적이고 긍정적인 희망과 약속을 담아내야만 한다. 설교 서론이나 본론에서 부정적인 문제점이나 역설적 긴장과 갈등의 문제를 아무리 깊이 있게 지적하고 비판했더라도 결론에서만큼은 그 문제에 대한 해답을 분명하게 강조해야 한다. 앞서 언급했던 부정적인 문제나 하나님의 심판에 관한 경고가 다시 결론에서 언급되지 않도록 주의해야 한다. 설교자가 알미니안 구원론의 늪에 빠져서 계속 인간적인 설득력으로 청중을 끌고 가려 하는가? 아니면 설교자가 하나님의 절대 주권을 강조하는 설교 메시지로 청중을 성령 하나님의 인도하심에 위탁할 수 있는가? 그 시금석은 설교 메시지의 결론에서 분명하게 판가름 난다.

3) 결론의 주의사항

① 설교 결론은 그동안의 긴 항해로 공항 가시권에 들어온 비행기가 안전하게 착륙하는 단계다. 따라서 앞의 설교 메시지에서 다루지 않은 새로운 내용이나 설명을 제시함으로 설교 비행기가 다시 저 푸른 하늘을 향하여 이륙해버리는 일이 없도록 해야 한다. 간혹 그동안의 성공적인 설교 비행에 자신을 얻은 설교자에게 새로운 영감 어린 메시지가 떠오를 수 있다. 예비 설교자나 설교 경험이 많지 않을 경우에는 결론 단계에서 새로운 메시지를 꺼내지 않도록 주의해야 한다.

② 결론부에서는 설교 준비가 부족했다는 설교자의 성실성에 관한 변명이나 사과의 말은 설교 메시지 전체에 대한 신뢰도를 무너뜨릴 뿐만 아니라 설교자의 이미지에도 치명타를 던진다. 이 점은 서론의 주의사항과도 동일하다.

③ 청중은 무조건 긴 설교 메시지를 싫어한다. 하지만 필요에 따라서는 약간 길어질 수 있음을 서론에서 암시하거나 결론에서 양해를 구해야 할 때도 있다. 그럴 때는 청중 편에서 충분히 동의할만한 이유나 근거를 밝혀야 한다. 예를 들어서 그만큼 중요한 내용을 제시하겠다거나, 청중이 계속 질문을 했기 때문에 조금 약속된 시간을 넘겼다거나 짧게 이유를 밝힐 수 있다.

하지만 설교 결론에서 상투적으로 결론을 암시할 필요는 없다. 예를 들어 "결론을 내리려고 합니다." "이제 말씀을 마칩니다.", "하나 만 더 말씀드리고 끝냅니다."와 같은 암시문장은 설교 결론의 역동성을 감소

할 수 있다. 최악은 이러한 암시를 던진 이후에도 설교를 다시 길게 이어가는 경우다.

④ 설교 결론 단계는 청중의 마음이 메시지에 대한 감동과 하나님 앞에서 결단과 각오가 충만한 시점이다. 이런 시점에서 갑자기 등장하는 유머나 조크는 자칫 그동안 설교 메시지의 공든 탑을 무너뜨릴 수 있다.

⑤ 결론을 질문으로 마무리하는 방식은 그 질문에 대한 암시적인 해답이 설교 본론에서 충분하게 제시되었거나 수사적인 상황이 직접적인 해답을 던지는 것이 어려울 때 일부분 가능하다. 예를 들어 설교 결론에서 '과연 우리가 선택할 길은 어느 쪽이겠습니까? 깊이 생각해 보시기 바랍니다'는 질문에서는 설교 본론에서 이 질문에 대한 해답이 충분하게 제공되어야 결론에서 가능한 질문이다. 그렇지 못한 상태에서 결론부 질문은 오히려 청중에게 새로운 고민거리만 던진 셈이 되고 만다.

7. 설교문 작성하기

1) 설교문 작성의 장점

설교할 내용 전체를 온전한 설교문(혹은 설교원고)으로 작성하는 작업은 다음 몇 가지 장점이 있다.

① 설교할 내용을 직접 글로 옮기는 과정에서 설교자의 사고와 논리가 더욱 깊어지고 체계화되며 더욱 분명해진다. 머리 속에서 맴도는 내

용은 아직 덜 발전된 생각의 파편들이다. 이를 글로 옮기는 과정에서 더욱 선명하고 체계가 잡힌다. 장기적인 관점에서 설교자의 신학적인 사고력과 논리력이 더욱 체계화되고 치밀해질 수 있다. 단기적으로도 준비되는 설교 메시지를 질적으로 향상시킬 수 있다.

② 설교자가 설교하려는 전체 메시지 내용과 형식, 목적, 그리고 설득력의 정도를 미리 파악할 수 있다. 또 부족한 부분을 보충할 수 있다. 설교 준비 과정은 설교하려는 메시지 내용을 찾아가는 과정이기도 하지만, 설교 시간에 결코 전해서는 안되는 내용들을 발견하고 불필요한 내용들을 삭제하는 과정이기도 하다.

③ 앞으로 전달될 설교 메시지 길이나 소요 시간을 미리 예측할 수 있다. 또 실제 설교 상황에서 청중의 반응을 미리 예상해 볼 수 있으며, 이도하는 청중의 반응을 위하여 설교 메시지 내용상의 순서를 효과적으로 바꿀 수 있다.

④ 설교한 내용을 문서 자료로 기록할 수 있으므로, 설교자가 어떤 메시지나 예화를 반복적으로 사용하는지의 여부를 가늠해 볼 수 있다.

2) 설교 원고 작성시 주의사항

① 원고 작성을 시작하기 전에 먼저 다음 네 가지 사항을 분명하게 파악해야 한다.

ⓐ 설교를 들을 청중의 구체적인 상황(과 문제점)
ⓑ 설교의 중심사상(중심 주제와 주제 설명문)
ⓒ 설교의 수사적인 목적과 목회적인 목적

ⓓ 설교의 중심사상을 설득할 설교 전체의 개요(outline)

위의 네 가지 사항들은 설교문 작성과정을 안내하는 일종의 나침판과 같다. 설교자는 설교문 작성 과정 중에 원래 의도했던 설교 논리나 목적에서 벗어날 수 있다. 미리 생각하지 않았던 내용들이 떠오르거나 전혀 예상치 못했던 논리적인 전개 과정을 거칠 수 있다. 글의 흐름이 본래 예상이나 흐름에서 벗어나 대조 관계, 암시 관계, 또는 모순 관계를 따라서 럭비공이 튕기듯이 본래 흐름에서 벗어날 수 있다. 하지만 위 네 가지 사항을 잘 숙지하면 설교자가 자기 주도적으로 글의 흐름을 효과적으로 통제할 수 있다.

② 설교자는 혼자 서재 컴퓨터 앞에 앉아서 이성적인 추론 능력을 주로 의지하여 설교 원고를 작성한다. 자칫 잘못하면 설교자는 청중의 고민거리나 질문, 또는 설교 메시지에 대한 기대와 전혀 거리가 먼 자신의 논리적인 열망을 따라 설교문을 작성할 수 있다. 이를 방지할 효과적인 방법은 컴퓨터 옆에 청중의 실물 사진을 놓고서 설교문을 작성하거나 마음 속으로 그들의 절박한 실존 상황을 떠올리며 작성하는 것이다. 그들의 생각과 영혼을 사로잡고 있는 이슈나 문제점은 무엇인지, 그리고 그 부분에 대한 하나님의 말씀은 무엇인지 고민하면서 설교문을 작성해야 한다. 또 그들이 설교자 곁에 함께 앉아 있다고 생각하면서 직접 그들의 심령을 두드리려는 자세로 설교문을 작성해야 한다(cf. 고후 10:10).
설교가 진행되는 실제 상황은 청중과의 치밀한 심리전임을 기억하면서 "내가 이렇게 말하면 청중은 무슨 생각을 할까?" "이렇게 말하면 청중은 그 마음속에서 어떻게 나오겠는가?" 메시지에 대한 청중의 반응을

실시간 고려하면서 설교문을 작성해야 한다.

③ 원고는 청중의 눈이 아니라 귀를 염두에 두고 작성해야 한다. 설교 원고는 책으로 출판될 목적으로 작성하는 것이 아니고 실제 강단에서 청중과 함께 읽기 위해서 작성하는 것도 아니다. 청중의 귀에 선포할 내용을 미리 준비할 목적으로 작성하는 것이다. 따라서 눈으로 읽기에 적합한 문어체가 아니라 귀에 천천히 들려오는 구어체나 대화체 메시지로 작성해야 한다. 이를 위해서 설교자는 설교 원고를 작성하는 중에 직접 입으로 소리내어 발성하면서 적어 내려가는 것이 좋다.

④ 원고 작성을 통해서 설교자의 언어 감각과 문장 구사력이 발전될 수 있도록 노력해야 한다. 설교자가 반드시 지켜야 하는 원칙은 '1문장 1의미 원칙'이다. 한 문장은 하나의 의미만 담아야 한다. 한 문장에 2-3개의 의미를 담으려 하면, 문장은 복잡해지고 의미는 전달되지 않는다. 한 문장 안에 주어와 목적어, 동사가 분명해야 한다. 주어와 동사가 불일치 되지 않도록 주의해야 한다. 복문은 지양해야 한다. 한 문장이 2줄 이상 길어지지 않도록 노력해야 한다.

[설교문 작성 Sample]

1. 성경 본문 : 해당 책 제목과 장절 숫자
2. 본문 주해의 중심사상(핵심 주제와 주제 설명문)
3. 신학적인 중심사상(핵심 주제와 주제 설명문)

4. 설교의 중심사상

　① 핵심 주제 :

　② 주제 설득을 위한 설명 문장들(2-4개 문장들)

5. 설교 개요

　1) 서론의 주제 질문 (아래는 예시 질문들)

　- 오늘 우리 성도들이 영적 전쟁에서 승리할 비결은 무엇일까요?

　- 응답받는 기도의 비결은 무엇일까요?

　- 하나님이 쓰시는 일꾼의 특징은 무엇일까요?

　2) 1대지 소제목

　　① 그 첫째 비결은 .... 입니다(Stating).

　　② 오늘 본문에 보면, ○○○는 이 점을 잘 실행했습니다(또는, ○○○
　　　는 이 점에 실패했습니다)(Anchoring).

　　③ 부연설명과 예화, 간증(Explaining, Validating).

　　④ 여러분도(우리들도)..... 하시기 바랍니다(또는 하지 않도록 조심
　　　하시기 바랍니다)(Application).

　3) 2대지 소제목

　　① 그 둘째 비결은 .... 입니다(Stating).

　　② 오늘 본문에 보면, ○○○는 이 점을 잘 실행했습니다(또는 오늘
　　　본문에 ○○○는 이 점에 실패했습니다)(Anchoring).

　　③ 부연설명과 예화, 간증(Explaining, Validating).

　　④ 여러분도(우리들도)..... 하시기 바랍니다(Application).

　4) 3대지 (또는 결론) 소제목

　　① 그 셋째 비결은 .... 입니다(또는, 결론적으로 ..... 입니다)(Stating).

　　② 오늘 본문에 보면, ○○○는 이 점을 잘 실행했습니다(Anchoring).

③ 부연 설명과 예화, 간증(Explaining, Validating).

④ 여러분도(우리들도)..... 하시기 바랍니다(Application).

8. 설교문을 내면화하고 암기하기

설교 원고 작성이 끝났으면, 설교자는 그 설교문을 완전히 설교자 자신의 메시지로 소화해야 한다. 설교자가 실제 강단에서 설교할 때 설교 원고를 읽는 것이 아니라 설교 메시지가 설교자의 모든 열정이 심장에서 용솟음쳐서 울려 나온다는 인상을 심어 줄 수 있어야 한다. 설교자가 자신의 원고를 완벽하게 자신의 메시지로 소화해야 가능한 일이다. 이를 위하여 설교자는 자신의 설교문을 3-5회 거듭 읽어봐야 한다. 그리고 이 과정에서 자연스럽지 않은 부분들을 다시 수정해야 한다.

설교문 수정 작업이 끝나면 준비된 설교 메시지를 앞에 놓고서 성령 하나님께서 청중 신자들에게 직접 말씀하시도록 간절히 기도해야 한다. 기도 중에 설교 메시지 일부분을 놓고서 성령 하나님의 기름 부음을 간구하며 그 메시지가 청중의 심령에 불덩어리로 임하도록 간절히 기도해야 한다.

이러한 기도를 통하여 설교자가 먼저 하나님 앞에서 메시지의 핵심 내용을 자기 귀로 분명히 들을 수 있다. 그리고 메시지의 핵심 이미지를 자신의 심령에 분명히 각인시킬 수 있다. 이런 과정을 통하여 청중의 귀와 청중의 심령에 성령 하나님께서 불이요 방망이와 같은 말씀의 능력이 임하는 말씀 사건을 준비할 수 있다: "여호와의 말씀이니라 내 말이

불 같지 아니하냐 바위를 쳐서 부스러뜨리는 방망이 같지 아니하냐?"(렘
23:29).

설교 메시지의
연관성과 적용

1. 들어가는 말

설교는 예수 그리스도를 통하여 계시되고 성경 본문으로 기록된 하나님의 말씀을 오늘을 살아가는 신자들에게 적실하게 선포하여 그들로 하여금 하나님 말씀에 순종하는 삶을 살도록 인도하는 사역이다. 설교를 간단히 설명하자면 성경의 세계와 청중의 세계를 서로 연결하는 다리 놓기(bridge making)에 비유할 수 있다. 설교 메시지가 하나님 말씀다운 영적 권위를 행사하려면 그 메시지가 성경 본문에 근거하여 영적 권위의 정당성을 확보해야 한다. 동시에 청중 신자들의 형편과 처지에 맞는 연관성(또는 적실성, relevance)을 확보해야 한다. 설교 메시지에 오늘 청중의 삶과 연관성을 가진 적용(application)이 없으면 그 메시지는 설교도 아니고 더더욱 하나님 말씀도 아니다(Calvin Miller 1994:151).

하지만 문제는 과거에 기록된 성경과 오늘 설교를 듣는 청중의 현장

사이의 이중적인 간격과 긴장을 설교에서 얼마나 효과적으로 균형 있게 유지할 수 있느냐 하는 것이다. 과거에 기록된 성경 본문에 관한 정확한 주해에 치중하면, 오늘 청중을 향한 연관성과 적용점을 무시할 수 있다. 반대로 오늘 청중의 형편과 처지에 연관성 있는 적용을 중시하면, 성경 본문의 목소리를 놓칠 수 있다. 그렇다면 성경 본문의 정당성을 확보하면서도 오늘 청중과의 연관성도 놓치지 않으려면 어떻게 해야 할까?

2. 이미 연관성을 확보한 성경 본문

연관성 있는 설교 메시지를 준비하기 위하여 성경을 해석하는 설교자라면, 성경 본문을 이미 어느 시대를 막론하고 하나님 말씀다운 영적 권위를 행사할 연관성을 확보한 문서로 인정해야 한다: "모든 성경은 하나님의 감동으로 된 것으로 교훈과 책망과 바르게 함과 의로 교육하기에 유익하니 이는 하나님의 사람으로 온전하게 하며 모든 선한 일을 행할 능력을 갖추게 하려 함이라"(딤후 3:16-17).

앞서 하나님의 말씀인 로고스의 5단계 맥락화를 통하여 분명히 확인한 바와 같이 성경 본문은 로고스 계시 단계와 선지자들을 통한 말씀 선포 단계, 예수 그리스도의 성육신 사건 단계, 사도들의 복음 전도 단계, 그리고 선지자들과 사도들에 의한 언어적 전환의 기록 단계에서 각각 그 시대 수신자들의 특정 상황에 적실하도록 연관성을 맺고 선포되었고 기록되었다. 기록 이후에 모든 하나님 나라 백성들의 삶 속에서 다시 연관성을 맺고 다시 낭독되었고 다시 선포되었다.

1) 성경 저자의 역사적 상황

성경 본문의 필연적인 연관성을 잘 보여주는 것이 본문을 기록한 저자의 역사적 상황이다. 모든 성경 본문 속에는 특정한 역사적, 문화적, 및 구속사적 정황 속에서 특정한 의사 소통의 목적을 염두에 두고 성경 본문을 기록하던 저자의 역사적 상황이 들어 있다. 저자는 자신의 역사적 상황 속에서 본문 수신자들을 향하여 하나님의 말씀이 연관성을 맺고서 선포되도록 하려는 의도를 가지고 성경 본문을 기록하였다. 이와 관련하여 리차드 프렛(Richard Pratt)은 다음과 같이 말했다.

> 구약 저자들은 그들의 시대에 신적인 개입에 깊은 영향을 받았다. 그들은 자신들의 이야기를 통해 하나님께서 그들의 시대에 행하고 계신 일에 대한 그들의 관점을 원 독자들에게 제시하려고 이야기를 써냈다. 표면적으로 그들은 고대 사건에 관하여 기록했으나, 그들의 이야기는 하나님의 행위를 독자의 동시대인들에게 설명하기 위해 기획된 것이나. 서사의 사상적 의도를 이해차려면, 반드시 하나님께서 어떻게 저자의 시대의 역사 과정에 개입하셨는가를 고려해야만 한다. [196]

성경을 해석하여 설교하려는 설교자는 성경 본문 속에서 성령 하나님이 말씀으로 그 시대 하나님 나라 백성들의 문제 상황에 어떻게 개입하셔서 그들의 절박한 영적 문제를 해결하시는지를 잘 살펴봐야 한다.

2) 아브람의 출애굽 내러티브와 구속사적 연관성

리차드 프렛은 성경 본문의 필연적인 연관성의 사례로 창세기 12장 아브람의 출애굽 내러티브(창 12:10-13:4)를 제시하였다.[197] 애굽에서 탈출하여 가나안 땅으로 들어가는 이스라엘 백성들에게 모세가 전하는 아브람의 출애굽 내러티브는 그저 한가롭게 옛날 조상들의 삶을 들려주는 이야기 정도가 아니다. 자신들의 위대한 족장 아브람의 출애굽 내러티브는 그 족장과 유사한 방식으로 자신들을 출애굽하도록 인도하시는 하나님의 놀라운 구원의 능력과 영광을 상기시킴으로 동일한 능력과 영광이 지금도 자신들의 인생 속에 작용하고 있음을 깨닫도록 하는 하나님의 말씀이다. 또 앞으로도 동일한 능력과 동일한 구원으로 자신들과 후손들을 인도하실 것을 확신하도록 하는 믿음의 증표이다. 하나님께서 예전에 아브람을 위해서 일하셨던 것과 동일한 방식으로 그리고 출애굽 사건 때와 동일한 방식으로 지금도 그리고 앞으로도 계속 동일하게 자기 백성들을 위해서 그리고 자기 백성들 가운데에서 그렇게 역사하실 것이라는 하나님의 보증이다: 너희는 우리의 편지라 우리 마음에 썼고 뭇 사람이 알고 읽는 바라(고후 3:2).

3) 적용 지향적인 성경 해석을 위한 하나님 나라 공통분모

이렇게 성경 본문은 그 말씀이 꼭 필요했던 하나님 나라 백성 공동체(근원적으로는 인간)의 문제점을 해결할 목적으로 기록되었고, 실제 그런 효과를 발휘하였다. 성경 본문은 기록 당시부터 적용 지향적인 목적으로 기록되었다.

그러므로 성경적인 설교를 추구하는 설교자에게 필연적으로 요구되는 가장 기본적인 성경 해석 관점은 성경 본문 속에서 등장인물의 문제점과 이에 대한 하나님의 해결책을 찾아내는 동시에 오늘 청중의 문제점과 그에 대한 하나님의 해답의 말씀을 찾아내는 것이다. 오늘 청중의 문제점을 성경 본문의 근거로 해결하려고 할 때 "설교자는 인간의 딜레마를 본문 위에 덮어 씌워서는 아니 되며, 각 구절 안에 들어 있는 인간의 필요를 들추어내야만 한다."[198]

성경 본문 안에서 오늘 청중의 문제점이나 관심사를 찾아보는 과정은, 성경 본문을 현대를 살아가는 세속적인 인간들의 상담집이나 성공 사례집으로 생각하여 그 속에서 오늘의 성공을 보장하는 어떤 비결이나 교훈을 끄집어내라는 뜻이 아니다. 본문 속에서 청중의 문제점이나 삶의 실상을 직시하기 위해서는, 성경 본문에 언급된 등장인물들이나 본문이 의도하는 원래 독자, 그리고 오늘 설교를 듣는 청중을 서로 연결시키는 하나님 백성 공동체의 공통분모를 전제해야 한다. 그 공통분모가 바로 하나님 나라 백성 공동체로서의 공통분모이다.[199] 하나님 나라 백성 공동체로서 과거의 성경 본문에 등장하는 등장인물들이나 또는 그 본문이 염두에 두고 있는 원래 독자들은 오늘 설교를 듣는 청중들이 가지는 동일한 영적 투쟁의 문제점들에 대해서 구체적으로 어떤 문제점을 가지고 있었으며 어떤 삶의 정황 속에 놓여 있었는지를 살펴보는 것이다.

4) 타락한 상황에 초점 맞추기

이러한 성경 해석 방법을 가리켜서 설교학자 브라이언 채플(Bryan Chapell)은 '타락한 상황에 초점 맞추기'(FCF, Fallen Condition Focus)라고 한다(채플

1999:51-56). '타락한 상황에 초점 맞추기'는 설교자가 성경 본문을 해석하는 과정에서 본문이 인간의 타락한 모습 중에서 구체적으로 어떤 부분을 과녁으로 삼아서 어떠한 바람직한 개선의 결과를 의도하고 있는지에 주목하면서 해석하는 것이다. 간단히 말하자면 앞서 11장 '청중에 대한 설교학적 이해'의 '주해에서 문제와 해답의 상응 관계' 단락에서 설명한 바와 같이 문제-해결의 상응 관계로 성경 본문을 해석하는 것이다.

5) 기드온 소명 내러티브(삿 6장 11-24절)에 관한 해석과 설교

사사 기드온이 하나님의 소명을 받는 과정에 관한 내러티브를 해석할 때, 설교자는 본문의 저변에 깔려 있는 타락한 인간의 상황 또는 하나님의 뜻을 거스리는 당시 신앙 공동체의 부정적인 문제점을 염두에 두면서 해석하는 것이다. 이 과정에서 해석자가 포착하는 '타락한 상황에 초점 맞추기'(FCF)는 가나안 땅에 정착한 이후에 하나님 나라의 가치관을 가지고 하나님의 통치를 가나안 땅에 실현해야 하는 과제를 짊어지고 있던 당시 이스라엘 백성들이 하나님 나라 가치관을 따르지 않고 오히려 이방 가나안의 문화에 동화되거나 또는 그런 세속적 가치관의 영향을 받는 과정 속에 처해 있었던 문제점들이다. 또는 이스라엘 백성들은 이방 군대와의 전쟁이 하나님에게 속해 있음과 그 확신에 따른 필연적인 승리를 확신해야 함에도 불구하고, 그러한 믿음과 승리의 확신이 없이 세속적인 풍습과 가치관을 따르려는 유혹에 직면해 있던 당시 이스라엘의 문제점을 떠올려 볼 수 있다.

하지만 기드온에게 찾아오신 하나님은 당시 기드온과 이스라엘 백성들의 영적인 문제에도 불구하고 기드온을 인격적으로 차근차근 설득하서서 결국 자신이 기대하셨던 하나님 나라의 영광을 성취하시고 기드온의 입에서 여호와 하나님의 절대 주권적인 구원에 관한 확신 있는 신앙 고백을 얻어내셨다: "기드온이 그들에게 이르되 내가 너희를 다스리지 아니하겠고 나의 아들도 너희를 다스리지 아니할 것이요 여호와께서 너희를 다스리시리라 하니라"(삿 8:23).

기드온 소명 내러티브를 이렇게 문제-해답의 상응 관계, 또는 '타락한 상황에 초점 맞추기'(FCF)로 해석할 때 이와 동일한 문제에 직면한 오늘 청중의 상황과 이에 대한 하나님의 해답의 말씀을 효과적으로 도출할 수 있다.

3. 구속사 안에서 하나님 말씀의 연관성 있는 적용 과정

하나님의 구원 역사는 곧 성경 말씀 적용 역사라고 해도 과언이 아니다. 성경 본문의 연관성과 적용적 특징은 본문을 기록한 원래 저자나 독자들의 역사적 정황에서만 찾아볼 수 있는 것이 아니라, 특정 본문이 구원의 역사 속에서 신앙 공동체에게 지속적으로 적용적인 영향력을 행사해 온 과정 속에서도 발견된다. 하나님의 구원 사건을 문서의 형태로 기록한 성경 말씀이 초기 수신자들이었던 이스라엘 신앙 공동체와 초대교회 신앙 공동체에게 하나님의 말씀으로서의 정경적 지위를 획득한 이후에도, 그 본문은 본문이 처음 기록된 특정한 역사적 정황을 초월하여 지속적으로 하나님의 말씀으로서의 권위를 행사해왔다. 달리 말하자면 특정 본문의 적용적 기능이나 적용적 가치가 어느 한 시대나 어느 한 상황에 국한되지 않고 이후의 구속사 속에서 지속적으로 그 영향력을 행사해왔다. 존 오스틴과 써얼은 이러한 언어적 수행력을 가리켜서 효과수 반발화의 효력이라고 정의하였다.

1) 호세아서의 연관성과 언어 수행력

반게메렌(Willem A. VanGemeren)은 구속사 속에서 하나님의 말씀이 지속 적인 영향력을 발휘한 사례로 호세아서를 설명하였다.[200] 호세아 선지자 는 이사야와 예레미야가 남왕국에서 활동할 때 그보다 앞선 선지자 아 모스와 함께 북왕국 이스라엘을 상대로 선지 활동을 감당하였다. 당시 이스라엘은 여로보암 2세의 통치 말기인 주전 755년경으로 당시 사회상 은 한마디로 말해서 '물질적인 번영 속의 영적 빈곤 시대'였다. 호세아 선지자는 이토록 패역한 시대를 향하여 하나님의 사랑과 자비, 인내의 메시지, 그리고 그들이 계속 회개하기를 거부할 경우에 주어지는 임박 한 심판, 그리고 그 심판을 넘어서는 하나님의 언약 갱신과 회복의 말씀 을 선포하였다.

하지만 호세아서 선지자의 메시지가 문서로 기록되고 722년경에는 호세아가 그토록 경계하였던 북왕조 이스라엘의 멸망이 실제로 발생한 이후에 그 말씀의 실행력은 어떻게 변화하였을까? 하나님의 말씀으로 선포되고 읽혔던 호세아서의 정경적 기능이 이 책의 일차적인 수신 대 상이었던 북왕조 이스라엘의 멸망과 함께 사라진 것이 아니었다. 원래 북왕조 이스라엘에게 주어진 메시지는 1차 수신자에 포함되지 않은 것 처럼 보여엿던 남왕조 유다 백성들이 동일한 위기에 직면했을 때 그 문 제를 해결하는 하나님의 말씀다운 연관성을 맺고서 정경적이고 적용적 인 수행력을 발휘하였다. 게다가 호세아서를 통하여 경고했던 하나님의 심판(호 5:1-7)이 실제로 북왕조와 남왕조에게 그대로 성취된 이후에도 그 말씀의 영향력을 종식된 것이 아니라, 그 이후 포로기에도 지속적으로 하나님의 말씀으로서의 영적 권위와 영향력을 행사하였다. "시공계 안에서 하나님의 말씀이 북부 왕국의 멸망(722 B.C)을 넘어 유다의 멸망(586 B.C)으로 확장된 것이다. 그 말씀의 정경적인 기능은 포로기 동안 경건한 자들이 호세아의 예언을 연구하면서 다시 확대되었다. 포로기 동안 이스라엘의 경건한 백성들은 이전에 기록된 호세아서의 말씀을 통하여 하나님의 위로를 깨달았고, 어떻게 오직 여호와 하나님 한 분에게서만 참 구원을 얻을 수 있는지에 관한 교훈의 말씀을 들었다. 그리고 열방에 대한 하나님의 주권적 통치를 올바로 바라볼 수 있는 영적인 시각도 얻었다. 포로기 동안에 이스라엘 백성들은 과거에 선포된 호세아서의 심판 예언을 묵상하면서 실제로 자신들의 눈 앞에 빌어진 사마리아의 멸망(BC 722)을 하나님 말씀의 준엄한 실현으로 확인할 수 있었다. 이와 동시에 BC 586년 이후 바벨론 포로기를 지내는 자신들의 상황에 그 말씀을 그대로 적용하면서 호세아서에 약속된 다가올 구원(호 14:1-9)을 겸손히 대망하었다.

호세아서의 정경적 기능과 적용적 기능은 구원 역사 속에서 구약 시대를 넘어서 신약 시대 그리고 그 이후까지 계속 확장되어 왔다. 왜냐하면 예수 그리스도의 오심으로 말미암아 호세아서의 정경적 기능은 새로운 국면에 도달하는 동시에 새로운 가치와 의미와 적용점을 행사하였기 때문이다. 예수 그리스도는 호세아 선지자가 기대하였던 은혜와 자비가 충만하신 하나님(호 6:1-3)인 동시에 하나님 나라 안에서 하나님과 맺은 언약을 어기지 않고 온전히 준수하는 참 백성들(호 11:1-4)이며 그로 말미암이 하나님께서 자기 백성과 맺은 언약이 영원토록 변함이 없을 것(호

11:1-4)이기 때문이다.

　이렇게 호세아서와 같은 특정한 성경 본문은 원래 저자와 독자의 상황에 연관성을 지닌 하나님의 말씀다운 효과수반발화의 효력을 발휘한 동시에, 그 특정 시대를 초월하여 하나님의 구원 역사의 진행 과정에서 다양하게 적용되어 오고 있다. 따라서 성경 본문을 해석하여 연관성을 확보한 적용적인 설교 메시지를 준비하려는 설교자는 - 본문 해석 단계에서 특정 본문의 적용적인 의미를 제한적으로 찾아내는데 급급할 것이 아니라 - 본문의 역사적 정황 속에서 의도했던 일차적인 의미는 무엇이었으며 그 의미가 장구한 구원 역사 속에서 어떻게 다양하게 적용되어 왔었는지를 거시적이고 통시적인 차원에서 관찰해야 한다.[201]

2) 아브라함의 소명 내러티브와 설교학적 상호본문성

'아브라함의 소명 내러티브'(창세기 12장 1-9절)로 설교 메시지를 준비하는 경우를 생각해 보자. 설교 전달 경험이 많지 않은 신학생들이라면 창세기 12장 1-9절을 해석할 때 주요 관심사는 하나님이 아브라함에게 미래 축복을 약속하신 내용과 그 신학적인 의미(2-3절)일 것이다. 이어서 4-9절에서 아브라함이 자기 가족들과 조카 롯과 함께 하란을 떠나 가나안 땅에 들어온 다음에 다시 남방으로 옮겨갔다는 이동 과정을 추적하는 데 집중된다.

　그러나 설교 경험이 2-3년 이상인 설교자라면 창세기 12장 1-9절에서 주인공으로 등장하는 아브라함을 오늘 현대를 살아가는 신자들과 동일시하는 차원에서 해석할 것이다. 뿐만 아니라 앞서 확인한 청중의 신학적 존재와 해석학적 존재를 본문 해석에 적용하여 본문에 등장하는 아브라함의 영적인 문제점과 이에 대한 하나님의 행동(또는 해답)과 현대 청중 신자들의 문제와 이에 대한 하나님 말씀의 적용적인 해답의 공통점을 찾아내려는 관점으로 해석한다.

이러한 과정이 앞서 5장의 '성경적인 설교를 위한 설교학적 상호본문성'에서 확인했던 설교학적 상호본문성 관점의 성경해석이다. 설교학적 상호본문성 관점의 성경 해석은 성경 본문(text)을 여러 상황들과 신밀한 상호 연관성을 맺고 있는 메시지로 간주하여 그 연관성의 구성 요소들을 파헤치는 해석 전략이다. 즉 아브라함이 처한 구속역사적 상황(context)과, 본문 배후의 선행 자료(pre-text), 메시지 수신자(아브라함과 독자들)에게 의도하는 수사적인 목적(post-text)을 종합적으로 파악하는 것이다.

창세기 12장 1-9절을 설교학적 상호본문성 관점으로 해석하여 본문 안에서 아브라함의 영적 문제점과 이에 대한 하나님의 해결책을 찾아보자! 아브라함은 아버지와 함께 이교적인 우상이 영향력을 행사하는 하란 땅에 살고 있었다. 하나님은 아브라함을 통하여 놀라운 구원을 펼쳐 보이시고자 그에게 찾아오셔서 "너의 고향과 친척과 아버지의 집을 떠나 내가 네게 보여 줄 땅으로 가라"고 말씀하셨다(창 12:1). 이 모습은 마치 현대 청중 신자들이 하나님 나라에 전혀 관심 없을 때 하나님께서 일방적으로 찾아오시고 복음을 들려주시고 예수 그리스도를 구세주로 영접하도록 성령 하나님께서 복음의 메시지 청취 과정에 감화 감동으로 개입하심과 흡사하다. 이런 내용이 창세기 12장 1-4절의 핵심 내용과 현대적인 적용점이다.

창세기 12장 5-9절은 하나님께서 하란에 있던 아브라함에게 말씀하신 약속의 말씀을 다시 가나안 땅에서 갱신하신 과정을 설명한다. 그럼에도 아브라함은 약속의 땅에 기근이 찾아오자 가나안 땅에 머무르지 못하고 남방 애굽으로 내려가야만 하는 상황에 직면하였다. 이 모습은 마치 현대 청중 신자들도 예수 그리스도를 구세주로 믿기로 언약하고 신앙생활을 시작하였지만, 쉽지 않은 실존적인 상황에 직면하여 약속의 땅에서 점차 멀어져가는 모습과 흡사하다. 그럴 때 하나님은 과연 아브라함과 오늘날의 신자들을 어떻게 인도하실까? 이런 내용이 창세기 12장 5-9절의 핵심 내용과 현대적인 적용점이다.

4. 연관성 있는 성경 본문의 다양한 적용 접촉점

성경 본문을 오늘 청중의 삶에 적용하려고 할 때 설교자는 과거 본문과 현대 청중 사이의 적실한 적용점을 일대일의 폐쇄적이고 기계적인 대응 관계로 연결시키지 않도록 주의해야 한다. 성경 전체 내용은 하나님의 과거 약속에 관한 말씀과 그 약속의 말씀에 대한 믿음과 인내, 그리고 믿음과 인내로 붙잡았던 약속의 말씀의 실제적인 성취의 세 가지 순차적인 주제로 구분할 수 있다. 또 성경 전체 내용을 문학 장르로 구분한다면 하나님의 구원 역사에 대한 직적접인 서술로서의 역사적 사건체 본문 또는 구원사 내러티브와 그 구원사에 대한 반응으로서의 믿음과 인내와 헌신과 순종을 요구하는 명령법적인 내용들이 뒤따른다.

성경 본문 속에는 오늘의 청중에게 구체적으로 적용되어야 하는 명령법적인 지침들을 담고 있는 본문들도 있다. 십계명이나 서신서에서 윤리적 명령을 담고 있는 본문들이 이에 해당한다. 이런 명령문 말씀에 관한 설교 메시지에서는 오늘날 청중에게 연관성이 있는 구체적인 적용점을 직접 제시하는 것이 가능하다.

하지만 문제는 구약의 내러티브 본문이나 신약 복음서 내러티브 본문을 설교하는 경우에는 본문으로부터 직접적인 적용점을 이끌어오기 쉽지 않다. 이런 경우에는 어떤 적용점을 청중에게 제시해야 하는가?

기본적으로 설교자는 성경 본문을 주해와 원리화, 그리고 설교 적용의 3단계 과정을 거쳐 해석과 설교문 작성 과정을 진행한다. 이와 동시에 성경 본문의 세계와 현대 청중의 세계를 연결할 때 문제와 해답의 상응 관계를 함께 고려해야 한다. 그 이유는 과거 성경 본문의 연관성과 현대 설교 메시지의 연관성이 두 시대를 초월한 하나님 나라의 공통분모를 확보하고 있기 때문이다. 과거 성경 본문이 가리키는 등장 인물의 시대와 원래 저자와 수신자의 상황이나 그 본문에 관한 설교 메시지를 듣는 오늘날 청중 모두 하나님 나라의 통치를 따르는 신자들이다. 또 과거 본문의 세계와 현대 청중의 세계에 속한 하나님 나라 백성들 모두 하나님 나라 건설이라는 동일한 사명과 그 사명을 방해하는 동일한 영적 장애물들에 직면해 있다. 또 두 시대 안에서 각각 하나님 말씀의 선포는 하나님 나라 백성들로 하여금 그 분의 통치에 합당하게 반응하도록 성령 하나님의 감화 감동이 뒤따르고 있다.

이러한 거시적인 하나님 나라의 공통분모가 과거 성경 본문의 세계와 오늘 청중의 세계를 관통한다면, 설교 메시지에서 설교자가 청중에게 제시해야 할 구체적인 적용점은 성경 본문의 세계로부터 좀 더 유연성을 가질 수 있다.

예를 들어, 성전에 대한 이스라엘의 헌신을 요구하는 역대기 본문(대상 29:1-9) 역시 여러 성도들의 다양한 필요를 함축한다. 이 구절은 하나님께 대한 예배에 헌신하기를 거부하는 자들을 강하게 책망하는 동시에, 교회 지도자들에게는 나윗과 마찬가지로 스스로 모범을 보일 것을 권면하며, 평신도들에게는 지도자들의 본을 따를 것을 교훈하고 있다. 또 부자들에게는 하나님 나라의 일에 헌신할 것을 촉구하며, 심지어 어린이들에게는 정성스런 자세로 예배드릴 것을 가르친다.[202]

리차드 프렛은 계속해서 같은 논리로 나답과 아비후에 관한 모세의 진술(레 10:1-20)이 오늘날의 상황에서 설교를 듣는 청중이 처한 다양한 상황 속에서 다양한 적용점을 가질 수 있는 가능성을 인정한다. 이 본문은 기본적으로 하나님의 거룩하심에 올바로 반응할 것을 교훈하였다. 하지만 오늘날 교회 지도자들에게는 예배 중에 하나님의 백성들을 인도할 때 자신들의 마음을 먼저 살펴보라는 교훈으로 다가올 수 있다. 또 나이 든 신자들에게는 하나님을 진노하게 만드는 전통 규례들을 계속 고집하는 것에 대한 경고의 말씀으로 다가올 수 있다. 반대로 현대의 젊은이들은 예배에 새로운 관습을 도입하고 싶을 때 영적인 분별력을 발휘해야 한다는 적용점도 찾아볼 수 있다는 것이다.

결국 과거 본문을 오늘날 청중의 상황에 효과적인 연관성을 맺도록 적용할 때에는 성경 본문의 주해적인 자료에만 의존하여 결정하려고 해서는 안 된다. 그보다는 설교를 듣는 현대 청중에 대한 설교자의 목회적 목적이나 또는 청중이 처한 실존적인 상황을 판단하여 종합적으로 결정할 문제다. 주해 과정과 원리화 과정을 끝낸 설교자는 세 번째 설교 적용을 위하여 설교문을 작성하는 단계에서 성령 하나님의 감화 감동을 위하여 기도하는 중에 자신의 메시지를 경청할 구체적인 청중의 상황을 마음 속에 떠올려 보아야 한다. 그래서 이들에게 구체적인 적용점을 어느 수준까지 제시해야 하는지 생각해 보아야 한다. 너무 보편적이면 잘 이해하지 못하여 설교 메시지가 막연하다고 느끼겠는지, 아니면 너무 구체적이고 직접적이면 설교자가 지나치게 자신의 신앙생활을 간섭한다고 부담스러워 하겠는지를 생각해 보아야 한다.

예를 들어 에베소서를 설교하여 적용점을 제시하는 경우를 생각해 보자. 6장으로 구성된 에베소서에서 1-3장은 하나님께서 예수 그리스도 안에서 이루신 우주적 구원을 진술하고 있으며, 4-6장은 그 구원으로 말미암은 윤리적 파장을 다양한 차원에서 제시하고 있다. 예수 그리스도를 통한 하나님의 구원이라는 하나님의 거대한 구원의 파노라마를 목격하고 체험한 입장에서 이제 요구되는 것은 그 부름에 합당한 윤리적 삶이다. 그러한 윤리적 삶 속에는 하나됨과 연합의 문제로부터 겸손과 온유와 오래 참음(4:1-2)과 거룩한 삶(4:23-5:3), 거룩한 가정생활(5:22ff), 직장생활(6:5ff) 등등이 다양하게 언급된다. 예를 들어 에베소서 6장 5-9절을 설교하는 경우에 적용점들은 다음과 같은 것들을 고려할 수 있다.

직장에서 그리스도인으로서 최선을 다하시기 바랍니다. 되도록이면 남들보다 5분 먼저 출근하려고 하시며 남들보다 5분 늦게 퇴근하겠다고 하는 자세로 최선을 다하시기 바랍니다. 우리가 그렇게 직장생활을 최선을 다 해야 하는 이유는 상사에게 아부하기 위함도 아니고 고속승진을 위한 고과점수를 따기 위함도 아닙니다. 오직 한 가지 이유가 있다면 그 직장 생활 속에서 우리는 사람을 섬기는 것이 아니라 주님을 섬기기 때문입니다. 이것이 사도 바울이 육체의 상전에게 순종하기를 그리스도께 하듯 하라고 하신 뜻입니다. 바로 그 직장은 주께서 나를 선교사로 파송하신 나의 선교지이기 때문이고 불신자들에게 그리스도의 주권을 선포할 수 있는 가장 빠른 비결은 직장에서 실력으로 인정받는 것이기 때문입니다. 직장에서 나의 수고와 헌신을 통해서 그리스도의 이름이 선포된다는 사실을 명심하시기 바랍니다.

　　본문 속에 이미 구체적인 적용점이 분명하게 밝혀져 있는 경우에는 문화적인 조정(cultural adjustments)을 통해서 그 본문의 현대적인 적용점을 제시하기가 비교적 쉽다. 예를 들어서 에베소서에서 언급하는 가정 생활이나 직장 생활에 대한 올바른 지침들 속에 녹아들어 있는 문화적 요소들(ex. 노예에 대한 언급)을 제거하고 다시 현대의 문화적 요소들(ex. 출퇴근 시간)을 가미시키는 것이다.

　　그러나 성경 본문 안에 구체적인 적용점이 명시적으로 언급되지 않는 경우에, 설교자는 구체적 적용점을 본문 안에서 찾아내려 할 것이 아니라 설교를 듣는 청중의 상황이나 목회적인 필요 속에서 그 적용점을 모색해야 한다. 설교 사역은 오늘날의 청중에게 성경 본문의 의미를 교훈하는 교육 사역만이 아니라 설교 메시지로 청중에게 목회 리더십을 발휘하는 목회 사역이다.

5. 연관성이 빈약한 구속사 설교

성경 본문을 하나님의 구속역사 관점으로 해석하여 설교하는 구속사 설교에 관하여 흔히 제기되는 질문이 하나 있다. 구속사 설교는 현대 청중에게 구체적으로 무엇을 어떻게 이행해야 하는지의 실천적인 지침과 적용점을 분명하게 제시하는데 다소 소홀해 보인다는 것이다. 구속사 설교가 현대적 적용점을 강하게 제시하지 못한다는 비평에 대해서는 그 원인을 크게는 본문의 특징에서 비롯되는 생래적인 원인과 설교자의 목회 리더십 부족의 차원에서 진단해 볼 수 있다.

① 역사적 사건체 본문의 특징

첫째 원인은 구원사를 중심으로 서술하고 있는 역사적 사건체 본문(또는 내러티브 본문)의 특성 때문에 성경 해석 단계에서부터 생래적으로 비롯되는 한계일 수 있다. 구원사 설교에서 적용점 도출이 어려운 성경 장르는 역사적 사건체(혹은 내러티브) 장르다. 내러티브 장르는 과거에 하나님께서 인류와 하나님의 백성들의 역사 속에 개입하셔서 자신을 계시하시면서 구원과 심판을 행하셨던 사건들을 사실감 있게 묘사하는 장르이다. 구약에서는 모세오경과 신약에서는 복음서가 이 장르에 해당한다. 내러티브 장르의 일차적인 관심사는 독자나 청중에게 구체적인 행동 지침을 제시하는 것이 아니라, 하나님께서 우리 인류를 위해서 자기 백성들을 위해서 과거에는 무엇을 행하셨으며 앞으로 미래에는 무엇을 행하실 것인지에 대한 하나님의 구원 역사를 서술하고 선포하는 것이다. 물론 하나님의 구원 역사에 대한 직설법적인 진술들이 그 구원사에 신자와 신앙 공동체가 어떻게 반응해야 하는지에 대한 명령법적인 요청과 분리되어 있지 않다.

하지만 구원사에 대한 진술이 한 편의 설교로 다 다루기에는 그 분량이 훨씬 많다는 현실적인 문제를 고려할 필요가 있다. 즉 모세오경이나 복음서, 또는 서신서들 중의 전반부와 같은 내용들은 주로 하나님의 구원사들을 진술하고 있다. 그리고 서신서의 후반부나 잠언 전도서 시편 그리고 일부 예언서들 속에는 그 구원사에 대한 합당한 반응으로서의 윤리적 명령들이 진술되어 있다. 설교자가 구원사 내러티브 본문을 설교하는 경우에, 그리고 설교의 적용점은 본문이 언급하는 한도 안에서만 현대적 적용점을 제시하려고 하는 경우에는 자연히 적용점이 빈약해 보이는 설교를 할 수 밖에 없는 생래적인 한계가 있다는 것이다.

② 원리화 단계에서 멈춘 구속사 설교

구원사 설교가 현대적 적용점을 분명하게 강조하지 못하는 두번째 원인은 설교자 자신의 목회적 리더십의 한계 속에서 찾아볼 수 있다. 설교는 성경을 강의하는 것이 아니라 성경이 펼쳐 보여 주고 있는 하나님의 구원 역사가 지금도 설교를 듣는 신앙 공동체 안에서 신자들과 함께 진행되고 있음을 확인하는 시간이다. 이를 위해서는 구원사적 관점을 선포하는 것만이 중요한 것이 아니라 그렇게 현재 진행 중인 구원사에 대하여 신자들이 어떻게 반응해야 하는지에 대한 적용적인 지침들을 설교자가 적극적으로 그리고 창의적으로 제시해 주어야 한다.

구속사 설교가 적용점이 빈약하다는 비평을 앞서 확인한 주해와 원리화, 설교 적용의 3단계 관점에서 평가하자면, 구속사 설교는 원리화 단계에서 멈추고 설교 적용까지 진행하지 않았기 때문으로 이해할 수도 있다. 설교를 통한 목회 리더십의 관점에서 구속사 설교를 보충하자면, 설교 준비 과정이 두 번째 원리화 단계에서 멈추었기 때문에, 성경 본문이 명시적으로 지시하지 않은 적용적인 메시지는 설교자가 청중의 상황을 고려하여 적극적으로 덧붙여야 한다.

6. 오늘 청중을 향한 세 차원의 연관성

[적용의 세 영역]

적용의 관점에서 성경을 해석한 다음에 본문의 핵심적인 요점을 도출하고 이를 토대로 적용적인 메시지를 선포하고자 할 때, 설교자는 그 메시지가 청중의 삶 속에서 구체적으로 어떤 변화를 이끌어내기를 의도하는지 청중의 변화의 영역을 구체적이고 세부적으로 고려해야 한다. 설교에서 의도하는 청중의 변화의 영역은 기본적으로 관점의 변화와 성품의 변화, 그리고 행동의 변화의 세 영역을 고려할 수 있다.

1) 관점의 변화

관점의 변화(Change of Vision)란 하나님과 인간, 혹은 세상에 대한 청중의 세속적인 관점을 성경적 관점으로 변화시키는 것을 말한다. 설교를 듣는 신자들은 하나님에 대하여, 인간에 대하여, 세상에 대하여, 그 밖의 여러 대상들에 대하여 나름대로의 가치관을 가지고 있다. 이러한 가치관들은 신자의 정체성과 실천 행동까지 영향을 미친다. 따라서 적용적인 설교가 꾀하는 신자의 변화의 영역 속에는 신자가 마음 속에 품고 있는 세속적인 가치관을 거룩한 가치관으로 변화시키는 내용들을 포함해야 한다. 관점의 변화를 의도하는 적용적인 메시지의 예는 다음과 같다.

하나님이 보이지 않고 전혀 느껴지지 않습니까? 십자가 사건을 기억하시기 바랍니다. 주께서 우리의 구원을 위해서 독생자를 아낌없이 내어 주신 십자가 구속의 사건을 기억하시기 바랍니다. 그 사건이 주께서 우리를 향하여 사랑을 고백한 최고의 연애편지임을 믿으시기 바랍니다. 그리고 나를 사랑하시는 하나님 나도 주님을 사랑하노라고 고백하시며 찬양하시기 바랍니다.

위의 메시지는 '하나님의 살아계심'에 대한 관점의 변화를 의도하고 있다. 관점의 변화만으로 충분히 적용적인 메시지를 전하고 있다. 하나님 뿐만 아니라 인간에 대해서, 세상에 대해서 그리고 교회 등등의 다양한 주제들에 대해서 세속적인 관점을 교정하는 차원의 적용적 메시지를 전할 수 있다. 관점의 변화를 꾀하는데 효과적인 방법 중의 하나는, 성경 전체의 메시지를 하나님께서 예수 그리스도 안에서 인간을 구원해 가시는 구원의 역사라는 거시적인 관점에서 해석하고 그런 내용을 중점적으로 설교하는 것이다.

구원사적 설교가 관점의 변화를 이끌어 내는데 효과적인 이유는, 세속적 가치관에 가장 극명하게 대비되는 것이 바로 구원사 중심의 성경적 가치관이기 때문이다. 세속적 가치관 중에 대표적인 것은 원인과 결과를 기계론적으로 연결하려는 인과율이다. 성공과 부귀를 꿈꾸는 세속 사회를 지배하는 대표적인 가치관이 바로 인과율이다.

···
성경이 말씀하는 설교
406

하지만 이 인과율의 논리를 깨부수는 것이 구원 역사에서 강조되는 하나님의 주권적인 구원의 은혜다. 구원사 설교(또는 구속사 설교)는 성경 본문을 인과율의 논리 - 등장인물이 어떻게 했더니 그 보상으로 하나님께서 어떻게 해 주셨더라 - 에 따라서 해석하지 않고, 하나님께서 친히 자신의 주권과 능력으로 이 땅에서 미리 예정된 구원을 하나하나 펼쳐가고 계심을 강조한다. 성경 본문을 구원사의 관점에서 해석하면, 결국 본문의 의미가 인간의 강퍅함과 패역함, 그리고 이와 대비되는 하나님의 신실하심와 오래참으심, 계획된 구원을 차질이 없이 성취해 가시는 그 분의 주권과 능력으로 부각된다. 이러한 하나님의 구원 역사는 예수 그리스도의 십자가 죽음과 부활 사건에서 최고조에 도달하였다. 구원사 설교는 '나라이 임하옵소서'라고 기도하는 심정으로 '하늘에서 이미 이루어진 하나님의 나라'가 이 땅에서도 그대로 임하고 그대로 이뤄지기를 소망하면서 예수 그리스도의 뒤를 따라 이미 이루어진 하나님의 나라를 담대하게 증언하는 설교다. 예수 그리스도 안에서 분명하게 계시된 하나님의 주권적인 구원의 은혜가 강단에서 지속적으로 선포될 때에 세상을 지배하는 인과율의 논리에 세뇌되어 있는 신자들의 세속적인 가치관들이 성경적 가치관으로 변화될 수 있다. 이러한 청중 관점의 변화는 자연스럽게 성품의 변화와 행동의 변화와 긴밀하게 연결되어 있다.

2) 성품의 변화

성품의 변화란 하나님 나라 백성에 합당한 성품과 자질을 갖추도록 유도하는 내용을 설교의 적용점으로 제시하는 것이다. 성경에서 강조하는 대표적인 성품은 사랑과 희락, 화평, 자비, 오래참음, 양선, 충성, 온유,

절제와 같이 성령의 아홉 가지 열매를 중심으로 나타난다. 설교자는 이러한 성품의 변화를 요청하는 내용들을 적용점으로 담아서 설교할 수 있다. 예를 들어 다음의 메시지는 겸손한 중에 헌신을 유도하는 적용점을 담고 있다.

> 누가 나의 노력과 수고를 알아주지 않더라도 섭섭하게 생각하지 마시기 바랍니다. 분명 주께서 보고 계시며 언젠가는 분명 주께서 갚아주실 것입니다. 설령 주께서 인정해 주시고 갚아 주지 않더라도 내가 건강함으로 그렇게 수고하고 있음에 감사하시기 바랍니다. 보답을 받지 못하더라도 이미 나는 주님의 은혜로 말미암아 섬길 수 있는 복을 누리고 있음을 감사하시기 바랍니다.

성품의 변화를 의도하는 설교는 관점의 변화와 행동의 변화의 중간 영역에서 일종의 교량 역할을 한다. 즉 하나님의 사랑이나 축복에 대한 관점이 바뀔 때, 그 사랑을 기대하는 신자 자신의 성품도 변화할 수 있고 그렇게 성품이 거룩하게 성화할 때 그 다음 실제 거룩한 행동의 변화를 기대할 수 있다.

3) 행동의 변화

적용적인 설교의 마지막 변화 영역은 행동의 변화이다. 청중의 삶 속에서 또는 신앙 공동체 내에 행동의 변화가 일어나기 위해서는 청중 편에서 다양한 요건들이 충족되어야 한다. 대표적으로는 ① 관점의 변화와 성품의 변화, ② 설명 - 확증 - 적용으로 이어지는 설득력 있는 설교 메시지, ③ 실천을 독려할 수 있는 모델 이미지 투사, ④ 개인의 행동의 변화를 유도하는 공동체적인 격려와 지원 활동, ⑤ 소그룹 활동과 같은 설교 이외의 목회적인 의사소통 시스템.

이번 장에서는 행동의 변화를 유도하는 적용점을 설교 중에 제시하는 방법만을 다루고자 한다. 설교의 적용점 제시 단계에서 행동의 변화를 유도하는 내용은, 개인의 행동의 변화를 요청하는 내용과 신앙 공동체 전체의 행동의 변화를 요청하는 내용으로 구분할 수 있다. 다음 두 가지 사례는 개인의 행동의 변화를 요청하는 메시지와 신앙 공동체 전체의 행동의 변화를 요청하는 메시지를 각각 소개한다.

① 나를 향한 하나님의 사랑을 확인할 수 있는 가장 좋은 방법은 기도일기를 써 보는 것입니다. 아침 일찍 일어나서든 아니면 하루 일과를 마치고 잠자리에 들기 직전이든 여러분이 하나님께 구하고 싶은 기도의 제목들을 매일 매일 적어 보시기 바랍니다. 그리고 주께서 여러분의 간구에 어떻게 응답하셨는지, 또는 어떻게 응답하지 않으셨는지를 적어보시기 바랍니다. 시간이 흐르고 나서 기도제목들과 일기를 다시 읽어보시기 바랍니다. 그러면 여러분들은 놀라운 사실을 하나 발견할 수 있을 것입니다. 바로 주께서 나의 삶 속에서 깊숙이 들어와 계시다는 사실입니다. 내가 미처 깨닫지 못했던 순간에도 주께서 내 손을 놓지 않고 늘 나와 동행하시며 내 삶의 여정을 은밀히 인도하고 계심을 목격하게 될 것입니다.

② 오늘 예배가 끝난 다음에는 구역별로 나누어서 잠깐 기도의 제목을 나누고 함께 중보기도하는 시간을 가지겠습니다. 중보 기도는 심

장을 나누는 것입니다. 내가 형제자매를 위해서 눈물로 기도해주는 것은 곧 그를 위해서 하나님 앞에서 대신 심장을 찢으며 울어주는 것입니다. 또 나를 위해서 그렇게 기도해주는 구역식구가 곧 내 형제자매입니다. 함께 기도하는 가운데 우리 모두가 하나임을 다시금 확인하시기 바랍니다. 그리고 우리가 함께 모여 한 마음으로 기도하는 것을 내려다보시며 기뻐하실 하나님을 바라보시며 우리를 고아처럼 혼자 내버려 두지 않으시고 한 몸으로 만드신 주님의 사랑을 다시금 확인하시기 바랍니다. 약 30분 정도 소요될 예정이오니 한 분도 빠짐없이 다 참석하시기를 바랍니다.

위의 두 설교 사례 중에서 ①번은 개인적인 행동의 변화를 유도하는 적용점을 담고 있고 ②번은 공동체 전체의 행동의 변화를 유도하는 적용점을 담고 있다. 적용점이 분명한 설교 메시지는 장단점이 공존한다. 장점은 설교를 듣고 나서 신자들이 도전받은 하나님의 말씀에 대해서 삶 속에서 구체적으로 어떻게 반응하고 헌신하며 그 말씀에 순종해야 하는지의 방향성을 분명하게 제시할 수 있다. 단점은 구체적인 행동의 변화를 유도하는 적용점이 과도하게 강조될 경우, 신자들은 마음에 메시지에 대한 부담감과 메시지를 이행하는 것에 대한 심리적 저항감이 높아질 수 있다.

예를 들어 ①번 설교의 장점은 적용점이 분명하다는 것이다. 하지만 단점은 일기를 적는 일에 그렇게 익숙하지 않은 신자들의 경우, 실천에 대한 저항감(일기 적기 싫다)은 곧 하나님의 섭리하시는 사랑에 대한 설교 메시지 자체에 대한 저항감(일기를 적지 못하거나 별 관심이 없는 나는 하나님의 섭리하시는 사랑을 확인할 길이 없구나)이나 설교자 자체에 대한 저항감(목사님은 고

상하게 앉아서 일기를 작성하면서 한가하게 하나님의 사랑을 누리지만 나는 그럴 형편이 아니다)으로 이어질 수 있다.

신자들이 적용점을 실제로 이행할 때에는 그 적용점에서 영적 권위를 의식하였기 때문이다. 그런데 이행하는데 심리적 저항감이 느껴지면 신자들은 그 메시지의 영적 권위의 근거를 다시 떠올려 볼 것이다. 내가 이렇게 힘들게 일기를 써야 하는 이유가 무엇인가? 하나님의 말씀 때문인가? 아니면 설교자(목사님)의 개인적인 성향이나 목회적인 목적 때문인가? 전자라면 아무런 문제가 없겠지만 후자로 느껴진다면 신자들은 설교자의 적용점에 반발감을 가질 것이다. 이런 현상이 심화하면 그 설교 메시지는 청중이 전혀 동의하지도 않고 실천하지도 않는 언어적 공수표를 남발하는 자리로 전락할 것이다. 이런 이유로 반 데르 기스트(Van der Geest)나 리센(Larsen)은 설교자가 적용점을 제시하는 단계에서 너무 세부적인 입장을 강요하지 않도록 주의하라고 경고한다. [203]

설교자가 너무 세부적인 적용점을 강요하지 않도록 주의할 또 다른 이유가 있다. 신자들은 자기 자신의 행동에 대해서 책임 있는 주체로 존중을 받고 싶어 하기 때문이다. 청중은 어떤 행동을 실천할 때, 타인의 강요 때문이 아니라 자신의 자주적인 판단과 결정에 의한 것임을 확인하려고 한다. 하지만 너무 세부적인 지침들을 일방적으로 강요하는 메시지는 이러한 자주적인 의식을 침해할 수도 있다.

6. 청중이 처한 삶의 다양성

설교의 연관성 있는 설교 메시지를 준비하려면 설교자는 청중의 실존적인 상황을 잘 파악해야 한다. 앞서 11장 '청중에 대한 설교학적 이해'는 청중을 하나님과 세상 사이에 역설적인 긴장과 갈등에 처한 신학적인 존재로, 그 문제를 성경 말씀의 강해를 통하여 해결하는 해석학적인 존재, 그 문제와 해답의 상응 관계를 설교 의사소통을 통하여 성령 하나님의 감동으로 깨닫고 성화의 길을 걸어가는 존재로 파악하였다.

앞에서 확인한 바와 같이 청중 신자들은 하나님과 사탄 사이에 진행되는 영적인 전투의 현장 속에서 태어나 그 전쟁이 지속되는 삶의 현실을 살아가고 있다. 이 영적 전투의 현장에서 청중은 다양한 차원의 영적인 문제점에 직면해 있다. 따라서 연관성 있는 설교 메시지가 해답을 제공해야 할 청중의 문제점은 이러한 영적 전쟁에서 승리를 거둘 비결인 하나님의 말씀이다. 설교자는 과녁을 향하여 화살을 쏘는 궁사처럼 구체적으로 청중의 영적 및 실존적 상황을 염두에 두고서 설교 메시지 적용 영역을 분명하게 결정해야 한다. 때로는 관점의 변화를 적용점으로 제시하거나, 아니면 성품의 변화와 구체적인 행동의 변화를 주문해야 한다.

7. 적용적인 설교 메시지를 위한 실제 전략

연관성 있는 설교 메시지를 준비하고 전달하려면, 다음과 같은 요건들을 고려해야 한다.

① 성경 본문을 하나님 말씀의 맥락화 관점에서 해석해야 한다. 달리 말하자면 설교학적인 상호본문성 관점에서 성경 본문 자체가 당대

등장인물들이나 1차 수신자들을 향하여 하나님 말씀의 맥락화가 일어나고 있음을 파악해야 한다. 이를 위하여 본문의 역사적인 상황(context)과, 선행 자료들(pre-text), 본문의 문학 구조와 수사적인 역동성(text), 본문의 수사적인 목적과 파급 효과(post-text)를 종합적으로 파악해야 한다. 성경 본문 속에서 당시 하나님 나라 백성 공동체의 영적 문제점이 하나님의 개입과 행동을 통하여 어떻게 해결되고 있는지를 파악해야 한다. 즉 문제와 해답의 상응 관계가 어떻게 형성되는지를 파악해야 한다.

② 설교 메시지 전달행위의 적용적 특징을 좀 더 넓은 거시적인 차원에서 이해해야 한다. 즉 청중에게 구체적인 실천 방안을 제시하지 않더라도 하나님의 성품에 관한 관점의 변화나 사랑과 희락에 관한 거룩한 성품을 강조하는 것만으로도 충분한 적용점을 제공할 수 있다.

③ 설교 메시지가 청중의 삶 속에서 구체적으로 적용되고 청중의 삶에 변화가 발생할 때 그 변화의 영역들을 다양한 관점에서 고려해야 한다. 현대 청중이 직면한 역설적 긴장의 문제가 관점의 변화와, 성품의 변화, 그리고 행동의 변화 중에 어느 차원의 변화에 집중할 것인지를 결정해야 한다.

④ 만일 설교 메시지 결론 단계에서 행동의 변화를 주문하려면, 실제적인 행동의 변화를 격려하며 이를 지원하는 신앙 공동체의 입체적인 지원책에 관한 포괄적인 전망과 실행 전략이 확보되어야 한다. 행동의 변화는 개인 차원의 적용점만으로는 충분하지 않고 공동체 전체의 차원에서 다양한 인적인 요소와 물적인 요소의 지원이 동원되어야 한다.

뉴노멀 시대에
효과적인 설교 사역

1. 들어가는 말

2020년 봄부터 전 세계를 강타한 '코로나 19 팬데믹'(COVID19 Pandemic)은 인류 문명의 역사에 선례가 없는 충격과 파장을 몰고왔다. COVID19에 대한 방역 조치의 일환으로 사회적 거리두기(social distancing)와 '마스크 착용'은 더 이상 선택이 아닌 필수가 되었다. 전 세계인들의 모든 사회적 활동 방식의 표준이 기존의 대면 활동(contact activity)에서 사회적 거리두기와 같은 비대면 활동을 거쳐 온라인을 통한 온택트(on-tact) 활동으로 재편되고 있다. 예전에 상점이나 시장을 방문하여 물건을 구매했던 사람들 중에 상당수가 온라인 쇼핑몰의 전자결재 방식으로 원하는 물품을 구입하기 시작하였다.

기독교 교회에서도 그동안 모든 신자들에게 당연한 권리이자 의무로 간주되었던 '집단 대면 예배'는 사회적 거리두기 때문에 더 이상 당연한 예배 형식으로 인정되지 않고 있으며, 온라인을 통한 비대면 예배 방식이 기존 예배 관습 안에 편입되어 점차 상당한 비중을 늘려가고 있다. 과거에는 필수적인 예배 방식이나 설교 방식이 2021년에는 옛날 방식으로 치부되고 이전에 비정상이었던 방식들이 새로운 정상(new normal)으로 부상하고 있다. 이 와중에 새롭게 등장하는 예배 방식이나 설교 방식은, 목회자들과 신자들 모두에게 다음과 같이 상당히 심각한 신학적 및 목회적인 과제들을 부여하고 있다: 온라인을 통한 비대면 목회 사역과 예배 방식이 새로운 정상으로 등장하는 시대에 하나님의 말씀은 어떻게 적실하고 효과적으로 선포될 수 있을까? 뉴노멀의 시대에도 여전히 중생과 성화의 효력을 발휘하는 하나님의 말씀은 어떻게 선포될 수 있을까?

필자는 이번 챕터에서 이전 시대에 효과적이었던 설교 방식이 더 이상 통하지 않는 뉴노멀 시대에 적합한 설교 사역을 모색하려고 한다. 필자는 리차드 오스머가 제안하는 4단계 실천신학의 연구방법론을 따라서 뉴노멀 시대에 적실한 설교 사역을 모색할 것이다. 리차드 오스머(Richard Osmer)의 '실천신학 연구방법론'은 연구 주제의 문제점에 관한 서술과 선행연구, 규범 수립, 실천 가능한 전략 마련의 네 단계로 진행된다.[204] 첫째 연구 주제의 서술과 둘째 분석의 단계에서는 21세기에 새롭게 형성된 뉴미디어 생태계 환경과 코로나 팬데믹에 의한 설교 환경의 급격한 변화에 관하여 서술할 것이다. 그리고 뉴미디어 생태계 환경이 하나님의 말씀을 선포하고 전파하는 복음전도와 설교 사역에 미친 영향을 분석할 것이다.[205] 이어서 셋째규범 수립의 단계에서는 월터 브루그만의 '재상상 설교신학'(re-imagination homiletics)에 기초하여 뉴노멀 시대에도 여전히 유효한 기독교 설교 사역의 기준과 규범을 마련할 것이다.[206] 넷째 실천 전략의 단계에서는 뉴노멀 시대에 효과적인 설교 사역의 실제적인 전략을 제안할 것이다.

2. 코로나 팬데믹과 뉴노멀 주일 예배

2020년 봄부터 전 세계를 강타한 COVID19 팬데믹과 방역 당국이 주도하는 사회적 거리두기 지침에 따라 한국의 거의 대부분의 교회가 주일의 회집 예배 방식을 매우 빠르게 온라인 예배로 전환하였다. 한국기독교목회자협의회와 한국기독교언론포럼이 진행한 설문조사에 의하면, 2020년 3월 29일에 한국교회 61.1%가 온라인 예배로 전환하였다. 현장 예배와 온라인 예배를 병행한 교회가 15.6%, 현장 예배만 드린 교회는 8.6%에 불과하였다. 온라인 미디어를 주일 예배 송출에 활용가능한 거의 모든 교회들이 온라인 미디어를 주일 예배 형식에 도입한 것으로 나타났다. 이는 한국교회의 선교적 노력이 사회적 거리두기 지침 준수가 필요한 상황에서 시의적절하게 발전한 IT 강국 대한민국의 무선통신 기술력과 효과적으로 결합한 결과로 해석할 수 있다.[207]

온라인 예배 방식을 적극 인정하거나 마지 못해 수용하든 관계 없이, 2021년을 살아가는 목회자라면 반드시 알아야 할 거대한 문명사적인 변화의 흐름이 하나 있다. 그것은 20세기 후반에 인터넷을 기반으로 하는 정보통신 기술의 비약적인 발전 때문에 그 이전에 인류가 의사소통을 위하여 사용해왔던 모든 소통 수단들이 인터넷과 무선통신 기술로 통합된 뉴미디어 융합 시대가 열렸다는 것이다.[208] 이전 인류의 의사소통 방식은 전-미디어 시대(Pre-media age)와 미디어 시대(Media age), 그리고 뉴-미디어 시대(New media age)의 세 단계로 발전해왔다.[209] 전-미디어 시대는 사람의 목소리에 의한 구술 시대와 그림을 통한 이미지 형상 시대, 그리고 문자가 개발되어 문자를 통하여 소통하는 문자 시대로 발전해왔다. 이어서 16세기 구텐베르크 인쇄술이 등장한 활자시대와 20세기 초에 라디오와 전화를 통한 청각 미디어 시대와 TV를 통한 영상 미디어 시대를 거쳤다. 그리고 20세기 말에 등장한 인터넷을 계기로 이전에 인류가 의사소통을 위하여 사용한 모든 미디어를 하나로 융합한 하이 미디어 시대(High media age), 미디어 융합 시대(Media convergence age), 또는 뉴미디어 시대가 열렸다.[210]

뉴미디어 생태계의 미디어 환경은 콘텐츠(contents)와 플렛폼(platform), 네트워크(network), 그리고 디바이스(device)의 네 가지 CPND가 상호 결합하여 온라인상의 의사소통이 이루어진다.[211] 콘텐츠(contents)는 온라인상에서 소통되는 모든 정보 자료들로서 텍스트, 음원, 동영상, 이미지, 뉴스 기사, e-book 등등을 가리킨다. 플렛폼(platform)은 좁은 의미로는 온라인상에서 콘텐츠를 제공하는 운영체계를 가리키기도 하고, 더 넓은 의미로는 네이버 구글, 페이스북, 카카오톡처럼 온라인상에서 다양한 콘텐츠를 제공하고 유통하는 사업체나 그런 사업체가 제공하는 콘텐츠 저장소를 가리킨다. 셋째 네트워크(network)는 콘텐츠 플렛폼(저장소)과 그 콘텐츠를 사용하거나 소비하는 사용자들을 서로 연결해 주는 통신사(SK telecom, LG U+, KT, 등등)를 가리키고, 마지막으로 디바이스(device)는 소비자가 최종 단계에서 콘텐츠 플렛폼에 접속하여 콘텐츠를 가공하거나 활용, 유통할 때 사용하는 전자 기기들(핸드폰, 노트북, PC, 테블릿, 단말기, 등등)이다.

뉴노멀 시대 이전 사람들은 도시나 농촌과 같은 생태 환경에서 삶을 영위해왔다. 하지만 뉴노멀 시대를 살아가는 현대인들은 CPND로 형성된 뉴미디어 생태계 환경 속에서 음식을 주문하고, 영화를 감상하며, 은행 업무를 처리하고 온라인 전자 상거래 활동을 한다. 물론 대부분의 현대인들이 전통적인 생태 환경에서 뉴미디어 생태계 환경으로 구성된 온라인 세상으로 100% 완전 이주는 하지 않았다고 할지언정, 온라인 세상에서 활동하는 비율이 점차 늘어나고 있는 것은 분명한 사실이다.

뉴미디어 생태계 환경은 이전 세대 인류가 가지고 있던 의사소통의 능력이 획기적으로 도약할 수 있는 길을 열어 놓았다. 예를 들어 예전에 동창회 모임이나 교회의 구역 모임이 이루어지려면, 모임에 관심이 있는 사람(정인, 定人)이 지정된 시간(정시, 定時), 지정된 장소(정점, 定點)에서 모임을 했다. 모임을 위하여 3정이 필수적이었다.

하지만 온라인 환경에서는 정시와 정점의 조건이 사라지고 모임에 관심이 있는 사람(정인)의 조건만 갖추어지는 것으로 충분하다. 모임에 관심 있는 사람은 지정된 장소가 아니라 전 세계 어디에서나 각자 자유로운 시간에 웹사이트에 로그인하거나 접속하여 시공의 제약에서 자유로운 온택트(ontact) 활동이 이루어진다.

3. 미디어 생태학자들의 미디어 비평론

그렇다면 이러한 변화는 온라인의 가상 공간에서 설교 사역을 감당하려는 목회자들과 신자들에게 어떤 영향을 미칠까? 이런 질문에 대하여 해럴드 이니스와 마샬 맥루한, 그리고 닐 포스트만과 같은 미디어 생태학자들의 미디어 비평론은 매우 깊이 있는 통찰을 제시한다.[212]

해럴드 이니스(Harold Innis, 1894-1952)는 특정 미디어와 그 미디어의 시공간적 편향성, 또는 시공간적 확장성의 상관 관계에 주목하였다.[213] 예를 들어 고대 이집트의 석판이나 구어 연설은 특정한 시간과 장소라는 편향성이 강하여 참가자들이 그 소통 현장을 벗어나기 어렵다. 그래서 해당 미디어를 통한 정보의 분배력은 제한적이지만, 반대로 그 현장에 참여하는 사람들 사이에 강력한 상호 결속과 통제, 권위 의식, 등등을 가능하게 만든다.

마샬 맥루한(Marshall McLuhan, 1911-1980)의 대표적인 테제는 '미디어가 메시지다'는 주장과 '미디어는 인간 능력의 확장'이다.[214] '미디어가 메시지'라는 주장은 근대의 합리적 이성 중심의 세계관에 크나큰 경종을 울렸다. 합리적 이성을 중요시하는 근대 사회에서는 의사소통 과정에서 내용을 중요하게 생각했다. 하지만 마샬 맥루한에 의하면 의사소통에서 중요하게 전달되는 것은 내용보다 오히려 그 내용을 담는 미디어라는 것이다. '미디어가 메시지'라는 테제는 온라인 설교 메시지를 준비하려는 목회자들이 CPND 생태계 환경을 잘 이해하고 적극 활용해야 할 것을 요청한다.[215]

'미디어는 인간 능력의 확장'이라는 테제도 시사하는 바가 크다. 맥루한에 의하면 현대의 모든 미디어들은 타인과 의사소통하려는 욕망을 실현하기 위한 최선의 수단들이다. 또한 인간의 다양한 감각 기관들의 한계를 극복하는 데 큰 도움을 준다. 예를 들어 책은 독자들의 눈과 지성적인 활동을 책 안에 펼쳐진 무한대의 세상으로 안내해 준다. 추운 겨울에 입는 두꺼운 방한복은 피부 능력의 획기적인 확장이다. 인터넷은 인간의 신경망이 전지구적으로 또는 시간과 공간의 한계를 뛰어넘을 수 있도록 해 주는 획기적인 수단이다.[216]

닐 포스트만(Neil Postman, 1931-2003)은 인류 문명의 발전 과정을 도구를 사용하는 문화와 기술 중시 문화(테크노크라시, technocracy), 그리고 기술이 인간을 지배하는 테크노폴리(technopoly)의 3단계로 구분하였다.[217] 20세기 이후 인류는 과학과 기술문명의 비약적인 발전을 비평적으로 성찰하지 못하고 오히려 기술문명이 인간성을 압도하고 왜곡하는 단계로 진입하였다는 것이다. 그에 의하면 인류는 태고부터 "죽도록 즐기려는 뿌리 깊은 본능"(Amusing Ourselves to Death)을 갖고 있으며, 인간이 만들어 사용하는 모든 문명과 미디어는 그러한 본능에 충실한 도구라는 것이다.

1) 현실을 왜곡하는 가상세계의 시뮬라크르

사이버스페이스와 가상현실. 온라인 설교 사역에 적극적인 목회자/설교자라면, 현대의 뉴미디어 생태계 환경이 만들어낸 가상공간(사이버스페이스, cyberspace), 또는 가상현실 세계의 속성을 잘 이해할 필요가 있다. '사이버스페이스'(cyberspace)라는 용어는 윌리엄 깁슨(William Gibson)이 1982년에 발표한 소설 『뉴로멘서』(Newromancer)에서 처음 등장하였다. 깁슨의 사이버스페이스는 컴퓨터 시스템 속에서 특정한 좌표값을 갖는 매트릭스(matrix)를 가리킨다. 컴퓨터 사용자는 자기가 지구상에 물리적으로 위치한 특정한 위치에서 키보드를 두드린다. 하지만 그는 그 컴퓨터 키보드나 마우스와 접촉하는 과정에서 자신의 시공간의 물리적인 위치로부터 컴퓨터 매트릭스 속으로 이동한다. 그 접속자가 마우스를 클릭한 흔적들과 타이핑 내용들이 컴퓨터 매트릭스 안에 고스란이 남게 되고, 그러한 자료들은 본인에게나 타인에게 마치 실제 세계를 경험하듯 감각하고 지각할 수 있는 세계를 형성한다. 이렇게 컴퓨터와 인터넷, 그리고 온라인상에 조성된 세계를 가리켜서 가상현실(virtual reality), 또는 인공현실(artificial reality)이라고 부른다. 앞서 확인한 뉴미디어 생태계 환경을 구성하는 CPND로 이루어진 세계가 곧 온라인상의 가상현실 세계다.

매개된 의사-상호작용(mediated quasi-interaction). 사람들은 현실 세계에서 타인과 면대면으로 상호작용한다. 이 과정에서 사람들은 내면의 본능대로 행동하는 것이 아니라 일정한 사회적인 관습이나 예절을 준수하면서 공공의 선과 행복을 추구한다. 하지만 온라인상에서는 타인과 면대면으로 상호작용하지 않고 가상현실을 매개로 상호작용한다. 존 톰슨(John Thompson)은 이를 가리켜서 '매개된 의사-상호작용'(mediated quasi-interaction)이라고 하였다. 매개된 의사-상호작용이 현실 세계에서 면대면 상호작용과 적절한 긴장과 보완의 관계를 맺는다면 온라인을 통한 온택트 활동은 현대인의 사회활동에 긍정적인 영향을 줄 수 있다.

시뮬라크르(simulacre). 한편, 가상현실 세계에서 가장 큰 비중을 차지하는 것이 컴퓨터 화면이나 모바일폰 화면의 이미지들이다. 오늘날 분초 단위로 쏟아지는 뉴스 내용도 뉴스 제작자의 관점과 의도에서 전혀 자유롭지 못하다. 가상현실 세계가 보여주는 수많은 이미지 중에는 실제 현실 세계의 사진 이미지들도 많이 포함된다. 그러나 사람들의 시선과 주의를 끄는 이미지들은 대부분 가공된 이미지 정보들이 더 많다. 뉴미디어 생태계 환경 속의 가상세계는 실제 세상의 정보에 관한 이미지들과 아울러 현실 세계에 존재하지 않거나 왜곡된 이미지 정보가 뒤죽박죽 섞여 있다.

장 보드리야르(Jean Baudrillard, 1929-2007)에 의하면 시뮬라크르(simulacre)는 "실제로는 존재하지 않는 대상을 존재하는 것처럼 만들어 놓은 인공물"을 가리킨다.[218] 시뮬라크르는 현실 세계에는 실제로 존재하지 않으나 실제 존재하는 것 같은 실재감을 주는 인공적인 이미지들이다. 온라인 세상을 채우는 수 많은 시뮬라크르에 사람들이 몰입감을 느끼는 이유가 있다. 닐 포스트만의 통찰을 빌리자면, 테크노폴리 단계의 뉴미디어는 죽도록 즐기기를 원하는 인간의 뿌리 깊은 쾌락 본능을 자극하고 그런 본능에 기대어 몰입감을 발휘하기 때문이다.

뉴미디어 생태계의 부정적인 영향. 앞에서 살펴본 닐 포스트만의 미디어 비평론은 최근 온라인 세상에서 너무나도 빈번하게 관찰된다. 온라인 세계에서는 익명성이 철저하게 보장된 까닭에 면대면 사회활동에서 감수해야 하는 여러 사회적인 제약이 무제한 해제된다. 온라인 세계에서는 마음먹기에 따라 내면의 부정적인 욕망을 무한대로 표출할 수 있다. 보이스피싱 문제나 n번방 성착취물 제작 및 유포 사건은, CPND와 시뮬라크르 이미지들로 이루어진 온라인 세상의 매개된 의사-상호작용이 얼마나 심각한 문제를 초래할 수 있는지를 극단적으로 보여주고있다.

2. 인격적 진정성이 약화된 의사소통

하나님의 말씀을 전하려는 복음전도자들의 입장에서 볼 때, 온라인 세계를 구성하는 뉴미디어 생태계 환경(CPND)은 어떤 문제를 초래하였을까? 뉴미디어 생태계 환경 때문에 악화한 부정적인 문제는 전통적인 설득력 구조의 쇠퇴, 인격적 진정성 상실, 실제 현실과 가상현실의 괴리감 심화, 정보 무력감과 지행불일치, 메시지 편향성, 등등의 문제를 지적할 수 있다.[219]

전통적인 설득력 구조의 쇠퇴. 첫째로 뉴미디어 생태계 환경 때문에 사람들은 더 이상 전문가의 권위를 잘 인정하려 하지 않고 잘 모르면 인터넷을 검색한다. 구글과 네이버 검색이 전능자의 위치를 차지하였다. 둘째로 온라인상에서 소통되는 메시지 속에는 인격적인 진정성을 확인할 수 없다. 페이스북이나 카카오톡, 네이버 블로그에 올리는 정보들이 게시자의 전체 인격을 보여주지는 못한다.

인격적 진정성 상실. 목회자가 신자들에게 하나님의 말씀을 전달하고 의사소통할 때 서로 간에 인격적 진정성의 문제가 매우 중요하다.[220] 목회자들은 신자들의 전인격적인 형편과 처지를 실시간으로 확인하면 그들의 형편에 맞는 메시지를 전달해야 한다. 고난 중에 위로가 필요하면 위로의 메시지를 전하거나 반대로 하나님의 뜻에서 멀어져갈 때 준엄한 하나님의 경고와 심판의 메시지를 전할 수 있다. 신자들 편에서도 목회자가 전하는 설교 메시지를 하나님의 말씀으로 받아들이는 중요한 이유가 있다. 목회자가 자신의 메시지에 인격적 진정성을 함께 담아 전달하기 때문이다.

하지만 온라인상에서는 피차간에 인격적 진정성을 확인하기가 어렵다. 따라서 지식과 정보 전달은 편리하겠지만 인격적 진정성에 근거한 설득이나 위로, 도전, 격려의 목적을 달성하기가 어렵다. 이 외에도 온라인을 통해서 유명한 교회 목회자들의 감동적인 설교나 간증 동영상을 많이 시청하더라도, 실제 신자가 매일 매일 겪어야 하는 현실 세계와 온라인상의 감동적이고 이상적인 세계와의 괴리감이 적지 않다.

실제 현실과 가상현실의 괴리감. 현대인들은 죽도록 즐기려는 쾌락 본능 때문에 온라인상에서 더 많이 감동적이고 자극적인 뉴스나 동영상을 소비하려 할 것이다. 하지만 그에 따라 두 세계 사이의 괴리감도 점점 커지고, 새롭게 알게 된 정보의 세계와 그 세계에서 멀리 떨어져 있는 자신의 세계 사이에서 느껴지는 정보 무력감도 더욱 커질 것이다.

CPND 환경의 다양한 분화. 2020년과 2021년에 한국 사회에서는 코로나 방역을 정치논리로 바라보아야 하는지, 아니면 과학이나 의학의 합리적 논리로 바라보아야 하는지에 관한 논쟁이 비등하였다. 이러한 사회 현상은 뉴노멀 시대를 살아가는 한국인 개개인들이 속한 뉴미디어 생태계 환경(CPND)이 세대별로 또는 지역색에 따라서 너무나 다양하게 분화하였음을 반증한다.

뉴미디어 생태계 환경은 현대인들의 의사소통 전반에 이상과 같은 여러 난제를 가져다 준다. 그러므로 만일 온라인 교회를 론칭하려고 하는 목회자라면, 이러한 문제를 어떻게 극복할 수 있을 것인지에 관한 대안(이론 신학과 실천 전략)을 마련해야 한다.

ⓐ 온라인 예배와 설교 메시지 프로그램을 통해서 어떻게 불신자들에게 효과적으로 복음을 전할 수 있으며, 가상공간에서 어떻게 그들을 회심의 자리로 이끌 수 있을까?

ⓑ 온라인 성만찬은 과연 어디까지 가능할까? 온라인 성만찬을 통해서 참여자들에게 제공되는 떡과 포도주(즙)은 과연 신자와 그리스도를 연합시키는 그리스도의 살과 피로 기능할 수 있을까?

ⓒ 온라인 교회에 참여하는 신자들의 공동체 의식은 어떻게 형성될 수 있으며, 가족같은 운명 공동체 의식을 형성하는 일은 가능할까?

필자는 이 책에서 이런 심각한 질문들에 대한 해답을 모두 다룰 수 없다. 다만 뉴미디어 생태계 환경이 지역 교회에 속한 신자들에게 이상과 같은 심대한 영향력을 발휘하고 있음을 고려하면서도, 뉴노멀의 시대에도 여전히 영혼 구령과 성화의 능력을 발휘하는 하나님의 말씀을 효과적으로 선포하고 설득할 설교 사역의 신학적인 토대를 모색하고자 한다.

4. 뉴노멀 프리칭을 위한 설교신학의 규범

현대인들은 이전보다 더 많은 시간을 뉴미디어 생태계 환경에서 활동하고 있다. 2022-2023년 정도가 되면 한국사회는 지금보다 더 적극적으로 뉴미디어 생태계 환경에 익숙한 경제활동과 교육, 여가활동, 등등을 누릴 것이다. 그렇다면 뉴노멀 시대에 적합한 설교 사역을 위한 신학적인 토대는 어떻게 마련할 것인가? 뉴노멀 프리칭을 위한 설교신학의 기준과 규범은 무엇일까? 필자는 이 질문에 대한 하나의 대안을 구약학자 월터 브루그만의 '재상상 설교신학'(re-imagination homiletics)에서 모색하고자 한다.[221]

1) 월터 브루그만의 포로기 은유

월터 브루그만의 포로기 은유. 세계적인 구약신학자 월터 브루그만은 구약시대 이스라엘 백성들이 경험한 바벨론 포로기 경험은 오늘날 21세기를 살아가는 북미권 교회와 신자들이 직면한 뉴노멀 시대의 낯선 경험과 신학적으로 매우 흡사하다고 지적했다. 그리고 바벨론 포로기를 뉴노멀 시대 기독교 교회가 전통적인 복음을 새롭게 선포하고 확산할 신학적인 은유 모델로 이해할 것을 제안하였다.[222] 월터 브루그만이 구약시대 바벨론 포로기의 경험을 21세기 북미권 교회와 신자들이 직면하는 뉴노멀 시대에 대한 은유로 이해하는 배경에는 두 세세의 공통 분모 때문이다. "포로기의 경험은 단순히 지리적인 경험이 아니라 사회적이고 도덕적이며 문화적인 경험이다."[223] 이 경험은 "구조적으로 안정적이고 신뢰할만한 세상에 대한 상실감과 아울러 삶의 의미를 제공했던 소중한 상징들이 더 이상 설득력을 발휘하지 못하고 오히려 소콩딩히고 무시당하는 충격적인 사건이다.[224]

이렇게 구약시대 이스라엘 백성들이 경험했던 포로기는 역사적으로 볼 때 선례가 없고 독특하며 유일무이한 사건이었다. 하지만 그 포로기는 동시에 이질적인 두 문명의 충돌이자 전혀 다른 종교와 도덕, 문화의 충돌이었다는 점에서, 그러한 이질적인 문화의 충격을 경험 중인 뉴노멀 시대를 살아가는 기독교인들에게 예전과 같은 해답의 실마리를 제공해 줄 수 있으리라는 기대감을 준다.

코로나 팬데믹 시대에 적용 가능한 바벨론 포로기 은유. 앞서 살펴본 것처럼 오늘날 인류 문명은 코로나 팬데믹(COVID19)으로 인하여, 이전의 사회적인 규범과 문화적인 사지핀이 더 이상 설득력을 발휘하지 못하고 옛질서가 붕괴한 뉴노멀 시대로 진입하였다. 기독교인들 역시 예전의 신앙적인 규범과 교리적인 진술들, 예배 방식들이 더 이상 설득력을 발휘하지 못하는 새로운 질서의 시대로 진입하였다. 이러한 상황에서 기독교 교회와 신자들은 "사라진 고향을 떠나보내고 스스로를 철저히 이방인처럼 느끼게 만드는 새롭고 위험한 장소로 당당히 들어가도록 도와줄 목회적인 도움이 절실하다."[225] 구약학자 월터 브루그만은 그러한 목회적인 도움의 원천이 구약시대 포로기 동안에 작성되고 발전한 선지자들의 메시지에 들어 있다고 판단한다.

말하자면 오늘날 21세기 인류가 코로나 팬데믹으로 경험하는 뉴노멀의 시대는 인류 문명의 역사 속에서 전례를 찾아볼 수 없는 획기적인 위기만이 아니라는 것이다. 기존의 신학적인 패러다임이 폐기되고 새로운 신학적인 패러다임을 만들어내야 하고 그러한 새로운 신학적인 패러다임을 만들어낼 수 있다면, BC 586년 전후로 유대 땅의 이스라엘 백성들이 경험하였던 바벨론 포로 유수 사건과 포로기 역시 기존의 신학적인 패러다임이 폐기되고 새로운 패러다임을 확보해야 하는 뉴노멀의 시대였다는 것이다. 좀 더 적극적인 논리를 펼치자면, 하나님의 구속역사는 항상 기존의 신학적인(또는 사상적인) 패러다임이 폐기되고 새로운 패러다임을 확보해야 하는 뉴노멀의 시대가 반복되어 왔다고 말할 수 있다.

ⓐ 아담과 하와가 에덴 동산을 떠나서 온갖 위협이 놓여 있는 미지의 세계로 나아갔을 때(창 3:24).

ⓑ 아브라함이 하나님의 명령을 따라 갈데아 우르를 떠날 때(창 12:4).

ⓒ 야곱이 에서와의 갈등 이후 브엘세바를 삼촌 라반(하란)에게로 떠날 때(창 28:1-5).

ⓓ 이스라엘 백성들이 모세의 지도 아래 애굽을 떠날 때(출 12:37-42).

ⓔ 모세가 죽은 이후, 이스라엘 백성들이 여호수아의 지도 아래 가나안 땅으로 진입할 때(수 1:1-9).

ⓕ 이스라엘 백성들이 가나안 땅에 정착한 이후 사사시대.

ⓖ 사사시대 이후 사울이 이스라엘의 초대왕으로 세워질 때.

ⓘ 사울왕의 뒤를 이어 다윗이 이스라엘을 다스리기 시작할 때.

ⓙ 다윗왕 이후 솔로몬이 이스라엘을 다스리기 시작할 때.

ⓚ 솔로몬 이후 남유다와 북이스라엘로 분열될 때.

ⓛ 남쪽 유다와 북쪽 이스라엘이 이방 민족의 침략을 당하고 바벨론에 포로로 끌려갈 때.

ⓜ 바벨론에 포로로 붙잡혀 지내던 이스라엘에게 본토 귀환과 성전 건축이 허락되었을 때.

ⓝ 예루살렘 성전이 재건된 이후에도 여전히 더 온전한 구원을 기다려야 할 때.

ⓞ 예수 그리스도의 성육신 사건으로 새언약의 시대가 열렸을 때.

ⓟ 그리스도의 승천 이후 성령 강림으로 그리스도의 몸된 교회가 탄생했을 때.

ⓠ 초대교회 이후 지난 2천 년 교회 역사 속에서 기존의 종교 사상의 패러다임이 폐기될 위기가 찾아왔을 때.

이상과 같이 하나님의 구속역사는 이전의 종교 사상의 패러다임이 더 이상 그 효력을 발휘하지 못하여 폐기될 위기 속에서 하나님의 은혜로운 계시와 말씀으로 그 백성들과 교회들에게 새로운 돌파구를 허락해 주심으로 지상의 교회가 위기 속에서 폐하여 사라지지 않고 계속 하나님의 말씀을 통해서 하나님의 구원과 은총을 경험함으로 계속 유지, 계승, 발전을 거듭해 온 역사의 과정이라고 할 수 있다.

포로기 이스라엘 신앙 공동체의 독특한 언어 사역. 바벨론에 포로로 끌려간 이스라엘 백성들과 그들의 지도자였던 포로기 선지자들은 자신들만의 고유한 언어 사역을 통하여 기존 패러다임이 폐기되고 새로운 패러다임을 모색해야만 했던 시대적인 과제를 적극적으로 해결하였다. 포로민들은 그 특성상 발화(speech) 이외의 다른 모든 자원들, 예를 들어 정치적인 권력이나 부귀영화, 거대한 제국의 영토, 화려한 신전들과 그 안에서 이루어지는 신비로운 의식들 등등의 모든 인적, 물적 및 영적인 자원들을 바벨론 제국으로부터 강탈당한 상태였다.

하지만 포로민들과 그 시대 선지자들은 그들이 활용할 수 있는 결코 무시할 수 없는 소중한 자원으로 '하나님의 언어'(language of God)과 이에 대한 '언어 사역'(ministry of language)을 확보하고 있었다.[226] 포로기 이스라엘 백성들에게 가장 대표적인 그들만의 독특한 언어 사역은 모세오경의 텍스트를 낭독하고 해석하며 하나님의 말씀을 각자가 처한 시대적 환경 속에서 적극적으로 실천하는 관습이다.

월터 브루그만에 의하면 포로민들의 언어 사역(ministry of language)은 바벨론 제국의 문화적 발명품이나 관습과는 전혀 다르게 이스라엘 신앙 공동체의 오랜 언어 관습에서 자연스럽게 생겨났다고 한다.[227] 이러한 관점을 좀 더 하나님이 주도하는 구속역사의 관점에서 설명하자면, 포로기 선지자들은 성령 하나님의 감동으로 모세오경을 새로운 이교적 환경 속에서 창의적으로 해석하고 새로운 이교적 환경에 적극적으로 적용하는 과정에서 발전한 것으로 이해할 수 있을 것이다.[228]

어떻게 그것이 가능했을까? 그것은 포로기 이스라엘 공동체와 그 중심에 있던 포로기 선지자들이 하나님의 세계를 새롭게 묘사하고 서술하는 본문 공동체로서 기능하였기 때문이다. '본문 공동체'(the text community)란 특정한 공동체 집단이 혼란스런 세상에서 자신들만의 고유하고 독특한 정체성을 유지하고 계승 발전하도록 언어적인 토대를 확보한 공동체를 말한다. 세상에 모든 공동체와 개인에게는 그 공동체와 개인의 독특한 정체성을 유지하고 계승 발전하도록 하는 언어 개념적인 자원이 담긴 텍스트를 가지고 있다. 기독교인은 성경을 읽고 해석하며, 성경 공부에 참여하는 과정에서 눈에 보이는 세상 사회가 요청하고 투영하는 세

...
성경이 말씀하는 설교
430

상을 따라가지 않고 오히려 성경이 제시하는 대안 세계를 바라보며 그 세계, 곧 하나님 나라의 세계를 자신의 인식 구조 안으로 받아들이고 또 그렇게 이해한 하나님 나라를 실천에 옮기는 삶을 살아가는 것이다.

2) 언어를 통한 개념적 범주화

이전의 설교 전략이 더 이상 바람직한 효과를 거두지 못하는 뉴 노멀의 시대에 설교자들은 어떻게 하나님 나라 복음을 효과적으로 선포할 수 있을까? 이 질문에 대한 설교학적인 해답은 언어를 통한 개념적 범주화 (conceptual categorization)를 통해서 마련될 수 있다.

범주화를 통한 주변 생태계 환경 이해. 캘리포니아 대학교의 인지언어학 교수 조지 레이코프(G. Lakoff)와 오리건대학교의 칠학 교수 마크 존슨(M. Johnson)에 의하면 범주화(categorization)란 사람과 동물과 같은 모든 생명체가 생존을 위하여 자신이 마주하는 주변 환경을 생존에 유리한 방식으로 구분하는 작업으로 정의한다.[229] "범주화란 세상 만물을 유사성을 통해 이 묶음(범주A), 저 묶음(범수B)로 구분하여 우리의 정신 활동과 언어 활동을 가능하게 하는 원초적이고 근본적인 분류 작업이다."[230] 범주화는 그러한 분류 작업을 통해서 동물이나 사람의 인지 세계 안에 주변 세계를 이끌어 들인다.

"심지어 아메바도 자기와 마주치는 것들을 먹을 수 있는 것과 먹을 수 없는 것으로, 또는 다가가야 할 대상과 멀리 떨어져야 할 대상으로 범주화한다.... 그러므로 범주화는 우리가 신체화되어 있는 방식의 한 결과다. 우리는 범주화하도록 진화되어왔다. 만약 그렇지 않았다면 우리는 생존할 수 없었을 것이다." 말하자면 모든 생명체는 범주화 과정을 통해서 주변 세계를 파악하고 이해하며 그 주변 세계를 자신의 인식 세계 안으로 이끌어들이고 그렇게 이끌어 들여서 파악한 인식과 이해에 근거하여 물리적인 주변 세계와 상호작용한다.

동물들의 신체 지각적 범주화. 인지과학자들에 의하면 동물들과 사람들은 자기 신체를 통해서 주변 세계를 지각적으로 범주화한다. 지각적인 범주화가 진행될 때는 신체의 행동 능력이 곧 인지 능력이고 그러한 인지 능력이 곧 동물들의 행동 능력으로 구현된다.[231] 인지과학자들은 이처럼 동물이나 사람들이 자신의 신체와 감각기관을 통해서 주변 세계를 구분하는 일을 '지각적 범주화'(perceptual categorization)라고 부른다.

인간의 언어를 통한 개념적 범주화. 하지만 언어를 통해서 소통할 줄 아는 인간은 동물과 한 차원 높게 출생 이후 언어를 학습하는 과정을 통해서 주변 세계를 언어를 통하여 개념화함으로 범주화하는 능력도 가지고 있다(개념적 범주화, conceptual categorization).

동물들은 복잡한 언어 구사 능력이 부족하기 때문에 사람들처럼 먹이활동에 관한 수 많은 정보들을 수 많은 문장에 담아서 다음 세대에 전달할 수 없다. 동물들은 추상적인 개념들을 마음에 담고 기억할 수도 없고, 과거의 여러 사건들을 다시 언어 형식으로 재현하여 반성하거나 비판할 수도 없고, 복잡한 미래의 구체적인 일정들을 계획할 수 없다. 오직 인간만이 언어를 구사하고 자신의 복잡한 생각을 여러 문장들에 담을 줄 알고, 또 여러 문장들을 읽으면서 그 문장들에 담긴 추상적인 개념들을 자기 인식 세계 안에 재구성할 줄 안다. 그래서 "한 마디로 언어가 인간을 인간이게 한다!"

이야기를 통한 개념적 범주화 과정. 사람들이 동물과 다르게 언어를 통하여 개념적 범주화 작업을 진행할 때 가장 빈번하게 동원되는 것이 문장과 이야기다. 특정 신앙 공동체마다 그 공동체의 기원과 정체성, 소중한 가치와 문화적 유산을 포함한 공동의 이야기를 갖고 있다. 그러한 이야기들은 그 공동체가 주변 세상을 어떻게 이해하고 또 주변 세계와 어떻게 상호작용하는지에 관한 개념적인 범주화의 패턴이나 방식들을 담고 있다.

3) 본문 공동체와 대안적인 세계

포로기 선지자들이 주도했던 개념적 범주화 작업. 포로기의 이스라엘 백성들은 바벨론 군사들의 침공으로 예루살렘이 함락되고 그 중심부에 위치한 성전이 이방 군사들의 말발굽 아래 짓밟히는 비극을 목격하면서 자신들의 존재의 근거가 송두리째 뽑히는 충격을 경험하였다. 이 상황을 어떻게 받아들일 것인가? 자신들의 하나님 여호와가 이방의 우상 신들과의 영적 전쟁에서 패한 것인가? 그것이 아니라면 여호와 하나님이 자신들과 맺은 영원한 언약을 파기하셨는가? 천지를 창조하신 여호와 하나님께서 자신들의 조상 아브라함과 맺은 언약, 그리고 다윗 왕조를 통해서 거듭 갱신된 영원한 언약은 어떻게 되는가? 이사야와 예레미아를 비롯한 포로기 선지자들은 이러한 신학적인 질문들을 가슴에 품고 있는 이스라엘 백성들을 향하여 여전히 이방 땅에서도 온 세상을 통치하시는 여호와 하나님의 섭리와 구속을 선포해야만 하였다.

신앙 공동체가 앞으로 살아갈 미래를 창조하는 하나님의 말씀. 월터 브루그만에 의하면, "현실은 텍스트에 의하여 그 대본이 작성된다. 즉 현실은 텍스트에 의하여 형성되고 그 권위를 부여받는다."[232] 바꾸어 말하자면, 저자가 기존 현실을 언어 텍스트의 형식에 담아서 서술하는 것이 아니라는 말이다. 그보다는 언어 개념적인 범주화 과정을 통하여 나름의 독특한 세계관에 따라 세상을 이해하고 받아들인 저자가 그렇게 이해한 대안적인 세계를 언어 텍스트에 담아 서술할 때, 독자들은 저자의 텍스트를 언어 개념적으로 자신의 인지 세계에 받아들이고, 그렇게 받아들이고 이해한 하나님 나라의 세계를 자신의 언어와 행동을 통해서 자기 바깥 현실에 내놓음으로써 새로운 대안의 세계를 창조하는 것이다. "성경 텍스트는 그 내부의 모든 분열과 부조화에도 불구하고 현 세계에 대한 대안적인 대본을 제공한다. 그래서 성경 텍스트를 설교하는 것은 이 대안적인 텍스트를 통해서 바라보는 낯선 세계를 탐구하는 것이다."233

4) 재상상을 통한 은유적 개념들의 통합

포로기의 이스라엘 백성들은 바벨론 군사들이 예루살렘 성전을 함락시키고 거룩한 이스라엘 백성들을 도륙하며 자신들을 바벨론 제국으로 잡아갈 때, 구속의 역사를 그런 징계와 심판으로 섭리하시는 여호와 하나님을 도저히 이해할 수 없었다. 하지만 포로기 선지자들은 자신들에게 주어진 모세오경의 말씀을 새롭게 펼쳐지는 바벨론 제국의 침공과 바벨론 유수의 상황에 맞게 해석하고 포로기의 이스라엘 백성들에게 계속 섭리하시며 과거의 약속을 성취하시는 하나님의 신실하심을 선포해야 하는 과제에 직면하였다. 포로기 선지자들은 이러한 불가능한 과제를 어떻게 효과적으로 감당했을까?

포로기 선지자들의 개념적 통합(conceptual integration). 그 해답의 실마리는 포로기 이스라엘 신앙 공동체의 구심점을 차지했던 포로기 선지자들의 모세오경에 대한 새로운 해석과 적용에서 찾아볼 수 있다. 그리고 그러한 재해석과 창의적 적용의 중심에는 신앙 언어를 통한 개념적 범주화와 개념적 통합이 자리하고 있다. '개념적 통합'(conceptual integration) 이란 위기에 직면한 본문 공동체가 이전의 언어 자산들 중에서 익숙한 개념과 낯선 개념들을 창조적으로 통합하여 개념적 범주화 작업을 진행함으로 감당할 수 없을 것 같은 주변 세계를 넉넉히 감낭하여 극복할만한 주변 세상으로 자신들의 인식 세계 안으로 끌어들이고 다시 그렇게 넉넉하게 감당할 세상을 살아내는 것을 의미한다.[234]

조지 레이코프의 은유 이론. 이러한 개념적 통합 과정은 조지 레이코프(George Lakoff)의 은유 이론과 흡사하다. 레이코프와 존슨에 의하면, "은유의 본질은 한 종류의 사물을 다른 종류의 사물의 관점에서 이해하고 경험하는 것"이다.[235] 예를 들어 '시간은 돈이다'는 은유 문장은 경제 논리가 뿌리 깊게 깔린 현대인들의 시간에 대한 생각(명시적 정보A)과 돈과 같은 재화에 대한 생각(명시적 정보B)을 둘로 결합하여 사고하도록 유도하는 문장이다. '시간은 돈이다'는 은유 문장이 발화자와 청취자 사이의 대화 속에 등상할 때, 발화자는 아직 두 명시적 정보를 통합적으로 결합하여 사고하지 못하는 청취자로 하여금 두 명시적 정보를 통합적으로 결합하여 사고하도록 유도할 목적으로 이 은유 문장을 동원할 것이다.[236] 레이코프에 의하면 이러한 은유 문장을 통한 설득의 과정은 대화 참가자가 함께 공유하는 개념들의 언어(= 근원 영역 source domain)로부터 시작하여 발화자가 목표하는 개념에 대한 깨달음(= 목표 영역 target domain, 개념적 통합)으로 진행된다.

포로기 선지자들의 창조적 언어 사역. 레이코프와 존슨의 은유 이론에 비추어 본다면, 포로기 선지자들의 어어 활동은 예루살렘 함락과 바벨론 포로기라는 전대미문의 위기와 고난을 새로운 하나님의 섭리의 관점에서 재해석하고 새롭게 서술하는 개념적 통합의 과정이며 그렇게 통합된 개념으로 새로운 질서가 펼쳐지는 새로운 세상을 살아내도록 인도하였다. 이런 점에서 볼 때, 포로기 선지자들의 언어 사역은 눈에 보이는 현실 세계에 대한 단순한 묘사와 서술 단계에서 멈추지 않고, 하나님이 섭리하시지만 기존의 모세오경 패러다임으로는 도저히 나아갈 수 없는 새로운 패러다임을 창조하고 또 포로기 이스라엘 백성들이 내디딜 새로운 말씀의 길을 언어로 창조한 창조 사역이었다.

이런 이유로 폴 리꾀르는 기독교인들이 성경을 읽고 설교자가 해석하는 성경 본문에 관한 설교 메시지를 경청하는 행위를 자신들에게 새롭게 다가오는 하나님 나라를 창조적으로 수용하며 그 나라 백성에 합당한 삶을 살아내는 창조적인 해석 행위로 이해한다. 개념적인 통합을 유도하는 성경 읽기와 성경 해석 작업은 단순한 지성활동에 멈추지 않고, 그러한 해석 작업에 참여하는 신자들 편에서는 기독교 교회의 예배와 말씀 순종의 삶을 통해서 이 타락한 세상 속에서 불신자들로서는 불가능한 믿음의 세계를 살아내는 부활의 행위이며 새로운 새상을 창조하는 창조 행위이다.[237]

스스로 숨어 계시는 하나님. 예를 들어 이사야 선지자는 45장 15절에서 구원자 여호와 하나님께서는 스스로 숨어 계시는 하나님이시라는 기존의 하나님 이해에서 과감한 비약이 요구되는 새로운 하나님의 속성을 제시한다. 이사야 선지자는 이러한 선언을 통하여 가나안 땅에서 모세오경의 말씀에 근거하여 배우고 섬겨왔던 하나님 이해에서 한 걸음 더 나아가 이스라엘 백성들이 언약을 파기했을 때 바벨론의 제국을 동원하여 심판하시되 하나님의 이름이 머물러 있는 것으로 여겨지는 예루살렘 성전을 폐허로 만들 정도로 심판을 하시는 하나님, 그리고 이스라엘 백성들을 정결하게 변화시키고자 바벨론 제국이라는 끔찍한 이방 제국의 중심부까지 끌고 가시는 하나님, 그리고 그 이방 제국의 중심부에서 그 제국의 고레스 왕을 통해서 새로운 구원을 예비하시며 성취하시는 하나님을 새롭게 인식할 것을 요청하였다.

정위-혼미-재정위를 통한 개념적 통합. 바벨론에 의한 예루살렘 함락 사건과 바벨론 포로기는 이스라엘과 영원한 언약을 맺은 여호와 하나님의 구원을 이전과 전혀 다른 새로운 개념으로 범주화할 것을 요청하였다. 이러한 시대적인 요청 앞에서 이스라엘의 선지자들은 정위로부터 혼미, 그리고 다시 혼미로부터 재정위로 진행되는 개념적 통합을 주도하는 하나님의 말씀을 선포했다는 것이다.

그 첫째 과정은 하나님이 창조한 피조계에 대한 정위로부터 아담의 범죄와 타락으로 인한 끔찍한 고난에 관한 혼미로 진행된다. 그 다음 둘째 과정은 이전의 규범과 질서가 더 이상 정상으로 작동하지 않은 새로운 질서 속에서 새롭게 수용하고 받아들여야 할 새로운 질서의 서술과 재상상, 그리고 이를 통한 재정위의 단계로 진행된다. 그리고 그 중간에 '상상력의 연결사', 'like as'(-같은, -처럼)가 연결고리 역할을 한다. 그 과정을 좀 더 자세히 살펴보자.

정위에서 혼미로의 과정. 월터 브루그만은 포로기 선지자들이 첫째로 감당했던 언어적인 과제는 현재 전개되고 있는 재앙을 있는 그대로 묘사하는 일이라고 한다. 이러한 묘사 방식은 정위에서 혼미로 진행된다. 정위(orientation)는 창세기 1장과 2장처럼 창조주 하나님이 태초에 피조계와 아담 그리고 하와를 아름답게 창조하시고 이들에게 복을 주셨다는 선언이다. 정위 단계에서 혼미(disorientation) 단계로의 진행은 창조주 하나님이 아름답게 창조한 세상 피조물과 그 세상을 살아가는 하나님 나라 백성들에게 아담의 범죄로 말미암아 끔찍한 비극과 불행이 도래하였음을 있는 그대로 서술함으로 이루어진다.[238]

성경에서 발견되는 가장 대표적인 혼미 단계로의 신행 사례는 시편의 탄식시와 복음서에서 예수 그리스도의 십자가 사건에 관한 진술에서 발견된다. 시편의 탄식시와 복음서에서 예수 그리스도의 수난 내러티브의 목적은 아담의 범죄로 이 세상에 들어온 죄악과 그 범죄로 파생된 끔찍한 고통을 올바로 서술하기 위함이다. "다시 말하자면 상실로 인해 발생한 고통을 생생한 이미지로 진술해야 하는데, 이는 상실을 바르게 표현하여 포로민들이 상실이라는 깊은 부정적 상황 속에서 상실을 올바로 직면할 수 있도록 하기 위함이다."[239]

포로기에 선지자들은 바벨론 군대의 침공과 예루살렘 함락, 그리고 바벨론 포로기 이주와 같은 전대미문의 충격적인 사태에 직면하여 자신들이 동원할 수 있는 모든 언어적 자원을 총동원하여 이스라엘 공동체가 직면한 고통과 상실, 슬픔과 수치, 분노와 같은 격렬한 감정들을 솔직하고도 대담하게 표출하였다.

월터 브루그만에 의하면, 상실과 무력함과 연약함이 가득한 슬픔을 가장 풍부하고도 극단적으로 진술한 책은 예레미야애가다.[240] 예레미야애가 1장은 상실의 도시 예루살렘은 완전히 버림을 받고 수치를 당하였으며 끔찍한 학대에 노출되어 있으며 그 주변에 아무런 후원자나 변호인을 찾아볼 수 없는 고아와 과부와 같은 비천한 처지에 놓였다. "주께서 어찌하여 우리를 영원히 잊으시오며 우리를 이같이 오래 버리시나이까"(애 5:20).

예레미야애가를 포함한 포로기 선지자들의 메시지는 오늘날 우리의 문화적 상황과는 매우 거리가 먼 것처럼 보이지만, 그러나 오늘날 COVID19에 의한 뉴노멀 시대의 기독교 교회가 현재 상황을 올바로 서술하려고 한다면 가장 중요한 언어 자원으로 활용될 수 있다고 한다. 그런 이유로 COVID19로 인한 뉴노멀의 시대에 기독교 교회의 목회자들과 신자들이 뉴노멀 시대를 향한 하나님의 섭리를 기다린다면 이 시대에 대한 '탄식의 행렬 한가운데서' 하나님의 섭리를 기다려야 할 것을 주문하고 있다.[241] 그 탄식의 행렬 한가운데 서서 "코로나19는 현대의 끔찍한 소비주의를 끝내는 하나님의 방법이자 세계화 내러티브의 결말"임을 인정할 것을 요청하고 있다. 즉 인류 문명이 유사 천국처럼 이룩한 세계화의 문명이 코로나19로 인하여 그 막다른 한계점에 도달했음을 알리고 있다는 것이다.

상상력의 연결사. 월터 브루그만이 제안하는 '재상상 설교신학'에서 매우 중요한 비중을 차지하는 것이 상상력의 연결사(또는 계사)다. 개럿 그린(Garrett Green)에 의하면 'as'(-과 같은)의 연결사(또는 계사)가 명시적인 현실 세계 너머에 있는 은유적인 상상의 세계를 열어 보여주는 언어적인 도구로 기능한다고 한다.[242] 월티 브루그만은 개럿 그린의 상상력의 연결사를 자신의 '재상상 설교신학'(re-imagination homiletics)으로 발전시켰다. 월터 브루그만에 의하면, 뉴 노멀 상황을 올바로 진술하려면 기존의 어떤 사건이나 사물은 은유적 관점의 '다른 어떤 것처럼'(- something like/as), 또는 '다른 어떤 것으로'(-as) 먼저 받아들여지고 해석되어야 올바로 진술될 수 있다고 한다.[243]

예를 들자면 이방인의 침공으로 훼파된 예루살렘을 바라보며 절망하는 이스라엘 백성들을 향하여 하나님의 구원을 선포하는 이사야 선지자는 '어린아이에게 젖을 먹이는 엄마가 자식을 결코 버리거나 잊어버리지 않는다'는 절박한 이미지로 묘사한다. "여인이 어찌 그 젖 먹는 자식을 잊겠으며 자기 태에서 난 아들을 긍휼히 여기지 않겠느냐 그들은 혹시 잊을지라도 나는 너를 잊지 아니할 것이라"(사 49:15).

상상력의 연결사는 은유가 새로운 의미를 전달하고 창조하는 과정의 중심에 있다. 개념적 통합의 관점에서 볼 때, 상상력의 연결사는 명시적인 정보A와 명시적인 정보B를 은유적인 방식으로 통합한다. 예를 들어 [후르츠 바스켓]이란 일본 만화에는 젊은 남자 의사 하토리에게 소우마 카나라는 여자 조수가 찾아와서 대화 중에 "눈이 녹으면 무엇이 될까요?"라고 묻는다. 차도남 하토리의 대답이다. "눈이 녹으면 물이 되겠지." 잠시 뜸을 들인 하토리가 대답한다. "눈이 녹으면 봄이 되는 거예요!" 이렇게 깨달음의 진행 과정은 대화 주도자가 아직 그런 사실을 깨닫지 못한 청취자와 함께 대화를 진행하는 과정에서 청취자가 알고 있지만 서로 연결되지 않았던 명시적 지식이나 정보들을 새롭게 연결시키는 과정을 통해서 진행된다.

은유와 상상력의 연결사. 그리고 그러한 깨달음의 진행 과정에는 기존의 명시적 정보들을 새로운 관점으로 재해석하는 은유 과정이 놓여 있다. 조지 레이코프에 의하면 은유는 화자(또는 저자)가 청자(또는 독자)에게 어떤 의미를 이해하도록 논리를 전개하는 과정이다. 이 은유의 진행 과정은 대화 참가자가 서로 이해하고 공유하는 개념들의 근원 영역으로부터 대화 참가자가 의도하는 목표 영역에 도달하는 과정으로 진행된다. 이 과정에서 개념들의 근원 영역은 문자적이고 명시적인 단어나 개념들, 혹은 정보들로 이루어졌다.

예를 들어 창세기에서 하나님이 창조한 해는 밝은 낮을 주관한다. 또 달과 별들은 캄캄한 밤을 주관한다. 그런데 요셉 내러티브에서 하나님은 요셉에게 해와 달과 열한 별들이 요셉에게 절하는 꿈을 꾸도록 하심으로 "해가 밝은 낮을 주관한다"는 명시적이고 문자적인 개념을 은유화하고 의인화한다. 요셉은 나중에 애굽의 총리가 되고 형들과 아버지 야곱이 애굽으로 내려와서 자신의 보호를 받음으로 이전에 주어진 은유적인 개념들이 실제로 성취되는 것을 경험하였다. 구속역사가 더욱 진전됨에 따라 나중에 다윗은 해와 같은 인격체(메시아)가 등장하여 하나님 나라 백성들에게 따사로운 햇빛과 같은 공의로 통치할 날을 예언하였다 (시 8편).

예수님의 비유에서 발견되는 상상력의 연결사. '상상력의 연결사'가 가장 명확하게 드러나는 대표적인 성경 장르는 하나님 나라에 관한 예수님의 비유(parable)다: '하나님 나라는 이와 같으니'(cf. 막 4:26). 예수 그리스도는 하나님 나라를 씨 뿌리는 사람이나 작은 겨자씨, 밭에 감추인 보화, 고기를 잡는 그물, 혼인 잔치 등등의 다양한 비유를 통하여 서술하셨다. 씨 뿌리는 자의 비유(마 13:3-9, 18-23), 알곡과 가라지의 비유(마 13:24-30, 36-43), 겨자씨 비유(마 13:33), 누룩의 비유(마 13:33), 밭에 감추인 보화의 비유(마 13:44), 값진 신부의 비유(마 13:45-46), 그물의 비유(마 13:47-50), 열처녀 비유(마 25:1-13), 달란트 비유(마 25:14-30), 등등. 이렇게 하나님 나라의 복음은 성경 전편에 걸쳐서 '-과 같이'(as)라는 '연결사'를 통하여 서술되고 묘사된다.

혼미에서 재정위로의 과정. 월터 브루그만의 재상상 설교신학의 둘째 과정은 혼미(disorientation)에서 상상력의 연결사를 통한 재정위(reorientation)의 단계로 진행된다. 이 과정에서 하나님 나라의 복음은 그 본래의 능력대로 선포되고 상상력의 연결사의 도움으로 뉴노멀 시대를 새롭게 살아갈 원동력을 공급받으며 설교를 듣는 청중은 자신들 앞에 하나님이 새로운 구원을 베푸시는 하나님 나라가 활짝 열리는 경험을 할 수 있다.

예를 들어 이사야 선지자는 포로기의 절망에 빠진 이스라엘 백성들에게 레위기의 제사 규칙 언어가 아니라 일상적으로 경험하는 기상 현상을 은유 이미지로 활용하여 하나님의 새로운 구원이 언어적인 방식으로 이루어질 것을 서술하였다. "비와 눈이 하늘로부터 내려서 그리로 되돌아가지 아니하고 땅을 적셔서 소출이 나게 하며 싹이 나게 하여 파종하는 자에게는 종자를 주며 먹는 자에게는 양식을 줌과 '같이'(like/as) 내 입에서 나가는 말도 이와같이 헛되이 내게로 되돌아오지 아니하고 나의 기뻐하는 뜻을 이루며 내가 보낸 일에 형통함이니라"(사 55:10-11).

이 구절에서 이사야 선지자는 바벨론 포로기로 인하여 혼미 상태에 빠진 이스라엘 백성들에게 새로운 하나님의 구원을 선포하는 과정에서 일상적으로 비와 눈 하늘에서 내리는 기존의 기상 현상(명시적 정보A)을 가져와서 새로운 시대에 하나님의 구원은 더 이상 모세오경의 획일적인 규범이나 예루살렘 성전, 또는 레위기의 제사 제도의 엄격한 준수가 아니라 바벨론 제국과 같은 이교적 상황 속에서라도(명시적 정보B) 결코 흔들림이 없이 그 본래의 영적 목적을 성취하고 있음을 창조적으로 보여주고 있다.

이스라엘 백성들의 입장에서는 기존의 모세오경의 말씀을 새로운 이교적 환경 속에서 창발적인 깨달음을 얻을 수 있었다. 포로기 이스라엘 백성들은 포로기 선지자들의 개념적인 범주화와 개념적 통합 과정을 통해서 기존에 알고 있던 모세오경의 말씀을 새로운 규범과 창의적 관점이 필요한 바벨론 제국의 이교적 상황 속에서도 하나님 나라 백성의 영적 정체성을 견고하게 지탱할 수 있었다. 포로기 이스라엘 백성들은 그러한 말씀의 도약대를 통해서 만일에 개념적 통합이 제공되지 않았더라면 결코 나아갈 수 없는 하나님 나라를 향하여 과감한 믿음의 헌신과 순종의 길을 내디딜 수 있었다.

월터 브루그만에 의하면 포로기의 선지자들과 이스라엘 신앙 공동체는 기존의 모세오경을 바벨론 제국의 통치라는 새로운 질서 속에서 새롭게 해석하고 새로운 세상을 새롭게 상상하고 규정함으로 바벨론 제국에 동화되어 사라지지 않고 그 속에서도 그들만의 고유한 정체성을 유지하며 계승, 발전시킬 수 있었다고 한다. "이들의 독서행위는 기존의 세계를 그대로 따라가는 것이 아니라 자신들이 고유한 방식으로 살아내야 할 세상을 재서술하고(re-describe), 재상상하며(re-imagine), 재규정하는(re-characterize) 일종의 창조적인 재상상의 행위였다."[244]

5. 온라인 설교의 소통 전략

포로기 이스라엘 백성들은 바벨론 제국의 통치와 하나님 나라 통치가 서로 격돌하는 영적 전쟁터 한복판에 위치하였다. 그러한 전쟁터의 한복판에 하나님 말씀의 전달자로 부름 받은 포로기 선지자들은 재상상의 설교신학의 전략으로 자신들의 언어 사역을 효과적으로 감당하였다. 이와 마찬가지로 오늘날 코로나 팬데믹으로 새롭게 등장한 뉴미디어 생태계는 현대인을 그 중심부에 놓고서 천국과 서로 경쟁관계를 형성한다. 온라인 설교를 준비하여 전하려는 목회자, 설교자들은 CPND로 구성된 온라인 가상세계가 하나님의 말씀 선포로 이루어진 하나님 나라와 서로 경쟁하고 있음을 잘 이해해야 한다. 하나님 나라와 사탄의 나라가 서로 격돌하는 영적 전쟁의 관점에서 볼 때, 뉴미디어 생태계 환경이 조성되기 이전이나 이후에 영적 전쟁의 양상은 같다. 이전에도 영적 전쟁은 하나님의 말씀이 지배하는 하나님 나라와 이를 대적하는 사탄의 영향력이 득세하는 사탄 나라 사이의 대결이었다. 뉴미디어 생태계 환경이 조성된 21세기 뉴노멀 시대에도, 영적 전쟁의 양상은 동일하게 두 나라 사이의 주도권 싸움이다. 다만 차이점 하나는 영적 전쟁이 진행되는 국경선이 이전보다 훨씬 더 넓어지고 길어졌다는 것이다. 기존의 영적 전쟁의 국경선이 온라인상의 가상현실 세계까지 확장된 셈이다.

온라인 설교 메시지의 대상. 온라인 설교 메시지의 대상은 기존 교회의 목회 활동과 신자들의 신앙 활동을 통해서 복음을 전해 듣고 새신자로 오프라인 교회에 출석을 시작하여 새신자교육 훈련 과정과 입교, 세례의 과정을 거치고 교회에 등록교인으로 등록하여 다른 교인들과 오프라인상에서 신앙생활에 동참하는 신자들이다. 온라인 설교 메시지는 이들을 대상으로 매주일 11시에 지정된 강단에서 선포하는 오프라인상의 설교 메시지를 실시간으로 중계하거나 또는 녹화, 편집하여 온라인으로 송출하거나 또는 별도로 5분-15분 정도 짧게 제작, 편집하여 온라인을 통해서 배포되는 설교 메시지 동영상 자료를 의미한다.

21세기에 오프라인에서 실제 교회를 개척하거나 목회사역을 감당하는 것이 예전보다 더욱 어려워졌다. 그렇다고 오프라인상의 지역 교회나 실제 오프라인으로 연락 가능한 신자가 한 명도 없이 온라인 사역으로만 목회사역을 진행하고 그 온라인 가상현실 세계에서 설교 메시지를 전하겠다면, 그 설교 메시지를 듣는 익명의 신자들과 성경이 말씀하는 주님의 교회를 세우는 것은 불가능한 일이다. 일반적인 차원에서 말하자면 온라인 목회 사역은 오프라인 목회 사역의 부족한 부분을 보완하는 수단이다.

온라인 설교 메시지의 목적과 내용, 형식. 온라인 설교의 목적과 내용, 그리고 그 형식은 무엇일까? 온라인 설교 메시지의 목직은 기존 설교 사역과 동일하게 신자들을 삼위 하나님과 영적 연합을 이룸으로 하나님의 나라와 그 영광이 실현되도록 하는 것이다(요 17:21-23).[245] 현실적인 차원에서 볼 때 필자가 본고에서 염두에 두는 온라인 설교 메시지의 목적은 기존의 대면 예배 설교 메시지의 기능을 보완하는 것이나. 달리 말하자면 오프라인 교회를 대체하거나 폐쇄하고 오직 가상현실 세계에 세워진 온라인 교회에 접속한 익명의 신자들을 위하여 준비하는 메시지가 아니다.

① 온라인 설교 메시지를 탑재할 플랫폼 구축하기. 설교 동영상을 제작하여 온라인을 통해서 제공할 목적으로 교회 홈페이지를 구축하거나 Youtube 계정을 만든다. 이외에도 줌(zoom)이나 구글미트, canvas와 같은 온라인 플랫폼을 구축한다.

② 설교 메시지를 듣는 신사들의 실존저인 상황을 파악하고 설교의 목표를 설정한다. 대부분 신자는 코로나 팬데믹으로 인하여 도래한 새로운 질서 앞에서 혼란스러운 입장이다. 따라서 온라인 설교 메시지를 준비하는 목회자, 설교자들은 자기 백성들에게 평안과 행복을 바라시는 하나님께서 이러한 혼돈의 과정을 통하여 새로운 질서로 초청하고 계심을 깨닫도록 설교해야 한다. 옛사람의 소욕과 옛질서의 사고방식을 버리고 성령 하나님과 함께 동행하는 새사람의 열정과 하나님 나라의 새 질서를 제시하고 신자들이 이를 수락하도록 복음을 설교한다. 뉴노멀 시대의 문자적인 의미는 이진의 질서가 더 이상 효과적인 기능을 감당

하지 못하는 새로운 세상이라는 것이다. 하지만 성경이 증언하는 구속의 역사를 살펴보면, 매 순간 순간이 옛질서에서 새질서로 나아가는 뉴노멀 시대의 연속이었음을 알 수 있다.

③ 설교의 목적과 핵심 대지를 분명하게 정하고 온전한 설교문을 작성한다.

④ ppt 프레젠테이션 준비하기. 온라인 설교 메시지를 준비할 때 중요한 요소는 기존의 설교문 내용을 시청각 이미지와 함께 전달하도록 해당 이미지를 마련하는 것이다. 구글 검색으로 설교문 메시지에 어울리는 이미지들을 검색하고 저작권이 침해되지 않는 이미지들을 가져와서 텍스트를 입힌다. 2-3분 설교 메시지 분량에 1-2개 정도 이미지가 조합되도록 한다. 한 장의 ppt 이미지에 너무 많은 정보를 담지 않도록 주의한다. 짧은 동영상 자료는 확장자명에 gif를 입력하여 검색하면 좀 더 액티브한 동영상 자료를 얻을 수 있다.

⑤ 방송팀이 온라인 설교 메시지를 전달하는 과정에서 ppt 페이지 넘김을 지원해 주지 못하는 상황이라면 설교자가 설교 도중에 적당한 시점에서 스스로 ppt 페이지를 넘겨야 한다. 이를 위해서 미리 텍스트 설교문을 인쇄할 때 오른쪽 여백(기존 30mm)을 최대한 줄이고 왼쪽 제본 여백(25mm 정도)을 확보하여 출력한다. ppt 이미지도 A4 1장에 9개의 이미지를 함께 담아 출력한다. 해당 이미지를 오려서 해당 설교문 메시지 왼쪽 여백에 붙인다.

⑥ 온라인 설교 메시지를 제작할 때 강단 아래에 최소한 1-2명 정도의 신자나 제작 지원팀이 앉아서 설교 메시지에 실시간으로 반응해 주는 것이 효과적이다.

6 나가는 말

유발 하라리는 그의 저서 『호모 데우스』에서 21세기 뉴노멀 시대에 가장 많은 신도를 거느리는 종교로서 '데이터교'(Dataism)을 제시하였다.[246] 데이터교는 20세기 후반에 미국 실리콘벨리에서 태어난 신흥종교임에도 불구하고 2021년에 이미 수억명의 신도를 확보하였고, 이미 전 세계 70억 인구 중에 절반 이상의 삶과 생활, 그 마음을 사로잡았다. 스마트폰을 매일 사용하고 무선 인터넷에 접속하지 않고서는 단 하루도 살 수 없는 현대인들의 숫자가 이미 30억을 넘은 시점에서 데이터교의 영향력은 새삼스러운 이야기도 아니다. 이렇게 전례 없는 뉴노멀의 시대에 적실한 기독교 설교 사역의 신학적인 토내와 그 이정표는 어떻게 마련할 수 있을까?

필자는 리차드 오스머(Richard Osmer)의 '실천신학 연구방법론'에 따라서 먼저 21세기에 새롭게 형성된 뉴미디어 생태계 환경과 코로나 팬데믹에 의한 설교 환경의 급격한 변화를 살펴보았다. 이어서 뉴미디어 생태계 환경이 하나님의 말씀을 선포하고 전파하는 복음전도와 설교 사역에 미친 부정적인 영향을 살펴보았다. 그리고 하나님 나라를 위한 기독교 설교의 신학적인 토대로 월터 브루그만의 '재상상 설교신학'(re-imagination homiletics)을 고찰하었다. 이는 '상상력의 연결사'를 활용하여 정위와 혼미, 그리고 재정위를 통한 새로운 세상의 묘사와 창조 작업으로 진행된다. 마지막으로 실천 가능한 전략을 모색하는 단계에서는 온라인 설교의 준비와 전달에 관한 실제적인 방법들을 모색하였다.

설교학 도서 목록
(* 필독서)

1. 설교학 교과서

* ★ Lloyd-Jones, D. Martyn. *Preaching and Preachers*. 1971. 정근두 역.『설교와 설교자』. 서울: 복 있는 사람, 2012.
* ★ Craddock, Fred B. *Preaching*. 김영일 역.『설교』. 서울: 컨콜디아사, 1989.
* - Long, Thomas G. *The witness of preaching*. 정장복 역.『증언으로서의 설교』. 서울: 쿰란출판사, 1998.
* ★ 요한 H. 실리에.『설교 신꾸니』. 서울: CLC, 2014.
* - Paul Scott Wilson. *Four Page Preaching*.『네 페이지 설교』. 서울: 예배와 설교 아카데미, 2006.

2. 섬교신학

* ★ Bohren, Rudolf. *Predigtlehre*.『설교학 원론』,『설교학 실천론』. 박근원 역. 서울: 대한기독교출판사.
* - Thielicke, Helmut *The Trouble with the Church*.『현대교회의 고민과 설교』. 심일섭 역. 서울: 대한기독교출판사, 1982.
* ★ Lucy Atkinson Rose, *Sharing the Word : Preaching in the Roundtable Church*. 이승진 역.『하나님 말씀과 대화 설교』. 서울 : CLC, 2010.

3. 성경해석학

* ★ 그랜트 오즈번. *The Hermenutical Spiral*. 임요한 역.『성경해석학 총론』 서울: 부흥과 개혁사, 2017.

★ 케빈 밴후저. *Is There a MEANING in This TEXT?*. 김재영 역. 『이 텍스트에 의미가 있는가? : 포스트모던 시대의 성경 해석학』. 서울: IVP, 2016.

★ 번 S. 포이트레스. *God-Centered Biblical Interpretation*. 최승락 역. 『하나님 중심의 성경 해석학』. 서울: 이레서원, 2018.

- Jeanrond, Werner G. *Theological hermeneutics : development and significance*. London : SCM Press 1994.

4. (성경적 설교를 위한 성경신학에 기초한) 성경 해석

★ 이승진. 『설교를 위한 성경해석』. 서울: CLC, 2008.

① 성경신학

★ Goldsworthy, Graeme. 그레이엄 골즈워디. *According to Plan*. 김영철 역. 『복음과 하나님의 계획』. 서울:성서유니온, 1994.

- 그레엄 골즈워디. 『그리스도 중심 성경신학』. 서울: 부흥과 개혁사, 2013.

- Ridderbos, Herman. *The Coming of the Kingdom*. 오광만 역. 『하나님 나라』. 서울: 엠마오, 1988.

- Robertson, O. Palmer. *The Christ of the Covenants*. 김의원 역. 『계약신학과 그리스도』. 서울: 기독교문서선교회, 1983.

- VanGemeren, Willem A. *The Progress of Redemption*. 김의원 안병호 공역. 『구원계시의 발전사』. 서울: 성경읽기사, 1993.

- Vos, Geerhardus. *Biblical Theology*. 이승구 역. 『성경신학』. 서울: 기독교문서선교회, 1985.

② 그리스도 중심의 설교

★ Goldsworthy, Graeme. *Preaching the Whole Bible as Christian Scripture*. 김재영 역. 『성경신학적 설교 어떻게 할 것인가?』 서울: 성서유니온, 2002.

★ Greidanus, Sidney. *Sola Scriptura: Problems and Principles in Preaching*

Historical Texts. 권수경 역.『구속사적 설교의 원리』. 서울: 학생신앙운동, 1989.

- Greidanus, Sidney. *Preaching Christ from the Old Testament.* 김진섭. 류호영. 류호준 역.『구약의 그리스도, 어떻게 설교할 것인가: 하나의 현대적 해석학 방법론』. 서울: 이레서원, 2002.

5. (성경적인) 설교작성론

★ 해돈 로빈슨.『강해설교: 강해설교의 원리와 실제』. 서울: CLC, 2016.
- 도널드 R. 수누키안.『성경적 설교의 초대』. 서울: CLC, 2009.
- 웨인 맥딜.『강해설교를 위한 12가지 필수기술』. 서울: CLC, 2014.
★ 라메쉬 리처드.『삶을 변화시키는 7단계 강해설교 준비』. 서울: 디모데, 1996.
- Thomas H. Troeger & Leonora Tubbs Tisdale. *A Sermon Workbook: Exercises in the Art and Craft of Preaching.*『귀에 들리는 설교』. 예배와 설교아카데미, 2018.
- 다니엘 오버도르프.『탁월한 설교자를 세우는 52주 설교 멘토링』. 서움: 대서, 2018.
★ 권 호.『본문이 살아 있는 설교』. 서울: 아가페북스, 2018.

6. 성경의 문학 장르별 해식과 설교

★ 토마스 롱. 박영미 역.『성서의 문학 유형과 설교』. 서울: 대한기독교서회, 1995.
★ 시드니 그레이다누스. 김영철 역『성경해석과 성경적 설교』. 서울:여수룬, 1992.
★ Graeme Goldsworthy. 김재영 역.『성경신학적 설교 어떻게 할 것인가』. 서울: 성서유니온, 2002.
★ 스티븐 매튜슨. 이승진 역.『청중을 사로잡는 구약의 내러티브 설교』. 서울:CLC, 2004.
★ 스티븐 스미스, 김대혁&임도균 역.『본문이 이끄는 장르별 설교』. 서울: 아가페북스 2016.

- 테리 G. 카터, J. 스코트 듀발, J. 다니엘 헤이즈.『성경설교』. 서울: 성서유
  니온, 2009.
- 스코트 듀발. 다니엘 헤이즈.『성경해석』. 서울: 성서유니온, 2009.
- 니엘 오버도르프.『설교를 적용하기』. 서울: 도서출판 디모데, 2013.
- 다니엘 도리아니.『적용』. 서울: 성서유니온, 2009.
- 다니엘 도리아니.『해석』. 서울: 성서유니온, 2011.
- Craig L. Blomberg. *Preaching the Parables*. Grand Rapids; Baker, 2004.
- George R. Beasley-Murray. *Preaching the Gospel from the Gospels*.
  Peabody: Hendrickson, 1996.
- J. Clinton McCann, Jr & James C. Howell. *Preaching the Psalms*,
  Nashville: Abingdon, 2001.

7. 구약과 설교

★ 스티븐 매튜슨. 이승진 역.『청중을 사로잡는 구약의 내러티브 설교』. 서
  울: CLC, 2004.
- 리차드 프랫. 이승진 외 역.『구약의 내러티브해석』. 서울: CLC, 2007.
- 시드니 그레이다누스.『창세기 프리칭 예수』. 서울: CLC, 2010.
- 시드니 그레이다누스.『전도서의 그리스도 어떻게 설교할 것인가』. 서울:
  포이에마, 2012.
- 월터 브루그만.『예언자적 상상력』. 서울: 대한기독교출판사, 1981.
- 월터 브루그만.『예언자적 설교』. 서울: 성서유니온, 2017.
- 월터 브루그만.『텍스트가 설교하게 하라』. 서울: 성서유니온, 2012.
- 월터 브루그만. 이승진 역.『탈교회 시대의 설교』. 서울: CLC, 2018.
- 월터 브루그만.『텍스트가 설교하게 하라』. 서울: 성서유니온, 2012.
- 브라이언 채플.『불의한 시대 순결한 정의』. 서울: 성서유니온, 2014.
- 데니스 존스.『모든 성경에서 그리스도를 설교하라』. 서울: 부흥과 개혁
  사, 2011.
- 오스 기니스.『선지자적 반시대성』. 서울: 이레서원, 2015.
★ 유진 피터슨. 이종태 역.『다윗: 현실에 뿌리박은 영성』. 서울: IVP, 1999.
★ 이승진.『하나님 마음에 합한 사람』. 수원: 설교자하우스, 2020.

8. 시편 설교

- 클린턴 맥켄 주니어. 제임스 C. 하우엘. 『시편설교』. 서울: 동연, 2012.
- 헤르만 셀더르하위스. 장호광 역. 『중심에 계신 하나님: 칼빈의 시편 신학』. 서울: 대한기독교서회, 2009.

9. 신약과 설교

★ 리차드 웰스, 보이드 루터. 이승진 역. 『신약 성경과 설교 - 신약성경 속의 설교 분석』. 서울: CLC, 2016.

10. 현대 설교학

- Buttrick, David 1987. *Homiletics: Moves and structures*. Philadelphia: Fortress Press.
★ Campbell, Charles. *Preaching Jesus: New Directions for Homiletics in Hans Frei's Postliberal Theology*. 이승신 역. 『프리칭 예수』. 서울: CLC.
★ Craddock, Fred B. *As one Without Authority*. 김운용 역. 『권위 없는 자처럼 - 귀납적 설교의 이론과 실제』. 2003.
★ 프레드 크레독. 『설교』. 서울: 컨콜디아사, 1989
★ Lowry, Eugene. 1980. *The homiletical plot*. 이연길 역. 『이야기식 실교 구성』. 서울: 한국장로교출판사, 1996.
- Lowry, Eugene. 『신비의 가장자리에서 춤추는 설교』. 서울: 예배와 설교 아카데미, 2008.
- Lowry, Eugene. 『설교자여, 준비된 스토리텔러가 돼라』. 서울: 요단, 1999.
- Lowry, Eugene. 『생명력 있는 설교』. 서울: CLC, 2016.
- 캘빈 밀러. 『설교: 내러티브 강해의 기술』. 서울: 베다니 출판사, 2009.
- 김운용. 『설교의 새로운 패러다임』. 서울: 장로회신학대학교 출판부, 2004.
- 김운용. 『새롭게 설교하기』. 서울: 예배와 설교 아카데미, 2005.

- 리차드 에스링거.『설교 그물짜기』. 서울: 예배와 설교 아카데미, 2008.
- 제임스 M. 톰슨.『바울처럼 설교하라』. 서울: 크리스챤출판사, 2008.

11. 설교 형식

- 박영재.『청중 심리를 파고드는 설교』. 서울: 요단, 2009.
- 마크 엘리엇.『당신의 설교는 창조적입니까』. 서울: 그루터기 하우스, 2006.
- 로날드 알렌.『34가지 방법으로 설교에 도전하라』. 서울: 예배와 설교 아카데미, 2004.
- 데니스 M. 케힐.『최신설교 디자인』. 서울: CLC, 2010.
- 켄트 앤더슨.『설교자의 선택』. 서울: 성서유니온선교회, 2008.

12. 성화 설교

* Chapell, Bryan. *Holiness by Grace*. 조계광 역.『성화의 은혜』. 서울: 생명의 말씀사, 2002.
- 브라이언 채플. 안정임 역.『그리스도 중심 설교 이렇게 하라』. 서울: CUP, 2015.
- 밀라드 에릭슨 & 제임스 헤플린.『건강한 교회를 위한 교리 설교』. 이승진 역. 서울: CLC, 2005.
- 박영선 편.『성화 중심 설교』. 서울: 나침반, 1998.
- 박영선 편.『구원 이후에서 성화의 은혜까지』. 서울: 이레서원, 2005.

13. 교리설교

- 윌리엄 칼 3세.『감동을 주는 교리설교』. 서울: 도서출판 새세대, 2011.
* 밀라드 에릭슨 & 제임스 헤플린.『건강한 교회를 위한 교리설교』. 서울: CLC, 2005.
* 코르넬리스 프롱크. 황준호 역.『도르트 신조 강해 하나님의 주권적 은혜 교리에 대한 위대한 신앙고백』. 서울: 그 책의 사람들, 2012.

14. 인물 설교

- R. 레리 오버스트릿. 이승진 역.『인물설교, 이렇게 하라』. 서울: CLC, 2007.

15. 청중 이해·포스트모던 문화와 설교

- 데이비드 헨더슨. 임종원 역.『세상을 따라잡는 복음』. 서울: 예영커뮤니케이션, 2003.
- 그래함 존스톤.『포스트모던 시대의 설교전략』. 서울: 한국기독교연구소, 2006.
- 잭 에즈윈.『현대인을 위한 성경적 설교』. 서울: CLC, 2010.
- 찰스 L. 캠벨 & 요한 H. 실리에.『하나님의 어릿광대』. 서울: CLC, 2014.
- 찰스 캠벨.『실천과 저항의 설교학: 설교의 윤리』. 서울: 예배와 설교 아카데미, 2014.

16. 교회력과 설교

- 주승중.『은총의 교회력과 설교』. 서울: 장로회신학대학교출판부, 2004.
★ 로버트 E. 웨버. 이승진 역.『교회력에 따른 예배와 설교』. 서울: CLC, 2006.

17. 설교의 파급효과와 비평

- Marsha G. Witten. *All is Forgiven: The Secular-Message in American Protestantism*. Princeton Univ. Press, 1993.
★ 데이비드 웰스. 김재영 역.『신학실종』. 서울: 부흥과개혁사, 2006.
- 그레고리 루이스. 이중수 역.『하나님을 파는 세일즈맨』. 서울: 양무리서원, 1993.
- 마이클 호튼. 김재영 역.『미국제 복음주의를 경계하라』. 서울: 나침반, 1996.
- 마이클 호튼. 김재영 역.『미국제 영성에 속지 말라』. 서울: 규장, 2005.

- 마이클 호튼. 김재영 역. 『세상의 포로된 교회』. 서울: 부흥과 개혁사, 2001.
- 유경재. 『한국교회 16인의 설교를 말한다』. 서울: 대한기독교서회, 2004.
- 박명수 편. 『한국교회 설교가 연구』. 서울: 한국교회사학연구원, 2000.

18. 목회와 설교

* Michael J. Quicke. *360-Degree Leadership*. 이승진 역. 『전방위 리더십』. 서울: CLC, 2009.
- 하워드 스나이더. *Decoding the Church*. 최형근 역. 『교회DNA』. 서울: IVP, 2006.
- 존 맥클루어. *The roundtable pulpit: Where Leadership and preaching Meet.* Nashville: Abingdon, 1995
* 이승진. 『교회를 세우는 설교목회』. 서울: CLC, 2013.

19. 설교의 역사

- Augustine. *On Christian Doctrine*. 김종흡 역. 『기독교 교육론』. 서울: 크리스챤다이제스트, 1994.
- Baxter, Richard. *The Reformed Pastor*. 지상우 역. 『참된 목자』. 서울: 크리스챤다이제스트, 2000.
- Brilioth, Yngve. *A Brief History of Preaching*. 홍정수 역. 『설교사』. 서울: 신망애 출판사, 1987.
- Brooks, Phillips. 『필립스 브룩스의 설교론』. 서울: 크리스챤다이제스트, 1995.
- Dargan, Edwin C. *A History of Preaching*, I, II, III. 김남준 역. 『설교의 역사 I, II, III』. 서울: 도서출판 솔로몬, 1996.
- Fant, Clyde E. & William M. Pinsion, Jr., eds. *Twenty Centuries of Great Preaching*. 박종구 역. 『세계 명설교 대전집』 1-12권. 서울: 성서연구사, 1986.

- Lischer, Richard, ed. *Theories of Preaching: Selected Readings in the Homiletical Tradition.* Durham: The Labyrinth Press, 1987.
- Lischer, Richard. *The Preacher King: Martin Luther King, Jr. and the Word that Moved America.* Oxford University Press, 1992.
- Old, Hughs Oliphant, *The Reading and Preaching of the Scripture in the Worship of the Christian Church*, vols. 1, 2. Grand Rapids: Wm. B. Eerdmans Publishing Co., 1998.
- Parker, T. H. L. *Calvin's Preaching.* 김남준 역. 『칼빈의 설교』. 서울: 솔로몬.
- Thielicke, Helmut. 김병로 역. 『스펄젼의 설교학』. 서울: 신망애출판사, 1979.
- Turnbull, Ralph G. *A History of Preaching*, vol. 3. Grand Rapids: Baker Press, 1974.
- Willimon, William H., & Richard Lischer, eds. *Concise Encyclopedia of Preaching.* 1995. 이승진 역 『설교학 사전』. 서울: CLC, 2004.
- Wilson, Paul Scott. *A Concise History of Preaching.* Nashville: Abingdon Press, 1992.
- 정장복. 『인물로 본 설교의 역사, 상, 하』. 서울: 장신대 출판부, 1991.

미주

1   Anthony C. Thiselton, 『기독교교리와 해석학: 교리, 삶, 공동체의 지평융합에 관한 해석학적 성찰』 김귀탁 역, (서울: 새물결플러스, 2007), 137. Karl Barth, *Church Dogmatics*, II:1, 183, cf. "The Hiddenness of God," 179-204.

2   B. M. Metzger, *A Textual Commentary on the Greek New Testament* (New York: United Bible Society, 1971), 546. G. A. Kennedy, A New History of Classical Rhetoric (Princeton, New Jersey: Princeton University Press, 1994), 12-13. πειθοῖς의 문제는 이 단어가 고린도전서 이외의 어떤 희랍어 문서에서도 나타나지 않는다는 것이다.

3   cf. 이승진, "해석학적인 실재론에 근거한 성경 해석과 설교 메시지의 전달에 관한 연구".

4   N. T. Wright, *The New Testament and the People of God*, 박문재 역 『신약성서와 하나님의 백성』 (서울: 크리스챤다이제스트, 2003), 69-77.

5   N. T. Wright, *The New Testament and the People of God*, 70, cf. David Naugle, *WORLDVIEW*, 박세혁 역 『세계관 그 개념의 역사』 (서울: CUP, 2018), 537-47.

6   N. T. Wright, 74.

7   N. T. Wright, 27.

8   N. T. Wright, 771-7. cf. N. T. Wright에 의하면 성경 해석 과정에서 "중요한 것은 텍스트를 통한 독자와 저자의 상호작용이 아니라 독자와 텍스트의 상호작용"이다. N. T. Wright, 105.

9   N. T. Wright, 772.

10 이승구, "N.T. 라이트의 방법론과 그 문제점," 240; 이상일, "톰 라이트의 예수 연구 방법론에 대한 평가," 「교회와 문화」 27 (2011), 53-74.

11 John M. Frame, *The Doctrine of the Christian Life*, 이경직 역, 『기독교 윤리학: 그리스도인의 삶에 대한 교리』 (서울: 개혁주의신학사, 2015): 88-93, 225.

12 John M. Frame, 『기독교 윤리학: 그리스도인의 삶에 대한 교리』, 89-95,

13 "특정 상황에 속한 신앙 공동체의 해석학적 관점은 하나님의 복음 전달 방식을 이해하는데 영향을 미친다." R. Daniel Shaw & Charles E. Van Engen, *Communicating God's Word in a Complex World*, 이대헌 역 『기독교복음전달론』 (서울: CLC, 2007), 50.

14 George Lakoff, 『코끼리는 생각하지마』(서울: 와이즈베리, 2015), 80.

15 김영한, "기독교 세계관의 독특성; 개혁주의 관점에서," 「기독교철학」 3 (2006,12), 42; 김영한, "기독교 인식론으로서 해석학적 실재론," 「기독교철학」 9 (2009): 1-19. Daniël Louw는 그의 저서 *Wholeness in Hope Care: On Nurturing the Beauty of the Human Soul in Spiritual Healing*에서 비평적 실재론(critical realism)을 하나님의 프락시스를 위한 실천신학적 방법론으로 활용한다. Daniel Louw도 N. T. Wright처럼 신학적인 탐구 작업에서 절대주의와 상대주의의 양극단의 오류를 critical realism의 관점에서 극복하려고 한다. 하지만 N. T. Wright가 해석학적 탐구 대상을 신약성경에 국한시킴으로 자연히 해석자의 중용적인 해석 관점이 무시되는 선에 머무르고 있다. 반면에 Daniel Louw의 critical realism의 대상은 말씀을 통해서 구현되는 하나님의 프락시스(praxis of God) 전체를 포함시킴으로써 본고에서 추구하는 말씀을 통해서 성취되는 하나님 나라에 관한 해석학적 실재론의 취지에 상당히 부합된다. Daniël Louw, *Wholeness in Hope Care: On Nurturing the Beauty of the Human Soul in Spiritual Healing* (Wien, Zürich: LIT, 2015):104-111.

16 '말씀을 통해서 성취되는 하나님 나라'는 개혁주의 실천신학의 핵심 주제이기도 하다. Jacob Firet, *Dynamics in Pastoring* (Grand Rapids: Eerdmans, 1986), 15-17, 21-22, 29.

17 Jacob Firet, 15-17, 21-22, 29.

18 R. Daniel Shaw & Charles E. Van Engen, *Communicating God's Word in a Complex World*, 이대헌 역, 『기독교복음전달론』(서울: CLC, 2007), 272.

19 Wallace E. Anderson, "Editor's Introduction," WY 6:67.

20 R. Daniel Shaw & Charles E. Van Engen, *Communicating God's Word in a Complex World*, 이대헌 역, 『기독교복음전달론』(서울: CLC, 2007), 22-23, 46-47, 50.

21 R. Daniel Shaw & Charles E. Van Engen, 49.

22 조지형, 『역사의 진실을 찾아서: 랑케 & 카』(서울: 김영사, 2006), 58.

23 조지형, 『역사의 진실을 찾아서: 랑케 & 카』(서울: 김영사, 2006), 163-181. 장세용, "언어와 문화로의 전환과 역사학 연구의 방향" 「계명사학」 12 (2002):141-168.

24 조지형, 『역사의 진실을 찾아서: 랑케 & 카』, 164-5.

25 조지형, 『역사의 진실을 찾아서: 랑케 & 카』, 177.

26 Donald K McKim, *Historical Handbook of Major Biblical Interpreters*, 강규성; 장광수 공역 『성경 해석자 사전』(서울:기독교문서선교회, 2003).

27 김영진, "상호 이해를 위한 공감적 대화: 그 의미와 조건," 「철학과 현상학 연구」 68 (2016): 113-139.

28 Kevin J. Vanhoozer, *Is There a Meaning in This Text?* 김재영 역 『이 텍스트에 의미가 있는가』 (서울: IVP, 2003), 403, 429.

29 조병수, "신약성경에 나오는 구약성경의 언약들", 「신학정론」 25/1 (2007년 6월):83-103; 조병수, "신약신학의 과제 신약성경 이해의 차원과 신약성경 적용의 범위", 「신학정론」 26/2 (2008년 11월), 159.

30 James Henry Harris, *No Longer Bound: A Theology of Reading and Preaching*, (Eugene, OR: Wipf and Stock Publishers, Cascade Books, 2013), 208-9. Richard B. Hays, Stefan Alkier and Leroy A. Huizenga, eds., *Reading the Bible Intertextually*, (Waco, Texas: Baylor University Press, 2009).

31 Kevin Vanhoozer는, 텍스트는 그 자체만으로는 존립할 수 없다는 '텍스트의 무규정성'의 관점에서, 그리고 이해를 추구하는 특정 본문이 다른 본문들과 맺고 있는 필연적인 상호연관성의 관점에서 상호본문성(intertextuality)을 이해한다. Cf,. Kevin Vanhoozer, 『이 텍스트에 의미가 있는가?』 (서울: IVP, 2003), 209-215. 반면에 Gregory Beale은 Kevin Vanhoozer의 상호본문성에 대한 입장이, 특정 본문의 의미를 '현재 독자의 맥락에 대해서 열어 두는 것'에 대하여 회의적이다. 이런 이유로 Gregory Beale은 신약 저자들의 구약 사용에 관한 연구에서는 '상호본문성'이란 용어보다는 '성경 내적 석의' 혹은 '성경 내적 암시'라는 표현을 선호한다. cf. Gregory K. Beale, *Handbook on the New Testament Use of the Old Testament*, 이용중 역 『신약의 구약 사용 핸드북』(서울: 부흥과 개혁사, 2013), 77-9. 이러한 차이점은 '상호본문성'에 대한 Kevin Vanhoozer의 이해는 신학적인 해석학 전반을 포괄하는 반면에, Gregory Beale의 이해는 '신약 저자들의 구약 인용'이라는 특정 주제에 한정하기 때문일 것이다.

32 cf. George Lakoff, *Thinking Points: Communicating Our American Values and Vision*, 나익주 역 (서울: 창비, 2007); 이동훈 & 김원용, 『프레임은 어떻게 사회를 움직이는가』(서울: 삼성경제연구소, 2012).

33 Gregory K. Beale, 『신약의 구약 사용 핸드북』, 57-8.

34 Gregory K. Beale, 『신약의 구약 사용 핸드북』, 63. cf. R. Nicole, "The New Testament Use of the Old Testament," in *The Right Doctrine from the Wrong Texts? Essays on the Use of the Old Testament in The New Testament*, Gregory K. Beale ed. (Grand Rapids: Baker, 1994), 13.

35 Raymond E. Brown, *The Sensus Plenior of Sacred Scripture* (Baltimore:

St. Mary's University, 1955), 92 ; Raymond E. Brown, "The History and Development of the Theory of a Sensus Plenior," *Catholic Biblical Quarterly* 15 (1953): 141–162.

36 박윤선,『성경주석: 이사야서』(서울: 영음사, 2009), 638.

37 Christopher Stanley, *Arguing with Scripture: The Rhetoric of Quotations in the Letters of Paul*, (New York and London: T & T Clark International, 2004), 20.

38 최승락, "구약 인용의 수사학: C. 스탠리와 칼빈의 비교"『신약연구』10/2 (2011년, 6월), 336-7.

39 Earle Ellis, *Paul's Use of the Old Testament* (Grand Rapids: Eerdmans, 1957); Walter C. Kaiser, Jr, *The Uses of the Old Testament in the New* (Chicago: Moddy, 1985); Darrell L. Bock, "Part 1, Evangelicals and the Use of the Old Testament in the New," *BS* 142 (July, 1985); Darrell L. Bock, "Part 2, Evangelicals and the Use of the Old Testament in the New," *BS* 142 (October, 1985); Richard B. Hays, *Echoes of Scripture in the Letters of Paul* (New Heaven: Yale Univ. Press, 1989); Peter Enns, *Inspiration and Incarnation: Evangelicals and the Problem of the Old Testament* (Grand Rapids: Baker Academic, 2005) Kenneth Berding & J. Lunde, *Three views on the New Testament use of the Old Testament* (Grand Rapids: Zondervan, 2007), G. K. Beale and D. A. Carson, eds., *Commentary on the New Testament Use of the Old Testament* (Grand Rapids: Baker Academic, 2007). Gregory K. Beale, *Handbook on the New Testament Use of the Old Testament*, 이용중 역『신약의 구약 사용 핸드북』, (서울: 부흥과 개혁사, 2013).

40 Walter C. Kaiser, *The Uses of the Old Testament in the New*, 성기문 역『신약의 구약 사용』, (서울: 크리스챤다이제스트, 1997), 24. cf. Frederic Gardner, "The New Testament Use of the Old," In *The Old and New Testament in Their Mutual Relations*, (New York: James Pott, 1885), 310-11. Cf,.

41 Walter C. Kaiser,『신약의 구약 사용』, 24-6. Cf,. Joseph A. Fitzmeyer, "The Use of Explicit Old Testament Quotations in Qumran Literature and in the New Testament," *New Testament Studies* 7 (1961): 297-333.

42 Walter C. Kaiser,『신약의 구약 사용』, 27-8. cf. Jack Weir, "Analogous Fulfillment: The Use of the Old Testament in the New Testament," *Perspectives in Religious Studies* 9 (1982): 65-76.

43 Kenneth Berding & Jonathan Lunde eds., *Three views on the New Testament use of the Old Testament*, (Grand Rapids, Mich. : Zondervan, 2008).

44   Steve Moyise, *The Old Testament in the New: An Introduction*, 김주원 역 『신약의 구약 사용 입문』, (서울: CLC, 2011), 196-202. 송영목, 『신약과 구약의 대화 : 구약이 녹아있는 신약에 대한 탐구』, (서울: CLC, 2010), 16.

45   Peter Enns, *Inspiration and Incarnation: Evangelicals and the Problem of the Old Testament*, 김구원 역 『성육신의 관점에서 본 성경 영감설』, (서울: CLC, 2006), 18, 94, 162-3. Peter Enns은 이 책에서 구약의 저자들이 본문 기록에서 의도한 본문의 의미와 신약 저자들이 구약을 인용하면서 신약 본문을 저술할 때의 본문의 의미 사이의 불연속성을 다음과 같이 주장한다. "여기에서 우리는 예레미야의 예언 속에 예레미야 자신이 의도하지 않았고, 예레미야 스스로의 지혜로 이해할 수 없는 깊은 의미가 담겨 있다는 것을 볼 수 있다"(p. 167) "신약성경의 저자들이 구약 성경의 본래의 문맥과 본 저자의 의도와 일치하려는 노력을 기울이며 구약 성경을 해석한 것은 아니다"(p.162). "신약 성경의 저자들이 구약을 본래의 문맥과 상관없이 인용하는 것은 신약성경에서 매우 흔한 일로 그렇지 않다고 주장하는 것은 억지 주장에 가깝다."(p. 163). Peter Enns의 구약 본문과 신약 저자들의 인용 사이의 불연속성에 대한 비판은 다음을 참고. 이승구, "피터 엔즈(Peter Enns)의 성경에 대한 성육신적 유비의 의이와 문제점"『우리 이웃의 신학들』, (서울: 나눔과 섬김, 2014), 234-266.

46   Walter C. Kaiser, Jr., *The Uses of the Old Testament in the New* (Chicago: Moddy, 1985). 월터 카이저, 성기문 역 『신약의 구약사용』, (서울: 크리스챤다이제스트, 1997).

47   Walter C. Kaiser, 『신약의 구약 사용』, 41. Timothy H. Lim, "Eschatological Orientation and Alteration of Scripture in the Habakkuk Pesher," *JN ES* 49, 2 (1990) 185-194. 조병수, "쿰란 하박국주석(1QpHab)의 성경 해석 방식",『신학정론』27/2 (2009년 11월):187-215.

48   Walter C. Kaiser, 『신약의 구약사용』, 57, 118-120, 139, 143-145.

49   Walter C. Kaiser, 118-121.

50   Walter C. Kaiser, 39-344.

51   Walter C. Kaiser, 103-126.

52   Kenneth Berding & J. Lunde, *Three views on the New Testament use of the Old Testament* (Grand Rapids: Zondervan, 2007), 45-89.

53   Walter C. Kaiser, 118-120, 139.143-145.

54   Bruce B. Barton, 『사도행전』 (서울: 성서유니온, 2003), 68.

55   Walter C. Kaiser, 75.; Howard Marshall, 『사도행전: 신약의 구약사용 주석』(서울: CLC, 2012), 124-5. Howard Marshall은 베드로의 시편 인용의 목적을 두 가지로

설명한다. 첫째는 예수께서 죽음에 매어 있을 수 없음을 설명하는 것이고, 둘째는 더 중요한 목적으로서 그리스도의 부활을 기정사실이자 전제로 받아들이면서 여기에서 한 걸음 더 나아가 '부활한 예수님께서 진실로 시편이 밀했던 메시야'라는 사실을 강조하려는 것이었다고 한다.

56 Walter C. Kaiser, 208.

57 Walter C. Kaiser, 215.

58 P. Ellingworth, *The Epistle to the Hebrews. NIGTC* (Grand Rapdis: Eerdmans, 1993), 500.

59 Walter C. Kaiser, 225-6.

60 Walter C. Kaiser, 140-3, 144.

61 Walter C. Kaiser, 281-2, 296, 302.

62 Gregory K. Beale, *Handbook on the NT Use of the OT*, 이용중 역『신약의 구약 사용 핸드북』(서울: 부흥과 개혁사, 2013), 101-162.

63 미가 5장 2절, "베들레헴 에브라다야 너는 유다 족속 중에 작을지라도 이스라엘을 다스릴 자가 네게서 내게로 나올 것이라 그의 근본은 상고에 영원에 있느니라"

64 Walter C. Kaiser, 84. Dewey M. Beegle, *Scripture, Tradition and Infallibility* (Grand Rapids: Eerdmans, 1973), 237.

65 Gregory K. Beale, 『신약의 구약 사용 핸드북』, 116.

66 Gregory K. Beale, 116.

67 Gregory K. Beale, 120-2.

68 Gregory K. Beale, 132-7. G. E. Ladd, *The Presence of the Future* (Grand Rapids; Eerdmans, 1974), 223-4.

69 Kevin Vanhoozer, *Is There a Meaning in This Text?:The Bible, the Reader, and the Morality of Literary Knowledge*, 김재영 역, 『이 텍스트에 의미가 있는가?』 (서울: IVP, 2003), 305.

70 John Calvin, 『요한복음 주석』, 22. George R. Beasley-Murray는 요한복음 서문과 창세기 1장의 창조기사의 연관성을 다음과 같이 설명한다. "'태초에 말씀이 계시니라'는 진술은 요한복음서에서와 마찬가지로 70인경에서 '태초에'(Εν ἀρχῇ)로 번역되는 창세기 첫단어인 '베레쉬트'(בְּרֵאשִׁית)를 상기시킨다." George R. Beasley-Murray, *Word Biblical Commentary John 1-21*, 이덕신 역『요한복음』(서울:솔로몬, 2001), 130.

71 Walter Brueggemann, *First and Second Samuel: Interpretation*, 차종순 역『사무엘상·하』(서울: 한국장로교출판사, 2010), 75

72 Willem A. VanGemeren, *Interpreting the Prophetic Word*, 김의원 이명철 공역 『예언서 연구』(서울: 엠마오, 1993), 162.

73 개혁신학의 핵심은 5대 솔라(five sola)로 집약된다. 5대 솔라란 오직 성경(sola scriptura), 오직 그리스도(solus christus), 오직 은혜(sola gratia), 오직 믿음(sola fide), 오직 하나님께 영광(soli Deo gloria)를 의미한다. 5대 솔라의 논리적인 순서가 '오직 성경'으로부터 시작된다는 것은, 그만큼 개혁신학이 올바른 성경해석에 기초한다는 사실을 잘 보여준다.

74 잘 알려진 바와 같이 Luther는 구약 성경에 대한 과도할 정도의 기독론적인 해석을 주장했지만 Calvin은 성경 본문에 대한 신학적인 해석, 또는 기독론적인 해석 이전에 먼저 본문의 문법적인 맥락과 역사적인 배경을 살필 것을 강조하였다. cf. Richard A. Muller, "The Hermeneutics of Promise and Fulfillment," *The Bible in the Sixteenth Century*, D. C. Steinmetz. Durham ed. (NC: Duke University Press, 1990), 77; Richard A. Muller, *Holy Scripture: The Cognitive Foundation of Theology, Vol. 2. of Post-Reformation Reformed Dogmatics* (Grand Rapids: Baker, 1993), 218. cf. David L. Puckett, *John Calvin's Exegesis of the Old Testament* (Louisville, Kentucky: Westminster John Knox Press, 1995), 89-91. 안명준, "칼빈과 성경해석"「복음과 신학」11 (2009,12):40-65.

75 Kevin Vanhoozer, *Is There a Meaning in This Text?:The Bible, the Reader, and the Morality of Literary Knowledge*, 김재영 역,『이 텍스트에 의미가 있는가?』(서울: IVP, 2003); Anthony C. Thiselton, *New Horizons in Hermeneutics*, 최승락 역 『해석학의 새로운 지평: 변혁적 성경 읽기의 이론과 실제』(서울: SFC, 2015).

76 성경해석의 기본 패러다임은 설교의 기본 패러다임과 유사하면서도 다르다. 유사점은 의사소통(communication)을 구성하는 기본적인 구성요소들로 이루어졌다는 것이다. 성경해석의 기본 패러다임은 과거저자와 본문, 그리고 현대 독자의 세 가지 기본적인 요소로 구성된다면, 설교의 커뮤니케이션은 성경 말씀과 설교자, 그리고 청중의 기본적인 요소로 구성된다. 차이점은 실제적인 구성 요소들이 다르다는 점이다. cf. Johan Cilliers, *The Living Voice of the Gospel: Revisiting the Basic Principle of Preaching*, 이승진 역,『설교 심포니: 살아 있는 복음의 음성』(서울: CLC, 2014), 50-53, 55-68.

77 Johan Cilliers,『설교 심포니: 살아 있는 복음의 음성』, 4.7.5

78 Eugene A. Nida and C. R. Taber, *Theory and Practice of Translation* (Leiden: E. J. Brill, 1969); Eugene A. Nida and Jan de Waard, *From One Language to Another: Functional Equivalence in Bible Translation* (Nashville: Thomas Nelson

Publications, 1986).

79 Kevin Vanhoozer, *Is There a Meaning in This Text?:The Bible, the Reader, and the Morality of Literary Knowledge*, 김재영 역,『이 텍스트에 의미가 있는가?』(서울: IVP, 2003), 305.

80 윤영수. 채승병,『복잡계 개론』(서울: 삼성경제연구소, 2005), 59-61.

81 Vanhoozer,『이 텍스트에 의미가 있는가?』, 403.

82 Robert Alter, The Art of Biblical Narrative, 황규홍, 박영희, 정미현 공역,『성서의 이야기 기술』(서울: 아모르문디, 2011), 49-53.

83 Anthony Thiselton, New Horizons in Hermeneutics, 최승락 역『해석의 새로운 지평: 변혁적 성경 읽기의 이론과 실제』(서울: SFC, 2015), 651.

84 이런 이유로 Anthony Thiselton은 성경 내러티브에 대한 구조주의적인 해석을 시도했던 Roland Barthes에게서 내러티브의 의미는 본문의 문학적인 체계와 생활 세계 사이의 상호관계의 맥락 속에서 융합되는 것으로 이해하였음을 설명한다. Anthony Thiselton,『해석의 새로운 지평』, 657.

85 Amy E. Herman, *Visual Intelligence*, 문희경 역,『우아한 관찰주의자』(서울: 청림출판, 2017). 변호사이자 미술가인 에이미 허먼은 의대생들이 환자를 올바로 진찰하여 병세를 올바로 파악하고 정확한 처방을 내릴 수 있도록 훈련하기 위하여 '지각의 기술'(the art of perception)이라는 프로그램을 개발하였다. 다음의 TED 강연은 에이미 허먼의 '지각의 기술'에 관한 간략한 내용을 소개한다. https://www.youtube.com/watch?v=7FAQzj6mYB8

86 박철현에 의하면 개혁파 목회자들이 성경 해석 과정에서 내러티브 분석 방법론을 선별적으로 활용할 수 있는 이유는 첫째로 이 방법론이 역사 비평의 방법론과 다르게 정경적 본문을 해석의 기본 대상으로 삼기 때문이며, 둘째로 이 방법론이 성경 본문의 통일성과 완전성을 기본 전제로 하기 때문이라고 한다. 또한 '하나의 저자'에 대한 기본 전제도 서로 공유할 수 있는 점도 개혁파 목회자들이 내러티브 분석 방법론을 활용할 수 있는 중요한 근거로 본다. cf. 박철현, "개혁주의 신학과 내러티브 분석방법의 관계에 대한 고찰,"「신학지남」314 (2013,봄):

87 J. Muilenburg, "Form Criticism and Beyond." *JBL* 88 (1969) 1-18.

88 Brevard S. Childs, *Biblical Theology in Crisis*, 박문재 역,『성경신학의 위기』(서울: 크리스천다이제스트, 1992).

89 D. F. Tolmie, *Narratology and Biblical Narrative: A Practical Guide*, 이상규 역『서사학과 성경 내러티브』(서울:CLC, 2008), 15-16.

90 Seymour Chatman, *Story and Discourse: Narrative Structure in Fiction and*

Film (Ithaca. N.Y. : Cornel University Press, 1978). 한용환 역, 『이야기와 담론: 영화와 소설의 서사구조』(서울: 푸른사상, 2006).

91 20세기 후반에 비약적으로 발전한 다양한 공시적인 성경해석 방법론들 중에서 설교자들이 본문의 '화행론적인 중심사상'을 파악하는데 도움을 주는 연구방법론으로 담화분석(discourse analysis)이 있다. "담화분석은 성경 본문을 담화로 상정하고 그 담화의 내적, 외적 구조를 고려하면서 해당 담화가 지닌 의미를 찾으려는 해석 방법이다." cf. 이진섭, "에베소서 2:1-10의 문맥구조 분석과 그 함의", 『성경과 교회』 15(2017):151-183. J. P. Louw, *A Semantic Discourse Analysis of Romans, 2 vols.* (Pretoria : Univ. of Pretoria, 1987). S. E. Porter 'Discourse Analysis and New Testament Studies: An Introductory Survey', in S. E. Porter and D. A. Carson (eds.), *Discourse Analysis and Other Topics in Biblical Greek, JSNTSup 113*, (Sheffield: JSOT Press, 1995):14-35.

92 그레마스, 김성도 역, 『의미에 관하여』(서울: 인간사랑, 1997), 180.

93 최용호, "그레마스의 의미생성 모델에 대한 비판적 고찰," 『언어와 언어학』 38 (2006, 09): 166-167.

94 그레마스의 기호학에서 'S'는 의미의 최소단위를 의미하는 의소(seme)를 가리킨다. 이지은, "그레마스의 기호학과 서술이론", 『독일문학』 69 (1999): 230-255.

95 D. F. 톨미, *Narratololgy and Biblical Narratives: A Practical Guide*, 이상규 역, 『서사학과 성경 내러티브』(서울: CLC, 2008), 99ff.

96 D. F. Tolmie는 그레마스의 기호학 사각형 모델을 아담과 하와의 타락에 관한 내러티브(창 2:4b-3:25)와 사도행전 27장에 사도 바울의 로마로의 항해에 관한 내러티브에 각각 적용하여 해당 내러티브의 전체 맥락 속에서 어떻게 의미가 생성 및 전개되고 있는지를 소개한다. D. F. 톨미, 『서사학과 성경 내러티브』, 100-117.

97 박인철, "그레마스의 설화문법", 이선정 공저, 『현대 불란서 언어학의 방법과 실제』(서울: 연세대학교 출판부, 1994), 131.

98 Jesse C. Long에 의하면 열왕기상 12장 6-15절에 등장하는 르호보암 왕의 통치를 위한 노인들의 지혜로운 조언과 그와 함께 자라난 소년들의 어리석은 제안 사이의 명백한 대조 관계가 13장에서는 유다에서 온 참 선지자의 조언과 벧엘의 나이들고 거짓된 선지자 사이의 명백한 대조 관계로 계속된다고 한다. cf. Jesse C. Long (ed), *The College Press NIV Commentary: 1 & 2 Kings* (Joplin, Missouri: College Press Publishing, 2002), 176.

99 Fokkelman에 의하면 벧엘 출신의 선지자 내러티브는 흑백의 명확한 대조 관계가 아니라 마치 회색지대처럼 선악의 대조에 온갖 호기심과 모호함(ambiguity)을

부각시키는 모순 관계를 활용하고 있다고 한다. J. P. Fokkelman, *Reading Biblical Narrative: An Introductory Guide*, (Louisville, KY : Westminster John Knox Press, 1999), 96.

100 Gary M. Burge과 Andrew E. Hill에 의하면, 벧엘 선지자 내러티브는 선포된 하나님의 말씀의 성취에 대한 의구심이 팽배한 상황에서 (내러티브의 심층 구조 안에서 발신자에 해당되는) 하나님은 자신의 목적을 성취하기 위하여, (또는 행위자 모델 안에서 수신자에게 제공할 목적을 성취하기 위하여) 심지어 반신반의하는 선지자들(dubious prophets)마저도 사용한다는 점을 강조하고 있다고 한다. Gary M. Burge and Andrew E. Hill (ed), *The Baker Illustrated Bible Commentary: 1 & 2 Kings*, (Grand Rapids: Baker Books, 2012), 1 Kings 13:1-34.

101 Koert van Bekkum에 의하면, 왕상 13장의 내러티브는 "여호와의 말씀"이란 표현을 9회 반복하고, 또 "돌아오다"나 "회개하다", 또는 "회복하다"로 번역될만한 단어를 14회(나 사용하면서 선포된 하나님의 말씀으로 회개하고 하나님께로 돌아올 것을 강조한다. "여호와의 말씀"은 13:1, 2, 5, 9, 17, 18, 20, 26, 32에 등장하고, '회개하다' 혹은 '돌아오다'는 의미의 'sub'는 13:4, 6, 9, 10, 16, 17, 18, 19, 20, 22, 23, 26, 29, 33절에서 사용된다. cf. Koert van Bekkum, "Some remarks on the Reformed Hermeneutics of Biblical Historial Narrative", ed. by Mees te Velde, Gerhard H. Visscher, *Correctly Handling the Word of Truth: Reformed Hermeneutics Today*, (Eugene, Oregon: Wipf and Stock Publishers, 2014), 120-121.

102 양용의,『예수와 안식일, 그리고 주일』, (서울: 이래서원, 2000), 91.

103 양용의,『예수와 안식일, 그리고 주일』, 179.

104 양용의, 267.

105 양용의, 268. Cf,. R. T. France, *Jesus and the Old Testament: His Application of Old Testament Passages to Himself and his Mission* (London: Tyndale Press, 1971), 46-47.

106 양용의, 268.

107 중의법(重義法, double entendre)의 한 가지 사례로는 "Nobody is coming"이 있다. 이 문장의 문자적인 의미는 '아무도 오고 있지 않다'이다. 하지만 nobody의 또 다른 의미로는 '하찮은 사람'이나 '시시한 놈'의 뜻이므로, '시시한 놈이 오고 있다'는 함의도 들어 있다. 이 영어 문장이 첫째 뜻을 전하는지, 둘째 뜻을 전하는지의 여부는 소통 당사자가 참여하는 소통의 맥락에 의하여 결정된다.

108 이러한 두 신자들이 공통으로 직면한 문제 상황의 일치를 가리켜서 '설교의 교집

합 모델'(Preaching Ven diagram model, Preaching intersection model)이라고 부른다. cf. 이승진, 『설교를 위한 성경해석』 (서울:CLC, 2008).

109 Thomas Long, *Preaching the Literary Forms of the Bible*, (Philadelphia: Fortress, 1989), 87.

110 Craig L. Blomberg, *Interpreting the Parables* (Downers Grove, III.,: InterVarsity Press, 1990): Robert Stein, *Introduction to the Parables of Jesus* (Philadelphia: Westminster Press, 1981).

111 Grant R. Osberne, The Hermeneutical Spiral, 임요한 역, 『성경해석학 총론』 (서울: IVP, 2017), 415-16, 461-62.

112 신천지 교육위원회 편, 『성도와 천국』, (안양, 신천지, 1995), 26; 정창균, "신천지 이단의 성경해석과 설교적 대응", 「설교한국」 4/1 (2012, 봄):27-76; 박태수, "복음방 교육에 나타난 신천지 교리에 대한 비판적 고찰", 「조직신학연구」 21 (2014): 169-96.

113 이만희, 『천국 비밀 요한계시록 실상』 (1998); 신천지 교육위원회 편, 『사명자 교육용 성경에 대한 계시와 주석』.

114 이만희, 『천국 비밀 요한계시록 실상』 (1998), 36.

115 김낙경, "신천지 이단을 대처하는 요한계시록 설교의 방향성", 설교학박사학위논문 (천안: 백석대학교 기독교전문대학원, 2014).

116 Robert Stein, *Introduction to the Parables of Jesus*, 오광만 역, 『비유해석학』 (서울: 엠마오, 1988), 20.

117 B. Gerhardsson, "The Narrative Meshalim in the Synoptic Gospels" *New Testament Studies* 34/3 (1988, July): 339-63; Grant Osborne, *The Hermeneutical Spiral*, 임요한 역, 『성경해석학 총론』 (서울: 부흥과 개혁사, 2017), 409.

118 Werner G. Jeanrond, *Theological Hermeneutics: Development and Significance* (New York: Crossroad, 1991), 30-57.

119 Robert H. Stein, *An Introduction to the Parables of Jesus*, 오광만 역, 『비유 해석학』 (서울: 엠마오, 1988), 69. A. B. Wylie, "알렉산드리아의 클레멘트", Donald K. McKim, ed., *Historical Handbook of Major Biblical Interpreters*, 강규성, 장광수 공역, 『성경해석자 사전』 (서울: CLC, 2003), 89-96.

120 B. Nassif, "오리겐", Donald K. McKim, ed., *Historical Handbook of Major Biblical Interpreters*, 129.

121 R. Stein, *An Introduction to the Parables of Jesus*, 오광만 역, 『비유 해석학』, 72.

122 D.L. Puckett, "John Calvin," Donald K. McKim, ed., *Historical Handbook of*

Major Biblical Interpreters (Illinois, InterVarsity Press: 1998): 171-79.

123　John Calvin, *The Calvin Commentary*, 신복윤 외 공역,『존 칼빈 성경주석, 19권 갈라디아서』(서울: 성서원, 2003), 609.

124　Calvin,『존 칼빈 성경주석, 공관복음 16권』, 202-3.

125　Stein,『비유 해석학』, 85.

126　Stein,『비유 해석학』, 86.

127　C. H. Dodd, *The Parables of the Kingdom* (New York: Charles Scribner's Sons, 1961); D. A. Hagner, "C. H. Dodd", Donald K. McKim, ed., *Historical Handbook of Major Biblical Interpreters*, 478.

128　Stein,『비유 해석학』, 96.

129　C. H. Dodd, *The Parables of the Kingdom* (New York: Charles Scribner's sons: 1961), 85.

130　홍창표,『하나님 나라와 비유』(수원: 합동신학대학원출판부, 2004), 74.

131　Stein,『비유 해석학』, 90-117.

132　Stein,『비유 해석학』, 102-6.

133　John Nolland, *Word Biblical Commentary, Luke 18-24*, 김경진 역,『누가복음』(서울: 솔로몬, 2005), 126-28; Stein,『비유 해석학』,104.

134　Craig, Bloomberg, *Interpreting the Parables*, 김기찬 역,『비유 해서하』(서울: 생명의 말씀사, 1996)『비유 해석학』, 50.

135　Bloomberg,『비유 해석학』,171, 212-13.

136　Bloomberg,『비유 해석학』, 54, 171

137　Bloomberg,『비유 해석학』, 173-74.

138　Robert W. Funk, *Language, Hermeneutics, and Word of God* (New York: Harper and Row, 1966), 136-38; 홍창표,『하나님 나라와 비유』(수원: 합신출판부, 2004), 74-75.

139　Bloomberg,『비유 해석학』, 193.

140　Saillie McFague, *Speaking in Parables* (Philadelphia: Fortress Press, 1975), 77.

141　George Lakoff & Mark Johnson, *Metaphors We Live By*, 노양진 & 나익주 공역,『삶으로서의 은유』(서울: 박이정, 2006), 38-46.

142　Lakoff & Johnson, *Metaphors We Live By*, 27.

143　Stein,『비유해석학』, 110.

144　Bloomberg,『비유 해석학』, 204-5.

145　Bloomberg,『비유 해석학』, 204-5.

146 Bloomberg,『비유 해석학』, 191-93.

147 Bloomberg,『비유 해석학』, 211.

148 Bloomberg,『비유 해석학』, 217-18.

149 John Nolland, *Word Biblical Commentary, Luke 18-24*, 김경진 역,『누가복음』(서울: 솔로몬, 2005), 623; Bloomberg,『비유 해석학』, 206.

150 Bloomberg,『비유 해석학』, 221.

151 Osberne,『성경해석학 총론』, 459.

152 John Sailhamer, *The Pentateuch as Narrative*, 김동진 역,『서술로서의 모세오경』(서울: 새순출판사, 1994), 48.

153 Sailhamer, *The Pentateuch as Narrative*,『서술로서의 모세오경』, 91.

154 Sailhamer,『서술로서의 모세오경』, 91-92. Sailhamer, *Introduction to Old Testament Theology: A Canonical Approach* (Grand Rapids: Zondervan, 1995), 295; Ross, *Creation and Blessing: A Guide to the Study and Exposition of Genesis* (Grand Rapids: Baker, 1996), 273.

155 Sailhamer,『서술로서의 모세오경』, 92. Robert B. Chisholm도 구약성경의 역사서나 지혜문학의 평행법(parallelism)에서 앞선 등장인물의 이미지나 행동이 후대 등장인물의 이미지나 행동과 유사한 패턴을 제공하는 내러티브 모형론(narrative typology)에 주목하였다. Robert B. Chisholm, *Interpreting the Historical Books: An Exegetical Handbook* (Grand Rapids: Kregel, 2006), 78-80, 80.

156 Sailhamer,『서술로서의 모세오경』, 92.

157 O. Palmer Robertson, *The Christ of the Covenants*, 김의원 역,『계약신학과 그리스도』(서울: CLC, 2013), 36-59.

158 Sailhamer,『서술로서의 모세오경』, 113.

159 Craig Blomberg & Rick Watts, *Commentary on the New Testament Use of the Old Testament* (Matthew & Mark), 김용재 우성훈 공역,『신약의 구약사용 주석 시리즈 I 마태, 마가복음』(서울: CLC, 2010), 67. Dale C. Allison은 마태복음에 등장하는 예수 그리스도를 모세오경의 주인공 모세를 능가하는 '새 모세'(New Moses)의 상응 관계의 관점에서 마태복음을 해석하였다. Dale C. Allison, *The New Moses: A Matthean Typology*, (Minneapolis: Fortress Press, 1993).

160 G. K. Beal, *A New Testament Biblical Theology: The Unfolding of the Old Testament in the New*, (Grand Rapids, Michigan: Baker Academic, 2011).

161 Thomas Long, *Preaching from Memory to Hope* (Louisville: Westminster John Knox Press, 2009), 3.

162 Eugene L. Lowry, *The Homiletical Plot* (Atlanta: John Knox Press, 1980), 5-100.

163 Eugene Lowry, "더 이상 무엇을 바라겠는가?", *How to Preach a Parable: Designs for Narrative Sermons*, 이주엽 역, 『설교자여, 준비된 스토리텔러가 돼라』 (서울: 요단출판사, 2001), 175-217.

164 Campbell Morgan, 오광만 역 『하나님 나라의 비유』 (서울: 풍만, 1987). John Timmer, 류호준 역 『하나님 나라 방정식 : 예수님의 비유에 대한 새로운 접근』 (서울: 크리스챤나이제스트, 1998). Leonhard Ragaz, 유장현 역 『예수의 비유 : 하나님 나라의 본질과 도래』 (서울: 다산글방, 2001). 홍창표, 『하나님 나라와 비유』 (수원: 합동신학대학원출판부, 2004). John F. MacArthur, 『하나님 나라의 비유』 (서울: 생명의말씀사, 2015).

165 Graeme Goldsworthy, *According to Plan*, 『복음과 하나님의 계획』 김영철 역 (서울: 성서유니온, 1991), 263.

166 이동훈, 김원용, 『프레임은 어떻게 사회를 움직이는가』 (서울: 삼성경제연구소, 2012), 25.

167 이동훈, 김원용, 26.

168 Charles J. Fillmore, "Frame Semantics," The Linguistics Society of Korea, ed, *Linguistics in the Morning Calm* (Seoul: Hansin, 1982), 111-137. 임지룡, 『인지어어학』 (서울: 탑출판사, 1997). 박윤만, "신약성서 본문의 문맥에 대한 인지 언어학적 고찰" Canon & Culture (3/1) (2009, 봄), 247-248.

169 George Lakoff, *Metaphors We Live By*, 노양진, 나익주 역 『삶으로서의 은유』 (서울: 도서출판 박이정, 2017), 24.

170 George Lakoff, 24.

171 George Lakoff, *Thinking Points* 나익주 역 『프레임 전쟁』 (서울: 창비, 2007). 나익주는 조지 레이코프의 은유 이론을 가리켜서 "근원 영역과 목표 영역 사이에서 이루어지는 영역 교차 사상(cross-domain mapping)이라고 설명하였다. 나익주, 『조지 레이코프』 (서울: 커뮤니케이션북스, 2017), 24-25.

172 김은수, "칼빈의 구원론의 이해: 그리스도와의 연합과 이중은혜를 중심으로", 『한국기독교신학논총』67 (2010):178.

173 이동훈, 김원용, 『프레임은 어떻게 사회를 움직이는가』 (서울: 삼성경제연구소, 2012), 94.

174 Kevin Vanhoozer, *Is There a Meaning in This Text?:The Bible, the Reader, and the Morality of Literary Knowledge*, 김재영 역, 『이 텍스트에 의미가 있는가?』 (서

울: IVP, 2003), 305.

175 이승진, "반전의 깨달음을 위한 설교 플롯에 관한 연구," 한국실천신학회, 『신학과 실천』, 46 (2015): 117-45, 특히 126.

176 Walter Benjamin, 최성만 역 『언어 일반과 인간의 언어에 대하여-번역자의 과제』 (서울: 길, 2008), 71ff. 오근재, 『인문학으로 기독교 이미지 읽기』 (서울: 홍성사, 2012), 152-159.

177 이승진, "구속사 내러티브를 구현하는 설교목회" 『복음과 실천신학』 43 (2017.05):79-112.

178 Carol Pearson, 왕수민 역 『내 안에 6개의 얼굴이 숨어 있다』 (서울: 사이, 2008).

179 Jacob Firet, *Dynamics in Pastoring*, 82-83.

180 Daniël Louw, *Wholeness in Hope Care: On Nurturing the Beauty of the Human Soul in Spiritual Healing* (Wien, Zürich: LIT, 2015): 105-111.

181 Pieterse, H. J. C, *Communicative Preaching*, 정창균 역, 『설교의 커뮤니케이션』 (수원 : 합동신학대학원출판부, 2002), 203.

182 Van der Geest, *Presence in the pulpit: The impact of personality in preaching*, (Atlanta: John Knox, 1981), 28-9; 38-9.

183 David Buttrick, *Homiletics: Moves and structures*, (Philadelphia: Fortress Press. 1987), 41.

184 Daniel J. Louw, *A pastoral Hermeneutics of care and encounter*, (Cape Town: Lux Verbi), 122, 137, 170.

185 George W. Stroup, *The promise of narrative theology: Recovering the Gospel in the Church*, (Atlanta: John Knox, 1981), 91ff.

186 Richard L Eslinger, *Narrative & Imagination: Preaching the Worlds That Shape Us*, (Minneapolis: Fortress Press, 1995), 27.

187 Urban T. III Holmes, *Ministry and Imagination*, (New York: The Seabury Press, 1976), 101-102; Thomas H. Troeger, *Imagining a Sermon*, (Nashville: Abingdon, 1990), 28: Rodney Kennedy, *The creative power of metaphor: Rhetorical Homiletics*, (Lanham: Univ. Press of America, 1993),75; Mark Alan Johnson, *Christological preaching for the Postmodern Era*, (UMI Dissertation Service, 1994), 171.

188 Eduard R. Riegert, *Imaginative shock: Preaching and Metaphor*, (Burlington: Trinity Press, 1990),58-9.

189 Walter Brueggemann, *Texts under negotiation: The Bible and Postmodern*

Imagination, (Minneapolis: Fortress Press, 1993), 24-5.

190 Thomas H. Troeger, "Chapter 6, The Social Power of Myth as a Key to Preaching on Social Issues", Ed. by Arthur Van Seters, *Preaching as a social act: Theology & Practice*, (Nashville: Abingdon, 1988), 206-8.

191 David Buttrick, *Homiletics: Moves and Structures*, (Philadelphia: Fortress Press. 1987),86ff; Calvin Miller, *The Empowered Communicator: 7 Keys to Unlocking an Audience*, (Nashville: B & H., 1994),49.

192 이를 가리켜서 실교학자 버트릭(David Buttrick)은 의식의 목표점(focus of consciousness)과 해석의 방향(hermeneutical orientation)이라고 한다(Buttrick 1987:84-5, 93). 서론에서 청중에게 의식의 목표점을 제공한다는 의미는 앞으로 다뤄질 특정 주제나 개요를 미리 파악하도록 소개한다기 보다는 앞으로 본격적으로 펼쳐질 세계 속으로 청중이 빨려들어갈 수 있도록 서서히 유도 작업을 한다는 의미이다. 또한 해석의 방향이란 성경 본문이나 설교의 주제를 어떤 해석적 입장에서 전개할 것인지 미리 선정하는 작업을 말한다. 예를 들어 탕자의 비유(눅 15:11-32)에 관한 설교에서 탕자를 비판하는 맥락에서 본문을 다룰 것인지 아니면 장자를 비판하는 맥락에서 다룰 것인지 본문에 대한 해석적 입장을 분명히 제시함으로써 앞으로 이어질 메시지에 대한 분명한 해석적 토대를 제시해야한다.

193 설교의 서론을 청중의 상황이나 문제제기로부터 시작하는 것에 대해서 설교하자들의 입장이 반반으로 나뉘어 있다. 예를 들어 van der Geest와 같은 학자는 문제해결식 설교 모델은 복음을 인간의 문제에 대한 편파적인 해답으로 전락시킨다고 보면서 이런 방식을 비판한다(cf. van der Geest 1981:122). 하지만 로이드 존스(LloydJones, 목사와 설교:227)나 윌슨(Paul Wilson 1995:18304), 브루그만(Brueggemann 1989:51), 그리고 칼빈 밀러(Calvin Miller 1994:26)와 같은 학자들은 이런 방식을 지지한다. 특히 브루그만에 의하면 청중의 삶으로부터 시작하는 설교 모델을 비판하는 이유는 복음의 실용주의화 혹은 인간중심화에 대한 우려 때문이라고 하면서도 청중의 삶과 유리된 설교는 청중의 삶 속에서 구현되어야 하는 진리에 대한 무책임하고 맹목적인 낙관주의에 근거한 비현실적 설교라고 비판하면서 청중의 삶의 문제를 신앙과 관련된 문제로 국한시킬 때 이런 문제는 자연스럽게 해결될 수 있다고 주장하고 있다.

194 리처드 니스벳, 『생각의 지도』, 최인철 역 (서울: 김영사, 2004).

195 스티븐 매튜슨, 『청중을 사로잡는 구약의 내러티브 설교』 이승진 역 (서울: CLC, 2004), 163.

196 리차드 프랫, 『구약의 내러티브 해석』이승진 공역 (서울: CLC, 2007), 309.

197   Ibid; cf. 리차드 프랫, 136, 540-41; 한편 창 12:10-20과 출 12장의 출애굽 사건
사이의 연관성에 대한 학자들의 견해는 다양하다. 베스터만(C. Westermann)은 연
관성을 부인하지만 반대로 카스토(U. Cassuto)와 로스(A. P. Ross), 그리고 세일해
머(John Sailhamer)는 연관성을 인정한다. C. Westermann, Genesis 12-36 (tr. J.
J. Scullion; Minneapolis: Augsburg, 1985), 166; U. Cassuto, *A Commentary on
the Book of Genesis* (tr. I. Abraham; 2 vols.; Jerusalem; Magnes, 1984)2.336; 존
세일해머,『서술로서의 모세오경』김동진 역 (서울: 새순출판사, 1994), 91. 특히 세
일해머는 모세오경 속에서 발견되는 과거 사건과 그 이후 사건 사이의 긴밀한 연관
성을 서술형 모형론(Narrative typology)라는 관점으로 정형화시켜서 해석하고 있
다.

198   그래함 존스톤,『포스트 모던 시대의 설교 전략』최종수 역 (서울: 한국기독교연구
소, 2006), 258.

199   시드니 그레이다누스,『성경해석과 성경적 설교』김영철 역 (서울: 여수룬, 1992),
198, 227.

200   반 게메렌『예언서 연구』(서울:엠마오, 1993), 137-8.

201   구원 계시의 발전 역사 속에서 특정 본문이 각각 다르게 적용되어온 과정에 대해
서는 리차드 프랫의 '시대적 조정'(epochal adjustments) 개념이 유용한 통찰을 제
공한다. '시대적 조정'이란 성경 본문을 적용하고자 할 때에는 점진적으로 발전하는
하나님의 계시 역사의 독특성을 배제시키지 말고, 구약시대로부터 신약시대로 이
어지는 하나님의 구원 역사 속에서 다양한 시기에 점진적인 발전의 형태로 주어지
다가 예수 그리스도의 십자가 죽음과 부활 사건에서 최고조에 달한 하나님의 계시
역사의 점진적 특성과 각 단계의 독특성을 고려하면서 본문의 적용점을 유도해야
한다는 것이다. Cf. 리차드 프랫,『구약의 내러티브 해석』이승진 공역 (서울: CLC,
2007), 413-447.

202   Ibid., 494.

203   Van der Geest, *Presence in the pulpit: The impact of personality in preaching,*
(Atlanta: John Knox, 1981), 104; David L. Larsen, *The Anatomy of Preaching:
Identifying the Issues in Preaching Today,* (Grand Rapids: Baker Books, 1992),
105. 십일조나 헌금 문제에 대해서도 동일하게 생각해 볼 수 있다. 헌금해야 한다면
신자들의 입장에서는 그 이유를 따질 것이다. 하나님의 말씀 때문인가? 아니면 목
회자의 목회적 필요 때문인가? 설교 시간에 설교자는 헌금의 이유가 하나님 때문임
을 확신시켜야 한다. 그러면 그 "하나님 때문"이라는 영적 권위를 설교자는 설교 시
간에 어떻게 보여줄 수 있을까? "나에게 헌신하라"는 하나님의 직접적인 말씀을 인

용함으로서 보여줄 것인지, 아니면 "내가 너를 사랑하노라"는 하나님의 사랑에 대한 확신을 심어줌으로써 헌신과 헌금의 동기를 이끌어 낼 것인지에 대해서는 설교자의 판단이 필요하다. 전자의 방법은 적용적인 효과는 빠르지만 신자들의 메시지에 대한 심리적 저항감이 강할 것이고 후자의 경우에는 효과는 미비하지만 메시지에 대한 심리적 저항감은 약할 것이다. cf. 이동원 "한 가난한 과부의 헌신" 마가복음 12:41-44, 1999.4.11. 주일설교.

204 Richard Osmer, *Practical Theology: An Introduction*, 김현애, 김정형 공역『실천신학의 네 가지 중심과제』(서울: WPA, 2012), 27-59.

205 정창균, 이승진, 권호, 공저, 『뉴노멀시대의 교회와 목회』(수원: 설교자하우스, 2020):158-234.

206 Walter Brueggemann, *Cadences of Home: Preaching Among Exiles*, 이승진 역, 『탈교회 시대의 설교』(서울: CLC, 2018): 20-356; *The Message of the Psalms: A Theological Commentary*, 『(브루그만의) 시편사색 』(서울: 솔로몬, 2012): 38-331.

207 조성돈, Post Corona19 한국교회의 갈 방향,「포스트 코로나 시대의 한국교회의 생존」[2020 실천신학대학원, 지역목회자를 위한 찾아가는 신학세미나 자료집], 6.; 한국기독교사회문제연구원, 한국사회 주요 현안에 대한 개신교인 인식 조사, 2020.10.14. (전국 개신교인 만 19세 이상 1천명, 온라인 주사. 202007.21-07.29).

208 이승신, "뉴노밀 시대의 강단목회",『뉴노멀시대의 교회와 목회』(수원: 설교자하우스, 2021), 158-9.

209 I. Fang, *A History of Mass Communication: Six Information Revolutions*, 심길중 역『매스커뮤니케이션의 역사: 6단계 정보혁명』(서울: 한울아카데미, 2002).

210 김문조,『융합사회의 소통양식 변화와 사회진화 방향 연구』(서울: 정보통신정책연구원, 2009), 37.

211 최창현, "C-P-N-D 생태계와 ICCT", *Journal of Digital Convergence*, 12/3 (2014): 7-16.

212 이승진, "뉴노멀 시대의 강단목회", 162-9.

213 Harold Innis, *Empire and Communications*, (Toronto: Dundurn Press, 2007), 7.

214 Marshall McLuhan, 『미디어의 이해: 인간의 확장』김성기 이한우 역 (서울: 민음사, 2002), 35.

215 이승진, "뉴노멀 시대의 강단목회", 164-5.

216 Marshall McLuhan, 『미디어의 이해』, 30, 55, 439.

217 Neil Postman, *Technopoly: The surrender of culture to technopoly*, 김 균 역『테

크노폴리』(서울: 궁리, 2005), 37.

218 Jean Baudrillard, Simulacres et simulation, 하태환 역,『시뮬라시옹』(서울: 민음사, 2001). 9-10.

219 이승진, "뉴노멀 시대의 강단목회", 181-204.

220 David Wells, 김재영 역,『신학실종』(서울: 부흥과개혁사, 2006),148.

221 Walter Brueggemann, "Preaching as re-imagination", Theology Today 52, (1995): 313–329. Walter Brueggemann, Cadences of Home: Preaching Among Exiles, 이승진 역, "재상상으로서의 설교"『탈교회 시대의 설교』(서울: CLC, 2018): 82-118; The Message of the Psalms: A Theological Commentary,『(브루그만의) 시편사색』(서울: 솔로몬, 2012): 38-331.

222 Walter Brueggemann, 이승진 역, "포로민을 향한 설교"『탈교회 시대의 설교』(서울: CLC, 2018): 20-59.

223 Walter Brueggemann, "포로민을 향한 설교", 22. cf. Daniel L. Smith, The Religion of the Landless: The Social Context of the Babylonian Exile (Bloomington, Ind.: Meyerstone Books, 1989).

224 Walter Brueggemann, "포로민을 향한 설교", 23.

225 Walter Brueggemann, "포로민을 향한 설교", 25.

226 Walter Brueggemann, "포로민을 향한 설교", 80.

227 Walter Brueggemann, "포로민을 향한 설교", 80.

228 이러한 관점의 차이는 본 논의의 범위를 벗어나는 것이다. 참고, Graeme Goldsworthy, According to Plan, 김영철 역,『복음과 하나님의 계획』, (서울: 성서유니온, 2007).

229 George. Lakoff & Mark. Johnson, Philosophy in the Flesh : the Embodied Mind and its Challenge to Western Thought, 임지룡, 윤희수, 노양진, 나익주 역,『몸의 철학』(서울: 박이정, 2002), 47.

230 김용규,『생각의 시대』(서울: 김영사, 2020), 99.

231 김용규,『생각의 시대』(서울: 김영사, 2020), 103.

232 Walter Brueggemann, "재상상으로서의 설교",『탈교회 시대의 설교』(서울: CLC, 2018): 88.

233 Walter Brueggemann, "재상상으로서의 설교", 98.

234 김용규,『생각의 시대』(서울: 김영사, 2020), 113.

235 George. Lakoff & Mark. Johnson, Metaphors We Live By, 노양진 & 나익주 공역,『삶으로서의 은유』(서울: 박이정, 2006), 38-46.

236 George. Lakoff & Mark. Johnson, *Metaphors We Live By*, 27.

237 Paul Ricoeur, "Biblical Hermeneutics," *Semeia* 4(1975):31, 127.

238 Walter Brueggemann,『(브루그만의) 시편사색』, (서울: 솔로몬, 2012), 34.

239 Walter Brueggemann, "재진술하는 리듬: 포로민 중의 연설", 63.

240 Walter Brueggemann, "재진술하는 리듬: 포로민 중의 연설", 63.

241 Walter Brueggemann,『다시 춤추기 시작할 때까지』, (서울: IVP, 2020), 19. 51.

242 Garrett Green, *Imagining God: Theology and the Religious Imagination* (San Francisco: Harper & Row, 1989), 73, 140. 상상력을 가능성의 시발점으로 이해하는 입장에 대해서는 다음을 참고하라. Paul Ricoeur, *The Philosophy of Paul Ricoeur*, Charles E. Reagan and David Stewart ed. (Boston: Beacon Press, 1978), 232-38.

243 Walter Brueggemann, "재상상으로서의 설교", 100.

244 Walter Brueggemann, "레토릭과 신앙공동체",『탈교회 시대의 설교』, (서울: CLC, 2018): 171.

245 정창균, 이승진, 권호, 공저,『뉴노멀시대의 교회와 목회』, 222-29.

246 Yuval Harari, *Homo Deus*, 김명주 역,『호모 데우스』(서울: 김영사, 2017), 503-44.